CAPITALISMO NA AMÉRICA

ALAN GREENSPAN
ADRIAN WOOLDRIDGE

CAPITALISMO NA AMÉRICA

UMA HISTÓRIA

Tradução de
CATHARINA PINHEIRO

Revisão técnica de
RICARDO DONINELLI

3ª edição

EDITORA RECORD
RIO DE JANEIRO • SÃO PAULO
2020

CIP-BRASIL. CATALOGAÇÃO NA PUBLICAÇÃO
SINDICATO NACIONAL DOS EDITORES DE LIVROS, RJ

G831c
3ª ed.

Greenspan, Alan
Capitalismo na América: uma história / Alan Greenspan, Adrian Wooldridge; tradução de Catharina Pinheiro, revisão técnica de Ricardo Doninelli. – 3ª ed. – Rio de Janeiro: Record, 2020.

Tradução de: Capitalism in America: a history
Apêndice
Inclui índice
ISBN 978-85-01-11621-5

1. Capitalismo – Estados Unidos – História. 2. Estados Unidos – Condições econômicas. 3. Estados Unidos - Política econômica. I. Wooldridge, Adrian. II. Pinheiro, Catharina. III. Título.

CDD: 330.973
CDU: 338.1(73)

19-55152

Meri Gleice Rodrigues de Souza – Bibliotecária – CRB-7/6439

Esta edição foi publicada em acordo com a Penguin Press, um selo do Penguin Publishing Group, divisão da Penguin Random House LLC.

Título original em inglês: Capitalism in America

Texto revisado segundo o novo Acordo Ortográfico da Língua Portuguesa.

Direitos exclusivos de publicação em língua portuguesa para o Brasil adquiridos pela
EDITORA RECORD LTDA.
Rua Argentina, 171 – 20921-380 – Rio de Janeiro, RJ – Tel.: (21) 2585-2000, que se reserva a propriedade literária desta tradução.

Impresso no Brasil

ISBN 978-85-01-11621-5

EDITORA AFILIADA

Seja um leitor preferencial Record.
Cadastre-se em www.record.com.br e receba informações sobre nossos lançamentos e nossas promoções.

Atendimento e venda direta ao leitor:
sac@record.com.br

Greenspan:
Para minha amada Andrea.

Wooldridge:
Para minhas filhas nascidas na América, Ella e Dora.

SUMÁRIO

INTRODUÇÃO

C OMECEMOS ESTA HISTÓRIA com um devaneio. Imaginemos que uma versão do Fórum Econômico Mundial tivesse sido realizada em Davos em 1620. Notáveis do mundo inteiro estão reunidos na aldeia alpina. Estudiosos chineses com seus quimonos de seda, aventureiros britânicos de gibão e colete, funcionários públicos turcos com turbantes e cafetãs... todos percorrendo os caminhos congelados, tropeçando com frequência, ou reunindo-se nas hospedarias e nos restaurantes, animados pelo álcool.

O tema da conferência é explosivo: quem dominará o mundo nos séculos seguintes? Todos querem defender seu canto no planeta. Você corre de um painel a outro (e depois cambaleia de uma festa a outra) para absorver a sabedoria de Davos.

Os chineses têm um argumento forte. Beijing tem uma população de mais de um milhão de habitantes, num período em que as maiores cidades europeias (Londres, Paris, Nice) não têm mais do que 300 mil. O servidor público imperial é selecionado a partir de um país imenso com base nos exames mais exigentes do mundo. Os estudiosos chineses compilaram uma enciclopédia de 11 mil volumes. Os navegadores chineses construíram os maiores navios do mundo.

Outros também têm fortes pontos a seu favor. Um turco gaba-se da expansão do Império Otomano, o mais importante de um arco de países islâmicos que vão da Turquia e Arábia à África Subsaariana e à Ásia, para oeste, afirmando que ele logo terá a Europa sob seu comando. Um mogol afirma que seu império mistura pessoas de todas as raças e religiões em um coquetel de criatividade. Um espanhol declara orgulhosamente que a Espanha está varrendo tudo diante de si — abençoada pela única Igreja verdadeira, submeterá o resto da Europa ao seu domínio benigno e ampliará seu poder também à América Latina (onde uma grande reserva de ouro e prata financiará maiores expansões). Um bretão ousado apresenta o raciocínio mais improvável. Seu país minúsculo rompeu relações com um continente corrupto e rígido para desenvolver novas e dinâmicas instituições: um Parlamento poderoso, uma marinha forte (apoiada por alguns piratas) e uma nova espécie de organização, as companhias privilegiadas de comércio, que poderiam operar no mundo inteiro.

Em meio a toda a argumentação em Davos, uma região não é mencionada: a América do Norte. A região não passa de um espaço deserto no mapa — uma imensidão logo acima da América Latina, com seus metais preciosos, e entre os oceanos Atlântico e Pacífico, com suas rotas de comércio e arcas do tesouro de peixes. A vastidão é ocupada por aborígines que não têm nenhum contato com o grupo presente em Davos. Há alguns europeus na Nova Inglaterra e na Virgínia — mas eles informam que a vida é difícil e que não há civilização. O continente norte-americano inteiro produz menos riquezas do que o menor principado alemão.

Hoje, os Estados Unidos compõem a maior economia do mundo: com meros 5% da população mundial, o país produz um quarto do PIB do globo, expresso em dólares americanos. A América* possui o padrão mais

---

* O uso do termo "América" em referência aos Estados Unidos da América e do termo "americano" para designar o cidadão desse país está cercado de controvérsia. Se, por um lado, o primeiro uso registrado do termo "América" foi no mapa-múndi de Martin Waldseemüller para designar todo o continente americano, ou as "três Américas", por outro, a tradição cultural firmou uma relação intrínseca entre as duas palavras e os Estados Unidos. Deixando a controvérsia de lado, optou-se, na tradução da obra, por manter o ponto de vista original do autor, que procurou dar ênfase ao caráter de Novo Mundo do país, não economizando no emprego do termo "América". [*N. da T.*]

elevado de vida, com exceção de um punhado de países muito menores, como Catar e Noruega. Também domina as indústrias que inventam o futuro — robôs inteligentes, carros autônomos e drogas que prolongam a vida. A parcela de patentes do mundo detidas pela América aumentou de 10%, quando Ronald Reagan foi eleito, para 20% hoje.

A economia americana é tão diversificada quanto imensa. Os Estados Unidos lideram o mundo em uma série de indústrias — tanto de recursos naturais quanto de tecnologia da informação, tanto de papel quanto de biotecnologia. Enquanto muitas das principais economias do planeta estão perigosamente concentradas em uma cidade — especialmente o Reino Unido, mas também a Coreia do Sul e a Suécia —, os Estados Unidos contam com inúmeros centros de excelência — Nova York, para as finanças; São Francisco, para a tecnologia; Houston, para a energia; e Los Angeles, para o cinema.

O capitalismo americano é o mais democrático do mundo. Os Estados Unidos foram o berço das engrenagens do capitalismo popular, da produção em massa às franquias e aos fundos de investimento. Em muitos países, o capitalismo sempre foi associado a uma elite plutocrata. Na América, ele foi associado à abertura e à oportunidade, possibilitando a pessoas que nasceram na obscuridade ascender ao topo da sociedade e dando, a pessoas de todos os níveis, acesso a produtos e serviços antes limitados à elite. R. H. Macy, ex-capitão de pesca de baleias com uma das mãos tatuada, vendia "produtos dignos do milionário a preços ao alcance de milhões". Henry Ford, filho de fazendeiro, anunciava o Modelo T como "um carro para o homem comum". Amadeo Giannini, um imigrante italiano, fundou o Bank of America para oferecer os serviços bancários ao "homem simples". Pierre Omidyar, outro imigrante, criou um bazar eletrônico, o eBay, para que pessoas comuns negociassem livremente.

A ascensão da América à grandeza foi marcada por inúmeras desgraças, entre as quais as principais foram o tratamento cruel dos povos aborígines e a escravidão de milhares de afro-americanos. Entretanto, no contexto da história como um todo, foi extremamente positiva. A América não só proporcionou uma vida próspera aos seus próprios cidadãos, como exportou prosperidade na forma de inovações e ideias. Sem a intervenção da América na Segunda Guerra Mundial, Adolf Hitler poderia ter dominado a Europa. Sem o compromisso inabalável da América com a Guerra Fria, a prole de Joseph Stalin poderia ainda estar no poder na Europa Oriental e talvez em grande parte da Ásia. O Tio Sam propiciou o arsenal de democracia que salvou o século XX da ruína.

Essa é uma história notável, mas com um porém: hoje, o crescimento da produtividade está praticamente estagnado. Tylen Cowen falou sobre uma "grande estagnação". Lawrence Summers resgatou a expressão de Alvin Hansen "estagnação secular". O estudo feito por Robert Gordon da economia americana desde a Guerra Civil chama-se *The Rise and Fall of American Growth* (Ascensão e queda do crescimento americano). A América está sendo derrotada pela China e outras potências emergentes em uma indústria após outra. O número de novas companhias sendo criadas alcançou um ponto baixo moderno. O mercado de trabalho está se tornando complexo. As regulações se multiplicam.

A América já se recuperou de decepções anteriores. Na década de 1930, o país sofreu uma das mais longas e profundas depressões da história. Depois, emergiu da Segunda Guerra Mundial como a maior economia do planeta. Nos anos 1970, foi castigada pela estagflação e sofreu com a competição com a Alemanha e o Japão. Nas décadas de 1980 e 1990, aproveitou oportunidades oferecidas pela tecnologia da informação e pela globalização para recuperar sua posição como economia mais dinâmica do mundo. Hoje, porém, ainda não está claro se conseguirá empreender o mesmo truque com sucesso.

Este livro conta a história mais notável dos últimos quatrocentos anos: como um grupo de treze colônias localizadas no meio do nada se transformou na economia mais poderosa que o mundo já viu. Também tenta usar lições da história para tratar da questão mais importante da nossa época: conseguirão os Estados Unidos preservar sua supremacia, ou sua liderança inevitavelmente passará para outras potências (quase com certeza menos liberais)?

UMA ÓTIMA ÉPOCA PARA COMEÇOS

Trezentos anos atrás, a América não era nada além de uma coleção de colônias de população esparsa na extremidade do mundo conhecido — uma ideia secundária para as mentes educadas e uma coadjuvante na política das grandes potências. Embora rica em recursos naturais, estava distante dos centros da civilização; embora imensa, era em sua maior parte inacessível. A América deve seu nascimento a uma série de golpes de sorte. A rebelião que deu origem aos Estados Unidos poderia não ter acontecido se o establishment britânico tivesse ouvido Edmund Burke e buscado uma política mais moderada. Os rebeldes eram beneficiários de uma guerra global entre os britânicos e os franceses. A luta pela independência teria falhado se George Washington não houvesse sido um grande líder. Os golpes de sorte continuaram se sucedendo após o nascimento do país. A compra do Território da Louisiana da França por Thomas Jefferson em 1803 duplicou o tamanho do país, acrescentando terras férteis, o rio Mississippi e o porto de Nova Orleans. A América comprou a Flórida da Espanha em 1821, anexou o Texas em 1845 e o Oregon em 1846, e com a vitória na Guerra Mexicano-Americana acrescentou a Califórnia em 1850.

A América teve sorte também com sua paternidade. Foi muito mais vantajoso ser a filha do país que produziu a Primeira Revolução Industrial e o primeiro governo parlamentarista do que, por exemplo, da Espanha ou da Bélgica. Até hoje, os americanos invocam os males da tirania monárquica e as virtudes da Revolução. No entanto, em muitos aspectos, a Revolução Americana não passou de uma meia revolução: a América herdou muitas das melhores tradições britânicas, de um governo limitado, passando pela *common law*, a um respeito pelos direitos individuais que, de acordo com o eminente historiador Alan Macfarlane, remonta ao século XIII.[1] A América envolveu-se em uma troca incessante de conhecimentos informais com a Grã-Bretanha, importando imigrantes britânicos, que com frequência traziam consigo segredos industriais, e enviando americanos para visitar fábricas, siderúrgicas e exposições britânicas. Ela observava os modelos britânicos do mercado de ações, do comércio de commodities e da lei de patentes. Divididas por uma linguagem comum, a América e a Grã-Bretanha ainda assim estão unidas por uma cultura comum.

O maior golpe de sorte de todos foi o tempo. Os Estados Unidos nasceram na era do Iluminismo, quando velhas crenças estavam sendo repensadas e instituições estabelecidas, remodeladas. A luta sangrenta do país pela independência (1775-83) começou um ano antes da publicação da obra mais importante já escrita sobre a economia de livre mercado, *A riqueza das nações* (1776), de Adam Smith. Durante a maior parte do que se tem registro histórico, as pessoas haviam aceitado, e em alguns casos abraçado, uma sociedade estática e imprevisível. Desde o nascimento de Jesus até por volta de 1820, o crescimento econômico não passava de 0,11% ao ano, ou 11% por século, de acordo com Angus Maddison.[2] Um jovem vassalo vivendo no século XV podia esperar cultivar o mesmo lote de terra de seu senhor até que a doença, a fome, um desastre natural ou a violência o eliminasse. Também podia esperar que seus filhos e os filhos de seus filhos cultivassem esse mesmo lote.

Adam Smith promoveu a visão de uma sociedade dinâmica, em que a riqueza se multiplicasse e as oportunidades fossem abundantes. Com isso, deu um salto intelectual notável. Até então, as pessoas em geral consideravam a aspiração à realização do interesse próprio, na melhor das hipóteses, errada; e, na pior das hipóteses, um pecado. Smith argumentou que, contanto que se desse dentro dos limites da lei e da moralidade, a busca pela realização do interesse próprio só contribuía para o bem-estar de toda a nação.

Nenhum país abraçou mais completamente essa noção do que o país nascido logo depois da sua introdução por Adam Smith. O novo país foi concebido durante uma revolta contra um regime mercantilista que acreditava que o sucesso econômico da nação era medido pelo tamanho de seu acúmulo de ouro, fruto das balanças comerciais positivas alimentadas por políticas protecionistas. A Constituição americana, escrita em 1787 e ratificada em 1788, determinou que todo o país fosse um mercado comum unificado sem tarifas ou taxas externas impostas ao comércio interestadual. A América foi o primeiro país nascido numa era de crescimento — na qual o problema econômico essencial era promover as forças da mudança em vez de dividir uma quantidade fixa de recursos.

A segunda força que moldou a América foi o maior antagonista do Iluminismo, a religião, em particular a religião protestante. Mais do que qualquer outro país, a América era filha da Reforma europeia. Enquanto a Igreja Católica encorajava seus membros a se relacionarem com Deus por intermédio do padre, a Igreja Protestante encorajava os fiéis a se relacionarem com Deus por intermédio da Bíblia. Os protestantes deveriam ler o Livro Sagrado em casa e chegar às suas próprias conclusões sobre os assuntos religiosos em vez de confiar na autoridade dos superiores. Os puritanos de Massachusetts fundaram escolas e universidades em uma escala sem paralelos em qualquer outro país. Uma lei de Massachusetts obrigava todos os chefes de família a ensinarem seus filhos a ler. "Depois que Deus nos levou em segurança para a Nova Inglaterra, e que construímos nossas casas, garantimos o necessário à nossa subsistência, edificamos lugares convenientes para adorar a Deus e instauramos o Governo Civil", declarava uma carta de 1643 da Universidade de Harvard para a Inglaterra que é o primeiro exemplo conhecido de uma carta de fundação de uma universidade, "um dos próximos passos a que aspirávamos era promover o aprendizado e perpetuá-lo para a posteridade".

A América teve ainda mais um fator de sorte em seus primeiros anos: os Fundadores perceberam que a única forma de prosperar em um mundo móvel era estabelecer pontos fixos para guiar o caminho. Eles deram aos cidadãos um conjunto de direitos que o governo não podia violar, e uma Constituição que limitava o poder. Quanto mais se abria espaço para o poder do povo, mais era preciso garantir que o povo não abusasse de seu poder. E quanto mais se abria a porta para as paixões comerciais, mais era preciso se certificar de que os comerciantes não falsificassem dinheiro e não enganassem seus consumidores.

Os Fundadores injetaram direitos de propriedade no DNA do país. A frase de Thomas Jefferson sobre os "direitos inalienáveis" do homem à "vida, [à] liberdade e [à] procura pela felicidade" era uma reformulação da frase de John Locke no "Segundo Tratado" sobre o homem ter "por natureza o poder" de preservar "a vida, a liberdade e o Estado contra os danos e os ataques de outros homens". A Constituição dividiu o poder em grande parte para proteger os proprietários da predação das massas ou de um ditador. A proteção vigorosa da propriedade não só encorajou o empreendedorismo interno, pois todos tinham uma certeza razoável de que poderiam manter seus ganhos, como também investidores externos a investirem seu dinheiro na América sob o argumento de que não teriam seu capital roubado e seus direitos contratuais ignorados.

A paixão da América pela proteção da propriedade estendeu-se aos herdeiros dos imigrantes. Os Fundadores incorporaram a proteção da patente no artigo I, seção 8, da Constituição. A América estendeu os direitos sobre a propriedade intelectual a pessoas que jamais poderiam tê-los na Europa, fixando a taxa paga pela patente em apenas 5% do montante cobrado na Grã-Bretanha. Também exigia que os inventores publicassem os detalhes de suas patentes a fim de que as inovações pudessem ser disseminadas, ainda que o direito de lucrar a partir de sua criação fosse protegido.

A preocupação com as patentes nos leva a outra vantagem: a América nasceu em uma era de negócios. O país foi fundado por corporações empresariais, como a Virginia Company e a Massachusetts Bay Company. Os primeiros "homens livres" americanos eram, aliás, acionistas de companhias, e as primeiras "associações" foram assembleias gerais de companhias. Os americanos foram o primeiro povo a usar a palavra "negociante" no sentido moderno. No século XVIII, os ingleses usavam-na para se referir a pessoas envolvidas na vida pública: David Hume descreveu Péricles como um "negociante". Na década de 1830, os americanos começaram a usar a expressão em referência a pessoas envolvidas em transações comerciais.[3]

A partir daí, eles reservaram o mesmo respeito aos negociantes que os britânicos reservavam aos nobres, os franceses, aos intelectuais, e os alemães, aos estudiosos. A disposição da América em "acrescentar algo de heroico à sua forma de fazer comércio", como considera Alexis de Tocqueville, produziu um culto ao empreendedor. Os americanos eram defensores por instinto da ideia de Joseph Schumpeter de que os verdadeiros agentes da mudança histórica não eram os trabalhadores, como argumentara Marx, nem forças econômicas abstratas, como tendiam a sugerir os outros economistas, mas pessoas que construíam algo do nada, inventores como Thomas Edison, que deteve 1.093 patentes, e criadores de companhias como Henry Ford, Thomas Watson e Bill Gates.

A América não avançou através de uma linha reta após a Guerra da Independência. Em sua infância, a república estava dividida entre duas visões diferentes do futuro — a visão de Thomas Jefferson de uma república agrária descentralizada de pequenos produtores rurais e a visão de Alexander Hamilton (incrivelmente visionária) de uma república urbana com parques industriais promovendo o crescimento econômico e um banco poderoso irrigando a economia. A América também estava dividida entre duas economias completamente diferentes — a economia capitalista do Norte e a economia escravista do Sul. Essa divisão se tornou mais pronunciada com o tempo, à medida que o Norte passou a investir cada vez mais em maquinário e o Sul passou a investir cada vez mais na plantação de algodão, tentando expandir o sistema escravista para novos territórios como o Kansas. A Guerra Civil acabou por definir qual versão da América seria mantida — e os Estados Unidos espalharam incansavelmente sua versão de uma civilização comercial por todo o continente.

OS ABASTADOS

A civilização comercial da América estabeleceu-se em um país que contava com uma abundância dos três grandes fatores da produção: capital, terra e trabalho. O setor bancário americano foi de 338 bancos com um total de 160 milhões em ativos em 1818 a 27.864 bancos com 27,3 bilhões em ativos em 1914. A América também se tornou a maior importadora de capital do mundo, particularmente do predecessor da América como sede do capitalismo, o Reino Unido. O território oficial do país continuou crescendo rapidamente na primeira metade do século XIX, passando de 864.746 m² em 1800 para 2.940.042 em 1850. Os americanos compraram 400 milhões de acres de território virgem sob cultivo entre o fim da Guerra Civil e o início da Primeira Guerra Mundial — um lote de terra que corresponde a quase o dobro da Europa Ocidental.

Essas terras continham uma vasta reserva de recursos naturais. A América possui mais quilômetros em rios navegáveis do que o resto do mundo junto. Os maiores desses rios — Missouri, Ohio, Arkansas, Tennessee e, é claro, o gigante Mississippi — fluem diagonal, e não perpendicularmente, moldando o país em uma unidade geográfica natural.[4] Os Montes Apalaches, que se estendem da Pensilvânia ao Kentucky e às montanhas da Virgínia Ocidental, estão cheios de carvão. Montana é tão rica em metais preciosos que seu apelido oficial é Estado do Tesouro. A Cordilheira de Mesabi, em Minnesota, está cheia de minério de ferro. O Texas fica sobre um lago de petróleo (lago este que hoje está crescendo, graças à invenção do fraturamento hidráulico). O Meio-Oeste é uma tigela de trigo.

É fácil ver o impacto da riqueza de recursos na história americana. Podemos vê-lo na sucessão de febres por commodities — mais notavelmente, a corrida do ouro de 1849 e os booms do petróleo do início das décadas de 1900 e 1950 — que varreram o país. Podemos vê-lo em setores exportadores gigantes como o do trigo. Mas um dos impactos mais importantes foi invisível: a América não sofreu com os limites de recursos que atrasaram o crescimento em outros países. De 1890 a 1905, quando a indústria americana do aço explodiu, a participação de Minnesota na produção de ferro do país subiu de 6% para 51%, e o preço interno dos minérios de ferro caiu pela metade, garantindo que os magnatas do ferro do país pagassem muito menos pela matéria-prima do que seus concorrentes britânicos.

A América também era um ímã de pessoas. A América Colonial teve uma das maiores taxas de natalidade do mundo, graças à abundância de terras e à escassez de trabalho. O crescimento populacional acelerou ainda mais quando a América começou a atrair pessoas do exterior. No século

XIX, a população foi multiplicada por um fator de quase 15, passando de 5,3 para 76 milhões, um total maior do que o de qualquer país europeu, com exceção da Rússia. Em 1890, 80% dos cidadãos de Nova York eram imigrantes ou filhos de imigrantes, assim como 87% dos de Chicago.

Uma proporção formidável dos heróis do empreendimento americano era composta por imigrantes ou filhos de imigrantes. Alexander Graham Bell e Andrew Carnegie nasceram na Escócia. Nikola Tesla, o descobridor da corrente alternada, era sérvio. George Mitchell, inventor do fraturamento hidráulico e um dos homens de negócios mais influentes das últimas décadas, era filho de um pastor de cabras grego.

Ao chegarem ao país, os colonizadores gozavam de uma mobilidade incomum: depois de terem crescido em países onde a terra era um recurso escasso, eles foram tomados por um misto de apego à terra e ânsia de viajar ao perceberem que a terra era abundante. Esse vício pela mobilidade sobreviveu à criação de uma civilização mais próspera: no estudo *Middletown* — sobre Muncie, Indiana, uma típica cidade no Meio-Oeste —, Robert e Helen Lynd descobriram que os americanos tornaram-se móveis com o passar do tempo, com 35% das famílias tendo se mudado em 1893-98, e 57% em 1920-24. Nas décadas que se seguiram ao ano de 1900, milhões de americanos negros fugiram da servidão como arrendatários no Sul para cidades industriais do Norte que estavam em franco crescimento, como Detroit e Chicago. (A partir da década de 1980, esse fluxo se inverteu, com milhões de pessoas de todas as cores deixando o Cinturão da Ferrugem pelo próspero Cinturão do Sol.)

Na segunda metade do século XIX, o país combinou suas diversas vantagens — cultural, demográfica, política e geográfica — para se transformar na maior economia do mundo. Ferrovias costuravam o país para formar o maior mercado mundial: em 1905, 14% das linhas férreas passavam por uma única cidade americana, Chicago. A América produziu as maiores corporações do planeta: a U.S. Steel, formada em 1901, primeira companhia de um bilhão de dólares, empregava cerca de 250 mil pessoas. A América fez mais do que qualquer outro país para transformar duas novas tecnologias — a eletricidade e o motor de combustão interna — em uma cornucópia de bens de consumo: carros, caminhões, máquinas de lavar e rádios.

COMO ENRIQUECER

Para fins de organização, três temas serão o foco deste livro: produtividade, destruição criativa e política. A produtividade descreve a capacidade da sociedade de obter maior produção a partir de um dado insumo. A destruição criativa define o processo que promove o crescimento da produtividade. E a política lida com os efeitos colaterais da destruição criativa. O primeiro é uma questão econômica técnica. O segundo é uma questão econômica que também toca em alguns dos problemas mais profundos da filosofia social. E o terceiro nos leva para longe do mundo dos gráficos e números, ao mundo da política prática. Qualquer um que considere a história econômica como uma história sem relação com a política está lendo o livro errado.

A produtividade é a medida fundamental do sucesso econômico.[5] O nível da produtividade determina o padrão médio de vida em uma sociedade e distingue os países desenvolvidos dos países em desenvolvimento. A métrica mais usada é a produtividade do trabalho, medida pela produção (medida em valor adicionado) por hora trabalhada. Dois grandes determinantes do nível da produtividade do trabalho são o montante de capital (instalações e equipamento) empregado na produção e o número de horas que as pessoas trabalham, de acordo com seu nível de educação e capacidade.

Nos anos 1950, "economistas do crescimento" liderados por Moses Abramovitz e Robert Solow descobriram que o crescimento total do PIB excede o que os investimentos de capital e trabalho geram. Eles chamaram o excedente inesperado de produtividade multifatorial (PMF) ou de produtividade total dos fatores. O coração da PMF está na inovação. Ela surge, principalmente, de inovações aplicadas aos investimentos de capital e trabalho.

O problema do cálculo do PIB e da PMF ao longo de grandes períodos é que, quanto mais voltamos no tempo, mais difícil é encontrar estatísticas sólidas. O governo americano só começou a coletar dados sistemáticos para as Contas Nacionais na década de 1930, contando com a experiência de Simon Kuznets, da Universidade Stanford e da Agência Nacional de Pesquisa Econômica. Para dados anteriores, os historiadores precisam recorrer ao censo decenal, que começou a ser feito na década de 1790. Eles complementam os dados oficiais do censo com informações de diversas fontes sobre produção industrial, colheitas, rebanhos e horas trabalhadas. Porém, conforme apontado por Paul David, os dados referentes ao período anterior à década de 1840 não são muito precisos. Apesar dessas limitações, uma legião de historiadores econômicos construiu um histórico estatístico relativamente útil do PIB, tanto nominal quanto real, dos primeiros anos da república (ver Apêndice).[6] Lançaremos mão desse trabalho ao longo do livro.

DESTRUIÇÃO CRIATIVA

A destruição criativa é a principal força por trás do progresso econômico, o "vento perene" que leva negócios — e vidas — consigo, mas que, nesse processo, cria uma economia mais produtiva. Com raras exceções, a única maneira de aumentar a produção por hora é alocando os recursos da sociedade em áreas onde eles produzirão os maiores retornos — ou, em linguagem mais formal, dirigir a poupança nacional bruta (somada à poupança externa) para financiar tecnologias de ponta e organizações. A criação e a destruição são gêmeas siamesas. O processo envolve a substituição de ativos antes produtivos e os postos de trabalho associados a eles por novas tecnologias e pelos empregos que elas criam. Foi assim que a nova tecnologia do aço de 1855 de Henry Bessemer substituiu a produção anterior de aço, mais custosa.

O mundo deve a ideia da destruição criativa a Joseph Schumpeter e à sua grande obra *Capitalismo, socialismo e democracia* (1942). "O processo da destruição criativa é o fato essencial do capitalismo", argumentou Schumpeter. "É nisso que o capitalismo consiste e no que deve se concentrar a preocupação de todo capitalista."* Entretanto, apesar de toda a sua genialidade, Schumpeter não foi além de metáforas, ainda que brilhantes, para produzir uma teoria coerente da destruição criativa. Assim, economistas modernos tentaram complementar suas ideias e transformar metáforas em conceitos que comportassem realidades políticas, ou seja, o mundo como ele é.

Não há lugar melhor para estudarmos esse vento perene do que a América do final do século XIX, quando o país produziu uma multidão de titãs dos negócios que reorganizaram indústrias inteiras em um palco continental. Foi um período em que o governo federal se concentrou predominantemente na proteção dos direitos de propriedade e na garantia da execução dos contratos em vez de tentar "domar" o processo da destruição criativa. Graças à inovação incansável, o custo unitário (uma medida substituta para produção por hora) do aço Bessemer sofreu uma redução notável, com uma queda de 83,5% do preço no atacado entre 1867 e 1901. E o aço barato desencadeou um ciclo de melhorias: os trilhos de aço duravam dez vezes mais do que os trilhos de ferro forjado, aumentando apenas modestamente o preço, o que permitia que mais pessoas e produtos pudessem ser transportados pelas vias férreas por menos dinheiro. Uma série semelhante de melhorias em quase todas as áreas da vida dobrou a qualidade dos padrões de vida em uma geração.

A forma mais óbvia de promover a destruição criativa é produzir máquinas mais poderosas. Um número impressionante de máquinas que revolucionaram a produtividade parece engenhocas improvisadas. A debulhadeira de Cyrus McCormick, descrita pelo *Times* londrino como uma cruza entre uma máquina voadora e um carrinho de mão,[7]

---

* Todas as citações feitas ao longo do texto foram traduzidas para esta edição. No corpo do texto, quando houver, será indicada apenas a edição brasileira da obra. Nas referências bibliográficas da seção de Notas, o leitor encontrará tanto as informações da edição usada originalmente pelo autor quanto a indicação das respectivas edições brasileiras. [N. da T.]

ajudou a produzir um aumento de 500% na produção por hora do trigo e de 250% na produção do milho da sua invenção em 1831 até o final do século XIX. No processo, ajudou a substituir até um quarto da força de trabalho agrícola do mundo. Em 1800, um fazendeiro que trabalhasse duro com uma foice só conseguia colher um acre em um dia. Em 1890, dois homens usando dois cavalos conseguiam cortar, reunir e amarrar 30 acres de trigo no mesmo intervalo de tempo. A máquina de costura, inventada em 1846 e produzida em grande escala na década de 1870, aumentou a produtividade em mais de 500%. As novas máquinas de contagem permitiram que o censo de 1890 fosse compilado em menos de um ano, em contraste com uma estimativa de treze anos para o de 1880. Os teletipos, que surgiram em 1910, substituíram entre 80% e 90% dos operadores de código Morse até 1929.

Processos de negócios melhores são tão importantes quanto máquinas melhores. A produção em massa pode ter sido a maior contribuição da América para a produtividade humana. Na Europa do século XIX, a produção de sistemas complicados como armas ou relógios continuava nas mãos de artesãos individuais. Na América, Eli Whitney e outros inovadores dividiram a produção mecanizada em partes padronizadas. Em 1913, Henry Ford acrescentou a linha de montagem, que criou empregos. O sucesso americano na produção de máquinas melhores e em processos de produção mais fáceis foi reconhecido até mesmo pelos intelectos mais toscos. Stalin descreveu a América como um "país de máquinas".[8] Hitler afirmou que o nazismo era o "Fordismo mais o Führer".

Essas grandes forças são complementadas por outras mais sutis. A mais importante são informações melhores. Nos últimos anos, nós nos acostumamos tanto a ter acesso à informação em tempo real que a naturalizamos como o ar que respiramos. Contudo, na maior parte da história humana, a aquisição da informação foi algo tão custoso que as pessoas com frequência operavam no escuro. A Batalha de Nova Orleans, o último grande conflito da Guerra de 1812, que transformou Andrew Jackson em herói nacional e levou as vidas de setecentos soldados britânicos, ocorreu duas semanas depois de a guerra ter sido encerrada pelo Tratado de Gante.

O *Journal of Commerce*, publicado pela primeira vez em 1827, tornou--se uma fonte indispensável da cobertura do comércio ao empregar escunas em águas profundas para interceptar os navios que chegavam antes de aportar. O telégrafo de Samuel Morse, cuja primeira demonstração se deu em 1844, reduziu a segundos o tempo em potencial que levava para transmitir informações. A comunicação por telégrafo da Western Union chegou ao litoral em 1861 em Fort Laramie, Wyoming. O transporte transcontinental de carga e de pessoas tornou-se uma realidade apenas alguns anos depois, em 1869. A cavilha de ouro foi fixada em uma cerimônia em Promontory Summit, Território de Utah, ligando as ferrovias Union Pacific e Central Pacific, com a adição de novas linhas telegráficas. A inauguração do cabo transatlântico (após vários adiamentos) em 1866 finalmente criou a comunidade financeira transatlântica, com comerciantes em Nova York, São Francisco e Londres comunicando-se em tempo real.

A revolução da informação eliminou todos os tipos de ineficiência e incerteza que antes atrasavam as transações comerciais. Varejistas podem encomendar novos produtos assim que os antigos deixam as prateleiras. Fornecedores podem manter uma supervisão constante da cadeia de abastecimento. A comunicação instantânea entre o balcão de venda e o chão de fábrica, e entre as transportadoras e os caminhoneiros responsáveis pelo transporte da carga, reduz o tempo de entrega e elimina a necessidade de manutenção de grandes inventários de estoque parado.

Um segundo aspecto da destruição criativa é a redução dos custos de insumos básicos da economia. O que fez de Andrew Carnegie e John D. Rockefeller heróis da destruição criativa foi que, combinando uma organização superior à inovação incansável, eles reduziram o custo dos insumos econômicos básicos do aço e da energia, respectivamente, disseminando preços menores e recursos mais abundantes por toda a economia.

O terceiro é o uso mais eficiente desses insumos. Nos dias gloriosos do poder industrial americano, as pessoas mediam o sucesso em termos do tamanho das fábricas ou da altura dos arranha-céus. Com o tempo, o tamanho tornou-se uma medida cada vez mais irrelevante do vigor econômico: a quantidade de materiais necessários para se chegar a uma dada unidade de produção diminuiu nas últimas décadas. O desenvolvimento dos circuitos integrados nos permitiu colocar mais funções em dispositivos eletrônicos elegantes. Avanços na ciência dos materiais nos levaram a carros mais leves (por cavalo de potência) e construções mais eficientes. De acordo com as nossas estimativas, a redução dos materiais usados por dólar do PIB real levou à adição de 0,26 ponto percentual por ano ao crescimento do PIB real entre 1879 e 2015, o que significou um aumento de 40% do PIB real até 2015. Os ganhos anuais foram notavelmente maiores de 1879 a 1899, quando a eficiência acrescentou 0,52 ponto percentual por ano ao crescimento do PIB real. Isso levou a um aumento de 10,6 pontos percentuais no nível do PIB real em 1899.

Um aspecto adicional da destruição criativa é a redução nos custos de transporte. Uma chapa de aço conformada a frio vale mais em um carro localizado em uma revendedora do que saindo de uma siderúrgica em Pittsburgh. Consequentemente, a melhoria dos transportes produz dois benefícios óbvios: permite que os empresários reúnam os fatores de produção com mais facilidade e levem os frutos da combinação desses fatores, os produtos finais, aos consumidores mais rapidamente. Nos primeiros anos da república, as melhorias na produtividade eram limitadas pela velocidade dos cavalos ou dos navios. Melhores estradas e aprestos de navio produziam apenas pequenos aumentos da produtividade, já que as patas dos animais e as velas dos barcos não podiam se mover mais rápido. A produtividade aumentou quando os navios a vapor substituíram as embarcações movidas à vela, não só porque os navios a vapor eram mais rápidos em hidrovias, mas também porque podiam navegar contra a corrente. A ferrovia transcontinental reduziu tempo necessário para transportar pessoas e produtos de um lado a outro do continente de seis meses para seis dias.[9] A adição de linhas locais gradualmente conectou uma proporção maior dos recursos humanos e físicos do país em uma ferrovia nacional, aumentando dramaticamente o fluxo de pessoas e produtos por todo o país. Automóveis e estradas acabaram por suplantar as ferrovias, pois são mais fluidos e flexíveis: podem levar produtos até a porta da sua casa, e não só até a ferrovia local. A revolução da minia-turização reduziu ainda mais os custos do transporte: a indústria dos computadores é inerentemente mais global do que, digamos, a indústria do concreto, pois é muito mais fácil transportar as leves e preciosas peças de computadores de uma parte do mundo a outra.

Uma quinta fonte de aumento da produtividade é a localização. No atual mundo aplainado das cadeias globais de abastecimento e das comunica-ções instantâneas, tendemos a esquecer o que era completamente evidente para os nossos ancestrais: que uma localização inteligente pode aumentar a produtividade. Empresários faziam fortunas simplesmente construindo moinhos perto de quedas-d'água (que forneciam energia gratuita), ou fixando fábricas perto de rios (que ofereciam transporte gratuito), ou por uma disposição inteligente de suas instalações. A mesma lógica de aumento de produtividade se aplica a frações de um centímetro da mesma forma que se aplica a metros ou quilômetros. No século XIX, empresários criavam valor econômico construindo uma ferrovia para trazer minérios de ferro da Cordilheira de Mesabi, em Minnesota, e carvão da Virgínia Ocidental para as fornalhas de Pittsburgh, onde eram combinados para a produção de aço. Hoje, eles criam valor econômico encaixando chips de silício cada vez menores, cada vez mais comprimidos, em circuitos integrados para produzir concentrações cada vez maiores de capacidade computacional.

A ASTÚCIA DA HISTÓRIA

No mundo real, a destruição criativa raramente opera sob a lógica suave da lei de Moore. Pode levar um longo período de tempo para que uma nova tecnologia mude a economia: a disseminação do telégrafo de Samuel Morse foi dificultada pelo tamanho do país e pelo terreno. Embora os cabos de telégrafo tenham rapidamente coberto a Costa Leste e as partes mais densamente habitadas da Costa Oeste, dando às pessoas acesso a comunicação quase instantânea, o centro do país permaneceu imerso num vácuo da informação. No final dos anos 1850, levava-se mais de três semanas para transmitir uma mensagem de uma costa à outra por uma combinação de telégrafo e diligências. Às vezes, velhas tecnologias podem funcionar em conjunto com tecnologias novas: a partir da década de 1960, o Pony Express, com seus cavaleiros alternando de cavalos, para que os animais não se cansassem demasiadamente, reduziu o tempo necessário para mandar uma mensagem de um lado a outro do país para menos de dez dias.[10] Os pôneis eram muito mais flexíveis do que métodos mais avançados de transporte como carroças ou trens — as ferrovias não podiam subir ravinas íngremes ou passar por caminhos estreitos.

Como sugere a menção do Pony Express, novas tecnologias podem, com frequência, reforçar tecnologias antigas. A revista *Nation* abordou o paradoxo da popularidade do cavalo na era do vapor em outubro de 1872:

> Temos falado há tantos anos da ferrovia, do barco a vapor e do telégrafo como os grandes "agentes do progresso", que quase ignoramos completamente o fato de que a nossa dependência do cavalo cresceu quase *pari passu* com a nossa dependência do vapor. Abrimos grandes linhas de vapor e de comunicações por todo o país, mas elas precisam ser alimentadas por produtos e passageiros a cavalo. Cobrimos o oceano com grandes navios a vapor, mas eles não podem ser carregados nem descarregados sem os cavalos.[11]

Ao longo de muitas décadas, a população equina da América cresceu mais de duas vezes mais rápido do que a população humana, de 4,3 milhões de cavalos e mulas em 1840 para 27,5 milhões em 1910. Isso significa que a proporção de cavalos e mulas para pessoas aumentou, ao longo de setenta anos de progresso irregular, de um para cada cinco humanos para um para cada três.[12] As pessoas usavam cavalos para mover moinhos, puxar arados, andar ao lado de pequenos botes, arrebanhar gado, travar batalhas e, acima de tudo, transportar cargas. Foi necessária a combinação de três tipos de energia para substituir os cavalos no coração da economia americana. O vapor substituiu os cavalos no transporte de curtas distâncias; a energia elétrica substituiu-os no transporte urbano; e as "carruagens sem cavalo" substituíram-nos em deslocamentos rápidos.

Na maioria das vezes, há uma longa lacuna de tempo entre a invenção de uma nova tecnologia e o aumento de produtividade que ela promove. Quatro décadas após a espetacular iluminação de Lower Manhattan em 1882 por Thomas Edison, a eletricidade fizera muito pouco para tornar as fábricas do país mais produtivas. A introdução da eletricidade não era só uma questão de ligar as fábricas à rede elétrica. Envolvia uma reformulação de todos os processos de produção e a substituição de fábricas verticais por fábricas horizontais para aproveitar o máximo da nova fonte de energia.[13]

Alguns dos mais importantes aumentos na produtividade ocorrem sem muito alarde. Tanto a siderurgia quanto a agricultura testemunharam melhorias incríveis tempos depois de os comentaristas terem desistido de falar sobre a "era do aço" e a "revolução agrícola". Os conversores a oxigênio que substituíram os fornos Siemens-Martin depois da Segunda Guerra Mundial (e que, como o nome sugere, usavam oxigênio em vez de ar) reduziram o tempo necessário para produzir um lote de aço de oito a nove horas para 35 a 40 minutos. Entre 1920 e 2000, o trabalho por tonelada de aço bruto foi reduzido em um fator de mil, de mais de três horas trabalhadas por tonelada métrica para apenas 0,003.

Algumas das melhorias mais importantes são sentidas nas comodidades do dia a dia, e não em setores econômicos como "indústria" ou "agricultura". Heródoto descreveu um rei egípcio a quem restava apenas seis anos de vida. "Percebendo que seu destino estava selado, [ele] mandava que lâmpadas [...] fossem acesas todos os dias ao anoitecer [...] e se divertia [...], transformando as noites em dias, e, assim, vivendo doze anos em seis." A disseminação da eletricidade a partir de 1900 teve o mesmo efeito sobre a população americana em geral.[14] Os eletrodomésticos e os alimentos processados reduziram o tempo gasto na preparação de refeições, na lavagem de roupa e na limpeza da casa de 58 horas por semana em 1900 para 18 horas por semana em 1975.[15] O Bureau of Labor Statistics estimou que o leitor de código de barras hoje usado nos caixas aumentou a velocidade dos operadores no registro de uma venda em 30%, e reduziu o trabalho dos operadores de caixa e dos empacotadores entre 10% e 15%.

O LADO NEGATIVO DA DESTRUIÇÃO CRIATIVA

O lado destrutivo da destruição criativa tem duas formas distintas: a destruição de ativos físicos que se tornam desnecessários e a substituição de trabalhadores em profissões que se tornam ultrapassadas. Acrescente-se, ainda, o problema da incerteza. Junto com as velhas formas de fazer as coisas, o "vento da destruição criativa" sopra para longe antigas certezas: ninguém sabe quais ativos serão produtivos no futuro e quais não terão o mesmo destino. Novas tecnologias quase sempre trazem consigo bolhas especulativas que podem estourar, às vezes com consequências perigosas.

Em parte, por as pessoas terem medo da mudança e, em parte, por a mudança produzir tanto vencedores quanto perdedores, a destruição criativa geralmente desencadeia o que Max Weber chamou de "uma maré de desconfiança, às vezes de ódio, acima de tudo de indignação moral".[16] A forma mais óbvia de resistência vem dos trabalhadores que tentam defender seus empregos obsoletos. Antes da Guerra Civil, os trabalhadores americanos não tinham muitas chances de se organizar porque as companhias eram pequenas; corporações de ofício elitistas definiam o mercado de trabalho; as relações se davam face a face; e as greves eram raras. Depois da Guerra Civil, à medida que grandes empresas decolavam, trabalhadores desqualificados começaram a formar sindicatos para obter salários e condições melhores. Guerras contra os chefes às vezes resultavam em violência, e frequentemente envenenavam as relações de classe.

Os sindicatos americanos eram muito mais fracos de que seus equivalentes europeus. Eram oprimidos pelas cortes judiciárias, que declaravam repetidamente a ilegalidade das associações profissionais, e prejudicados por conflitos internos, entre trabalhadores qualificados e desqualificados, imigrantes e nativos, além de vários outros grupos de interesse. Os sindicatos alcançaram um poder significativo somente na década de 1930, com uma sucessão de decisões legais pró-trabalhadores. Durante o longo período de prosperidade iniciado após a Segunda Guerra Mundial, cerca de um terço dos trabalhadores americanos do setor privado eram sindicalizados, e os sindicatos exerciam um papel importante na criação das políticas públicas. Ainda assim, a tradição individualista da América conservou seu poder. Os estados do Sul eram muito mais contrários ao sindicalismo do que os do Norte. A Lei Taft-Hartley de 1947 baniu a obrigatoriedade de filiação a sindicato como requisito para trabalhar em uma empresa. E depois da onda de desregulação que teve início nos anos 1970, as filiações aos sindicatos americanos sofreram uma grande queda. Os sindicatos não conseguiram frear o progresso durante a longa era do capitalismo gerencial que se seguiu à Segunda Guerra Mundial porque os Estados Unidos estavam colhendo os frutos da produção em massa e de tecnologias em pleno desenvolvimento, como a eletricidade. Não obstante, os sindicatos tornaram-se um forte fator limitador do crescimento quando a produção em massa precisou ser substituída pela produção flexível, e o capitalismo gerencial por um capitalismo mais empreendedor.

A resistência pode vir tanto de titãs dos negócios quanto de barões do trabalho. Um dos grandes paradoxos da destruição criativa é que as pessoas que lucram com ela num momento podem se voltar contra ela no momento seguinte: preocupadas com a possibilidade de suas fábricas tornarem-se obsoletas ou de seus concorrentes desenvolverem produtos melhores, elas fazem tudo que podem — de pressionar o governo a apelar às cortes — com o intuito de congelar a concorrência e transformar sua vantagem temporária em permanente. Na década de 1880, Andrew Hickenlooper, presidente da Cincinnati Gas Company, além de presidente da American Gas Association, conduziu uma campanha vigorosa para defender o "medidor de gás" contra o "dínamo". Ele coagiu as autoridades municipais a recusarem a concessão de contratos a companhias elétricas (ou, aliás, a companhias de gás rivais) e pôs em ação uma campanha de propaganda na imprensa sobre os perigos da nova tecnologia: os fios podiam causar choques elétricos fatais e incêndios capazes de destruir uma cidade.[17]

QUE ENTREM OS POLÍTICOS

A América se saiu melhor do que os outros países tanto no lado criativo quanto no destrutivo da destruição criativa: ela se saiu melhor na fundação e na expansão de negócios, mas também em permitir a morte lenta desses mesmos negócios quando eles fracassam. A expressão mais óbvia disso é a tolerância incomum do país em relação à falência. Muitos dos maiores empresários da América do século XIX, incluindo Charles Goodyear, R. H. Macy e H. J. Heinz, sofreram repetidas falências antes de enfim alcançarem o sucesso.

O apetite da América pela destruição criativa tem muitas raízes. O fato de o país ser tão grande tornou as pessoas mais dispostas a deixarem tudo para trás e seguirem em frente. Desde o início, o Oeste foi ocupado por um sem-número de cidades fantasmas à medida que as pessoas erguiam novas cidades, que abandonariam em breve. O fato de ser um país relativamente novo significava que direitos adquiridos tinham menos força. Havia menos pessoas, principalmente no Oeste, com estilos de vida estabelecidos a serem defendidos. Na Grã-Bretanha, as ferrovias precisaram fazer voltas estranhas para evitar comunidades antigas. Na América, elas podiam traçar linhas retas de "Nenhum-Lugar-em--Particular para Lugar-Nenhum", como o *Times* de Londres certa vez colocou. A América às vezes pagava um preço alto por sua atitude, não só estética, mas também economicamente, com comunidades construídas às pressas, sem muita consideração em relação ao futuro, e abandonadas com menos reflexão ainda. Mas isso, no mínimo, evitou a estagnação.

O sistema político do país serviu muito para reforçar essas vantagens geográficas e culturais. O maior limite em potencial para a destruição criativa é a resistência política. O lado perdedor da destruição criativa tende a se concentrar, enquanto os vencedores tendem a se dispersar. É muito mais fácil organizar pessoas concentradas do que dispersas. Pode levar décadas para que os benefícios da destruição criativa se manifestem, enquanto os custos frequentemente são imediatos. Acrescente-se a isso o fato de que um vento perene incomoda a todos, tanto vencedores quanto perdedores: as pessoas têm uma forte preferência pelo que já é familiar (e é difícil explicar a elas que é impossível preservar o familiar quando não se pode arcar com os custos).

A América se saiu muito melhor do que qualquer outro país na resistência à tentação de interferir na lógica da destruição criativa. Na maior parte do mundo, políticos fizeram ótimos negócios ao prometerem benefícios advindos da destruição criativa sem custos. Comunistas culparam a ganância capitalista por esses custos. Populistas culparam os direitos adquiridos. Os socialistas à moda europeia adotaram uma abordagem mais madura, admitindo que a criação e a destruição estão relacionadas, mas afirmando serem capazes de promover o lado criativo da destruição criativa e ao mesmo tempo eliminar o lado destrutivo por meio de uma combinação entre a gestão da demanda e uma intervenção inteligente. O resultado em geral tem sido decepcionante: estagnação, inflação e, em alguns casos, crise.

Durante grande parte da sua história, os Estados Unidos estiveram imunes a essas pressões políticas de curto prazo. Os Fundadores fizeram um trabalho notável na proteção da economia da interferência política ao darem aos cidadãos direitos inalienáveis por meio de várias formas de restrição do poder político. A cultura econômica da América promoveu as virtudes vigorosas da prudência e da autossuficiência. O padrão ouro propiciou uma estrutura tão estável para a política monetária que a América não teve problemas por não ter um banco central durante setenta anos, de 1836 (quando Andrew Jackson vetou um terceiro banco) a 1913. Não existia imposto de renda. Os americanos mais esclarecidos acreditavam na lei da sobrevivência do mais forte.

O movimento progressista desafiou algumas dessas antigas pressuposições. Woodrow Wilson introduziu um imposto de renda federal em 1913. O New Deal pôs um fim na era do *laissez-faire*. O pós-guerra viu surgir um governo muito mais ativista do que o governo dos anos 1920. Dwight Eisenhower embarcou em um grande programa de construção de estradas. Lyndon B. Johnson prometeu construir a "Grande Sociedade".

O afastamento do *laissez-faire*, não obstante, foi muito mais dramático do que aconteceu na Europa, para não mencionar a América Latina. A Constituição americana manteve continuamente os ativistas do governo sob controle. A Suprema Corte derrubou o National Industrial Recovery Act (Lei de Recuperação da Indústria Nacional) de Franklin Roosevelt, que impunha amplos controles estatais à economia. Os congressistas americanos evitaram que Harry Truman introduzisse um sistema de saúde nacional depois da Segunda Guerra Mundial. Ativistas liberais várias vezes tiveram sucessores mais conservadores — Roosevelt foi sucedido por Dwight Eisenhower (via Truman), Lyndon Johnson, por Richard Nixon, e Jimmy Carter, por Ronald Reagan. A forte tradição americana do liberalismo *laissez-faire* também se reafirmou depois da Segunda Guerra Mundial. *O caminho da servidão* (1944), de Friedrich Hayek, foi condensado na *Reader's Digest* e lido por milhões. Milton Friedman tornou-se um astro da televisão. Ronald Reagan baseou sua campanha na ideia de que o governo era o problema, e não a solução.

Mas conseguirá a América continuar preservando sua vantagem relativa na arte da destruição criativa? Isso já não parece mais tão garantido. O ritmo de criação de novas companhias alcançou seu ponto mais baixo desde a década de 1980. Mais de três quartos dos setores econômicos mais importantes da América estão testemunhando um declínio no nível de competição. A razão de dependência demográfica está aumentando à medida que os *baby boomers* se aposentam. Os benefícios sociais estão aumentando inexoravelmente, e ao "expulsar" da economia os investimentos de capital (efeito *crowding out*), estão reduzindo a produtividade e o crescimento econômico. Além disso, as defesas da América contra o populismo tornam-se cada dia mais fracas à medida que políticos profissionais vendem seus votos para quem oferecer mais em troca e os eleitores exigem uma democracia sem controles para disciplinar um sistema corrupto. Donald Trump é a coisa mais próxima que a América já produziu de um populista no estilo latino-americano, prometendo afastar a concorrência externa e forçando companhias a oferecerem acordos "justos" a seus funcionários.

RECUPERANDO O DINAMISMO PERDIDO DA AMÉRICA

Este livro concluirá sugerindo algumas políticas com o objetivo de recuperar o dinamismo em declínio da América. A reforma mais importante seria seguir o exemplo da Suécia, que em 1991 reformou os benefícios sociais. A Suécia lidou com a crise fiscal trocando os benefícios sociais por um sistema de contribuições definidas. Em 2017, os benefícios sociais ficaram com mais de 14% do PIB americano, enquanto em 1965 eram apenas 5%, desviando dez pontos percentuais do PIB e da atividade econômica que poderiam ter sido investidos no consumo e no já preocupante déficit orçamentário da América. No Annual Report of the Board of Trustees of the Federal Old-Age and Survivors Insurance and Federal Disability Insurance Trust Funds de 2017 (Relatório Anual de 2017 do Conselho da Administração dos Fundos Fiduciários do Seguro Federal para Idosos e Pensionistas e do Seguro Federal para Incapazes), os atuários observam que, para de fato tornar o sistema atuarialmente saudável, ou os benefícios precisam ser reduzidos em 25%, sem data definida para uma reversão, ou os impostos precisam ser aumentados. Serve para demonstrar a preocupação da classe política em relação a esse diagnóstico o fato de que ele aparece quase no final de um relatório de 296 páginas.

Em segundo lugar, vem a reforma do sistema financeiro: outra crise financeira da magnitude da de 2008 ou da de 1929 afetaria a legitimidade de todo o sistema, além de causar estragos a curto prazo. Como detalharemos mais adiante no livro, todas essas crises são provocadas por intermediários financeiros que, com uma reserva muito pequena de capital, estimulam uma corrida moderna aos bancos que resulta em contágio. Historicamente, os setores não financeiros da economia americana têm apresentado uma proporção "capital próprio/ativo total" entre 40% e 50%. Entre companhias com esse equilíbrio de capital, calotes contagiosos são muito raros. Os calotes contagiosos são uma característica infeliz de instituições financeiras que apresentam uma proporção "capital próprio/ ativo total" muito menor. A melhor forma de evitar a recorrência da crise é forçar os bancos a reter uma parcela substancialmente maior de capital e garantias. A história vai de encontro ao argumento, levantado com frequência, de que essa medida restringiria de modo significativo os empréstimos e o crescimento econômico. Infelizmente, os formuladores de políticas escolheram uma solução diferente — criando regulamentações complicadas, como a Lei Dodd-Frank (2010), promovidas por grupos de pressão com uma lista de exigências, e não uma tentativa concentrada de resolver o problema. A Lei Dodd-Frank só serviu para aumentar a complexidade da estrutura regulatória que foi desenvolvida de improviso ao longo de décadas.

Não obstante, sempre que flertou com o declínio nacional no passado — na década de 1930, por exemplo, ou nos anos 1970 —, a América derrotou os problemas e saiu da luta mais forte. O vigor característico da economia nacional — e, aliás, do caráter nacional — sempre venceu os fracassos das políticas. Em 1940, o futuro da América parecia funesto: o país passara por uma década de estagnação econômica e turbulência financeira. Porém, uma década depois, a economia estava outra vez a todo vapor e a América era de longe a economia mais bem-sucedida do mundo.

É possível questionar a sensação cada vez mais forte de pessimismo voltando-se para o Vale do Silício, onde empreendedores inventam o futuro de tudo, dos smartphones à robótica. Outra forma de fazer isso é olhar para o passado. Há duzentos anos, os colonizadores da América estiveram diante de problemas que fazem os atuais parecerem piada: como extrair sua sobrevivência de terras vastas e inóspitas, e como forjar um sistema político capaz de conciliar os direitos dos estados e o governo nacional, bem como a iniciativa individual e a responsabilidade coletiva.

A história de como eles conseguiram fazer isso é ao mesmo tempo arrebatadora e educativa.

1

UMA REPÚBLICA COMERCIAL:
1776-1860

O TERMO "COLÔNIA" REMETE a imagens de exploração e marginalização. Entretanto, a América Colonial foi, em muitos aspectos, um dos lugares mais afortunados da Terra, abençoada por recursos abundantes e um regime relativamente liberal. De 1600 a 1766, as colônias ostentaram a maior taxa de crescimento do mundo, crescendo mais do que o dobro da metrópole. Quando chegou a hora do divórcio, os americanos eram o povo mais rico do planeta, com uma produção per capita com valor equivalente a 4,71 dólares em 2017.[1] Os americanos eram entre 5 e 8 centímetros mais altos do que os europeus. Também eram mais férteis, com entre seis e sete filhos para cada mulher, enquanto na Grã-Bretanha esse número era de quatro a cinco — o que levou Benjamin Franklin a especular que, em meados da década de 1800, "o maior número de ingleses estará deste lado das Águas". Plantados em um imenso continente, os americanos gozavam uma relativa abundância de recursos básicos de vida, terra, caça, peixes, madeira e minerais. Isolados de sua metrópole por quase 5 mil quilômetros de oceano, eles também contavam com relativa liberdade.

Os colonos britânicos não conseguiram reproduzir a sociedade fechada da Grã-Bretanha do outro lado do Atlântico: o número de administradores coloniais ou clérigos anglicanos simplesmente era pequeno demais para impor sua vontade sobre os nativos.[2] Na Grã-Bretanha, as profissões eruditas e as corporações de ofício podiam esmagar ideias e regular a concorrência. Na América, elas eram fracas demais para dominar a sociedade. Os colonos estavam viciados em independência. "Eles não criam vínculos com o lugar, mas vagar parece estar arraigado em sua natureza", comentou um observador, "e é por força disso que eles devem sempre imaginar que as outras terras ainda são melhores do que aquelas onde já se estabeleceram".[3]

Ao mesmo tempo, as colônias buscavam sofisticação. A "alta sociedade" fazia o máximo para viver como a nata inglesa, importando móveis, louças, roupas e chás da metrópole. Ninguém superava a América em relação a ensino superior: em 1800, o novo país tinha dezenas de universidades, numa época em que a Inglaterra tinha apenas duas. Dos 56 membros do Congresso Continental, 29 tinham nível universitário.[4] Os americanos educados eram tão sofisticados quanto em qualquer outro lugar do mundo. Eles estudavam os grandes textos do pensamento ocidental — os clássicos gregos e romanos, a Bíblia e seus diversos comentários. Gostavam, particularmente, de mergulhar nos pensadores britânicos, dando lugar de honra a juristas como William Blackstone e filósofos como John Locke, mas também encontravam tempo para os *philosophes* franceses. Quando enfim decidiram que precisavam formar um novo país, eles criaram a Constituição mais impressionante que o mundo já vira.

A Constituição cobria as questões mais constantes na filosofia política. Como é possível garantir um equilíbrio entre a sabedoria e a participação popular? Como se pode estabelecer um equilíbrio entre os direitos individuais e a vontade da maioria? Também abordava um novo conjunto de questões provocadas pela dissolução do velho e estável mundo: como atender às necessidades do comércio e do poder popular? E como estabelecer certos pontos fixos em um mundo em constante mudança?

A Constituição transformou os Estados Unidos em algo único na história: uma jovem sociedade democrática que estabeleceu limites rígidos sobre o que a maioria podia fazer. A maioria não podia suplantar os direitos da população à propriedade privada, ao exercício do trabalho e a manter os frutos de seu trabalho (inclusive do trabalho intelectual). Isso garantiu, mais do que qualquer outra coisa, a prosperidade futura da América — muito mais do que vantagens econômicas convencionais como a abundância de terras e matéria-prima. Encorajou as pessoas a se dedicarem ao trabalho ao reduzir o risco de terem os frutos desse trabalho roubados. Os Fundadores acertaram tanto nos detalhes quanto na arquitetura. Eles estabeleceram o maior mercado do mundo ao banirem tarifas internas (algo que os europeus só fariam na década de 1980). Isso permitiu o surgimento de indústrias gigantes e a especialização das regiões. Além disso, estenderam os direitos à propriedade ao importantíssimo universo das ideias.

SUBSISTÊNCIA

Apesar de todas as suas vantagens, o país nascido na Revolução Americana ainda era, essencialmente, uma economia de subsistência. Viajando pelo país de 1794 a 1796, Talleyrand, o grande diplomata francês, ficou impressionado com o atraso da América. A América "está apenas na infância no que diz respeito à manufatura: umas poucas fundições, muitas oficinas de vidro, alguns curtumes, um número considerável de fábricas insignificantes e imperfeitas de caxemira e, em alguns lugares, de algodão [...] apontam para os débeis esforços que foram até então feitos [para] propiciar ao país artigos manufaturados de consumo diário".[5]

O sistema financeiro da América era primitivo se comparado ao da metrópole. A Grã-Bretanha estabeleceu um banco nacional em 1694, quando deu ao Banco da Inglaterra monopólio sobre a emissão de papel-moeda e introduziu o padrão ouro em 1717, quando o mestre da Casa da Moeda, Sir Isaac Newton, definiu a libra em termos do peso de ouro (4,25 libras por onça-troy).* A América não tinha nenhum banco até a década de 1780,

---

* Onça-troy é uma unidade de medida originária de Troyes, França, que remonta à Idade Média. Uma onça-troy equivale a 31,21 gramas, segundo a Casa da Moeda britânica. [N. da T.]

quando Robert Morris conferiu carta patente ao Bank of North America (1781), Alexander Hamilton estabeleceu o Bank of New York (1784) e John Hancock e Samuel Adams conferiram carta patente ao Massachusetts Bank (1784). O país só adotou uma política monetária clara na década de 1830. A Constituição incluiu uma cláusula (artigo I, seção 8) concedendo ao Congresso o direito de "cunhar moeda" e "regular seu valor". A Lei da Cunhagem de 1792 fixou a prata como principal parâmetro para a definição do "dólar" americano (um dólar equivalia a 371,25 grãos* de prata), mas também deixou espaço para o ouro, autorizando moedas de ouro para valores maiores (2,50 e 10,00 dólares), e fixando o valor do dólar em 24,75 grão de ouro puro e a razão entre os preços do ouro e da prata de 15 para 1. Essa razão acabou se mostrando insustentável: à medida que o preço relativo de mercado da prata caía, o ouro, mais valioso no exterior do que internamente, era exportado em quantidades tão grandes que parecia que as moedas de ouro deixariam de circular na América. Em 1834, o governo federal por fim organizou a bagunça revisando a relação, que passou a ser de 16 para 1, e adotando o padrão ouro britânico.

Mais de 90% dos americanos viviam na zona rural, em pequenas ou grandes fazendas. Apenas três cidades — Filadélfia, Boston e Nova York — tinham populações de mais de 16 mil habitantes. Ainda assim, suas populações eram ínfimas se comparadas à de Londres (750 mil) ou Beijing (quase 3 milhões).[6] A maioria dos americanos plantava o próprio alimento, fiava seus próprios tecidos, fazia suas próprias roupas, consertava seus sapatos, e havia ainda a atividade mais cansativa de todas: eles produziam seu próprio sabão e suas velas a partir de barris de gordura animal fervida. Usavam madeira na construção e como combustível, tração animal como fonte de energia, e quando a manufatura começou a se desenvolver, passaram a usar água em seus moinhos rudimentares. Seus arados não eram mais sofisticados do que os dos romanos antigos: galhos de árvores

---

* Antiga unidade de medida de massa. Usado como unidade de medida desde a Antiguidade e adotado na Grã-Bretanha no século XIII, o grão equivale a aproximadamente 64,8 miligramas, e foi herdado pelos Estados Unidos. [*N. da T.*]

adornados com peças de ferro e tiras de couro de boi. Suas estradas eram caminhos cavados na terra cobertos por pedras e pedaços de troncos de árvores: uma pancada de chuva podia transformá-las em verdadeiros mares de lama; uma seca prolongada deixava-as cobertas de poeira.

A vida era em sua maior parte um sacrifício, difícil, cansativa e implacável. Os fazendeiros só conseguiam sobreviver se todos os membros da família — tanto crianças quanto adultos, mulheres e homens, velhos e jovens — se dedicassem completamente ao trabalho. Preguiçosos eram punidos ou obrigados a buscar seu próprio caminho no mundo. As tarefas diárias mais básicas — providenciar água para o banho, lavar a roupa ou jogar o lixo de casa fora — eram extenuantes e demoradas. O ritmo dos dias das pessoas era ditado pelo nascer e pelo pôr do sol (as principais fontes de luz — velas e lâmpadas a óleo de baleia — eram ineficientes e caras). Sua ideia de velocidade era definida por "cascos e velas". Viajantes precisavam suportar um sem-número de inconveniências: eram sacudidos nos lombos dos cavalos, jogados de um lado para outro como sacos de batatas em diligências, chacoalhavam até ficar enjoados nos barcos — isso quando um cavalo não perdia sua ferradura ou uma diligência não perdia um eixo e os deixava na mão. Thomas Jefferson precisou cruzar cinco rios na viagem de sua cidade natal, Monticello, Virgínia, a Washington D.C., para a posse em 1801.[7]

Os americanos eram prisioneiros do clima. Historiadores modernos, confortáveis em seus escritórios com ar-condicionado, costumam zombar do argumento de Montesquieu em *Do espírito das leis* (1748), de que o clima define o destino. Para George Washington e seus contemporâneos, essa era apenas uma declaração do óbvio. No Meio-Oeste, os tornados podiam destruir comunidades inteiras. No Sul, havia apenas duas estações: quente e infernal. (A escravidão foi, em certos aspectos, uma medida abominável em resposta a um fato climático básico: era impossível convencer homens livres a fazer o trabalho altamente dependente de mão de obra que era a colheita sob o calor e a umidade.) O clima era um senhor inconstante e opressor. Uma enchente repentina podia tornar as estradas intrafegáveis. Uma geada tardia podia destruir uma plantação.

Nos primeiros anos da Revolução, os americanos também eram prisioneiros de uma faixa estreita de terra na Costa Leste. Eles não ousavam se aventurar no interior, pois o território era predominantemente uma imensidão não mapeada controlada por potências europeias concorrentes e companhias privadas. Essa imensidão possuía todos os tipos de perigos — nativos furiosos por terem sido tirados de seu lugar por homens brancos; ursos e lobos famintos por um pouco de carne humana; soldados e mercenários das potências hostis. Acima de tudo, a imensidão possuía desertos. Sem mapas precisos, era fácil se perder.

Além de prisioneiros do clima, os americanos também eram prisioneiros da ignorância. Eles simplesmente não tinham informações atualizadas sobre o que estava acontecendo no mundo. As notícias de eventos importantes podiam levar semanas para ir de uma região a outra, para não mencionar da Europa para os Estados Unidos. Levou quase uma semana para a notícia da morte de George Washington chegar a Nova York; e mais de um mês para James Monroe, em Paris, fazer chegar a Thomas Jefferson, em Washington D.C., a notícia de que Napoleão pretendia vender a "Louisiana".

Robert McNamara falou sobre a "neblina da guerra". Nas primeiras décadas de república, os americanos tentavam ganhar a vida cercados pela neblina do dia a dia. Eles travavam batalhas quando a guerra já estava ganha. Pagavam caro por produtos "raros" mesmo quando navios cheios desses produtos estavam prestes a chegar. Isso era ainda mais perigoso em razão de a vida ser muito volátil. O fluxo das importações para a Costa Oeste dependia de um pequeno número de navios que podia ser interrompido por conflitos entre potências rivais e pelo mau tempo.

Essa neblina da ignorância se aplicava tanto ao povo comum quanto ao governo. Durante a Revolução Americana, os rebeldes não tinham informações básicas sobre o país que estavam tentando libertar. Quantas pessoas havia lá? Como elas ganhavam a vida? Elas conseguiam ser autossuficientes? O novo governo rapidamente começou a coletar dados sobre a população: a Constituição requeria que um censo decenal fosse conduzido para a distribuição das cadeiras do Congresso, e a América conduziu o primeiro censo logo após seu nascimento, em 1790. O governo só começou a coletar dados sobre a manufatura e a agricultura em 1840. Paul David, da Universidade Stanford, rotulou a era anterior a 1840 de "idade das trevas da estatística".

A relação econômica mais importante das pessoas era com o mundo natural, particularmente com os animais, a água e o vento. Os americanos, tanto urbanos quanto rurais, estavam cercados por um verdadeiro jardim zoológico: porcos, ovelhas, galinhas, patos e cavalos. Os porcos comiam lixo nas ruas. Os cachorros viviam soltos. Bastava não ser uma cabana para toda casa ter um cavalo. Esses animais eram pequenos e robustos se comparados aos espécimes da atualidade, adaptados à sobrevivência em condições duras em vez de produzirem a quantidade máxima de carne, leite ou ovos. Em 1800, a vaca provavelmente produzia, em média, 454 quilos de leite por ano, enquanto a atual produz 7.264 quilos.[8] Ao mesmo tempo, eles eram usados para muito mais coisas além da obtenção de alimentos: sua pele proporcionava roupas e sapatos, as patas podiam ser transformadas em cola. "Do boi só se perde o berro" era a regra naqueles tempos nada sentimentais, em que praticamente tudo do animal deveria ser aproveitado. Os americanos eram caçadores e fazendeiros. O território abundava em comida e roupas de graça na forma de alces, cervos e patos. John Jacob Astor conseguiu reunir a maior fortuna da América vendendo pele de castor, lontra, rato-almiscarado e urso (embora tenha tido a sabedoria de usar parte do dinheiro ganho com a caça na grande imensidão americana para comprar imóveis em Manhattan).

Os animais mais importantes eram, de longe, os cavalos: aliás, pode-se argumentar que os cavalos na época eram a parte mais importante do estoque de capital do país. Em 1800, a América provavelmente possuía um milhão de cavalos e mulas. A combinação entre humanos e cavalos era tão central para a vida econômica da época quanto a combinação entre humanos e computadores na vida econômica atual. Cavalos de pedigree eram tanto depósitos de riqueza quanto fontes de entretenimento: na Virgínia e em Kentucky, particularmente, a linhagem dos cavalos era um tema comum de conversa.

Os americanos tinham a sorte de possuir uma rede de rios e lagos que funcionavam como estradas aquáticas: o rio Mississippi, em especial, era uma via expressa de 6.437 quilômetros que ligava o Sul ao Meio-Oeste. Mercadorias eram facilmente transportadas por essas estradas e através de lagos. Os colonizadores canalizavam a força hidráulica com a construção de moinhos próximos a correntes fortes — ou, melhor ainda, canalizavam uma combinação entre gravidade e força hidráulica construindo moinhos perto de quedas-d'água, como as cataratas do rio Charles, em Waltham, Massachusetts. Francis Cabot Lowell e um grupo de comerciantes de Boston chegaram até mesmo a criar uma companhia, a Proprietors of the Locks and Canals on the Merrimack River, para controlar o fluxo do rio Merrimack e vender a força gerada pela corrente da água para os proprietários de moinhos e fábricas locais.[9] As estradas aquáticas, contudo, tinham limitações. Transportar coisas corrente acima, em especial uma corrente forte como a do Mississippi, muitas vezes era impossível.

Os americanos também tiveram a sorte de ter o grande Oceano Atlântico para fornecer tanto um suprimento constante de peixes quanto uma via com destino ao continente europeu. A indústria de pesca da Nova Inglaterra teve tanto sucesso que o próprio Adam Smith a descreveu em *A riqueza das nações* como "talvez, uma das mais importantes do mundo".[10] Comunidades se sustentavam com lagostas, ostras, arenque, esturjão, hadoque, caranguejo e filé de peixe; pode-se dizer que o bacalhau estava para Massachusetts como o tabaco estava para a Virgínia. O "berço da liberdade americana", o Faneuil Hall, em Boston, foi presente de Peter Faneuil, comerciante da cidade que fizera fortuna vendendo o bacalhau da Nova Inglaterra pelo mundo.

O "animal aquático" mais valioso não era um peixe, mas um mamífero: a demanda por óleo de baleia era tão insaciável que os retornos do mercado baleeiro no principal porto baleeiro da América, New Bedford, Massachusetts, totalizaram uma média de 14% por ano de 1817 a 1892, e a Gideon Allen & Sons, uma organização baleeira sediada no local, obteve retornos de 60% por ano durante grande parte do século XIX financiando viagens de caça de baleias — talvez o melhor desempenho de qualquer empresa na história americana.[11]

A América era tão rica em árvores quanto em vida, com cerca de 900 milhões de acres de florestas espalhadas pelo continente. Os colonizadores americanos fizeram comentários sobre como havia muito mais árvores do que na desmatada Inglaterra: pinheiros, carvalhos, bordos, ulmeiros, salgueiros, coníferas e muitas outras. Um colono da Virgínia disse que ela parecia "uma floresta sobre a água". Um colono de Maryland escreveu: "estamos muito próximos, mas não conseguimos ver as casas de nossos vizinhos por causa das árvores". Os colonizadores observavam as árvores da América e enxergavam elementos da vida civilizada: móveis para as casas, combustível para as lareiras e forjas, mastros e cascos para os navios, peças para as máquinas, próteses dentárias para os desdentados.[12]

Walt Whitman usou o machado como símbolo do que dividia o Velho Mundo do Novo. Na Europa, o machado era usado para cortar as cabeças dos tiranos. Na América, era usado para transformar florestas em objetos úteis:[13]

O machado salta!
A floresta sólida faz proclamações fluidas,
Tombam, erguem-se e ganham forma,
Cabana, tenda, porto, aduana,
Mangual, arado, enxada, pé de cabra,
Telha, corrimão, suporte, lambri, umbral, ripa, painel, frontão...

Os americanos não estavam satisfeitos com a vida dura que precisavam levar contando apenas com esses recursos naturais. Eles desenvolveram outras maneiras de extrair mais riqueza de seu ambiente. Em 1795, Jacob Perkins inventou uma máquina capaz de cortar e moldar as cabeças de 200 mil pregos por dia. A máquina de fazer pregos possibilitou a construção de casas no "sistema balão" com um mínimo de qualificação e esforço. William Wordsworth tornou-a ainda mais útil ao inventar uma máquina na década de 1820 capaz de cortar madeira segundo especificações. Em 1819, os americanos consumiam 2 milhões de metros cúbicos de madeira por ano — 3,5 vezes a quantidade de madeira per capita dos britânicos.[14] Todavia, mesmo enquanto transformavam o mundo natural com sua criatividade, eles continuavam dependendo dele: em 1850, até as máquinas mais sofisticadas eram feitas de madeira e empregavam correias feitas de couro.

RIP VAN WINKLE

A Guerra da Independência causou um choque sobre a América que faz o choque provocado pela Grã-Bretanha ao deixar a União Europeia parecer pequeno. Durante o século XVIII, a América britânica tornara-se mais enredada na economia da metrópole. A América importava produtos manufaturados da Inglaterra e pagava com seus recursos naturais abundantes, como peixes e madeira, além dos produtos provenientes da agricultura comercial, como tabaco e arroz. O comércio cada vez mais intenso realizado através de 4.800 quilômetros de oceano era justificado pela teoria do mercantilismo e reforçado pela crescente concorrência econômica entre as grandes potências europeias.

A guerra devastou a frágil economia americana. Os exércitos rivais destruíram cidades e propriedades rurais. Os navios de guerra britânicos dificultaram o comércio. Mais de 25 mil americanos morreram em batalha. A tentativa do Congresso Continental de financiar a guerra com uma propaganda maciça na mídia impressa, imprimindo mais de 242 milhões de dólares em moeda fiduciária na forma de "continentais", funcionou a princípio, permitindo a George Washington comprar comida e armamentos, mas acabou levando a uma hiperinflação. Em 1780, o poder de compra dos continentais era equivalente a um quarto do seu valor de face (daí a expressão "não vale nem um continental"), e o governo foi forçado a tirá-los de circulação. A nova moeda, portanto, funcionou como um imposto disfarçado para os americanos comuns e principalmente para os ricos, que, tendo traduzido suas economias em continentais, que foram progressivamente perdendo o valor, acabaram pagando uma parcela considerável da conta da guerra. (Ver Gráfico 1.)

GRÁFICO 1

DÓLAR CONTINENTAL: TAXA DE DESCONTO *VERSUS* QUANTIDADE EMITIDA POR TRIMESTRE, DE MAIO DE 1775 A ABRIL DE 1780

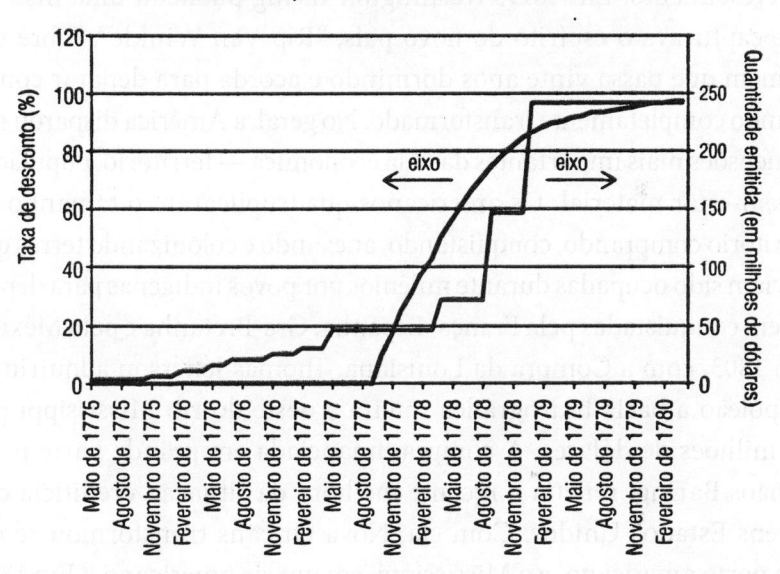

O pós-guerra trouxe mais danos. Enquanto se esforçava para encontrar um novo papel em um mundo mudado, a América passou pelo que um historiador chamou de "sua maior queda na renda de todos os tempos", com um declínio de 30% da renda nacional, um reflexo do comércio internacional.[15] Além de tudo isso, a América tinha uma imensa dívida de guerra: o novo governo americano, estabelecido segundo os artigos da Confederação, devia 51 milhões de dólares (ao passo que os estados individuais deviam outros 25 milhões), mas não foi capaz de promover um aumento na receita por meio de impostos.

Não obstante, graças em grande parte a Alexander Hamilton, secretário do Tesouro americano, a nova nação fez um trabalho incrível na organização das finanças públicas. A Constituição americana deu ao governo federal uma autoridade maior para aumentar a receita por meio de taxas alfandegárias. Isso deu a Hamilton os recursos para fortalecer a confiança na América com o pagamento de antigos empréstimos, em particular à França, e depois usar essa confiança como um trunfo na negociação de novos empréstimos.[16]

Em poucos anos de independência, a América retomou o ritmo de crescimento. Em 1819, Washington Irving publicou uma história que capturava o espírito do novo país, "Rip Van Winkle", sobre um homem que passa vinte anos dormindo e acorda para deparar com o mundo completamente transformado. No geral, a América disparou nas dimensões mais importantes da vida econômica — território, população e bem-estar material. Os americanos quadruplicaram o tamanho do território comprando, conquistando, anexando e colonizando terras que haviam sido ocupadas durante milênios por povos indígenas para depois serem conquistadas pela França, Espanha, Grã-Bretanha e pelo México. Em 1803, com a Compra da Louisiana, Thomas Jefferson adquiriu de Napoleão a bacia hidrográfica inteira a oeste do rio Mississippi por 15 milhões de dólares. A compra, financiada em grande parte pelos irmãos Baring, refletia a recente melhora da situação creditícia dos jovens Estados Unidos. Com ela, Nova Orleans transformou-se em um porto americano, e o Mississippi, em um rio americano.[17] Em 1821, Andrew Jackson articulou a compra da Flórida, então pertencente à Espanha. A América anexou o Texas (1845), a Califórnia (1850) e grande parte do Sudoeste atual à União. Em 1846, eliminou definitivamente quaisquer pretensões britânicas de direitos sobre o território americano no Oregon.

A população do país aumentou de 3,9 milhões, no seu primeiro censo em 1790, para 31,5 milhões em 1860 — crescendo quatro vezes mais rápido do que a da Europa e seis vezes mais rápido do que a média mundial. De 1815 a 1830, a população da região oeste dos Apalaches cresceu três vezes mais rápido do que as treze colônias originais, e a América foi ganhando um novo estado a cada três anos. Novas cidades eram criadas ao sul e a oeste — Pittsburgh, Cincinnati e Nashville, para citar apenas três — como eixos nacionais e ímãs de pessoas. O capital social da América cresceu mais rápido ainda, mais do que triplicando de 1774 a 1799, e aumentando dezesseis vezes daí até a Guerra Civil.[18]

O produto interno bruto real da América aumentou 3,7% em média por ano de 1800 a 1850. A renda per capita aumentou 40%. "Nenhuma outra nação daquela era foi capaz de se igualar sequer em um único componente desse crescimento explosivo", observou James McPherson em *Battle Cry of Freedom*. "A combinação dos três tornou a América na criança-prodígio entre as nações do século XIX."[19] O crescimento passou a ser acompanhado por ciclos com fases de expansão e contração. Em sociedades de subsistência, os problemas econômicos geralmente são provocados ou por condições locais ou forças naturais. Em economias maduras, por outro lado, a atividade econômica tende a avançar em paralelo: um aumento gradual, mas cada vez maior, dessa atividade é seguido por um colapso dramático que é denominado de "crise" ou "pânico".

GRÁFICO 2
NÍVEL DE ATIVIDADE ECONÔMICA DE EMPRESAS NÃO RURAIS
AJUSTE SAZONAL, COM VALORES POR TRIMESTRE, T1 1855 – T3 2017

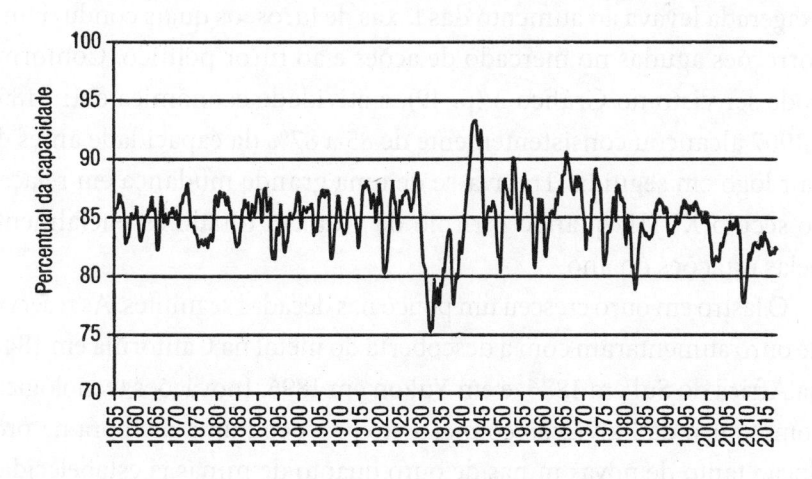

O pânico de 1819 foi a primeira experiência da América com uma crise financeira em tempos de paz. Em agosto de 1818, o Second Bank of the United States começou a rejeitar papel-moeda por temer que a concessão de crédito tivesse alcançado proporções perigosas. Então, em outubro, o Tesouro americano intensificou a contração do crédito forçando o banco a transferir 2 milhões de dólares em espécie para resgatar títulos da Compra da Louisiana. Bancos estaduais de todo o Sul e Oeste começaram a cobrar empréstimos de fazendas que já estavam afundadas em hipotecas. O valor de muitas fazendas caiu 50% ou mais. Bancos locais começaram a executar as hipotecas das fazendas e a transferir os títulos das propriedades para o Second Bank of the United States. O preço do algodão caiu 25% em um só dia de 1819. A América só viria a se recuperar da recessão subsequente em 1821.

Esse pânico estabeleceu o padrão para uma sucessão de outros, ocorridos em 1837, 1857, 1873, 1884, 1893, 1896 e 1907. As causas específicas para cada ciclo econômico variavam muito, mas o padrão básico era sempre o mesmo: expansões ganhavam ritmo até serem finalmente restringidas por um "lastro em ouro", que limitava a concessão de crédito e forçava as empresas a economizar. A expansão levava à euforia, que por sua vez levava a uma expansão exagerada. Essa expansão exagerada levava ao aumento das taxas de juros, os quais conduziam a correções agudas no mercado de ações e ao furor político. Conforme pode ser visto no Gráfico 2 (p. 49), a atividade econômica entre 1855 e 1907 alcançou consistentemente de 85 a 87% da capacidade antes de cair logo em seguida. Tratava-se de uma grande mudança em relação ao século XVIII, quando o ritmo da vida era ditado essencialmente pelas estações do ano.

O lastro em ouro cresceu um pouco nas décadas seguintes. As reservas de ouro aumentaram com a descoberta do metal na Califórnia em 1848, na África do Sul em 1886, e em Yukon em 1896. Inovações tecnológicas como o uso da lixiviação com cianeto provocou uma melhora na produção tanto de novas minas de ouro quanto de minas já estabelecidas. Os aperfeiçoamentos da tecnologia financeira, a exemplo das câmaras de compensação de cheques, provocaram um aumento da magnitude da expansão de crédito que podia ser produzida por um dado nível das reservas de ouro. Mas isso teve efeitos colaterais: a expansão das reservas de ouro provavelmente ajudou a produzir uma das contrações econômicas mais severas da história americana a partir de 1893. A pressão para encontrar uma maneira de evitar essas crises resultou na Lei Aldrich-Vreeland de 1908, que acabou por levar à formação do Federal Reserve System em 1913, substituindo o ouro em espécie pelo expansível crédito soberano dos Estados Unidos.

A CULTURA DO CRESCIMENTO

A criança prodígio tinha uma cultura incomumente aberta e dinâmica. Os Fundadores fizeram um bom trabalho ao expressarem o *zeitgeist* da nova cultura. "Um lavrador de pé é maior do que um fidalgo de joelhos", disse Benjamin Franklin. "Nem a massa da humanidade nasceu com uma sela nas costas, nem uma minoria favorecida de botas e esporas, pronta para cavalgá-la", disse Jefferson. E a nova cultura da abertura tornou-se cada vez mais arraigada ao longo das décadas seguintes. Visitantes estrangeiros ficaram impressionados (ou chocados) com a natureza burguesa da América. Eles observavam a obsessão dos americanos pelos negócios e pelo dinheiro. Lady Stuart-Wortley escreveu: "A improdutividade do zangão não é permitida na grande colmeia transatlântica." Francis Grund proclamou: "O trabalho é tão essencial para o seu bem-estar quanto a comida e a vestimenta para o de um europeu." Tocqueville escreveu: "Não conheço outro país onde a riqueza tenha conquistado tanto o homem." Ao chegar a Ohio, ele exclamou que "a sociedade inteira é uma fábrica". Os visitantes costumavam ligar essa energética combinação entre trabalho e dinheiro ao fato de que, como colocou Frances Trollope, "o filho de qualquer homem pode tornar-se igual ao de qualquer outro".[20] A escravidão, é claro, ainda seria uma exceção abominável por algum tempo, conforme examinaremos.

Essa cultura aberta era reforçada por duas influências poderosas. Os protestantes valorizavam o trabalho duro como prova de virtude e a educação como caminho para a compreensão da bíblia. Os *philosophes* do Iluminismo questionavam o valor da hierarquia e da autoridade, encorajando as pessoas a confiarem em seu próprio julgamento. Apesar de todas as suas diferenças, essas duas tradições simpatizavam com a destruição criativa: elas ensinaram os americanos a desafiarem a ordem estabelecida em busca do aperfeiçoamento pessoal e a questionarem o conhecimento recebido em busca da compreensão racional.

A escassez de trabalho também ajudou. A América gozava da menor densidade populacional do mundo. (Um dos fatores que dificultaram a derrota dos súditos coloniais pelos britânicos foi o fato de eles estarem tão espalhados: os britânicos podiam capturar as cidades costeiras com sua poderosa Marinha Real, mas lhes faltavam os recursos humanos para submeter a zona rural, onde viviam 95% das pessoas.) Na Europa, soava verdadeiro o alerta de Malthus — no *Ensaio sobre o princípio da população* (1798) — de que a população cresceria mais rápido do que o território necessário para comportá-la. Na América, era um absurdo: não havia mãos suficientes para cultivar a terra disponível.[21] A relação entre a população e a superfície do território continuou generosa mesmo quando a América passou a ser invadida por imigrantes, pois o território do país foi crescendo junto com a sua população: o número de habitantes por milha quadrada caiu de 6,1 em 1800 para 4,3 em 1810.

Essa combinação entre abundância de recursos e escassez de trabalho rendeu valiosos dividendos materiais. Os americanos se casavam cedo porque era mais fácil encontrar terras para cultivar, e se reproduziam prodigiosamente em parte porque podiam e em parte porque precisavam de filhos para cultivar a terra. A idade média da população em 1815 era 16 anos, com apenas uma em oito pessoas com mais de 43 anos.[22] Em virtude de toda essa juventude, os americanos também tinham uma expectativa de vida maior, pois as doenças se disseminavam com mais dificuldade do que nas cidades com elevada densidade populacional da Europa (a expectativa de vida era menor no Sul porque a umidade favorecia a proliferação das doenças).

Também teve generosos dividendos psicológicos. A escassez de trabalho alterou o equilíbrio do poder: nas palavras de Walter McDougall, "Mais do que qualquer outro povo na Terra, os americanos tinham a opção de dizer 'O trabalho é esse, é pegar ou largar, e não encha o saco'".[23] A necessidade de se conquistar tanto espaço incentivou as capacidades organizacionais. Talvez a grande migração dos mórmons para Utah tenha sido o melhor exemplo disso: liderados de forma brilhante por Brigham Young, os Santos construíam suas próprias estradas, pontes, e até deixavam plantações que podiam ser colhidas pela onda seguinte de colonizadores.[24] Ao mesmo tempo, a disponibilidade de tanto espaço amenizou as dificuldades dos primeiros estágios da industrialização. Na Europa, a Revolução Industrial foi associada à superpopulação urbana e a "Moinhos Satânicos". Nos Estados Unidos, os primeiros germes da industrialização surgiram em terras verdes e agradáveis — geralmente às margens de rios em pequenas cidades da Nova Inglaterra. Na década de 1830, Michel Chevalier, economista francês, observou que as fábricas americanas eram "novinhas em folha como uma cena de ópera". Em 1837, Harriet Martineau, uma inglesa, opinou que os trabalhadores americanos eram sortudos por "terem suas moradias e ocupações estabelecidas em locais onde há aglomerados de montanhas, e onde as águas se agitam e redemoinham entre as pedras".[25]

A América rapidamente superou a Grã-Bretanha como a maior fábrica mundial de empreendedores, produzindo o maior número de patentes per capita em 1810 e obtendo sucesso em indústrias que estavam no coração da revolução da produtividade, incluindo a das embarcações a vapor, a das máquinas agrícolas, máquinas-ferramentas e máquinas de costura. Os empreendedores americanos vinham de todas as camadas da sociedade, mas eram unidos pela suposição compartilhada de que qualquer problema pode ser solucionado, contanto que a ele seja dedicado trabalho mental suficiente.

Oliver Evans era o filho autodidata de um agricultor de Delaware. Em 1784-85, ele construiu um moinho de farinha perto de Filadélfia movido pela gravidade, pela fricção e pela força da água. Os grãos eram transportados do silo através dos vários níveis em baldes e correias de couro, sem seres humanos fazendo nada além de guiar e regular o processo. Tanto Thomas Jefferson quanto George Washington instalaram moinhos de Evans em suas fazendas e lhe pagaram por isso. Alguns anos mais tarde, ele desenvolveu um dos primeiros motores a vapor de alta pressão e estabeleceu uma rede de oficinas de maquinário para produzir e consertar invenções populares. Em 1813, chegou a prever um futuro em que as pessoas viajariam em diligências "movidas a vapor" e guiadas por trilhos de uma cidade a outra.

Eli Whitney formou-se na Universidade de Yale. Em 1793, ele desenvolveu um dispositivo que reduziu o trabalho envolvido na separação das sementes da fibra do algodão em um fator de 50: um cilindro com pregos extraía o algodão das sementes puxando-o através de uma grade estreita demais para a passagem das sementes. As sementes caíam em um compartimento, enquanto uma escova varria o algodão dos pregos para outro. Um carpinteiro razoavelmente competente podia construir um em uma hora. Frustrado nas tentativas de patentear a inovação, Whitney passou a fabricar rifles e outras armas para o governo.

Samuel Morse era um pintor e professor bem-sucedido de artes da Universidade de Nova York que ficou tão furioso quando o Congresso lhe negou uma comissão pela pintura de um mural histórico para a Rotunda do Capitólio que desistiu da pintura e dedicou suas energias ao desenvolvimento de uma forma de usar o eletromagnetismo para enviar mensagens por fios. Em 1843, Morse convenceu o Congresso a lhe dar 30 mil dólares para construir uma linha de demonstração de Baltimore a Washington com sua nova tecnologia. Em 24 de maio de 1844, ele enviou sua primeira mensagem: "Que coisas Deus tem realizado."

Tanto Cyrus McCormick quanto John Deere eram lavradores que faziam experiências nas horas vagas. Em 1833-34, McCormick inventou uma colheitadeira mecânica capaz de colher mais grãos do que cinco homens trabalhando com foices. Em 1837, Deere inventou um arado com uma aiveca de aço polido que se "limpava" à medida que avançava pelo solo. Alguns anos depois, a adição de um assento sobre o arado permitiu que o fazendeiro o pilotasse em vez de empurrá-lo, um verdadeiro príncipe da campina. O "arado que abria as planícies" seria tão confortável quanto eficiente. Isaac Singer foi um patife que teve três famílias ao mesmo tempo e pelo menos 24 filhos. Na década de 1840, ele inventou uma máquina de costura que contribuiu tanto quanto qualquer outra invenção do século XIX para libertar as mulheres, reduzindo o tempo necessário para costurar uma camiseta de 14 horas e 20 minutos para uma hora e 16 minutos. Charles Goodyear era um varejista obscuro de New Haven, Connecticut, que não teve nenhum tipo de treinamento em química, mas, de alguma maneira, convenceu-se de que seu Criador o havia escolhido para resolver problemas químicos que cientistas profissionais não haviam sido capazes de solucionar. Em 1844, após anos de uma pobreza implacável e períodos na prisão civil, ele patenteou um processo para o uso de uma mistura de enxofre, látex e óxido de chumbo para a "vulcanização" da borracha.

Um número impressionante de empreendedores combinou criatividade técnica e talento comercial. Deere atraiu demanda por seus arados entrando regularmente em competições de arado, e satisfez essa demanda criando uma rede nacional de "viajantes" que vendiam os arados país afora.[26] McCormick recrutou empresários locais para atuar como "agentes" e promover suas colheitadeiras. Ele foi pioneiro em muitas das bases do mercado moderno: amostras grátis para abrir o apetite, garantias de devolução de dinheiro para reduzir as dúvidas e anúncios "educacionais" em publicações agrícolas para criar um novo mercado.[27] À medida que o preço dos anúncios em jornais de terceiros foi aumentando, ele passou a publicar seu próprio jornal, cheio de infomerciais de seus produtos, o *Farmers' Advance*, que acabou conquistando uma circulação de 350 mil exemplares. "Tentar fazer negócios sem propaganda é como piscar para uma moça bonita por trás de um par de óculos verdes de natação", brincou um de seus editores. "Você pode saber o que está fazendo, mas ninguém mais sabe."[28] Singer e seu sócio, Edward Clark, consolidaram seu domínio sobre o mercado das máquinas de costura com duas inovações: a compra parcelada a longo prazo, que permitiu que os fregueses comprassem uma máquina de costura por uma entrada de cinco dólares mais três dólares por mês ao longo de dezesseis meses; e a recompra garantida de todas as máquinas de costura usadas, fabricadas por sua companhia ou não, em troca de desconto em uma máquina nova. A companhia, então, destruía as máquinas que comprava com o objetivo de eliminar tanto o mercado de segunda mão quanto as peças sobressalentes para máquinas quebradas.

Os empreendedores foram tão produtivos, em parte, porque tinham uma certeza razoável de que colheriam os frutos de seu trabalho. A Lei de Patentes de 1790 transformou a América em um único mercado intelectual e deu aos inventores direitos exclusivos por catorze anos. O estabelecimento do escritório de patentes em 1836 deu dentes à lei. O escritório não só escapou da ineficiência e da corrupção que eram comuns no governo da época, como encarnou a confiança do novo país na inovação. Sediado em um templo grego da F Street, em Washington D.C., era tão cheio de modelos das últimas invenções que se tornou uma importante atração turística. Até Charles Dickens, que desdenhava com frequência do jovem país, admitiu que se tratava de "um exemplo extraordinário da iniciativa e da criatividade americanas".

Os empreendedores pioneiros trabalhavam em um mundo que estava sendo transformado por três mudanças que estimulavam a produtividade. A primeira foi uma revolução nos recursos. Escrevendo em 1790, Benjamin Franklin declarou que "ouro e prata não são produtos da América do Norte, que não tem minas".[29] Nas décadas seguintes, tudo isso mudou. Os americanos descobriram uma série de jazidas de minério de ferro, prata, cobre e, é claro, ouro, desencadeando a corrida do ouro das décadas de 1840 e 1850. Os americanos também aprenderam a extrair energia de uma gama cada vez maior de materiais. Em 1800, usavam a madeira para quase toda a sua energia. Passados oitenta anos, 100% haviam se tornado 57%.[30] Os americanos dobraram sua produção de carvão em 1813, e triplicaram em 1818. Eles também descobriram grandes depósitos de carvão antracito, que produz menos fumaça do que o carvão betuminoso. O carvão tornou-se uma fonte tão importante de energia que a *Merchants' Magazine* de Freeman Hunt proclamou em 1854: "O Comércio é o presidente da

Nação, e o Carvão seu secretário de Estado."[31] Apenas cinco anos depois, os Estados Unidos passaram a ter um segundo secretário de Estado com a descoberta de petróleo na Pensilvânia. O carvão alimentava as locomotivas e as fundições de ferro. O petróleo fornecia querosene para a iluminação e lubrificantes para as máquinas.

Enquanto introduziam novas fontes de energia, os americanos também descobriam novas formas de extrair mais das velhas fontes. A indústria têxtil da Nova Inglaterra desenvolveu maneiras inteligentes de usar uma combinação de água e gravidade para produzir energia a um custo mínimo, começando com rodas de água e mais tarde acrescentando turbinas hidráulicas.

Os americanos se saíam particularmente bem tornando os cavalos mais produtivos. Havia limites claros para isso. Os cavalos requerem trabalho intensivo: é preciso alimentá-los, escová-los e cuidar deles. Há um limite de peso que eles podem carregar. Mas, não obstante, os americanos conseguiam extrair mais deles. Eles praticavam a eugenia dos cavalos com um entusiasmo que teria fascinado Francis Galton: em 1900, havia uma variedade muito maior de tipos físicos disponíveis do que em 1800. Eles também colocavam os cavalos para trabalhar de maneira inteligente. Companhias de diligências usavam entre quatro e seis cavalos para puxar diligências de 18 metros ou mais de comprimento. As diligências podiam alcançar velocidades de até 16 km/h e tinham tabelas de horário razoavelmente confiáveis. A Eastern Stage Company, sediada em Boston, possuía mais de mil cavalos e um complexo de estábulos e oficinas de ferreiro, além de lucros em uma rede de estabelecimentos comerciais, hospedarias e hotéis.[32] O Pony Express usou o planejamento no estilo industrial para domar o Oeste: não só construiu vias expressas de estradas e pontes por todo o país, de modo que os cavaleiros soubessem para onde estavam indo, como também construiu uma rede de pousadas, estábulos e estações de parada, de modo que sempre tinham um suprimento de cavalos descansados para serem montados. No seu auge, o Pony Express tinha mais de quatrocentos cavalos, 125 cavaleiros, que precisavam manter registros detalhados de horas trabalhadas, e uma equipe de apoio de mais 275 pessoas.[33]

O Pony Express foi parte de uma segunda mudança: a revolução dos transportes.[34] Se um tema de destaque dos primeiros cem anos de vida da América é sua incansável expansão geológica à medida que anexava grandes territórios, outro tema de peso é a contração temporal, com novos meios de transporte reduzindo o tempo que uma viagem levava em fatores de, talvez, até cem. Antes de 1815, só era eficiente carregar cargas por longas distâncias pela água — usando veleiros ou batelões. O custo do transporte de uma tonelada de produtos de carroça por 48 quilômetros era o mesmo que de navio para o outro lado do oceano.[35] Depois de 1815, os americanos aperfeiçoaram os transportes com três métodos: fazendo melhor uso dos recursos físicos existentes (rios, basicamente), usando novas fontes de energia, como o vapor, e acrescentando novas rotas de transporte, como estradas, trilhos e canais.

Nas primeiras décadas do século XIX, centenas de companhias privilegiadas de comércio construíram milhares de quilômetros de estradas com pedágio que ofereciam superfícies melhores (graças às pedras, ao cascalho ou a tábuas de madeira).[36] Albert Fishlow estima que os lucros médios anuais das estradas com pedágio eram baixos, de apenas 3 a 5%, graças, em parte, à rígida regulação do governo, mas também ao oportunismo dos viajantes, que alternavam entre estradas privadas e estradas livres de custo.[37] Não demorou para que o frenesi da construção de estradas fosse superado pela corrida da construção de canais. Em 1850, a América contava com 6 mil quilômetros de canais. O custo de transportar cargas por canal ficava entre dois e três centavos por tonelada, isso em comparação aos mais de 30 centavos quando o transporte se dava por carroça, visto que os cavalos, em média, têm força para puxar 50 toneladas flutuantes na água, enquanto só conseguem puxar uma em terra.

A era dos canais iniciou-se a partir da construção pelo estado de Nova York do canal de Erie, de Albany, Nova York, no rio Hudson, até Buffalo, Nova York, no lago Erie. Se a construção desse canal teria sido um imenso desafio nos dias de hoje, foi um desafio maior ainda na década de 1820: o canal tinha 584 quilômetros de comprimento, atravessava pântanos e cordilheiras, e passava sobre rios (em Rochester, os operários precisaram construir um aqueduto de 244 metros). Levou oito anos para a obra ser concluída. Mas o custo do canal foi compensado pela cobrança de pedágios no primeiro ano, rapidamente justificando o amplo uso do recurso da desapropriação pelo Comitê do Canal para forçar a venda de propriedades privadas. E seus benefícios econômicos em geral foram colossais. O canal reduziu os custos do transporte de produtos em 75%, e o tempo envolvido, em 67%. Pôs um fim na disputa entre Boston, Nova York e Nova Orleans pela posição de principal porto da América, favorecendo Nova York. Estimulou a expansão em direção ao Oeste: Buffalo tornou-se o ponto de partida para os lagos e ajudou a transformar cidades localizadas às margens desses lagos, como Detroit, Cleveland e Chicago, em centros urbanos. Todas as cidades localizadas à beira dos canais, como Albany, Syracuse, Rochester e Buffalo, tiveram uma explosão de crescimento. O canal também inspirou a construção de outros canais: Maryland financiou um canal entre Chesapeake e o rio Delaware, e a Pensilvânia começou a construir um canal com destino a Pittsburgh.

Os canais acabaram por ligar os Grandes Lagos ao sistema geral de transporte do país. Em 1855, um grupo de empresários, aliados aos principais políticos de Michigan, construiu um canal, incluindo uma série de eclusas, para ligar o Lago Superior aos Grandes Lagos inferiores e fornecer uma via que possibilitasse circundar a queda-d'água de 8 metros de St. Mary's Falls. As Soo Locks aumentaram o transporte local de cargas de 14.503 toneladas em 1855 para 324.357 toneladas em 1867 — com um aumento de cerca de 30% ao ano. Elas facilitaram muito o transporte de grãos dos celeiros do Meio-Oeste para a Costa Leste. Também possibilitaram a inauguração de um comércio industrial de mão dupla que teve uma explosão de crescimento nas décadas seguintes: navios levavam minérios de ferro de Mesabi para Pittsburgh (onde eles eram transformados em aço) e voltavam carregados com carvão da Pensilvânia.

Para a maioria das pessoas, o século XIX é associado não a estradas com pedágios ou canais, mas a algo mais dramático: a besta que respirava fogo, cuspia vapor e abalava a terra, o cavalo de ferro. Na década de 1780, a América possuía um total de três máquinas a vapor. Elas eram usadas para bombear água — duas para manter minas secas e uma para o fornecimento de água de Nova York —, e não no transporte. Em 1838, quando o Departamento do Tesouro produziu um relatório sobre a energia a vapor, o país tinha 2 mil máquinas a vapor que somavam 40 mil cavalos-vapor. Oliver Evans lançou as bases para o boom ao desenvolver a máquina a vapor de alta pressão em 1801 e fundar a Pittsburgh Steam Engine Company, em Pittsburgh, Pensilvânia, em 1811.

A aplicação mais excitante das máquinas a vapor se deu nos transportes. O vapor foi a primeira fonte de energia que podia ser completamente controlada pelo homem: não era preciso esperar que o vento soprasse na direção certa ou que o cavalo fosse domado.[38] Os primeiros meios de transporte movidos a vapor foram barcos, e não trens. O primeiro barco a vapor com rodas de pás da América, *North River*, fez sua viagem inaugural, da cidade de Nova York a Albany, em 17 de agosto de 1807, usando uma máquina de baixa pressão. Em 1838, havia centenas de barcos a vapor nos rios da América, usando motores de alta pressão. Os barcos a vapor contavam com uma combinação entre romance e eficiência: eles eram majestosos para os olhos, com suas grandes rodas de pás na lateral ou na popa, mas também eram extremamente eficientes. Podiam transportar carga tanto contra quanto a favor da corrente. Podiam enfrentar correntes fortes, e até o caudaloso Mississippi. Também foram ficando cada vez mais rápidos com o passar das décadas: a viagem de Nova Orleans a Louisville foi reduzida de 25 dias em 1817, um tempo na época celebrado com muito alarde, para oito dias em 1826.[39] Reduziram o frete de cargas rio acima em 90% entre 1815 e 1860, e em quase 40% o frete rio abaixo.

A aplicação da nova tecnologia dos barcos a vapor a máquinas capazes de viajar em terra mostrou-se frustrante. Oliver Evans sugeriu a criação de uma ferrovia conectando Nova York à Filadélfia com "carruagens puxadas por máquinas a vapor" já em 1813, mas nada aconteceu. A princípio, os americanos eram forçados a importar máquinas do tecnologicamente mais sofisticado Reino Unido, entre as quais a "Stourbridge Lion" em 1829 e a "John Bull" em 1831. Mas logo conseguiram produzir suas próprias máquinas, modificando modelos britânicos e adicionando inovações. A primeira ferrovia dos Estados Unidos, a Baltimore and Ohio, iniciou suas operações em 1830, cinco anos depois da britânica Stockton and Darlington. Não demorou para que a nova tecnologia estivesse se espalhando mais rápido na América do que na Europa: era muito mais fácil para as companhias ferroviárias americanas obterem direito de passagem do que para suas contrapartes europeias, já que o país tinha tantas áreas desertas e o governo lhes cedia terras de graça ou baratas. A América ganhou 8 mil quilômetros de trilhos na década de 1840, e 32 mil quilômetros, na de 1850. No início da Guerra Civil, o país tinha mais quilômetros de ferrovias do que o Reino Unido, a França e a Alemanha juntos. De acordo com Fishlow, o montante de dinheiro investido nas ferrovias foi mais de cinco vezes superior à quantia investida nos canais.[40]

O boom das ferrovias se deu no estilo americano. Houve muita destruição criativa: as ferrovias rapidamente mataram os canais, pois possibilitavam o transporte de cinco vezes mais carga e não congelavam no inverno. O desperdício foi considerável. Muitos barões das estradas de ferro exageraram na construção até sofrerem falências espetaculares. Não havia um sistema ferroviário, mas uma miscelânea de companhias rivais que usavam bitolas diferentes, vagões de tamanhos diferentes e até fusos horários diferentes (embora os padrões das bitolas e até dos fusos horários em alguns casos fossem determinados por região). Também havia muita hipocrisia: enquanto proclamava hostilidade em relação a subsídios na forma de dinheiro ou títulos, o governo federal usava suas grandes propriedades no Oeste para subsidiar o desenvolvimento. Em 1851, por exemplo, o governo fez a concessão de 3,75 milhões de acres para encorajar a criação da Illinois Central Railroad.[41] O sistema de concessão de terras funcionava porque oferecia às ferrovias a chance de elevarem o valor da terra em muitas vezes: a construção de trilhos em locais ermos podia ser algo caro e arriscado, mas era possível transformar um pedaço de lugar nenhum em uma parte da economia global.

Os historiadores já afirmaram com confiança que as ferrovias "abriram" a América como nenhuma outra coisa. Elas eram perfeitas para uma economia que dependia do transporte de cargas pesadas pelo país:

montanhas de trigo; toneladas de coque, cobre e minérios; oceanos de petróleo; florestas de madeira. Um grupo de revisionistas enérgicos liderado por Robert Fogel e Albert Fishlow validou esse ponto de vista, apontando, por exemplo, que a ferrovia era apenas um entre vários meios de transporte.[42] Mas as ferrovias merecem todas as glórias. Elas eram significativamente mais eficientes do que outros meios de transporte. Podiam ser construídas em quase qualquer lugar. Isso significava que podiam abrir a rota mais rápida em vez de precisarem seguir um rio serpenteante, como os barcos a vapor, ou admitir derrota quando confrontadas por montanhas, como os pequenos botes. Pelo rio, a distância de Pittsburgh até Saint Louis era de 1.873 quilômetros. Por trilhos, era de 985 quilômetros. Os Montes Allegheny, que se erguiam a 670 metros, formavam uma barreira intransponível entre Pittsburgh e Cleveland durante a era dos canais. Assim que uma ferrovia foi construída, a rota entre as duas cidades tornou-se uma das mais movimentadas do mundo. Além de tudo isso, as ferrovias ofereciam previsibilidade. Elas rapidamente adotaram cronogramas capazes de prever o exato minuto em que os trens chegariam.[43] Acrescente-se a isso a velocidade superior, e temos uma fórmula vencedora.

A fórmula provocou um aumento na produtividade da economia como um todo. As ferrovias reduziram o custo unitário do transporte terrestre: em 1890, o custo da carga por ferrovia era de 0,875 centavo por tonelada-milha, isso em comparação aos 24,5 centavos por tonelada-milha para a carga transportada por carroça, uma redução de 96%.[44] As ferrovias promoveram a especialização econômica, pois os fazendeiros puderam adotar culturas para as quais o clima fosse mais adequado e comprar as ferramentas agrícolas mais eficientes. Permitiram também a terceirização: os trabalhadores passaram a poder se mudar para lugares onde recebiam pagamentos melhores pelo seu trabalho. Promoveram até o desenvolvimento econômico, pois os trens eram bestas famintas por recursos — precisavam de carvão como combustível, de ferro e aço para os trilhos, além de equipamentos ferroviários e mão de obra qualificada para conduzir o show. Muitos fazendeiros abandonaram a terra para se transformar em foguistas, engenheiros, mecânicos, guarda-freios, guarda-chaves e condutores.

Acima de tudo, as ferrovias mudaram todo o estilo de vida. Quando Andrew Jackson chegou a Washington em 1829, viajou de carruagem puxada a cavalo, locomovendo-se à mesma velocidade que os imperadores romanos. Quando partiu, oito anos depois, viajou de trem, locomovendo--se quase à mesma velocidade que os presidentes atuais viajam quando se dignam a usar esse meio de transporte. Nathaniel Hawthorne capturou a aceleração do tempo e o encolhimento do espaço tão bem quanto quaisquer estatísticas econômicas ao escrever que "o apito da locomotiva" "conta uma história de homens ocupados" e "traz o mundo barulhento para o meio da nossa paz sonolenta".[45]

A terceira revolução foi a da informação. Algo essencial para o processo da destruição criativa é o conhecimento de que combinação de quais recursos maximiza os ganhos para o padrão de vida. Os americanos famintos por informação reconhecem a importância de um velho ditado que diz que em terra de cego quem tem olho é rei. O *Journal of Commerce*, que começou a ser publicado em 1827 para fornecer informações sobre o fluxo de importações que chegavam aos Estados Unidos, teve a inteligente ideia de empregar escunas em águas profundas para interceptar os navios que chegavam antes de aportar. O progresso mais importante para a informação foi, é claro, o telégrafo. As companhias ferroviárias instalavam linhas telegráficas aonde quer que fossem, pois precisavam fazer comunicações de longas distâncias com rapidez a fim de evitar colisões entre trens. A revolução do telégrafo rapidamente ultrapassou a revolução das ferrovias. A fabricação de linhas telegráficas era muito mais barata do que a de ferrovias: em 1852, a América tinha 35.405 quilômetros de linhas telegráficas e 17.702 quilômetros de trilhos. O telégrafo também teve um efeito mais dramático: a informação que antes levava semanas para ir do ponto A ao ponto B agora levava segundos.

A invenção do telégrafo foi uma mudança muito mais revolucionária do que a do telefone seria algumas décadas depois. O telefone (a exemplo do Facebook na atualidade) promoveu tão somente a melhora da qualidade da vida social ao permitir que as pessoas conversassem com mais facilidade. O telégrafo mudou os parâmetros da vida econômica — rompeu a ligação entre o envio de mensagens complicadas e o de objetos físicos, além de ter reduzido radicalmente o tempo necessário para o envio de informações. Isso já era evidente nos primeiros anos da invenção: dados coletados em 1851 identificaram 70% do tráfego telegráfico como de natureza comercial, da checagem de referências para a concessão de crédito à "transmissão dos segredos da ascensão e queda dos mercados".[46]

O telégrafo acabou por transformar a América em um mercado comum para a informação financeira: Chicago conseguiu abrir sua bolsa de commodities em 1848 por gozar de comunicação instantânea com a Costa Leste. São Francisco conseguiu florescer como cidade comercial por se comunicar tão facilmente com Nova York. Quando Leland Stanford bateu na cavilha de ouro com seu martelo de prata, automaticamente enviando um sinal de telégrafo em duas direções, leste e oeste, e produzindo salvas de canhões tanto em Nova York quanto em São Francisco, ele não estava apenas fazendo uma demonstração maravilhosa,[47] ele estava abrindo as portas para uma nova era econômica.

A disseminação do telégrafo tornou-se global com a abertura do cabo transatlântico em 28 de julho de 1866. A instalação de um cabo através de um imenso oceano provara-se inevitavelmente difícil — cinco tentativas entre 1857 e 1866 falharam porque o cabo se partiu —, mas o esforço compensou. Antes do cabo, levava cerca de dez dias para transmitir uma mensagem para o outro lado do Atlântico por navio — e mais ainda se o tempo estivesse muito ruim. O cabo reduziu o tempo necessário para o envio de uma mensagem importante para uma hora ou duas, e até menos (o primeiro cabo suportava cerca de oito palavras por minuto). O cabo permitiu o surgimento de um mercado financeiro integrado transatlântico sediado em Londres, Nova York e São Francisco. Esse mercado manteve um fluxo de informações que permitiu o ajuste da oferta e da demanda e, assim, também a melhoria da alocação dos recursos globais.

UM POVO INQUIETO

Os visitantes europeus ficavam quase sempre impressionados com o *assoberbamento* do jovem país: este era um mundo em movimento, onde todos iam de um lado para outro em busca de sucesso. Frances Trollope falou de uma "população ocupada, agitada, diligente, usando a criatividade para abrir caminho" continente adentro.[48] Tocqueville acreditava haver uma única lógica por trás de todo esse movimento: as pessoas estavam indo para o Oeste à procura de um novo território. Na verdade, dois grandes movimentos estavam se desenrolando.

O primeiro era da Costa Leste para o interior. Em 1790, a população estava aglomerada ao longo da Costa Atlântica, dividida mais ou menos igualmente entre o Norte (Nova Inglaterra), o Médio Atlântico e o Sul. A fronteira americana, na prática, ficava nos Apalaches, a cadeia de montanhas que avança cerca de 805 quilômetros para o interior do continente a partir do Atlântico. Em 1850, no espaço de algumas décadas, metade da população de 31 milhões de habitantes da América e metade de seus trinta estados encontravam-se do outro lado dos Apalaches.

Essa vasta colonização interna envolveu cada recurso que a nova república tinha a oferecer. A expansão começou com a coleta de informações. Desde o início, a agrimensura foi uma obsessão nacional: George Washington, um entusiasmado agrimensor amador, estudou a "terra como um joalheiro analisa uma pedra preciosa, com uma atenção minuciosa a suas falhas, facetas e valores".[49] Em 1814, o Departamento Médico do exército americano começou a fazer uma coleta sistemática de material relacionado ao clima por todo o país. Em 1847, o Instituto Smithsonian começou a coletar informações sobre minerais. A informação era o prelúdio do assentamento. Os vários governos da América — federal, estadual e local — tentaram ativamente promover a expansão dragando rios e córregos, construindo estradas com pedágio e canais, e oferecendo incentivos a companhias privadas dispostas a ir para o Oeste. Os empreendedores também formaram parcerias ou até sociedades anônimas com o objetivo de acelerar o avanço para o Oeste. O segundo movimento foi o das áreas rurais para as urbanas. A proporção de americanos que viviam nas cidades aumentou de 5% em 1790 para 20% em 1860.[50] A proporção da força de trabalho dedicada a ocupações fora do campo cresceu de 26% para 47%. Em 1810, havia apenas duas cidades com populações de mais de 50 mil habitantes (Nova York e Filadélfia). Em 1860, esse número havia crescido para dezesseis.

O movimento provocou o aumento da produtividade. O impulso mais forte veio da realocação das pessoas das fazendas para as cidades e da agricultura e pecuária para a indústria. Apesar do fato de o campo americano ser o mais produtivo do mundo, os trabalhadores rurais podiam, em média, dobrar sua renda simplesmente se mudando da fazenda para a cidade.[51] O movimento também introduziu novas forças produtivas na indústria à medida que os colonizadores passavam a controlar mais recursos e ligá-los por meio de canais e ferrovias a centros populacionais mais antigos (e, assim, à economia global). Além disso, estimulou um senso de identidade nacional: as pessoas começaram cada vez mais a se considerar "americanos" em vez de apenas "nova-iorquinos ou virginianos". A primeira metade do século XIX viu o nascimento de uma sucessão de sociedades nacionais, como a Sociedade Bíblica Americana (1816), a Sociedade Americana de Educação (1816), a Sociedade Americana de Colonização (1816) e a mais importante para a história futura do país, a Sociedade Antiescravagista Americana (1833).

O crescimento também levou à melhoria dos padrões de vida. Até o início do século XIX, o crescimento econômico fora "extensivo" — isto é, quase o mesmo que o crescimento populacional. Em algum momento após a Guerra de 1812, o crescimento econômico tornou-se "intensivo" — ou seja, a economia começou a crescer mais rápido do que a população. Os economistas estimam que a produção real per capita aumentou em 1,25% ao ano de 1820 a 1860, enquanto de 1800 a 1820 aumentou 0,24%.[52]

Isso tudo parece relativamente simples: a América era uma jovem república movida por ideais revolucionários e dedicada ao deus do crescimento. Na verdade, a história estava longe de ser simples. A América era dividida por duas visões diferentes da boa sociedade — uma dinâmica a outra estática — e por duas economias diferentes — uma baseada no trabalho livre e outra na escravidão.

2

AS DUAS AMÉRICAS

AVIA MUITAS VERSÕES diferentes da América em seus anos de formação. Em *Albion's Seed* (1989), David Hackett Fischer identificou quatro "tipos de comportamento" britânicos que moldaram a cultura americana. Os puritanos foram os responsáveis pela região Nordeste. Eram moralizadores inveterados, mas também fundadores de instituições de sucesso. Os quacres ficaram com a Pensilvânia e Delaware. Eram mais igualitários do que suas contrapartes do Norte, mas tiveram muito menos sucesso na formação de instituições. Os cavaleiros moldaram a Virgínia e Maryland, e por consequência o Sul. Eram aristocráticos, adeptos da hierarquia, escravagistas, viciados em corridas de cavalos e apostas. Anglicanos e anglófilos, muitos eram os filhos mais jovens de aristocratas britânicos que emigraram a fim de poderem viver como os mais velhos. Os irlandês-escoceses que reivindicaram a fronteira eram extremamente independentes e igualitários, vigorosos e acostumados à vida dura. Bebiam um moonshine muito forte, também conhecido como "relâmpago branco", mastigavam tabaco e se divertiam caçando, promovendo rinhas e lutas. Tentar domá-los era perda de tempo.

Havia, ainda, misturadas a essas subculturas britânicas, muitas subculturas estrangeiras. A América importou milhões de escravos da África através das Índias Ocidentais. O censo de 2010 revelou que a América tinha mais ascendentes alemães do que qualquer outro país, inclusive a Inglaterra: os alemães vieram em três grandes ondas, no século XVIII, depois de 1848 e depois de 1890; e, como essas ondas incluíram protestantes, católicos e judeus, eles se casaram em todas as subculturas religiosas do país. Parte do sucesso da economia americana está na sua capacidade de lançar mão dessas tradições diferentes — enquanto outra parte está na capacidade de produzir uma tradição a partir de muitas.

HAMILTON *VERSUS* JEFFERSON

De 1776 a 1865, essas múltiplas divisões foram incorporadas por uma grande disputa binária que determinou o curso da história americana: a disputa entre os paladinos da modernização e os fazendeiros proprietários de escravos. Essa disputa começou com uma grande discussão intelectual entre Alexander Hamilton, primeiro secretário do Tesouro americano, e Thomas Jefferson, primeiro secretário de Estado e terceiro presidente americano. Acabou por ampliar-se para uma imensa disputa regional entre o Norte industrial e o Sul escravocrata. Em fevereiro de 1861, as "duas Américas" tornaram-se mais do que uma metáfora: os Estados Confederados da América tornaram-se uma nação autoproclamada, com seu próprio presidente (Jefferson Davis) e sua própria capital (Richmond), um status que manteve, pelo menos do seu ponto de vista, por 49 meses, até o início de abril de 1865.

Alexander Hamilton e Thomas Jefferson vinham de extremidades opostas do espectro social. Hamilton, nas palavras de John Adams, era "o pirralho bastardo de um vendedor ambulante escocês". Jefferson herdou uma grande propriedade no seu aniversário de 21 anos, acompanhado por escravos para trabalharem nela, e se casou com a herdeira de uma das famílias mais ricas da Virgínia. Hamilton nasceu em Nevis, nas Índias Ocidentais, e trabalhou duro para se formar na King's College, Nova York, como era chamada na época a Universidade Columbia (uma das poucas vezes que ele perdeu a razão em um debate público foi quando John Adams acusou-o de ser "nascido no estrangeiro"). Jefferson frequentou a universidade favorita da elite da Virgínia, a William and Mary. Hamilton via o mundo em termos de mobilidade social: a América precisava garantir que todos pudessem crescer na vida por seu próprio esforço. Jefferson o via em termos de obrigações da nobreza: a classe dos proprietários de terras deveria vasculhar a sociedade em busca de gênios natos que merecessem ajuda e um lugar na elite.

As disputas tinham um caráter pessoal. Jefferson tinha uma aversão visceral a Hamilton, e essa aversão cresceu ao longo dos anos por medo e inveja. Jefferson considerava-se o líder natural da Revolução. Ele era produto de uma das grandes famílias da América! Era o autor da grande declaração! Era doze anos mais velho do que seu rival! Ainda assim, Hamilton seguia acumulando poder. Ele foi escolhido por Washington como seu principal assistente durante a Guerra da Independência, administrou seu departamento mais poderoso, o Tesouro, além de exercer influência em todos os outros departamentos, inclusive no de relações exteriores. Embora Washington também fosse um aristocrata virginiano, ele parecia preferir a companhia e as ideias de Hamilton às de Jefferson. Hamilton tinha vários projetos elaborados para o desenvolvimento do novo país. Jefferson preferia estudar seus livros em Monticello.

Hamilton queria que a América se tornasse uma república comercial movida pela manufatura, pelo comércio e pelas cidades. Jefferson queria que ela continuasse sendo uma república agrária descentralizada de pequenos proprietários rurais. Hamilton esperava equipar a América com todos os acessórios de uma república comercial. Jefferson queria preservá-la como uma sociedade agrária povoada por proprietários de terras, do seu ponto de vista, interessados pelo bem comum e pequenos proprietários rurais de espírito independente. "Aqueles que cultivam a terra são os cidadãos mais valiosos", ele escreveu para John Jay em 1785. "Eles são os mais vigorosos, os mais independentes, os mais virtuosos, e estão ligados ao seu país e casados com os interesses de liberdade deste pelos vínculos mais duradouros."[1] A maior vantagem da América era possuir uma "imensidão de terras cortejando a habilidade do lavrador".

Seu mais sábio curso de ação foi convocar tantas pessoas quanto possível para aprimorar a terra.

Tanto Hamilton quanto Jefferson eram o que seus contemporâneos chamavam de "aristocratas naturais". Eles eram leitores onívoros, escritores fluentes, oradores brilhantes, capazes de falar por horas sem uma única anotação. Dos dois, entretanto, Hamilton era o mais impressionante. Jefferson pensava em termos da preservação (e aperfeiçoamento) da velha sociedade agrária. Hamilton conjurava o futuro quase do ar. Ele não só previu o desenvolvimento de uma sociedade industrial antes de a América possuir qualquer indústria, como também entendeu o que era necessário para trazer essa sociedade comercial à vida: uma moeda forte administrada por um banco central no modelo do Banco da Inglaterra; uma receita de origem alfandegária; um mercado comum para encorajar a divisão do trabalho; um "executivo enérgico" para aplicar as regras do comércio. Ele era um gênio nato do calibre de Mozart ou Bach.

A disputa entre esses dois grandes homens foi se prolongando, em público e nas reuniões do Gabinete de Washington. Hamilton argumentava que a própria sobrevivência da América dependia da sua capacidade de desenvolver um setor industrial forte. Esse setor industrial forte encorajaria o jovem país a criar um exército poderoso e a controlar seu próprio destino econômico. A sobrevivência era só o início: o que tornava a visão de Hamilton tão excitante era o fato de ser dinâmica, e não estática. Uma república comercial alcançaria cada vez mais sucesso com o tempo — os banqueiros alocariam capital onde ele pudesse ser mais bem empregado, e os empreendedores inventariam novas máquinas. O progresso econômico traria consigo o progresso moral — pessoas que até então haviam sido condenadas a cultivar a terra e dragar água poderiam desenvolver todo o seu potencial. "Quando todos os tipos diferentes de indústria forem introduzidos em uma comunidade", ele escreveu, "cada indivíduo poderá encontrar seu elemento apropriado, e poderá colocar em prática todo o vigor de sua natureza." Hamilton enfatizava esse ponto em particular porque, de todos os Fundadores, inclusive Franklin, ele era o que mais se aproximava do ideal de um homem que se fez sozinho.

Nascido para a nobreza, Jefferson considerava isso tudo uma tolice. A versão de Hamilton do progresso econômico destruiria a república americana com tanta certeza quanto os bárbaros haviam destruído Roma. A sobrevivência da América, ele argumentava, dependia da sua capacidade de preservar a virtude cívica, capacidade esta que dependia de outra, a de promover qualidades viris na população (como a frugalidade, a engenhosidade, a temperança e a simplicidade) e de impedir que alguns as investissem contra outros. A república de Hamilton destruiria as virtudes viris ao promover o luxo e destruiria a independência ao promover o poder dos empregadores e negociadores de ações. A industrialização era o caminho para a ruína.

Jefferson queixava-se de que "o populacho das grandes cidades é para o governo o que feridas são para o corpo humano". (Ele convenientemente esquecia que não há "ferida" mais debilitante do que a escravidão.) Ele respondeu ao "Report on the Subject of Manufactures" (Relatório sobre as manufaturas) de Hamilton tentando fortalecer o poder dos interesses agrícolas. "A única coisa capaz de corrigir o que está corrompido na nossa presente forma de governo", ele escreveu para George Mason logo depois da disponibilização do relatório, "será a argumentação dos membros da câmara baixa com o intuito de se obter uma representação mais agrícola, o que pode colocar tal interesse acima do interesse dos negociadores de ações."

Jefferson detestava o método empregado por Hamilton para a promoção do progresso econômico tanto quanto detestava o próprio progresso: a concentração de poder nas mãos do governo federal e a imposição de controle central. Eles não haviam acabado de lutar em uma revolução contra os britânicos para evitar precisamente essa centralização de poder? Os americanos temiam que todos os governantes fossem tiranos em potencial, daí seu entusiasmo por colocar ambição contra ambição, como destacou James Madison no artigo de número 51 de *O Federalista*. Também nutriam grande desconfiança em relação a seus governos locais.

Jefferson começou com os dados a seu favor. A vantagem comparativa da América em 1789 estava na agricultura: ela possuía mais terras desocupadas do que qualquer outro país e a maioria de seus imigrantes, dos filhos mais novos de aristocratas britânicos aos camponeses da Pomerânia, tinha a agricultura no sangue. A indústria manufatureira do país, por outro lado, estava confinada à produção doméstica. Não obstante, Hamilton saiu vencedor tanto na disputa quanto na história. Como primeiro secretário do Tesouro da América durante a administração de George Washington, ele estabeleceu as fundações da república hamiltoniana. Produziu a ideia inteligente dos "poderes implícitos" — ou seja, de que se um ato do governo federal é autorizado pela Constituição, também o são as iniciativas necessárias para colocá-lo em prática. O governo federal tinha autoridade para construir faróis mesmo que a Constituição não lhe desse permissão específica, visto que a proteção das fronteiras do país é por si mesma um imperativo constitucional.

Mais importante, Hamilton conseguiu estabelecer um crédito nacional forte ao, primeiro, assumir as dívidas do Estado e, segundo, financiar a dívida com a receita oriunda das tarifas sobre produtos importados, autorizadas pela Lei de Tarifas de Hamilton de 1789.[2] Ele também fundou o First Bank of The United States em 1791 (na Filadélfia, então capital da nação) com uma carta patente que perdurou até 1811. As reservas capitalizadas do banco facilitaram um múltiplo do crédito nacional adicional semelhante ao multiplicador monetário atual.

Quando a economia industrial emergiu na virada do século, Jefferson teve dúvidas em relação à sua posição agrária. Ele começou a temer a possibilidade de ter se tornado anacrônico e de que a América estivesse começando a se identificar com a economia comercial de Hamilton. Em seu magistral discurso de posse como presidente em março de 1801, ele não poupou esforços para transpor o abismo que o separava de seu rival.[3] "Toda diferença de opinião não é uma diferença de princípio", ele disse em uma passagem que hoje deveria ser relida. "Somos todos republicanos, somos todos federalistas." Hamilton recebeu o discurso como "praticamente uma retratação honesta de equívocos do passado e um juramento à comunidade" de que o novo presidente "seguiria os passos de seus predecessores". O juiz John Marshall, presidente da Suprema Corte, um federalista, concluiu que as observações de Jefferson foram "bem pensadas e conciliatórias". James Bayard, um senador federalista, considerou o discurso, "em substância política, melhor do que *nós* esperávamos; e não limitado pelas expectativas dos partidários do outro lado". Para Benjamin Rush, médico e admirador de Jefferson, foi uma grata ocasião. "Velhos amigos que haviam sido separados, por muitos anos, por partidos e uma suposta diferença de *princípios* na política trocaram um aperto de mãos imediatamente após a leitura, e descobriram, pela primeira vez, que diferiam em *opinião* em relação aos melhores meios para a promoção dos interesses de seu país."[4]

Em sua biografia de Jefferson, Jon Meacham diz que "não é demais dizer que Jefferson usou meios hamiltonianos para perseguir objetivos jeffersonianos".[5] Mesmo essa retumbante conclusão pode não ser suficiente para reconhecer a mudança de opinião de Jefferson: antes um defensor inveterado da manutenção do que foi sancionado pela Constituição de 1788, como presidente, Jefferson exibiu graus tão extraordinários de pragmatismo e oportunismo que é difícil imaginar que Hamilton teria agido de modo diferente. Essa mentalidade foi demonstrada com mais clareza na Compra da Louisiana em 1803. Em 1800, Napoleão Bonaparte, o imperador da França, tomou o controle da Louisiana das mãos da Espanha como parte de uma tentativa mais ampla de estabelecer um império francês na América do Norte. Mas ele não tardou a abrir mão de seu sonho imperial, quando o fracasso da França em sufocar uma revolta em São Domingos demonstrou como era difícil administrar um império disperso, enquanto a determinação da Grã-Bretanha em defender seu império só fazia aumentar os custos da expansão; ele decidiu vender a Louisiana aos Estados Unidos por 15 milhões de dólares (ou três centavos por acre). Jefferson fez o possível para tirar o máximo da oportunidade, apesar de uma intensa oposição dos federalistas, que apontavam para a inconstitucionalidade de adquirir qualquer território. Ele se contrapôs aos que queriam limitar a compra à cidade portuária de Nova Orleans e o território costeiro adjacente. Levou a compra adiante mesmo sem uma emenda constitucional. Quando descobriu que a América não tinha dinheiro suficiente para fazer a compra, recorreu à elevada classificação de crédito do país, estabelecida por Hamilton, para cobrir a diferença com um empréstimo. Era um Jefferson muito diferente do homem que, como secretário de Estado de Washington, foi questionado pelo presidente em 1791 em relação ao seu ponto de vista a respeito da constitucionalidade do banco nacional e respondeu que qualquer poder não especificamente mencionado na Constituição estava reservado aos estados, e não ao governo federal. "Dar um único passo além das fronteiras formuladas em torno dos poderes do Congresso é tomar posse de uma área ilimitada de poder, não mais suscetível a qualquer definição."

A Compra da Louisiana foi uma das coisas mais importantes que qualquer presidente da América fez para promover o desenvolvimento nacional. Ela promoveu um imenso crescimento do território americano, anexando terras férteis e ricas em minerais, conforme ficou claro durante a Expedição de Lewis e Clark à Costa Oeste (maio de 1804 a setembro de 1806). Também serviu de estímulo para as forças comerciais que Jefferson outrora temera, mas agora encorajava. Jefferson recebeu suas justas recompensas políticas por essa ousada empreitada em nome da expansão e da inovação. Ele não só venceu Charles Cotesworth Pinckney por 162 votos eleitorais a 14 quando concorreu ao segundo mandato, como também ajudou a levar dois de seus maiores aliados, James Madison e James Monroe, a sucedê-lo na Casa Branca.

James Madison cometeu a imprudência de deixar a carta patente do banco expirar em 1811. Mas logo foi forçado a repensar. A Guerra de 1812, a segunda da América com a Grã-Bretanha, custou cerca de 158 milhões de dólares numa época em que o país tinha poucos meios para levantar fundos. A política americana de embargar produtos britânicos também cortou uma das fontes de receita mais importantes do país, as tarifas alfandegárias, ao mesmo tempo que reduziu a atividade econômica. O Congresso recusou-se a aumentar os impostos. O governo, a princípio, tomou empréstimos vultosos numa tentativa desesperada de financiar a guerra, e em 1814 deu um calote, deixando soldados e fabricantes de armas sem pagamento. Em 1816, Madison cedeu à realidade e criou um segundo banco nacional com uma carta patente de vinte anos. Mais uma vez, Hamilton triunfara do túmulo.

A figura central na reconciliação das visões agrária e industrial da América foi Andrew Jackson. Não é fácil gostar de Jackson: briguento e fanfarrão, infernizou a vida dos índios e dos britânicos. Ele não era produto nem do mundo burguês do comércio urbano de Hamilton, nem do mundo aristocrático das grandes fazendas com mão de obra escrava de Jefferson, mas da cultura da fronteira escocês-irlandesa: seus pais eram do Tennessee, e ele nasceu na Carolina do Sul.

Andrew Jackson encarnava uma força crescente na vida americana — a democracia popular. Em 1824, ele perdeu a presidência para o último grande representante da América aristocrática, John Quincy Adams, que compartilhava a crença de seu pai, John Adams, de que as democracias só podiam sobreviver quando cercadas de todos os tipos de restrições. Mas Adams só venceu porque a eleição foi decidida no Congresso, argumento que críticos furiosos repetiram durante sua infeliz estada na Casa Branca, e quatro anos depois Jackson obteve uma esmagadora vitória populista. Suas maiores vantagens se deram nos novos estados, que tinham menos restrições ao direito ao voto do que os estados fundadores. Também teve um apoio entusiástico entre os mecânicos, comerciantes e artesãos, alguns dos quais fizeram a árdua viagem a Washington D.C. para comemorar sua posse.

A democracia jacksoniana estava intimamente conectada a outra força: a hostilidade ao privilégio e às restrições. Jackson gostava de pensar em si como alguém pertencente à luta histórica contra o privilégio, luta esta que remontava à Carta Magna e incluía a Reforma Protestante do século XVI, a Revolução Inglesa do século XVII e a Revolução Americana do século XVIII. Em cada um desses eventos, o povo tomava um pouco mais dos direitos que lhe pertenciam daqueles que pretendiam manter o poder como um monopólio de poucos. Ele denunciava as "distinções artificiais", como a necessidade de um alvará para a formação de uma sociedade anônima.

Ao mesmo tempo, Jackson combinava populismo a um tema que raramente se aborda: o conservadorismo fiscal. Ele reduziu a dívida federal a zero por três anos seguidos pela primeira e última vez na história americana, e era um grande defensor da moeda forte e do padrão ouro. Assim, introduziu um poderoso novo elemento no debate econômico americano — o populismo *laissez-faire*.

NORTE *VERSUS* SUL

Nas suas primeiras décadas como nação, os Estados Unidos estavam divididos em duas economias diferentes — a economia capitalista do Norte e a economia escravagista do Sul. A Nova Inglaterra era uma terra de indústrias têxteis movidas a água, enquanto o Sul era uma terra de plantações movidas a escravos. Essa divisão se tornou mais pronunciada com o tempo, à medida que o Norte investia em novas máquinas e o Sul investia em mais escravos.

O Norte era o lar da criatividade ianque, uma mentalidade dada à resolução de problemas e à geração de inovações que Mark Twain capturou com perfeição na pessoa de Hank Morgan em *Um ianque na corte do rei Artur* (1889):

> Sou um americano [...] um ianque consumado — e prático; sim, e quase desprovido de sentimento, suponho — ou poesia, em outras palavras. Meu pai era ferreiro, meu tio, veterinário de cavalos; e eu a princípio fui as duas coisas ao mesmo tempo. Depois, fui para a grande fábrica de armas, e aprendi minha verdadeira profissão; aprendi tudo que havia para aprender; aprendi a fazer tudo: pistolas, revólveres, canhões, caldeiras, motores, todos os tipos de máquinas que poupam trabalho. Ora, eu podia fazer qualquer coisa que um corpo quisesse — qualquer coisa no mundo, não fazia diferença; e se não houvesse nenhum jeito moderno e rápido de fazer uma coisa, eu podia inventar um.

Das invenções importantes patenteadas nos Estados Unidos entre 1790 e 1860, 93% foram produzidas nos estados livres, e quase metade na

Nova Inglaterra. Os ianques aplicavam sua criatividade a tudo que tocavam. Frederic Tudor descobriu que o gelo da Nova Inglaterra podia ser exportado com lucro para países tropicais. Nathaniel Wyeth, então, concluiu que era possível acomodar o gelo na serragem produzida nas serrarias locais.[6] Arial Bragg, um apreciado sapateiro de Massachusetts, virou sua indústria de cabeça para baixo mostrando como os sapatos podiam ser padronizados em vez de feitos sob medida.[7] Um visitante britânico observou que "todo trabalhador parece estar continuamente inventando algo novo para ajudá-lo em seu trabalho, havendo um forte desejo, tanto entre os mestres quanto entre os trabalhadores, por todos os estados da Nova Inglaterra, de estar 'atualizado' a respeito de toda nova melhoria".[8] Um visitante argentino foi ainda mais preciso: ianques são "oficinas ambulantes".[9]

Embora ganhasse a vida como advogado, Abraham Lincoln se encaixa perfeitamente nessa descrição de "oficina ambulante". Ele não podia ver uma máquina na rua sem parar para descobrir como ela funcionava: relógios, ônibus e rodas de pás estavam entre as máquinas que nunca escapavam à sua "observação e análise", de acordo com seu sócio na prática da lei. Na Câmara dos Representantes, ele patenteou "um dispositivo para fazer embarcações boiarem sobre bancos de areia" que consistia em foles que inflavam abaixo da linha-d'água da embarcação a fim de erguê-la em águas rasas. (Um modelo de madeira da invenção encomendado por Lincoln pode ser visto no Museu Nacional de História Americana.) Em 1859, ele falou sobre comercializar sua ideia para um "arado a vapor", mas logo descobriu que tinha assuntos mais urgentes para resolver.

Na primeira metade do século XIX, a maior parcela dessa criatividade ficou com a indústria têxtil, e não com foles nem arados a vapor. Os produtores têxteis transformaram sua região em uma usina de fiar e tecer com uma combinação de espionagem industrial — roubando a ideia do tear mecânico da Grã-Bretanha — e ousadia comercial. Em 1790, Almy e Brown construíram uma fábrica têxtil em Pawtucket, Rhode Island, usando designs que um imigrante britânico, Samuel Slater (para os britânicos, "Slater, o traidor") havia memorizado. (Os britânicos haviam proibido os imigrantes de levarem planos de seus novos teares para os Estados Unidos, chegando a revistar sua bagagem, mas não podiam fazer nada em relação a memórias prodigiosas como a de Slater.) Em 1815, Francis Cabot Lowell, da Boston Manufacturing Company, construiu uma nova fábrica em Waltham, Massachusetts, empregando mais de trezentas pessoas, tendo como modelos exemplos que vira em Lancashire. A Boston Manufacturing Company teve tanto sucesso que declarou dividendos de 17% em outubro de 1817 e investiu em outra fábrica em 1818.

O tear mecânico permitiu que a tecelagem fosse feita no mesmo espaço nas fábricas, em vez de mandarem a linha para ser fiada em casas de fiação especializadas, rapidamente reduzindo o custo da produção pela metade. A nova tecnologia logo se disseminou pela Nova Inglaterra: em 1820, 86 companhias usavam 1.667 teares mecânicos, enquanto casas de fiação tradicionais na Filadélfia e em Rhode Island foram forçadas a fechar as portas.[10] A produção explodiu de 3.658 quilômetros de tecido de algodão por ano em 1817 para 281.635 quilômetros vinte anos depois.[11]

Além de importar a ideia da fábrica da Grã-Bretanha, os ianques foram os pioneiros de um novo sistema de produção — o que os europeus chamaram de "sistema americano de produção", e o que seria mais conhecido como sistema de peças intercambiáveis. Em 1798, Eli Whitney recebeu um contrato gigantesco para dez mil mosquetes do governo americano. Quando se tornou claro que seria impossível cumprir o prazo, ele teve a ideia de aplicar a produção em massa com partes intercambiáveis aos mosquetes. Embora sua ideia não fosse original — os franceses haviam introduzido as peças intercambiáveis para mosquetes na década de 1780 —, os americanos a elevaram a um nível muito superior. Na França, as peças eram produzidas por artesãos. Na América, eram produzidas por operários semiqualificados que usavam máquinas especialmente projetadas capazes de fabricar peças por tempo indefinido. O objetivo do sistema americano era substituir o trabalho manual por algo novo — algo funcional em vez de belo, e democrático em vez de exclusivo. Samuel Colt, o inventor do revólver de seis tiros, seguiu os passos de Whitney, e cheio de contratos do governo na mão abriu uma fábrica gigante em Hartford,

Connecticut, no inverno de 1855-56, empregando mais de mil pessoas. O governo também inaugurou suas próprias imensas fábricas de armas em Springfield, Massachusetts, e Harpers Ferry, Virgínia.

As forças armadas promoveram a revolução da produção em massa porque precisavam de um grande número de produtos idênticos, e não precisavam se preocupar com uma possível falência ao adquiri-los. A ideia não tardou a se disseminar pela sociedade civil. Francis Pratt e Amos Whitney trabalharam na fábrica de armas de Colt e aplicaram a produção em massa às máquinas-ferramentas. Eli Terry produziu relógios de preço acessível em massa e ofereceu a um país atarefado a possibilidade de saber a hora.[12]

À medida que se espalhavam para o Meio-Oeste em busca de terras, os ianques revolucionaram tanto a agricultura quanto a indústria. Por milênios, os fazendeiros haviam se sacrificado colhendo milho com foices. Graças à colheitadeira mecânica de McCormick, eles passaram a fazer a colheita de dez acres por dia sentados. A colheitadeira era só a ponta do iceberg: o Escritório Americano de Patentes registrou 69 invenções agrícolas na década de 1850, que iam de arados e debulhadeiras, passando por aceleradores e descascadores de milho, a desnatadeiras e colmeias.[13]

Os fazendeiros eram ávidos por conhecimento. Montavam feiras para a exibição de animais premiados e novas máquinas, e organizavam sociedades para representar seus interesses e disseminar as "melhores práticas": em 1858, havia 912, todas, com exceção de 137, no Norte.[14] *The Complete Farmer and Rural Economist* (1834), de Green Fessenden, foi um campeão de vendas. Empreendedores locais criaram jornais e revistas como *Western Farmer* (1839) e *Prairie Farmer* (1841). O *New York Tribune*, de Horace Greeley, estava cheio de artigos sobre a criação ae animais e a conservação do solo, muitos dos quais reimpressos em jornais locais como o *Cleveland Plain Dealer* e o *Chicago Tribune*. Em 1860, havia sessenta periódicos especializados em agricultura, com uma circulação combinada de 300 mil.[15]

Ao mesmo tempo, o Norte criava a infraestrutura da nação comercial moderna. O Suffolk Bank of Boston exercia algumas das funções de um banco central para a Nova Inglaterra, ajudando a blindar a região do caos financeiro que sucedeu a extinção do Second Bank of the United States em 1836. Sob a liderança de Horace Mann, o Massachusetts State Board of Education criou um sistema educacional moderno: instituições de treinamento de professores, currículos padronizados e classificados, vários níveis de escolas rurais e escolas secundárias para crianças mais velhas. As escolas eram "o grande agente para o desenvolvimento ou aumento dos recursos nacionais", Mann escreveu em 1848, "mais poderosas na produção e no emprego proveitoso da riqueza total de um país do que todas as outras coisas mencionadas nos livros dos economistas políticos".[16]

Enquanto o Norte apostava na indústria, o Sul era governado pelo "Rei Algodão". Em 1793, ao retornar a Savannah depois de ter se formado em Yale, Eli Whitney inventou a descaroçadeira de algodão, que como vimos acelerou a separação das sementes da fibra por um fator de 25. Isso marcou um divisor de águas na história americana. Antes da invenção de Whitney, a maioria das grandes plantações se concentrava no tabaco, no açúcar, no arroz e no anil. O algodão era um item de luxo: o algodão de alto padrão, o algodão de fibra longa, crescia nas Sea Islands, perto da costa da Geórgia e da Carolina do Sul, mas não crescia em nenhum lugar no interior do continente (o algodão das Sea Islands continua sendo sinônimo de luxo até hoje). A invenção de Whitney permitiu que o algodão upland, muito mais difícil de colher do que o algodão de fibra longa (já que a aderência da fibra à semente era muito forte), mas que podia ser plantado no Sul, pudesse ser transformado em cultivo comercial. A produção de algodão foi de 2.270.000 quilos em 1793, quando foi inventada a descaroçadeira de algodão, para 28.602.000 quilos dez anos depois.

A descaroçadeira ajudou a criar uma das maiores indústrias de exportação da América: em 1820, o algodão era o responsável por metade das exportações americanas, transformando o Sul na região mais exportadora do país, e os proprietários de grandes plantações da região, nos maiores defensores do livre comércio. No final das contas, o Sul mostrou-se extremamente apropriado para a produção em massa de algodão, com a quantidade e a distribuição certas de chuva, o número certo de dias sem geada, e particularmente no Delta do Mississippi com o solo certo rico em sedimentos.[17] Os fazendeiros rapidamente começaram a aperfeiçoar ainda mais as plantações: em 1806, Walter Burling, plantador de Natchez, comprou uma nova variedade de sementes de algodão do México com cápsulas maiores, que podiam ser colhidas com mais facilidade, além de uma fibra de maior qualidade.[18] Os plantadores de algodão publicavam jornais especializados, como o *American Cotton Planter*, e fundaram faculdades agrícolas que forneciam orientações sobre as melhores formas de se adorar o rei.

Os plantadores de algodão também podiam contar com o que o *American Cotton Planter* chamou de "trabalho mais barato e com maior disponibilidade no mundo".[19] Em 1860, cerca de 4 milhões dos 4,5 afro-americanos da América eram escravos, e quase todos pertenciam aos plantadores sulistas. Antes da ascensão do "Rei Algodão", houve a chance de a escravidão ter tido morte natural, com abolicionistas denunciando a instituição como bárbara e liberais argumentando que o trabalho livre era mais eficiente do que o trabalho forçado. Em 1807, o Congresso Americano aprovou, e Thomas Jefferson, um proprietário de escravos, assinou a Lei de Proibição da Importação de Escravos. Em 1833-34, o sentimento abolicionista ganhou mais força com a decisão da Grã-Bretanha de abolir o tráfico de escravos em todo o império. Mas a descaroçadeira de algodão deu novo fôlego a esse antigo mal no Sul. Jamais saberemos se a escravidão poderia ter sido abolida pacificamente, como aconteceu no Império Britânico, se não houvesse sido inventada a descaroçadeira de algodão. Mas a escravidão e a produção de algodão sem dúvida avançaram juntas, como demonstra Sven Beckert: a proporção de escravos em quatro típicos condados acima da Carolina do Sul aumentou de 18,5% em 1790 para 39,5% em 1820, e então para 61,1% em 1860.

A escravidão estava no coração da revolução da produtividade: a produção de algodão em libras por escravo (entre 10 e 34 anos) aumentou 34% ao ano de 1790 a 1800 e 11% ao ano de 1800 a 1806. Embora essa taxa de crescimento tenha se provado insustentável, a produtividade, não obstante, aumentou respeitáveis 3,3% ao ano de 1806 até o início da Guerra Civil. Os proprietários de escravos investiam um capital cada vez maior em seus escravos: em 1861, quase metade do valor total dos ativos do Sul era composto

pelo "valor dos negros". "Vender mais algodão para comprar Negros —
produzir mais algodão para comprar mais Negros, *ad infinitum*, é o objetivo e
a tendência direta de todas as operações do meticuloso plantador de algodão",
comentou um visitante ianque no reino do algodão na década de 1830, "sua
alma está completamente dedicada a essa busca. Ela é, aparentemente, o
princípio pelo qual ele 'vive, caminha e do seu próprio ser'."[20] A distribuição
espacial da população negra da América mudava à medida que a indústria do
algodão se propagava. Os negros (inclusive os livres, que eram sequestrados
e aprisionados) eram transferidos à força do Norte para o Sul e da parte
superior para a inferior do Sul. Criados domésticos eram enviados para os
campos. Mas tamanha era a eficiência implacável do sistema que a demanda
por escravos superava a oferta: o custo de um adulto jovem do sexo masculino
no mercado de escravos de Nova Orleans aumentou de 520 em 1800 para
até 1.800 dólares às vésperas da Guerra Civil (ver Gráfico 3), e os jornais do
Sul falavam em "Febre dos Negros".

GRÁFICO 3
PREÇO MÉDIO DO ESCRAVO RURAL EM NOVA ORLEANS

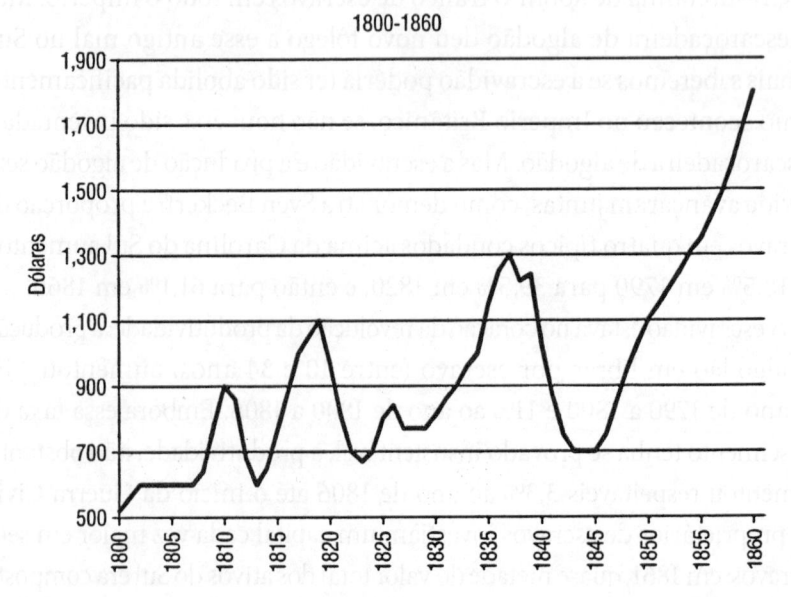

A combinação entre uma nova tecnologia (a descaroçadeira) e a mão de obra escrava móvel facilitou a expansão da indústria do algodão para novos territórios americanos: em 1850, 67% do algodão americano crescia em terras que não faziam parte do país quando Whitney inventou sua descaroçadeira.[21] O volume do algodão exportado cresceu exponencialmente. Em 1820, a América exportou 250 mil fardos, no valor de 22 milhões de dólares. Em 1840, exportou 1,5 milhão de fardos, no valor de 64 milhões de dólares. Em 1860, pouco antes da Guerra Civil, exportou 3,5 milhões de fardos, no valor de 192 milhões. Ao mesmo tempo, o preço do algodão em estado bruto, refletindo o grande declínio do preço da produção, caiu 86% de 1799 a 1845. A América era uma superpotência do algodão, produzindo 3/4 do algodão do planeta, depois de ter produzido apenas 9% em 1801, e abastecendo um setor industrial que, de acordo com uma estimativa de 1862, empregava 20 milhões de pessoas no mundo inteiro — ou uma em cada 65 pessoas vivas.[22]

Esse setor industrial em rápida expansão estava alicerçado em uma crueldade incomensurável. Com base na cor da pele, a escravidão privava milhões de americanos de seu direito humano básico. Escravos desobedientes ou improdutivos eram espancados; escravos fujões eram perseguidos e torturados; escravas eram estupradas e abusadas. Com o transcorrer do século, os "senhores do açoite" desenvolveram formas mais brutais e sofisticadas de coerção a fim de extrair o máximo de trabalho de suas propriedades humanas.

Eles dividiam os escravos conforme suas capacidades físicas para tornar o trabalho o mais maquinal possível, com escravos executando as mesmas tarefas, no mesmo ritmo, do amanhecer ao anoitecer. A divisão era feita em três grupos: o primeiro, ou grande grupo, consistia nos escravos mais fortes; o segundo grupo consistia em adolescentes e idosos; e o terceiro grupo consistia nos mais lentos. Na plantação McDuffie, na época do plantio, por exemplo, o primeiro grupo cavava pequenos buracos separados por entre 18 e 25 centímetros, o segundo grupo lançava as sementes e o terceiro cobria os buracos com areia.[23] John Brown, um escravo que fugiu, observou a respeito da conexão entre o preço do algodão no mercado global e a coerção em Dixie. "Quando o preço aumenta no mercado inglês, os pobres escravos sentem imediatamente os efeitos, pois são tratados com mais dureza, e o chicote desce com mais constância."[24]

Esse sistema de coerção permitiu que os brancos sulistas tivessem quase a mesma renda per capita que os brancos do Norte, apesar de viverem em uma economia muito atrasada. Também permitiu que a elite sulista vivesse com tanta abundância quanto qualquer um no país: dos 7.500 americanos com fortunas de mais de 3,3 milhões de dólares (em termos atuais) em 1860, 4.500 estavam no Sul.[25] Em 1860, o valor total da população escrava ficava entre 2,7 e 3,7 bilhões de dólares — mais do que o capital advindo das ferrovias e da indústria. Os escravos ficavam entre 37% da riqueza tributável, na Virgínia, e 61%, no Mississippi (ver Tabela 1).

TABELA 1

RIQUEZA TRIBUTÁVEL DA CONFEDERAÇÃO POR ESTADO: 1861

VALORES EM MILHARES DE DÓLARES CONFEDERADOS

(EQUIVALENTES A DÓLARES AMERICANOS)

	RIQUEZA TRIBUTÁVEL	VALOR DA POPULAÇÃO ESCRAVA	VALOR DA POPULAÇÃO ESCRAVA COMO PERCENTUAL DA RIQUEZA
Total	4.632.161	2.142.635	46,3
Alabama	484.966	261.284	52,8
Arkansas	138.442	65.438	47,3
Flórida	67.752	38.285	56,5
Geórgia	633.322	280.477	44,3
Louisiana	480.597	187.312	39,0
Mississippi	471.677	287.765	61,0
Carolina do Norte	343.125	197.026	57,4
Carolina do Sul	440.034	244.311	55,5
Tennessee	485.339	172.267	35,5
Texas	282.077	110.974	39,3
Virgínia	794.830	297.496	37,4

Embora a maioria de proprietários de escravos tivesse apenas cerca de dez escravos, um grupo de elite de 339 famílias tinha 250 ou mais. O maior plantador do Delta do Mississippi, Stephen Duncan, tinha 1.036.[26] Os donos de grandes plantações eram os maiores consumidores da América pré-Guerra Civil: eles construíam mansões com exércitos de criados domésticos e recebiam convidados em escala prodigiosa, tal como a aristocracia britânica.[27]

Os sulistas não eram a única população a lucrar com a escravidão: Dixie integrava uma economia algodoeira local que ia do Delta do Mississippi, passando pelas casas bancárias de Nova York, às indústrias têxteis e bolsas de ações europeias.[28] Vários dos principais bancos da cidade de Nova York fizeram fortunas com o negócio do algodão. O Brown Brothers prestava serviços tanto financeiros quanto logísticos aos plantadores de algodão, emprestando dinheiro com colheitas futuras como garantia e providenciando o transporte para Liverpool em seus próprios navios. Os irmãos Lehman, Henry, Emanuel e Mayer iniciaram seus negócios como financiadores de plantadores de algodão no Alabama. Mayer transferiu os negócios da companhia para Nova York, fundando a New York Cotton Exchange (primeira bolsa de mercadorias de Nova York, estabelecida em 1870 para negociar algodão), mas apoiou o Sul na Guerra Civil (ele mesmo tinha sete escravos). O espectro da escravidão assombra até mesmo marcas financeiras que ainda não existiam na época: dando uma olhada no seu histórico de aquisições, o Chase Bank descobriu que dois dos bancos que adquirira, o Citizens Bank da Louisiana e o New Orleans Canal Bank, haviam aceitado mais de 13 mil escravos como garantia.[29]

Essas fortunas eram obtidas ao preço não apenas do sofrimento dos escravos, mas também do atraso da economia em geral. Os proprietários de escravos tinham pouco incentivo para entrar no mercado de trabalho nacional, visto que já tinham um suprimento garantido de mão de obra. Tinham também pouco incentivo para desenvolver cidades e outros centros populacionais: sua fortuna encontrava-se em grandes plantações afastadas. E tinham menos incentivo ainda para investir na educação, considerando que não queriam que seus escravos tivessem ideias externas ao seu trabalho.

UMA LUTA DESIGUAL

Jamais deveria ter havido qualquer dúvida sobre qual versão da América prevaleceria. O general William Tecumseh Sherman fez um alerta profético em uma carta para um conhecido sulista no final de 1860:

> O Norte pode fazer um motor, uma locomotiva ou um vagão a vapor; vocês mal podem fazer uma jarda* de tecido ou um par de sapatos. Vocês estão entrando em guerra com um dos povos mais poderosos, criativamente mecanizados e determinados da Terra — bem às portas de vocês. Estão condenados ao fracasso. Só estão preparados para a guerra em seu espírito e determinação. Em todo o resto, estão completamente despreparados.[30]

O Norte detinha 70% da riqueza do país e 80% de seus ativos bancários. Só três estados do Norte — Massachusetts, Nova York e Pensilvânia — concentravam 53% do capital manufatureiro do país e 54% de sua produção, isso de acordo com o censo de produção manufatureira da década de 1850.[31] O Norte investia em dispositivos que poupavam trabalho, tanto na agricultura quanto na indústria. O Sul investia em escravos. A proporção da população do Norte dedicada à agricultura caiu de 80% para 40%, enquanto a proporção da mesma população no Sul permaneceu estagnada em 80%.[32] O Norte também investia mais em seu capital humano: a Nova Inglaterra provavelmente era a sociedade mais educada do planeta — 95% dos naturais da Nova Inglaterra sabiam ler e escrever,

---

* Unidade inglesa de medida, usada também nos Estados Unidos, que equivale exatamente a 91,44 centímetros. As medidas apresentadas no livro foram, sempre que possível, convertidas para os padrões brasileiros, exceto nas citações, como no presente caso. [N. da T.]

enquanto 75% da população entre 5 e 19 anos estava na escola —, e o resto do Norte não ficava muito atrás. Não surpreende que sete oitavos dos 4 milhões de europeus que imigraram para a América de 1815 a 1860 tenham escolhido ir para o Norte.

O Sul só podia recrutar metade do número de soldados em potencial do Norte. Tinha uma relação tão perigosa de dependência com os produtos agrícolas, particularmente o algodão, que precisava exportar para fora da região: tudo que o Norte precisava fazer era fechar sua fronteira terrestre e bloquear os portos, e a economia ficaria desprovida de sua força vital. O Gráfico 4 compara as economias dos estados da União às dos estados confederados de 1800 em diante, em termos de PIB per capita e participação no PIB nacional. Não apenas mostra o quão maior era a economia da União em relação à economia confederada, como também quanto tempo levou para o Sul se recuperar depois da Guerra Civil.

GRÁFICO 4
PRODUTO INTERNO BRUTO REAL PER CAPITA

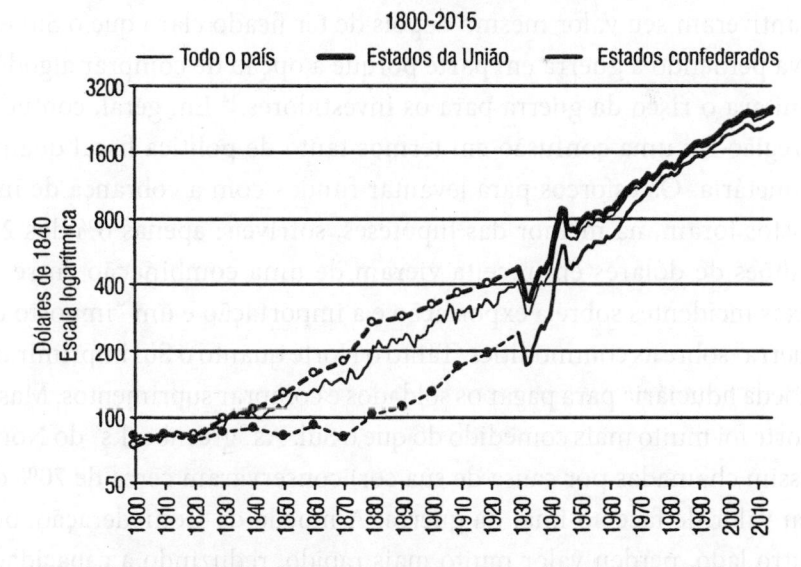

Obs.: Os "Estados da União" incluem não apenas os estados da União à época da Guerra Civil, mas também os que passaram a fazer parte dos Estados Unidos posteriormente.

Ainda assim, vencer a guerra não foi nada fácil. A máquina de guerra do Norte só empregaria o potencial total da sua economia três anos após o início da guerra. E mesmo o Sul não sendo tão produtivo quanto o Norte, não se pode dizer que fosse preguiçoso. Ademais, não existe relação simples entre poder econômico e poder militar, como nos lembra a Coreia do Norte com uma frequência alarmante. A elite sulista era uma casta marcial, criada sobre a cela e obcecada pela "honra". Os sulistas estavam mais bem representados nos escalões mais altos das forças militares do que os nortistas: entre os soldados americanos proeminentes o bastante para ganhar entradas no *Dictionary of National Biography* antes da Guerra Civil, o Sul tinha o dobro da porcentagem do Norte, embora tivesse uma população menor.[33]

O Sul poderia ter resistido mais tempo se tivesse aplicado à governança econômica a mesma genialidade que aplicou às forças militares. O Tesouro dos confederados teve sucesso com os títulos de guerra. No início de 1863, o Tesouro lançou títulos no mercado de Amsterdam lastreados em algodão, e não em ouro. Chamados "Erlanger Bonds" por causa da firma francesa que subscrevia as emissões, esses títulos mantiveram seu valor mesmo depois de ter ficado claro que o Sul estava perdendo a guerra em parte porque a opção de comprar algodão limitava o risco da guerra para os investidores.[34] Em geral, contudo, a região fez uma confusão em termos tanto de política fiscal quanto monetária. Os esforços para levantar fundos com a cobrança de impostos foram, na melhor das hipóteses, sofríveis: apenas 6% dos 2,3 bilhões de dólares em receita vieram de uma combinação entre as taxas incidentes sobre a exportação e a importação e um "imposto de guerra" sobre as commodities. Tanto o Norte quanto o Sul imprimiram moeda fiduciária para pagar os soldados e comprar suprimentos. Mas o Norte foi muito mais comedido do que o Sul. As "greenbacks" do Norte (assim chamadas por causa de sua cor) conservaram cerca de 70% do seu valor de face ao final da guerra. A moeda da Confederação, por outro lado, perdeu valor muito mais rápido, reduzindo a capacidade do exército de comprar equipamentos militares e desencadeando uma hiperinflação de até 9.000% (ver Gráfico 5). Em 1864, a Confederação diminuiu significativamente a quantidade da sua moeda em circulação, o que levou a uma redução temporária do ritmo da inflação. Depois da guerra, o dinheiro do Sul, é claro, perdeu o que restava do seu valor, e os sulistas precisaram recorrer ao escambo.

GRÁFICO 5
ESTOQUE DE MOEDA CONFEDERADA E NÍVEL DE PREÇOS
JANEIRO DE 1861 – ABRIL DE 1865

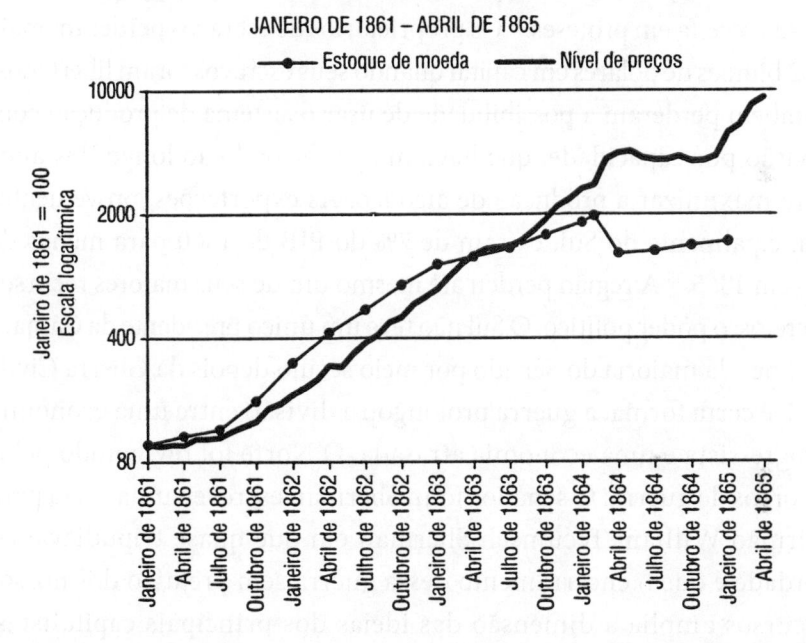

O primeiro conflito de grande escala da era industrial, a Guerra Civil, foi terrivelmente caro em termos tanto financeiros quanto de sangue para os dois lados. De acordo com estimativas recentes, entre 650 mil e 850 mil homens morreram, isto é, mais do que o número de americanos mortos em todas as guerras subsequentes. O equivalente, fazendo ajustes de acordo com o tamanho da população, a 5 milhões de pessoas na atualidade.[35] Meio milhão de pessoas foram feridas. A carnificina não se limitou aos humanos: a proporção entre cabeças de gado e humanos caiu de 749 para cada mil pessoas para 509 para mil em 1870, principalmente por causa dos abates no Sul.[36] O custo econômico da guerra totalizou 6,6 bilhões (em dólares de 1860), quase 150% do PIB do país no ano anterior ao início da guerra, e muito mais do que teria custado para libertar cada escravo da América.

O Sul inevitavelmente pagou o preço mais alto. Quase 13% dos homens em idade militar morreram durante a guerra, duas vezes o número de homens nascidos em estados ou territórios livres. Um número maior foi mutilado: no primeiro ano após a guerra, 1866, o Mississippi gastou 20% da sua receita em próteses.[37] Os proprietários de escravos perderam mais de 2 bilhões de dólares em capital quando seus escravos foram libertados. Também perderam a possibilidade de usar o sistema de produção com divisão por capacidade, que haviam aperfeiçoado ao longo dos anos para maximizar a produção de algodão. As exportações, provenientes principalmente do Sul, caíram de 7% do PIB de 1860 para menos de 2% em 1865.[38] A região perdeu até mesmo um de seus maiores recursos secretos: o poder político. O Sul não teve um único presidente da Câmara ou líder da maioria do Senado por meio século depois da Guerra Civil.

De certa forma, a guerra prolongou a divisão entre uma economia progressista e uma economia atrasada. O Norte foi revigorado pelos esforços de guerra. O senador John Sherman escreveu uma carta para o irmão William Tecumseh Sherman em que quase tripudiava: "A verdade é que o encerramento dessa guerra sem prejuízo dos nossos recursos amplia a dimensão das ideias dos principais capitalistas, muito mais do que qualquer empreitada já feita neste país. Eles falam em milhões com tanta confiança quanto antes falavam em milhares." Por outro lado, o Sul foi destroçado: em 1870, sua produção total foi de apenas dois terços em relação a 1860, e foi só em 1890 que a renda per capita retornou ao nível do pré-guerra.[39] Os dois censos que registraram os anos da Guerra Civil, de 1860 e de 1870, revelam o quanto a guerra afetou vários setores da economia agrícola (ver Tabela 2). Os valores das fazendas caíram 42%. O número de acres de terras produtivas caiu 13%. O de animais de carga caiu 42%. O número de fazendas com mais de 100 acres cultivados sofreu um declínio de 17%, enquanto o número de fazendas com menos de 50 acres cultivados mais do que dobrou.[40]

TABELA 2

FAZENDAS E PRODUÇÃO AGRÍCOLA NOS ESTADOS CONFEDERADOS

VALORES DE 1870 COMO PERCENTUAL DOS VALORES DE 1860

Fazendas	
Número	148
Valor	58
Acres de Terras Produtivas	87
Animais de carga	79
Produção Agrícola	
Algodão	56
Tabaco	36
Trigo	77
Milho	66
Batata-inglesa	84
Batata-doce	47
Arroz	39
Aveia	111

A razão para o colapso da agricultura sulista foi simples e fácil de compreender: as pessoas antes forçadas a trabalhar sob as ordens do senhor no regime da escravidão haviam ganho a liberdade para decidir qual seria o seu ritmo de trabalho. Roger Ransom e Richard Stutch estimam que o recuo da mão de obra escrava (desde os casos em que os escravos pararam de trabalhar nos finais de semana àqueles em que abandonaram completamente a força de trabalho) foi o equivalente à perda de 28 a 37% da antiga força de trabalho negra. Embora o declínio tenha sido de relativamente modestos 12,4% para o sexo masculino, ele chegou a 60% no caso das mulheres, e a porcentagens ainda maiores para crianças.[41]

A abolição da escravidão afetou muito mais do que apenas a produtividade da agricultura. A escravidão estivera por trás de todos os aspectos da vida econômica do Sul. Bhu Srinivasan aponta que o ativo mais valioso de uma sociedade agrícola é a terra. No Sul escravocrata, no entanto, o ativo mais valioso eram os escravos, pois eram móveis: era possível comprar uma vida inteira de trabalho e depois vender esse ativo de mão de obra para outra parte da região. Assim, a hipoteca de escravos tornou-se a forma mais comum de levantar fundos.[42] Na Louisiana pré-Guerra Civil, por exemplo, 88% dos empréstimos garantidos por hipotecas usavam escravos como (pelo menos parte da) garantia. A Décima Terceira Emenda pôs fim a essa prática ao mesmo tempo que outras formas de capital desapareciam ou entravam em rápido declínio. Os títulos de guerra perderam completamente o valor. Os preços das terras sofreram uma queda vertiginosa.[43]

O Sul enfrentava um problema peculiar: como se ajustar ao fim de um sistema terrível, mas também de uma eficácia única, de trabalho forçado. Como substituir o "Sr. Chicote" pelo "Sr. Dinheiro"? Como transformar quase 4 milhões de ex-escravos em trabalhadores remunerados quando esses ex-escravos nunca usaram dinheiro, nunca tiveram propriedades e nunca aprenderam a ler nem escrever? Abolir a instituição da escravidão é uma coisa. Criar um sistema de trabalho livre é outra. O problema tornou-se ainda de mais difícil solução em virtude da pressão advinda da concorrência de outros produtores de algodão, em particular do Egito e da Índia. Em 1870, o Sul produzia só 56% do algodão que produzira dez anos antes.

Logo após a Proclamação da Emancipação, muitos ex-proprietários de escravos fizeram o que estava ao seu alcance para preservar o vinho velho em odres novos. Contratos anuais em que os homens libertos concordavam em trabalhar por "ração e por roupa à forma costumeira" tornaram-se comuns por todo o Sul. Na Carolina do Sul, William Tunro tentou fazer seus ex-escravos assinarem contratos vitalícios. Os quatro primeiros se recusaram e foram expulsos da fazenda, para depois serem perseguidos e mortos.[44] Os brancos também recorreram à violência para forçar os escravos libertos a voltarem a trabalhar sob o sistema de divisão em grupos conforme a capacidade.

Proprietários de plantações acabaram por adotar o sistema que existia na área cinzenta entre o trabalho escravo e o trabalho livre: o sistema de arrendamento, no qual ex-escravos tinham permissão de usar as ferramentas do senhor e trabalhar em suas terras em troca de uma parcela da produção. O sistema era reforçado por leis coercitivas, violência ilegal e, o principal, por dívidas onerosas. A maioria dos arrendatários entrava em um ciclo de dívidas que os mantinha presos às terras: a única forma de pagar o que deviam era aumentar a produção, mas quanto mais plantavam, mais reduziam os preços de seus produtos e exauriam o solo que garantia a sua subsistência. Depois da Guerra Civil, a população passou a crescer mais rápido do que a economia. Brancos pobres muitas vezes também eram sugados pelo sistema, inflamando ainda mais as tensões raciais.

O desenvolvimento pós-Guerra Civil mais brutal foi a imposição do trabalho forçado à população carcerária. Os presos (90% dos quais eram negros) eram forçados a trabalhar em algumas das atividades econômicas mais duras da região: nas ferrovias, nas minas, na produção de terebintina e, é claro, nas plantações de algodão. O estado da Geórgia sancionou a criação de três companhias privadas — Penitentiary Company One, Two e Three — especializadas no aluguel de trabalhadores. James Monroe Smith, proprietário da Smithsonian, uma grande fazenda de 20 mil acres em Oglethorpe County, Geórgia, que precisava de mil trabalhadores para colher o algodão, era tão adepto do trabalho forçado que comprou um quarto da Penitentiary Company Three para garantir um suprimento de prisioneiros.[45] Ele regularmente empregava entre duzentos e trezentos presos, e em 1895-96 chegou a empregar 426.[46]

Os presos não tinham outra opção a não ser obedecer: o preço da desobediência era o chicote, a mutilação ou até a execução. A taxa de mortalidade entre a população carcerária submetida ao trabalho forçado era chocante: 11% no Mississippi em 1880, 14% na Louisiana em 1870, 16% no Mississippi em 1887. Um empresário sulista que alugava trabalhadores presos resumiu a situação com uma honestidade brutal: "Antes da guerra, nós tínhamos negros. Se um homem tivesse um bom negro, podia arcar com as despesas da sua manutenção [...]. Mas esses presos, nós não somos seus proprietários. Se um morre, é só pegar outro."[47]

Mesmo com a ajuda da mão de obra carcerária, a indústria só fez alguns avanços no Sul.[48] Na década de 1880, Birmingham, Alabama, localizada entre depósitos de carvão e de minério de ferro, tornou-se a produtora de ferro de mais sucesso da região. Na década de 1890, proprietários de moinhos começaram a construir moinhos movidos a motor a vapor. Em 1888, Frank Sprague construiu a primeira linha de bonde elétrico em Richmond, Virgínia. Ainda assim, o progresso era irregular. Birmingham produzia ferro-gusa barato em uma época na qual os produtores do Norte produziam aço. Muitos líderes empresariais do Norte recusavam-se a investir no Sul. "Não estou interessado em nenhuma proposta de negócios em qualquer lugar onde não neve", declarou James J. Hill, o construtor da Great Northern Railway.[49] Em geral, a elite sulista continuou tentando extrair o máximo da agricultura. Em 1874, um visitante europeu, Friedrich Ratzel, ficou chocado com o contraste entre a vida urbana no Sul e no resto do país.

A natureza geral das cidades do Sul [é] [...] muito diferente de suas contrapartes do Norte e do Oeste [...]. O comércio nessa área ainda não está conectado a nenhuma atividade industrial. Por essa razão, fora os grandes comerciantes daqui, não há grandes industrialistas, nem trabalhadores qualificados e tampouco uma classe trabalhadora branca vigorosa de qualquer tamanho que valha menção. Os comerciantes e artesãos não conseguem compensar a ausência dessas classes importantes, que criam civilização e riqueza [...]. Portanto [...] essa sociedade tem um perfil incompleto, com um desenvolvimento pela metade, que tendemos a associar às grandes cidades desprovidas de indústria dos países predominantemente agrícolas. Nesse aspecto, Nova Orleans, Mobile, Savannah e Charleston se parecem mais com Havana e Veracruz do que, digamos, Boston ou Portland.[50]

O Sul também prosseguiu culturalmente diferente depois que a tentativa do Norte de impor direitos iguais à força perdeu fôlego. Os sulistas brancos trabalharam com devotamento à construção de um sistema de segregação legal e intimidação de eleitores, tirando o máximo proveito dos integracionistas. Eles não apenas transformaram a ala local do Partido Democrata em um instrumento de resistência regional, como estabeleceram uma divisão armada dentro do partido na forma da Ku Klux Klan, fundada em 1866 e que fez uso rotineiro da violência contra os negros que não se dobravam e os brancos liberais. Negros ambiciosos partiram em busca da liberdade relativa do Norte. Imigrantes evitavam a região: em 1910, só 2% da população do Sul havia nascido no exterior, enquanto no país esse percentual era de 14,7%. Foram necessários o New Deal da década de 1930 e o boom do Cinturão do Sol da década de 1980 para transformar o Sul em um dos grandes dínamos econômicos da América.

Por outro lado, ainda que a Guerra Civil tenha reforçado a divisão entre o Norte progressista e o Sul atrasado, também pôs um fim à maior de todas as divisões, relacionada ao futuro da América. Os republicanos, que controlavam Washington, tinham uma visão clara do tipo de América que desejavam — uma grande nação industrial, movida por fábricas, ligada por ferrovias de aço, pontilhadas por escolas e cheias de cidades grandes — e começaram a transformar essa visão em realidade.

Em certos aspectos, o governo federal era de uma fraqueza patética: mal tinha funcionários e ainda não sabia ao certo até onde iam seus poderes para cobrar impostos e legislar. Em um aspecto, contudo, era extremamente poderoso: graças a uma sucessão de compras inteligentes de terras, possuía 2 bilhões de acres à sua disposição, território maior do que qualquer nação da Europa Ocidental. E usou essas terras com sabedoria para pagar as dívidas, modernizar a infraestrutura e ampliar seu império para o Oeste. A Lei da Propriedade Rural de 1862 ofereceu lotes de terras devolutas de 160 acres a qualquer um que pudesse ocupá-las e produzir nelas (condicionar o presente à produção era uma prática americana em essência). Homens do Velho Mundo que alimentaram a esperança de adquirir um lote de 10 a 20 acres de terra ao longo de muitas gerações puderam colocar suas mãos em vinte vezes isso atravessando o Atlântico e se inscrevendo. No início da Primeira Guerra Mundial, cerca de 2,5 milhões de inscrições haviam sido deferidas.

UMA NAÇÃO... SOB O CAPITALISMO

Houve vários momentos marcantes quando a América "se uniu" como um único país. O momento em 1869 em que Leland Standford bateu na cavilha de ouro com seu martelo de prata, ligando a Union Pacific à Central Pacific em Promontory Summit, território de Utah, e consequentemente ligando o grande Oeste americano ao velho Leste; ou o momento em 1896 em que operários enfim concluíram a primeira transcontinental, da Ponte George Washington, em Manhattan, ao final da Ponte São Francisco--Oakland Bay. Nenhum foi tão importante quanto o momento em que o Sul se rendeu ao Norte na Guerra Civil, e um país outrora dividido abraçou seu destino como uma república completamente capitalista.

3

O TRIUNFO DO CAPITALISMO:
1865-1914

N AS DÉCADAS TRANSCORRIDAS entre o final da Guerra Civil e o início da Primeira Guerra Mundial, os Estados Unidos tornaram-se uma sociedade reconhecidamente moderna. Em 1864, o país ainda tinha traços notáveis do velho mundo. O número de animais nas cidades era igual ao de pessoas, e não eram só cavalos, mas vacas, porcos e galinhas. Uma centelha podia causar um grande incêndio, como aconteceu em 1871 em Chicago, supostamente depois que uma vaca derrubou um lampião, pois a maioria das construções ainda era de madeira. As pessoas trabalhavam para pequenas empresas familiares. Em 1914, os americanos bebiam Coca-Cola, dirigiam Fords, locomoviam-se usando a rede subterrânea de metrô, trabalhavam em arranha-céus, tiravam o chapéu para o taylorismo, barbeavam-se com barbeadores descartáveis da Gillette, iluminavam e aqueciam suas casas com eletricidade, voavam de avião, ou ao menos liam sobre aviões, e tagarelavam por telefone, cortesia da AT&T.

A AT&T foi uma das mais de cem megacorporações que se estabeleceram no coração da economia americana. Das firmas que integraram a lista Fortune 500 em 2000, 53 foram fundadas na década de 1880, 39 na de 1890 e 52 na de 1900. A América abriu uma grande vantagem na liderança sobre o resto do mundo em novos setores econômicos, como o siderúrgico, o automobilístico e o elétrico. Também determinou o ritmo dos setores antigos, como a agricultura e a pecuária: no final dos anos 1870, a América era a responsável por entre 30% e 50% do comércio mundial de grãos e por 70% a 80% do de carne.

Ao mesmo tempo, o país tornou-se uma sociedade de consumo, com a maior classe de milionários (4 mil em 1914) e os trabalhadores mais ricos do mundo: os americanos em 1914 tinham uma renda per capita de 346 dólares, enquanto na Grã-Bretanha a renda per capita era de 244 dólares, na Alemanha era de 184 dólares, na França, de 153 dólares, e na Itália de 108 dólares. As companhias não produziam apenas produtos, mas marcas em que os consumidores podiam depositar sua confiança: panquecas Aunt Jemima, trigo triturado Kellogg's, goma de mascar Juicy Fruit, cerveja Pabst Blue Ribbon, aveia Quaker. Os anunciantes vendiam suas marcas com um entusiasmo que logo se tornou familiar. A Jell-O era "rápida e fácil". Os produtos da Kellogg's eram a chave para uma vida saudável. Em 1896, a Heinz construiu um outdoor elétrico na Times Square com 1.200 lâmpadas listando todas as 57 variedades da companhia.[1] Os consumidores deixavam-se levar por verdadeiras febres: patins na década de 1870, bicicletas, na de 1890. As grandes cidades ostentavam templos do consumo: a Wanamaker's, na Filadélfia; a Macy's, a Bloomingdale's e a Lord & Taylor, em Nova York; a Filene's, em Boston; e talvez a mais impressionante de todas, a Marshall Field's, em Chicago. Em 1864, o prédio mais alto de Nova York era a Trinity Church (Igreja da Trindade), na Wall Street com a Broadway. Em 1914, era a "catedral do comércio" da América, o Woolworth Building, de sessenta andares.

Esse período viu a decolagem da América para o crescimento retroalimentado. Após milênios de estagnação ou quase estagnação econômica, a taxa de crescimento do país a princípio foi inevitavelmente lenta e irregular. Em geral, a inovação (produtividade multifatorial) e a redução do custo por unidade (produção por hora) dependem de uma interação complexa de novas ideias e processos de produção que pode levar décadas para dar frutos. Na segunda metade do século XIX, os grandes avanços econômicos — a melhoria na transmissão de informações (telégrafo), a derrota da distância (a ferrovia) e uma nova fonte de energia (eletricidade) — foram particularmente lentos, pois dependiam da construção de redes. Mas a taxa de crescimento enfim começou a acelerar com rapidez no final do século XIX e início do século XX à medida que novas ideias se alimentavam umas das outras, produtos circulavam mais rapidamente e a especialização regional se intensificava. A taxa anual do crescimento da produtividade aumentou de uma média de 1,4% ao ano no período de 1800 a 1890 para 2% ou mais ao ano no período de 1889 a 1899, um aumento de dois quintos da taxa subjacente de crescimento, e depois voltou a aumentar na década de 1920.

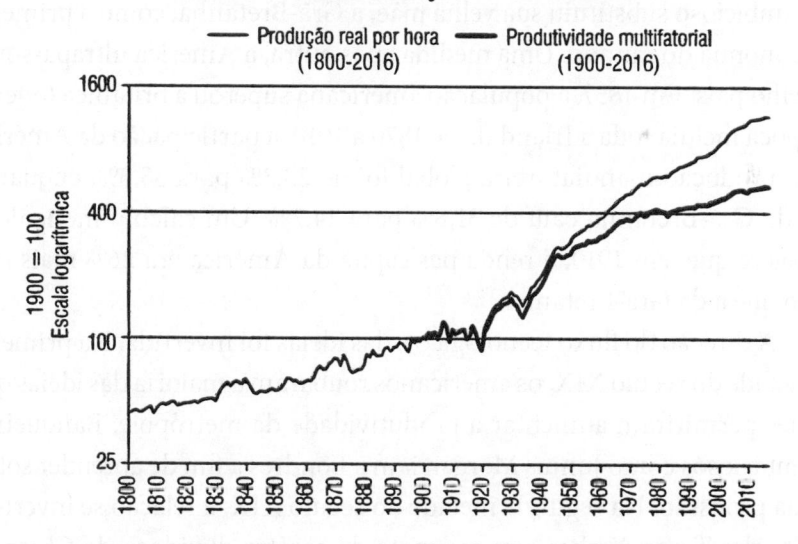

GRÁFICO 6

PRODUTIVIDADE E INOVAÇÃO NÃO AGRÍCOLA

— Produção real por hora (1800-2016)   ━━ Produtividade multifatorial (1900-2016)

Os americanos celebraram todo esse crescimento com muito mais vigor do que os europeus. O Partido Republicano, que segurara as rédeas durante a maior parte do período pós-Guerra, era declaradamente favorável ao crescimento e ao comércio. Em 1864, o Congresso aprovou uma lei de incentivo à imigração, criando uma Agência da Imigração dentro do Departamento de Estado e alocando recursos e funcionários federais para recrutar trabalhadores estrangeiros e facilitar sua mudança para a América. Grandes companhias (em particular ferrovias) e governos estaduais anunciavam a convocação de novos cidadãos de várias partes da Europa. Até intelectuais, geralmente não mais do que enfeites no baile capitalista, juntaram-se ao coro. Walt Whitman elogiou a "extrema energia empresarial" da América e seu "apetite quase maníaco por riqueza". Ralph Waldo Emerson enalteceu o país como "país do Futuro [...] um país de começos, de projetos, de grandes planos e expectativas". Ele viajou pela nação dando aulas sobre os valores do autoaperfeiçoamento e do progresso comercial. "Há mais poesia na urgência de uma única ferrovia cruzando o continente", disse Joaquin Miller, um poeta do Oeste, "do que em toda a história sangrenta do incêndio de Troia".[2]

Em algum momento antes da Grande Guerra, esse adolescente ousado e ambicioso substituiu sua velha mãe, a Grã-Bretanha, como a primeira economia do mundo. Uma medida após outra, a América ultrapassou o velho país. Em 1857, a população americana superou a britânica (que na época incluía toda a Irlanda). De 1870 a 1910, a participação da América na produção manufatureira global foi de 23,3% para 35,3%, enquanto a da Grã-Bretanha caiu de 31,8% para 14,7%. Um cálculo meticuloso sugere que, em 1910, a renda per capita da América era 26% mais alta do que a da Grã-Bretanha.[3]

A direção do fluxo tecnológico e das ideias foi invertida. Na primeira metade do século XIX, os americanos roubaram a maioria das ideias que lhes permitiram aumentar a produtividade da metrópole. Banqueiros ambiciosos como Junius Morgan iam a Londres a fim de aprender sobre sua profissão. Na segunda metade do século XIX, a relação se inverteu. Charles Tyson Yerkes, um magnata de caráter duvidoso de Chicago, assumiu grande parte do Metrô de Londres, construindo três novas linhas, introduzindo locomotivas elétricas e consolidando as linhas em um sistema unificado. J. P. Morgan transformou o Morgan Grenfell & Co. em uma província do seu império global. H. J. Heinz construiu uma fábrica em Peckham. Frank Woolworth abriu sua primeira Woolworth's fora do país em Liverpool.

Depois de terem zombado dos americanos, considerando-os um povo tecnologicamente atrasado, os britânicos passaram a temê-los como rivais. O final dos períodos vitoriano e eduardiano viu choverem livros sobre o crescente poder industrial da América. E depois de terem sofrido as restrições coloniais, os americanos passaram a desprezar cada vez mais seus antigos senhores. Um dos primeiros filmes exibidos nos Estados Unidos, em 1896, mostrava o "Tio Sam fazendo um valentão de nada, John Bull, cair de joelhos".[4]

PROMETEU LIVRE

Ao longo desses anos, a expansão territorial, a rápida imigração e a construção de ferrovias seguiram imperturbadas. Os Estados Unidos concluíram sua expansão com a adição do Alaska em 1860 e do Havaí em 1898: em 1900, o país era três vezes maior do que quando os britânicos foram expulsos, com 7.776.147 km² sob a bandeira. A população aumentou de 40 milhões em 1870 para 99 milhões em 1914, uma média de crescimento de 2,1% ao ano, enquanto a Alemanha crescia 1,2% ao ano, a Grã-Bretanha crescia 1,9% e a França crescia 0,2%. Desse crescimento, 2/3 vieram de um aumento natural, refletindo o otimismo da população em relação ao futuro, enquanto 1/3 veio da imigração, refletindo a convicção do resto do mundo de que a América era a terra da oportunidade.

Só na década de 1880, 5,3 milhões de pessoas, principalmente provenientes da Europa, mudaram-se para os Estados Unidos, ou 10,5% dos 50 milhões que habitavam o país no início da década. Esses imigrantes indiscutivelmente trouxeram uma vantagem para a economia.[5] Eram adultos desproporcionalmente jovens, com poucos dependentes e uma grande disposição para obter sucesso. Eram, na melhor definição da palavra, aventureiros dispostos a arriscar uma viagem cruzando o oceano com destino a um novo mundo pela chance de uma vida melhor. Foram suas mãos e músculos que construíram as máquinas, as estradas e as pontes de uma nação em rápido processo de industrialização: em 1920, os imigrantes e seus filhos constituíam mais da metade dos trabalhadores do setor manufatureiro. Muitos imigrantes também tinham habilidades valiosas. Os escandinavos que invadiram o Meio-Oeste eram fazendeiros, enquanto os judeus europeus que foram atraídos por Nova York eram comerciantes e negociantes. Os imigrantes britânicos qualificados continuaram fazendo o que já haviam feito ao longo da história americana: trazer os segredos industriais da metalurgia, da indústria têxtil e da indústria química britânicas para o outro lado do Atlântico.

Apropriadamente, muitos dos maiores prédios construídos nesse período eram terminais ferroviários: a Grand Central Station em Nova York (1871), a Union Station em Chicago (1881) e a Union Station em Washington D.C. (1907) eram templos de mármore do motor a vapor. As ferrovias eram os maiores mecanismos de produção de prosperidade da época. "A cidade à distância de 150 quilômetros de trem é tão próxima que seus habitantes são vizinhos", escreveu Anthony Trollope em uma viagem aos Estados Unidos na década de 1860, "mas um assentamento a 30 quilômetros na zona rural fechada não é conhecido, visitado, e provavelmente mulheres e crianças nunca ouviram falar dele. Sob tais circunstâncias, a ferrovia é tudo. É a primeira necessidade da vida, e proporciona a única esperança de riqueza."

A segunda metade do século XIX assistiu a uma vasta expansão da "única esperança de riqueza" da América: companhias ferroviárias acrescentaram mais de 48 quilômetros de trilhos todos os dias durante quarenta anos, de 1870 em diante, aumentando o total de milhas em um fator de cinco e permitindo que em 1917 a América possuísse 35% da quilometragem ferroviária mundial (ver Gráfico 7). O número de pessoas por milha de ferrovia concluída caiu de 6.194 em 1840 para 571 em 1880, e depois para 375 em 1890. Uma quantidade desproporcional dessa construção deu-se no Oeste, até então esparsamente habitado.

GRÁFICO 7
MILHAS DE FERROVIAS CONSTRUÍDAS
1830-1940

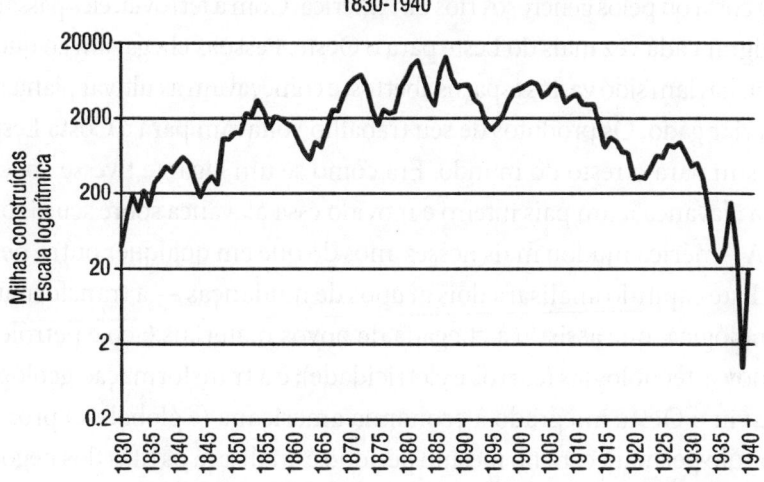

As ferrovias reduziram o custo do transporte de cargas: de acordo com uma estimativa, em 1890 o custo da carga transportada por ferrovias era de 0,875 dólar por tonelada-milha, em comparação aos 24,50 dólares por tonelada-milha da carga transportada por carroças, uma redução de 96%. Elas aceleraram as conexões: a ferrovia transcontinental reduziu o tempo necessário para atravessar o continente de seis meses para seis dias. Elas também provocaram um aumento da confiabilidade: era praticamente possível garantir que você chegaria aonde estava indo a tempo. Os trens podiam puxar dúzias de vagões de carga: David Wells calculou que em 1887 a carga transportada por ferrovias no país era o equivalente a todas as pessoas carregando mil toneladas por milha ou uma tonelada por mil milhas.[6]

As ferrovias também atuavam como incentivos à indústria por si só. Nos anos 1880, 200 mil pessoas estavam empregadas na construção de ferrovias, enquanto outras 250 mil trabalhavam na sua operação.[7] Cerca de metade do aço produzido nas três décadas seguintes à Guerra Civil foi destinada à construção de ferrovias.

As ferrovias fizeram mais do que apenas conectar os desconectados e acelerar o fluxo de produtos: elas mudaram a direção do tráfego. Antes da era das ferrovias, a maioria dos produtos ia do Norte para o Sul (e vice-versa) pela costa ou pelos generosos rios da América. Com a ferrovia, eles passaram a migrar cada vez mais do Leste para o Oeste. Pessoas chegavam ao que até então haviam sido vastos espaços abertos, e começavam a cultivar plantações e a criar gado. Os produtos de seu trabalho voltavam para a Costa Leste, e daí iam para o resto do mundo. Era como se um gigante tivesse aplicado uma alavanca a um país inteiro e movido essa alavanca sobre seu eixo.[8]

A América mudou mais nesses anos do que em qualquer outro período. Este capítulo analisará dois grupos de mudanças — a transformação tecnológica, que assistiu à chegada de novos materiais (aço e petróleo) e de novas tecnologias (carros e eletricidade); e a transformação geológica, que viu o Oeste integrado à economia americana (e global). O próximo capítulo permanecerá no mesmo período e analisará os titãs dos negócios que reformularam a economia.

A ERA DA INOVAÇÃO

Os anos entre 1865 e 1914 assistiram à chegada de uma variedade surpreendente de inovações fundamentais: uma nova matéria-prima (o aço), um novo combustível básico (o petróleo), uma nova fonte de energia (a eletricidade), uma nova máquina para a mobilidade pessoal (o automóvel), um novo dispositivo de comunicação (o telefone), além de inúmeras inovações menores que em alguns casos tiraram vantagem das maiores e em outros seguiram suas próprias direções. De 1860 a 1890, o Escritório Americano de Patentes emitiu 1,5 milhão de patentes para invenções — mais de dez vezes superior ao número de patentes emitido nos setenta anos anteriores e muito mais do que em qualquer outro país. A América, antes o mais veloz seguidor do progresso, passava a ocupar o lugar que ocupa desde então: expandindo bravamente a fronteira tecnológica para que outros países possam segui-la.

A era do aço chegou com uma rajada de vento em 1856, quando o inglês Sir Henry Bessemer descobriu que soprar ar quente através de ferro-gusa derretido fazia o oxigênio presente no ar ligar-se ao carbono no ferro--gusa, expelindo automaticamente as impurezas. O aço fora usado desde o início da civilização, principalmente em armas, mas também em talheres finos. A Sheffield já era famosa pelo seu aço na época de Chaucer. Não obstante, o aço quase não teve papel na Primeira Revolução Industrial, pois era muito difícil produzi-lo em grande quantidade. Henry Bessemer mudou tudo isso. Bessemer havia desenvolvido um novo tipo de cartucho para artilharia, mas os canhões de ferro fundido da época eram muito frágeis para suportá-lo. Ele estava experimentando formas de produzir um metal mais forte quando uma rajada de vento por acaso soprou sobre certa quantidade de ferro derretido, superaquecendo o metal e produzindo aço. Bessemer rapidamente projetou um processo industrial capaz de simular esse feliz incidente. O conversor Bessemer podia produzir uma tonelada de "aço de cadinho" de alta qualidade ao custo de apenas 2,5 toneladas de combustível (coque), enquanto os conversores antigos requeriam sete toneladas de carvão para produzir uma tonelada de aço cementado de baixa qualidade. A de Bessemer foi só um integrante do cortejo das inovações que se sucedem até hoje. Uma década depois, o processo Siemens-Martin (fornos de soleira aberta) aumentou ainda mais a produtividade. Em seguida, as siderúrgicas aprenderam a usar metal reciclado para reduzir o desperdício. No final do século, o custo da produção de uma tonelada de aço caíra 90% em comparação à metade do século (ver Gráfico 8).

A América mostrou-se melhor do que seus rivais em tirar vantagem desses aperfeiçoamentos: um país que produzia apenas 380 mil toneladas de aço em 1870 produziu 28,4 milhões de toneladas em 1913. A América tinha uma imensa vantagem comparativa no aço. Tinha os fatores de produção à sua disposição: construída a infraestrutura de transporte, eles passaram a poder ser reunidos a custos relativamente pequenos. Também tinha um quadro em branco: enquanto a Grã-Bretanha, a maior potência do aço no mundo no início do período, investira pesado em antigas técnicas de produção, a América introduziu novas fábricas e novos métodos.

GRÁFICO 8
PREÇO DO AÇO BESSEMER NO ATACADO
1867-1902

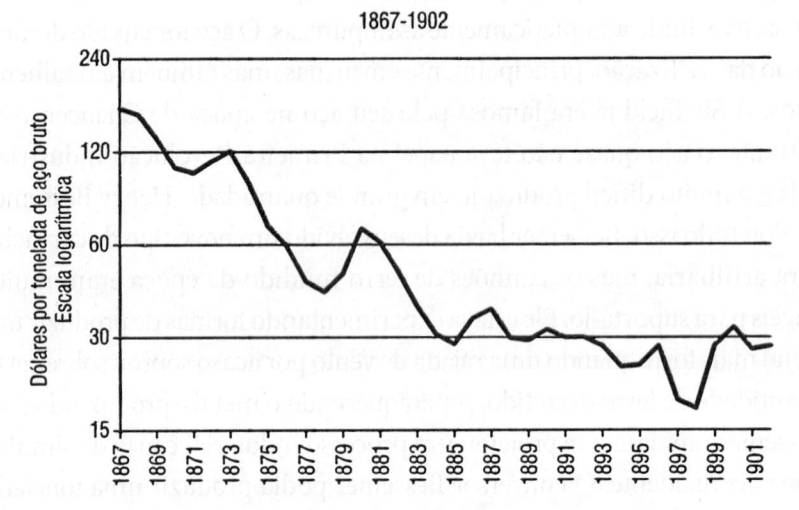

A revolução do aço mudou a cara da América industrial. John Fitch descreveu o poder das novas fornalhas de aço:

> O próprio tamanho das coisas — a imensidão das ferramentas, a escala da produção — arrebata a mente com uma sensação intensa de poder. Altos-fornos, com 25, 27, 30 metros de altura, finos e insaciáveis, estão continuamente abertos para admitir tonelada após tonelada de minério de ferro, combustível, cal e pedra. Os conversores Bessemer encantam os olhos com suas chamas flamejantes. Lingotes de aço em altas temperaturas, pesando milhares de quilos, são carregados de um lugar a outro e jogados como brinquedos [...]. Guindastes pegam trilhos de aço ou vigas de 15 metros com tanta elegância como se suas toneladas fossem gramas. Essas são as coisas que encantam o visitante nessas oficinas de Vulcano.[9]

Também mudou a geografia da produção. Cleveland, Bethlehem, Chicago, Birmingham, Youngstown e Pittsburgh tornaram-se, em maior ou menor escala, cidades do aço. Essas novas produtoras de aço não podiam produzir o metal prateado rápido o bastante para satisfazer a demanda. No curso de uma única década — a de 1880 —, a proporção das ferrovias da América feitas de aço aumentou de 30% para 80%.[10] A América tornou-se um país do aço do mesmo modo que hoje é um país do silício. Os trilhos de aço costuraram o continente com muito mais eficiência do que os de ferro. Eles duravam em média dez vezes mais do que os de ferro e tinham capacidade para suportar mais peso: locomotivas mais pesadas puxavam trens mais compridos carregados com mais coisas. Dutos de aço, combinados a bombas e compressores de aço, conduziam o petróleo e o gás que alimentavam a máquina industrial. Pontes de aço cruzavam rios e estruturas de aço sustentavam arranha-céus. O aço colocou ferramentas baratas nas mãos de todos e utensílios baratos nas mesas de todos. Foi por isso que o aço deu à América seu homem mais rico na pessoa de Andrew Carnegie, e sua maior companhia, na forma da U.S. Steel.

Se a nova economia da América foi construída com aço, ela era lubrificada pelo petróleo. Em 1855, Benjamin Silliman, um químico da Universidade Yale, publicou o "Report on the Rock Oil, or Petroleum from Venango Co., Pennsylvania, with special reference to Its Use for Illumination and Other Purposes" (Relatório sobre o óleo pétreo, ou petróleo, da Venango Co., Pensilvânia, com referências especiais ao seu uso para a iluminação e outros propósitos). Três anos depois, Edwin Drake começou a fazer perfurações em busca de petróleo em Titusville, Pensilvânia, aplicando técnicas usadas em poços de sal. Embora a Guerra Civil tenha provocado uma breve paralisação nas perfurações, assim que a guerra acabou a América assistiu a uma "corrida do petróleo" que lembrava a corrida do ouro da Califórnia, e a região noroeste da Pensilvânia logo estava cheia de poços de petróleo improvisados e refinarias precárias onde homens refinavam petróleo praticamente como destilavam uísque, fervendo o líquido e cheirando para ver se podia ser usado como querosene. Embora o terreno montanhoso dos campos petrolíferos da Pensilvânia dificultasse o transporte, a construção de um oleoduto em 1865 removeu o gargalo: o petróleo fluía da Pensilvânia para vagões-tanque ferroviários e navios-tanque, e daí para refinarias gigantes. A oferta e a procura logo aumentaram. De 1880 a 1920, a quantidade de petróleo refinado a cada ano passou de 26 milhões de barris para 442 milhões. E, à medida que os campos petrolíferos da Pensilvânia se esgotavam, novas fontes de petróleo eram descobertas, mais notavelmente no Texas e na Califórnia. O Gráfico 9 mostra o declínio chocante no preço do querosene pago pelos consumidores de 1860 a 1900, um declínio repetido entre 1920 e 1930.

GRÁFICO 9
PREÇO DO QUEROSENE E DO PETRÓLEO BRUTO
1851-1945

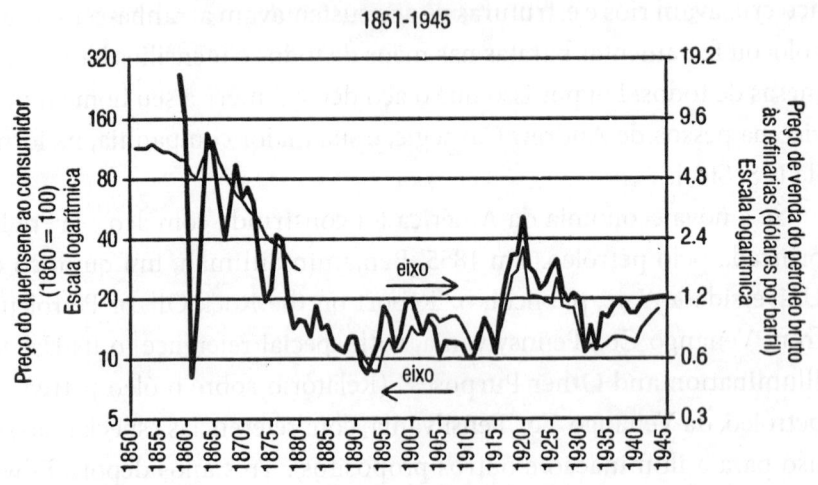

Graças à combinação de novos campos petrolíferos aos conhecimentos das companhias de petróleo, a América dominou a era do petróleo durante quase um século, desde a primeira descoberta de petróleo por Drake até a ascensão dos Estados do Golfo Pérsico nos anos 1960. O acesso da América a petróleo barato rapidamente transformou os hábitos de consumo do país. No século XIX, o principal emprego do petróleo era como fonte de iluminação. (John D. Rockefeller começou na indústria do petróleo construindo uma fábrica que produzia óleo para lâmpadas a querosene, isso quando essas lâmpadas ainda eram uma novidade.) As pessoas também o usavam para lubrificar as máquinas que se encontravam no coração da era das máquinas. No século XX, o petróleo tornou-se a principal fonte de energia da nação: gasolina e diesel para os carros, óleo combustível para a indústria e óleo de aquecimento para as casas.

Mais do que qualquer outro país, a América foi construída com petróleo barato. Os americanos podiam morar em subúrbios distantes, porque era possível abastecer seus carros a um baixo custo. Podiam construir casas espaçosas e localizadas em lugares de clima inóspito, pois o combustível era abundante. A Califórnia foi o principal exemplo da América do que acontece quando se constrói uma civilização baseada em combustível barato: as pessoas preferem espaço a proximidade, e os comerciantes rapidamente se adaptam a uma civilização menos densamente povoada oferecendo centros comerciais gigantescos e *drive-throughs*. Ocasionais crises petrolíferas, como a dos anos 1970, representaram uma ameaça fundamental ao estilo de vida americano e promoveram muito discurso sobre livrar-se da dependência do petróleo. Porém, assim que o preço do petróleo caiu, os americanos retornaram aos seus hábitos anteriores.

Com a década de 1880, veio a introdução de duas tecnologias revolucionárias, a energia elétrica e o motor de combustão interna. Os economistas chamam-nas de "tecnologias de propósito geral", pois são grandes invenções que levam inexoravelmente a invenções menores, as quais, reunidas, alteram completamente o ritmo da vida. A eletricidade era uma nova tecnologia tão poderosa que seus contemporâneos a consideravam um tipo de mágica. Ela pode ser gerada com facilidade e transmitida por longas distâncias com um desperdício mínimo, e sem fumaça ou gases. Ainda assim, se não for manipulada corretamente, pode matar com rapidez. O motor de combustão interna combina a capacidade de um motor a vapor à flexibilidade de um cavalo. A eletricidade originou ferramentas elétricas para fábricas e lares; elevadores; ferrovias elétricas e trens subterrâneos; máquinas de lavar, fogões, ferros de passar, geladeiras; e, algo de grande importância para o escaldante Sul, o ar-condicionado. O motor de combustão interna originou outras invenções não só diretamente — carros, caminhões e ônibus —, mas também indiretamente, como os subúrbios, os supermercados, os motéis, o McDonald's, e até a Motown.

Os Estados Unidos não podem reivindicar patentes dessas grandes invenções. As fundações para a revolução da eletricidade foram estabelecidas por inovadores de várias nações. Alessandro Volta, um italiano, inventou a primeira bateria. James Prescott Joule, um inglês, mostrou como um magneto podia transformar energia mecânica em eletricidade. Michael Faraday, também inglês, produziu o primeiro gerador elétrico, um disco de cobre que rodava entre os polos de um ímã em forma de ferradura, em 1831. Um alemão, Karl Benz, desenvolveu a primeira máquina de combustão interna na véspera de Ano-Novo de 1879, só dez anos depois de Edison ter apresentado a lâmpada incandescente, e produziu o primeiro automóvel seis anos depois, em 1885. Mas a América pode, sem dúvida, afirmar ter democratizado essas tecnologias de propósito geral com mais sucesso do que qualquer outro país. A genialidade do país encontra-se em três coisas muito mais sutis do que a invenção: tornar inovações mais amigáveis para o usuário; produzir companhias capazes de comercializar essas inovações; e desenvolver técnicas para a administração bem-sucedida dessas companhias.

Thomas Edison é lembrado como um dos maiores inventores da América, um gênio nato que cresceu no Meio-Oeste sem muita educação formal, adquiriu as habilidades de que precisava em pequenas oficinas locais e acabou com mais patentes em seu nome do que qualquer outro americano, incluindo as primeiras iterações incrementando alguns dos bens de consumo mais populares do mundo, como o primeiro fonógrafo (em 1877) e o primeiro long-play (em 1926). Contudo, Edison fez mais do que isso: o principal motivo da sua fama foi não seu papel como inventor, mas como um sistematizador da invenção. Ele percebeu que a América precisava de mais do que apenas alguns cientistas malucos com ideias inteligentes. Precisava de inovadores profissionais: pessoas capazes de produzir ideias brilhantes com regularidade, assim como fábricas produziam produtos, e de encaixar essas inovações em um sistema mais amplo de oferta e procura. Com esse intuito, ele criou o primeiro laboratório industrial do país em Menlo Park, Nova Jersey, em 1876, e empregou nela Ph.Ds. alemães, artesãos habilidosos e "homens completamente loucos". Ele queria produzir "uma pequena invenção a cada dez dias e algo grande a mais ou menos cada seis meses", e queria que os produtos de seu laboratório tivessem valor comercial. "Não podemos ser como o velho professor alemão que, contanto que possa ter seu pão preto e sua cerveja, está satisfeito em passar a vida inteira estudando os pelos de uma abelha!"[11]

Ele não inventou a primeira lâmpada elétrica, por exemplo. Moses Farmer iluminou sua casa em Salem, Massachusetts, com fios de platina em 1859. Pavel Yablochkov, um russo, desenvolveu uma lâmpada de arco, ou "lâmpada de Yablochkov", em 1876. Joseph Swan, inglês, patenteou a primeira lâmpada incandescente em 1879 e divulgou sua invenção iluminando primeiro sua casa, em seguida um auditório em Newcastle e, por fim, o Savoy Theatre, em Londres. O que Edison fez foi preparar o terreno para a adoção maciça das lâmpadas elétricas. Ele inventou uma lâmpada eficiente que podia ser produzida em massa. Estabeleceu estações geradoras de energia elétrica para fornecer energia para essas lâmpadas. Sua primeira grande inovação deu-se em 22 de outubro de 1879, quando ele aplicou a eletricidade a um filamento de fios de algodão suspenso em uma lâmpada a vácuo. Milhares de pessoas foram até Menlo Park ver sua "luz do futuro", que podia iluminar o mundo sem uma única chama e ser ligada e desligada com um interruptor. Em 1882, do escritório de seu banqueiro, J. P. Morgan, ele acionou um interruptor e iluminou Lower Manhattan com energia gerada a partir de sua estação elétrica na Pearl Street. Um atestado do mistério que ainda envolvia a nova tecnologia é o fato de que a General Electric precisou colocar avisos em lugares públicos alertando as pessoas para não tentarem acender as novas lâmpadas elétricas com fósforos.

A difusão da nova tecnologia foi irregular. As lâmpadas elétricas se espalharam como um incêndio florestal: em 1885, havia 250 mil lâmpadas em uso, e em 1902 eram 18 milhões. A eletrificação do transporte urbano foi rápida. No início do século XX, quase cinco bilhões de passageiros andavam em bondes elétricos a cada ano, e tanto Chicago quanto Nova York haviam introduzido sistemas eletrificados de transporte coletivo, com Chicago eletrificando seus trilhos elevados em 1896 e Nova York inaugurando sua primeira linha subterrânea eletrificada em 1904. A eletrificação dos prédios foi muito mais lenta. A eletricidade era cara, pois as usinas eram pequenas, e muitos produtores, particularmente Edison, preferiam a corrente contínua (CC), que perdia energia em longas distâncias. Pela primeira vez, o grande sistematizador da inovação estava do lado errado da história. No trigésimo aniversário da iluminação de Lower Manhattan, em 1912, apenas 16% das residências tinham eletricidade.

O ritmo da adoção acelerou depois da virada do século: produtores abandonaram a CC pela mais eficiente corrente alternada (CA) — em 1902, 61% da capacidade geradora era CA, e em 1917 esse número subiu para 95% —, e as residências foram conectadas à rede. A produção média de energia elétrica per capita dobrou a cada sete anos, de 1902 a 1915, passando a dobrar a cada seis anos, de 1915 a 1929. O preço nominal da eletricidade caiu de 16,2 centavos por quilowatt-hora em 1902 para 6,3 centavos por quilowatt-hora em 1929 — um declínio ajustado pela inflação de 6% ao ano.[12] Contudo, a eletrificação da produção manufatureira foi ainda mais lenta: só na década de 1920 a América industrial entraria a passos largos na era da eletricidade.

No início, a América seguiu o exemplo da Europa, tratando carros como brinquedo para os ricos, iates que por acaso deslocavam-se na terra, e não na água, nas palavras de Richard Tedlow. Em 1906, George Perkins, um dos sócios de J. P. Morgan, comprou o maior carro feito sob medida do mundo, uma criação francesa de mais de 3,3 metros equipada com uma escrivaninha e um lavatório.[13] O número de carros registrados subiu de apenas 8 mil em 1900 para 78 mil em 1905, e os choferes juntaram-se aos valetes nas equipes domésticas das mansões. Mas então Henry Ford teve uma ideia tão revolucionária quanto qualquer inovação da engenharia: produzir carros para "as grandes massas". O primeiro Model T, produzido em 1908, eliminou a categoria: possante para o peso (22 cavalos e 540 quilos), fácil de dirigir para os padrões (admitidamente desafiantes) da época, leve e robusto graças ao uso do aço vanádio, que tinha uma resistência à tração várias vezes maior do que a do aço comum, e capaz de enfrentar estradas de terra (todas as estradas pavimentadas da América em 1900, alinhadas pelas extremidades, não preencheriam o trajeto de Nova York a Boston, ou 346 quilômetros).[14] Ford reduziu o preço do Model T de 950 dólares em 1910 para 269 dólares em 1923, mesmo tendo aumentado sua qualidade. O número de carros nas estradas americanas aumentou para 468 mil em 1910, e para 9 milhões, em 1920, e uma proporção impressionante deles era composta por Tin Lizzies (como também eram chamados os Model T): 46% em 1914, e 55%, em 1923.[15]

Os automóveis rapidamente aumentaram o poder à disposição das pessoas comuns: os cavalos-vapor incorporados aos automóveis superaram a potência dos animais de carga (principalmente dos cavalos) em 1910, e a dos trens, em 1915. Os automóveis também mudaram a cara da América: cidades começaram a se espalhar à medida que as pessoas ganhavam a capacidade de dirigir até à porta de suas casas, e os cavalos, que haviam se tornado mais numerosos na era dos trilhos, enfim entraram em declínio.[16]

Ao desenvolvimento do automóvel logo se seguiu o de uma forma ainda mais excitante de transporte — a máquina de voar. Em 1900, os irmãos Wright voaram com sucesso em um planador em Kitty Hawk, Carolina do Norte. Depois, em 1903, eles adicionaram energia na forma de um motor com carburador movido a gasolina.

Orville e Wilbur Wright eram os típicos americanos. Na Alemanha e na Grã-Bretanha, esses homens magníficos com suas máquinas de voar seriam filhos da aristocracia. Na América, eles eram produtos da terra natal — curiosos compulsivos que recorriam aos recursos locais, e não ao patrocínio do governo, e que rapidamente comercializavam suas ideias (às vezes loucas). Os irmãos Wright nasceram e cresceram no Meio-Oeste. Eles ganhavam a vida no mercado de bicicletas, que era o celeiro de empreendedores, fazendo experiências com máquinas de voar no tempo livre, com frequência usando peças das próprias bicicletas. Seu primeiro motor foi construído pelo mecânico de sua loja, Charlie Taylor, e usava correntes — que lembravam as das bicicletas — para alimentar os propulsores.

Eles deviam seu sucesso a duas coisas. Foram os primeiros pioneiros aeronáuticos a terem se dado conta de que a chave para a produção de máquinas de voar não era produzir motores cada vez mais potentes, mas desenvolver um sistema de controle que permitisse ao piloto guiar o avião e manter o equilíbrio. Em sua primeira patente, eles não afirmaram ter inventado uma máquina de voar, e sim um sistema de controle aerodinâmico. Também tinham mentes muito mais voltadas aos negócios do que seus rivais: usando seus próprios recursos em vez de recorrerem ao patrocínio do governo ou de plutocratas, eles precisavam transformar o voo em um negócio o mais rápido possível. Em 1909, os irmãos formaram uma companhia que, além de produzir aviões, administrava uma escola de voo, fazendo exibições de acrobacia aeronáutica, e foram pioneiros nos voos de carga.

Transformar um hobby em negócio foi difícil. Não era possível vender aeronaves para consumidores comuns do mesmo modo que se fazia com os carros: elas eram caras e perigosas demais. A saída eram os consórcios governamentais e empresariais. Era preciso resolver todos os tipos de problema de oferta e procura — daí a ênfase às escolas de voo e às demonstrações aéreas. As guerras pelas patentes eram caras e acabavam sendo distrações. No início, o governo americano não queria fazer negócio com dois desconhecidos de Ohio, enquanto os consórcios empresariais europeus não confiavam em americanos desconhecidos, mas uma sucessão de voos bem-sucedidos com passageiros, incluindo um em que Wilbur voou em torno da Estátua da Liberdade e sobrevoou o rio Hudson, sob os olhares de um milhão de nova-iorquinos, transformou os irmãos em celebridades e lhes forneceu uma longa fila de fregueses.

O telefone foi a menos revolucionária dessas três tecnologias. O telégrafo já atravessara o Rubicão tecnológico separando a transmissão da informação e a transmissão de objetos físicos. Mas, sem dúvida, foi mais revolucionário do que as primeiras palavras proferidas em um telefone poderiam sugerir: "Senhor Watson, venha aqui — quero vê-lo" não chega nem perto de "Que coisas Deus tem realizado". Alexander Graham Bell não tinha dúvidas da importância do que criara. Na noite em que deu essa instrução banal ao senhor Watson, 10 de março de 1876, ele escreveu para o pai: "Sinto que, enfim, cheguei à solução de um grande problema — e está chegando o dia em que fios de telégrafo serão tão comuns nos lares como água ou gás — e amigos conversarão sem ter que sair de casa."[17] Ele também compreendia suas possibilidades comerciais: embora fosse professor de "fisiologia vocal", e não tecnólogo, por profissão, ele entrou com um pedido de patente para sua invenção em 1876, apenas horas antes de um inventor rival, Elisha Gray, ter entrado com uma patente concorrente.

Apesar de toda a sua conveniência, o telefone se disseminou devagar se comparado, digamos, ao rádio ou à internet. O número de lares com telefones foi de 250 mil em 1893 para 6 milhões em 1907. O preço das ligações continuou caro, e o ritmo do progresso tecnológico foi lento. O tempo transcorrido entre a invenção do telefone e o estabelecimento do primeiro serviço telefônico de longa distância entre Nova York e São Francisco foi duas vezes mais longo (39 anos) do que o tempo transcorrido entre a invenção do telégrafo e o estabelecimento do primeiro serviço telegráfico entre essas duas cidades (17 anos). A razão para isso foi que a Bell Telephone era quase um monopólio. A única coisa que a mantinha no limite era que os monopólios governamentais que controlavam a tecnologia no resto do mundo eram mais ineficientes ainda do que um monopólio privado. Em 1900, o número de telefones por pessoa era quatro vezes maior do que na Inglaterra, seis vezes maior do que na Alemanha e vinte vezes maior do que na França. O estado de Nova York tinha o mesmo número de telefones que toda a Europa.[18]

Tecnologias como a do carro e a do telefone são tão atraentes aos olhos que é fácil ignorar avanços mais humildes. Elisha Graves Otis, o fundador da Otis Elevator, desenvolveu um "elevador seguro" puxado por cabos que não apenas levava as pessoas de um andar a outro, mas também evitava acidentes com um freio à prova de falhas. James Bogardus, arquiteto, desenvolveu as "gaiolas de ferro", usando-as para montar o esqueleto do prédio Harper & Brothers, de sete andares, em 1854, e facilitando a construção de arranha-céus. George Westinghouse desenvolveu um freio automático para as ferrovias em 1869 que, com o uso de ar comprimido, permitia que um só engenheiro parasse um trem inteiro com uma alavanca. Harvey Firestone, um mecânico que trabalhava para a Columbus Buggy Company, em Columbus, Ohio, descobriu que colocar pneus de borracha em carruagens puxadas por cavalos podia torná-las mais rápidas. Henry Ford foi um dos primeiros visitantes da nova fábrica de pneus, em 1895: ele entendeu que não fazia sentido colocar o mundo sobre rodas se elas não girassem com suavidade.

A ASCENSÃO DO OESTE

A expansão da América para o Oeste produziu algumas das imagens mais icônicas do jovem país: caubóis cavalgando em áreas de livre pastoreio; cidades prósperas transformadas em cidades fantasma; batalhas sangrentas entre George Custer e os Sioux. Theodore Roosevelt levantou acampamento rumo às Badlands, onde ganhou a vida como rancheiro (e xerife), e escreveu uma história em quatro volumes sobre a fronteira. William F. Cody ("Buffalo Bill") transformou imagens da fronteira — inclusive caçadas de búfalos, cavalos corcoveando e danças de guerra — em um espetáculo campeão de bilheteria: no inverno de 1886-87, mais de um milhão de pessoas foram vê-lo no Madison Square Garden, em Nova York, e no ano seguinte ele contou com uma imensa audiência britânica que incluiu a rainha Vitória.

O Oeste foi tomando um vulto ainda maior à medida que essa era foi ficando para o passado. Algumas das maiores obras da cultura popular americana do pós-guerra são sobre o Oeste: a saga *Uma casa na pradaria*, de Laura Ingalls Wilder, sobre a infância da autora entre os colonizadores; *Oklahoma!* (1943), de Rodgers e Hammerstein, sobre a disputa por terras em Oklahoma; *Os brutos também amam* (1953), de George Stevens, sobre um homem que enfrenta um barão do gado. "O Oeste" continuou rendendo dinheiro para Hollywood mesmo muito depois de os barões das ferrovias terem feito suas últimas viagens de trem. Considerando todo esse romantismo, é importante lembrarmos que a expansão da América para o Oeste foi motivada por forças econômicas poderosas.

O significado de "o Oeste" mudou à medida que a população do país se espalhava. Em 1800, o Oeste significava Ohio. Em 1850, também significava a Costa Oeste. A descoberta de ouro na Califórnia em 1848 deixou milhares de pessoas loucas. Exploradores abandonaram suas famílias e cruzaram o vasto continente, escalando as Montanhas Rochosas e a Serra Nevada, na esperança de encontrar o metal precioso. Histórias de exploradores que fizeram fortunas em ouro eram enviadas para a Costa Leste e ganhavam proporções cada vez mais fantásticas à medida que eram recontadas. O destino mais comum das pessoas que gastavam dinheiro, tempo e esforços sem encontrar nada era ignorado. À corrida pelo ouro seguiu-se a corrida pela prata das décadas de 1860 e 1870, quando o metal foi descoberto nas montanhas da Serra Nevada.

A outra grande migração dos anos 1840 foi inspirada por Deus, e não pelo ouro. Em 1847, Brigham Young liderou cerca de 70 mil mórmons em sua grande fuga da perseguição. Eles acabaram por parar às margens do Great Salt Lake, em Utah. Muitos outros seguiram-se a eles. Replantada no Oeste, essa religião vigorosamente anticapitalista, fundada sobre o princípio de dispensar o mesmo tratamento a esposas e propriedades, logo sofreu uma metamorfose completa para incorporar princípios da burguesia. Para serem admitidos pela União, os Mórmons precisavam renunciar ao casamento plural. E, a fim de prosperarem, eles precisavam se tornar antes de tudo empresários de primeira classe: muitas das fortunas atuais criadas por negócios mórmons têm suas raízes nessa época.

Como vimos, a Lei da Propriedade Rural de 1862 acelerou o movimento da população para o Oeste, oferecendo aos colonizadores 160 acres por uma taxa simbólica, contanto que eles cultivassem as terras recebidas por cinco anos. Nas décadas seguintes, o governo distribuiu mais de 270 milhões de acres — cerca de 10% da área terrestre dos Estados Unidos — entre 2,5 milhões de colonizadores. A maior parte das terras ficava a oeste do rio Mississippi. Embora alguns de seus apoiadores mais proeminentes tenham tirado o chapéu para a visão de Jefferson de uma república de "pequenos proprietários rurais", a lei era inteiramente progressista. O governo usou a concessão de direitos de propriedade a colonizadores para encorajar uma das maiores migrações populacionais da história. No Brasil colonial, o governo distribuía porções gigantes de terras para grandes proprietários. Na América capitalista, ele distribuía terras entre pessoas comuns com a condição de que cultivassem o solo. Os 160 acres também estabeleciam um tamanho mínimo, e não máximo, para as fazendas: nas décadas seguintes, as propriedades cresceram, à medida que pequenos proprietários fracassados vendiam seus lotes e pequenos proprietários bem-sucedidos se desenvolviam.

O governo também deu incentivos a ferrovias para a construção de trilhos sob encomenda no intuito de conectar os colonos proprietários de terras à economia mais ampla. Na década posterior a 1862, o Congresso repetidamente concedeu áreas de terra do tamanho dos estados do Norte: a Union Pacific Railroad recebeu o equivalente a New Hampshire e Nova Jersey juntas. Richard White, da Universidade Stanford, calcula que, se reuníssemos todas as terras concedidas a ferrovias nessa década em um único estado, "Railroadiana", ele ocuparia um terço do país, perdendo apenas para o Alaska e o Texas.[19] Antes da chegada da ferrovia, a imensa massa de terra do Oeste era, para todos os efeitos, inútil. O transporte de produtos agrícolas para a Costa Leste era tão árduo que não valia a pena. Com a chegada da ferrovia, o Meio-Oeste e o Oeste tornaram-se parte da economia nacional e global. Os produtos da pradaria podiam ser levados a Nova York de locomotiva e enviados dali para a Europa. Jefferson imaginara que as fazendas autossuficientes poderiam ser antídotos para o mercado; a grande história da agricultura na segunda metade do século XIX consiste na integração até mesmo das propriedades rurais mais isoladas do Oeste ao bazar global.

O Oeste que esses colonizadores encontraram era muito diferente da Costa Leste: um mundo de vastos espaços abertos e grandes distâncias. As famílias viviam em lugares ermos. Ir à cidade para comprar suprimentos ou encontrar outros seres humanos podia ser o trabalho de um dia. Não havia meios de comunicação para quebrar o silêncio das longas noites. As estações de trem ficavam a centenas de quilômetros de distância. Alguns campos cobriam 60 acres. Costumamos pensar que a civilização se torna mais densa à medida que progride: um número cada vez maior de pessoas ocupa centros urbanos vibrantes. Para muitos americanos, o que aconteceu foi o oposto: com a expansão do país para o Oeste, os colonizadores viram-se em fazendas isoladas cercadas por quilômetros de nada.

Esse vasto espaço acabou sendo transformado pelas leis da economia. Economias de grande escala e escopo, máquinas que promoviam a eficiência, cadeias de suprimentos: todas operadas tanto no mundo do gado e do trigo quanto no mundo do ferro e do petróleo. As ferrovias faziam parte de redes de logística que se estenderam pelo planeta. Esses "caubóis solitários" integravam uma cadeia de suprimentos que aumentou o valor do gado longhorn texano de 3 dólares no Texas para 30 dólares em Dodge. As grandes empresas ajudaram tanto a mudar o mundo da casinha na pradaria quanto o mundo dos pequenos produtores de aço e petróleo.

As ferrovias gigantes exerceram grande influência sobre o Oeste desde o início: não se podem cobrir milhares de quilômetros com trilhos, atravessando vários estados, quando não há capital e conexões políticas. No Leste, as ferrovias precisavam competir com vários meios diferentes de transporte, de canais a estradas. No Oeste, elas com frequência eram os únicos meios de transporte disponíveis — e, como todos os monopolistas, elas exploravam seu poder para extrair o máximo de seus clientes.

A primeira ferrovia da região foi a Union Pacific, que recebeu a carta patente de Abraham Lincoln em 1862. A Union Pacific compôs a primeira ferrovia transcontinental da América quando se encontrou com a Central Pacific Railroad em 10 de maio de 1869. Ela rapidamente construiu ou adquiriu linhas adicionais, o que lhe deu acesso à maioria das grandes (ou que logo seriam grandes) cidades: Salt Lake City, Denver e Portland. A extensão da rede de trilhos da América para o Oeste transformou o país em uma superpotência agrícola, abrindo novos mercados mais para oeste ainda e transformando o Meio-Oeste na grande fonte de alimentos não só da América, mas do mundo.

As ferrovias deram origem a alguns dos negócios mais interessantes da América, as fazendas "bonanza" do Red River Valley, em Minnesota e nas Dakotas. Essas fazendas foram criadas em 1873-74 quando a Northern Pacific Railway foi à falência, o que precipitou a Grande Depressão do século XIX e levou junto outras cerca de cem ferrovias endividadas. A Northern Pacific teve a sorte de deter ativos na forma de aproximadamente 39 milhões de acres em terras federais concedidas pelo governo, e vários credores receberam terras como pagamento pelos empréstimos. George Cass, o presidente da Northern Pacific, teve a brilhante ideia de organizar as terras dos proprietários que não moravam na região em fazendas gigantes, com isso produzindo mais negócios para a sua ferrovia como um bônus adicional. Para colocar sua ideia em prática, trouxe a bordo um visionário agrícola, Oliver Dalrymple.[20]

As fazendas bonanza resultantes eram, em essência, fábricas agrícolas administradas pela mesma lógica que as fábricas industriais do Leste. Elas ocupavam em média 7 mil acres. Usavam motores a vapor gigantes e colheitadeiras combinadas décadas antes de essas máquinas passarem a ser usadas em fazendas familiares. Empregavam exércitos de funcionários, muitos dos quais imigrantes, marchando ao lado de equipamentos de ponta.[21] Operavam de acordo com os mesmos princípios empresariais que outros grandes negócios — proprietários que não moravam na região contratavam uma série de administradores profissionais (guarda-livros, contadores, especialistas em compras), e esses administradores dividiam o trabalho da administração de uma fazenda em operações isoladas como a manutenção das debulhadeiras ou o carregamento de carroças com algodão. William Allen White condensou o espírito da nova agricultura em um artigo publicado pela *Scribner's Magazine* em 1897. "O fazendeiro bem-sucedido desta geração precisa ser, em primeiro lugar, um homem de negócios, e em segundo, um lavrador do solo [...]. Ele deve ser um capitalista, meticuloso e sagaz; deve ser um operador de negócios industriais, ousado e criativo."[22]

A indústria do gado também prosperou: os criadores de gado da América estavam sempre avançando pelas áreas de livre pastoreio — primeiro, no Texas; depois, nas Dakotas; e em seguida, em Montana — com o objetivo de ampliar o tamanho de seus rebanhos. Em determinado momento, o maior dos barões do gado, Conrad Kohrs, era proprietário de 50 mil cabeças de gado pastando em 10 milhões de acres espalhados por quatro estados e duas províncias canadenses. Ele mandava dez mil cabeças de gado por ano para serem abatidas nos currais de Chicago e transportadas para o Leste.

A indústria do gado requeria duas coisas para prosperar: arame farpado e caubóis. O arame farpado aumentou a produtividade por oferecer uma maneira conveniente de fazer a distinção entre propriedades privadas e terras sem dono. Os fazendeiros primeiro tentaram compensar a escassez de madeira no Oeste construindo cercas com arame liso, mas isso não impedia os animais de saírem. Então, nos anos 1870, vários empreendedores tiveram a ideia de torcer o arame para simular um espinho. Joseph Glidden, um fazendeiro, registrou uma das primeiras patentes em 1874. "A maior descoberta de todos os séculos", como diziam os anunciantes, o arame farpado logo se espalhou pelo Oeste, com empresários concorrentes competindo por patentes e produzindo inúmeras variações: a bíblia do arame farpado, *Barbs, Prongs, Points, Prickers, and Stickers* (1970), de Robert Clifton, lista 749 variedades. A American Barbed Wire Company, que acabou consolidando as patentes, tinha sua própria mina de minério de ferro. A XIT Ranch, no Texas, criada na década de 1880, cobria 3 milhões de acres e tinha 9.656 quilômetros de arame farpado. John Warne Gates descreveu o arame poeticamente como "mais leve do que o ar, mais forte do que uísque, mais barato do que poeira". Os nativo-americanos o descreviam, de forma igualmente poética, como "corda do diabo".

As fazendas gigantes de gado da América precisavam de caubóis para levarem o gado do Texas pela área de livre pastoreio até o fim da linha no Kansas, em Dodge City ou Wichita. Em uma comitiva padrão, 10 caubóis (cada um com três cavalos) eram responsáveis pela condução de 3 mil cabeças de gado. Um trajeto de 1.600 quilômetros podia exigir um esforço de dois meses (indo mais rápido, o gado perdia tanto peso que não era possível vendê-lo quando se chegava ao destino). Em 1877, a trilha do gado estava tão bem estabelecida que 500 mil cabeças passavam por ano em Dodge.

Por trás da emergência da América como uma superpotência agrícola, estava a determinação dos fazendeiros para se transformar em capitalistas, "meticulosos e sagazes". Os fazendeiros americanos produziram uma transformação ecológica ao tornarem as savanas do Meio--Oeste e da Califórnia um vasto mar de grãos. Produziram também uma transformação biológica ao tornarem os animais esqueléticos que encontramos no primeiro capítulo em fábricas de comida gorda sobre quatro patas. Infelizmente, eles também foram os responsáveis por uma catástrofe ecológica. Os bisões eram criaturas pacíficas que passaram milênios pastando em extensos rebanhos nas planícies americanas em convivência com os nativo-americanos, que nunca mataram o suficiente para dizimá-los. Entre 1872 e 1874, caçadores brancos mataram mais de 4,3 milhões de bisões, abatendo-os com uma eficiência tão brutal que dezenas de milhares apodreceram depois da retirada da pele, e quase promovendo a extinção da espécie.[23]

A proporção das terras americanas dedicadas à produção rural aumentou de 16% em 1850 para 39% em 1910, ficando mais ou menos nesse patamar até a atualidade.[24] O valor real (ajustado pela inflação) das terras produtivas dos Estados Unidos por acre mais do que dobrou no mesmo período.[25] Essa grande expansão foi possibilitada pela conversão de terras improdutivas de regiões já colonizadas em terras produtivas, bem como pela expansão para o Oeste. Essa conversão foi trabalhosa e cara: foi necessário arrancar troncos de árvores, drenar terras encharcadas, remover pedras e mata. A produção de trigo aumentou de 85 milhões de bushels* de trigo em 1839 para 500 milhões em 1880, e depois para 600 milhões em 1900, e para um bilhão em 1915. Os fazendeiros americanos estavam na vanguarda da inovação tecnológica, pois nunca havia mão de obra suficiente. Entre 1840 e 1880, o número de horas-homem necessário para produzir 100 bushels de trigo caiu de 233 para 152, e o número necessário de horas para produzir 100 bushels de milho caiu de 276 para 180.[26] A colheitadeira "combinada", introduzida na década de 1880, combinou a colheitadeira à debulhadeira em uma só máquina. As primeiras eram tão grandes e difíceis de manusear que só eram usadas nas grandes fazendas. Com o passar dos anos, elas encolheram, foram modernizadas e adaptadas a uma maior variedade de plantações, como milho, feijão e ervilha. As semeadoras permitiram que sementes fossem plantadas com mais facilidade e eficiência.

Os fazendeiros americanos também estavam na vanguarda da inovação biológica. A qualidade do trigo aumentou à medida que os imigrantes traziam variedades robustas, como a "Turkey Red", das estepes russas, e cientistas inventavam novas variedades que eram adaptadas às condições locais. Mais de 90% do trigo plantado em 1919 consistia em variedades que não eram plantadas antes da Guerra Civil.[27] A qualidade dos animais também aumentou com uma combinação de eugenia animal, alimentação melhor e cuidados veterinários aperfeiçoados. A produção média de leite por vaca aumentou 40% entre 1850 e 1900, de 1.070 quilos ao ano em 1850 para 1.500 quilos em 1900.[28]

Luther Burbank, um botânico que ganhou os apelidos de "mago da horticultura" e "mago das plantas", merece um lugar ao lado dos grandes inovadores agrícolas, como Cyrus McCormick e John Deere. Nascido em Massachusetts em 1849, ele iniciou sua carreira como inovador biológico ao desenvolver a batata Russet Burbank, resistente a pragas (a variedade mais usada nas batatas fritas do McDonald's). Ele usou os lucros obtidos

---

* Unidade de medida utilizada para grãos em países anglo-saxônicos. Um bushel de trigo equivale a 27,256 quilos. O bushel de milho, citado mais à frente no texto, equivale a 25,40 quilos. [N. da T.]

com a venda dos direitos sobre a sua batata para mudar-se para o Oeste, estabelecendo-se em Santa Rosa, Califórnia. Lá, desenvolveu ou inspirou mais de oitocentas variedades de plantas, frutas e flores, incluindo o pêssego "July Elberta", a ameixa "Santa Rosa", a nectarina "Flaming Gold" e a "palma forrageira", que o gado pode comer.

Ao mesmo tempo, os americanos também aperfeiçoaram a transformação dos animais em comida e a entrega dessa comida à mesa de jantar. Na década de 1830, vários abatedores em Cincinnati desenvolveram maneiras de melhorar a antiga arte de abater porcos introduzindo uma "linha de evisceração": os funcionários prendiam as carcaças a uma corrente ligada a uma roda e depois os levavam do abatedouro para as salas refrigeradas. Eles mais tarde aprimoraram a "linha" construindo para cima e transformando os abatedores em arranha-céus da morte: os porcos subiam uma rampa e eram abatidos no andar superior, cortados e limpos no andar seguinte, com os vários cortes caindo em tanques para salga e cura no porão.[29]

A inovação de Cincinnati teve um grande impacto. Outros negócios locais aplicaram o mesmo processo contínuo de produção aos resíduos do abate dos porcos: a Procter & Gamble entrou no negócio transformando banha de porco em sabão.[30] Os grandes abatedouros de Chicago, ao norte, copiaram a ideia e a aplicaram com uma implacabilidade ainda maior aos bovinos: os bois eram suspensos em ganchos em uma linha móvel. Eles passavam pelas etapas de evisceração, corte, desmembramento, esfolamento, desossa e tosquia tão rápido que Sarah Bernhardt descreveu o espetáculo como "horrível e magnífico".[31] Foi durante uma visita a um desses abatedores que Henry Ford teve a ideia da linha de montagem.

Gustavus Franklin Swift fez outro grande avanço com a introdução dos vagões refrigerados em 1877. Antes da Swift, o gado era levado por longas distâncias até pontos de remessa na ferrovia, e em seguida transportado vivo nos vagões. Swift se deu conta de que poderia economizar muito dinheiro se o gado fosse abatido no Meio-Oeste e transportado em vagões refrigerados para o Leste. Transportar a carne e não o boi vivo, como acontecia antes, não só representou o fim dos longos deslocamentos do gado (e da consequente perda de peso) como reduziu o peso da carga pela metade. Mesmo pelos padrões da época, Swift era um praticante entusiástico da integração vertical: ele até obteve os direitos de pegar gelo nos Grandes Lagos e nos depósitos ao longo da ferrovia que faziam o reabastecimento. Não demorou para montar um império imenso — em 1881, tinha quase duzentos vagões refrigerados e despachava algo na ordem de 3 mil carcaças por semana — e uma indústria altamente fragmentada consolidada em um pequeno número de companhias (a Swift, a Armour, a Morris e a Hammond).

Os americanos foram se tornando cada vez melhores na preservação dos alimentos com o avanço dos processos de enlatamento, conserva e embalagem. O primeiro centro de enlatamento americano foi inaugurado em Baltimore na década de 1840. Alguns dos clientes mais ardorosos eram exploradores que queriam transportar provisões para o Oeste. Gail Borden começou a produzir leite condensado em 1856, e quando o novo produto decolou tentou aplicar a mesma técnica ao chá, ao café, às batatas e às abóboras.[32] John Landis Mason em 1859 inventou a Mason Jar, que facilitou a conservação dos alimentos em casa. O exército da União consumia comida enlatada durante a Guerra Civil. Joseph Campbell começou a enlatar tomates, vegetais, geleia, condimentos e carne moída em 1869, o mesmo ano em que H. J. Heinz começou a vender alimentos processados. Em 1910, o país produziu mais de 3 bilhões de latas de alimentos, 33 latas por pessoa, e os alimentos processados corresponderam a 20% da produção manufatureira.[33] As geladeiras domésticas levaram a preservação dos alimentos para os lares, reduzindo o desperdício de alimentos estragados, em particular do leite e da carne, e a incidência de doenças transmitidas pelo ar. Um estudo acadêmico estima que o gelo foi responsável por 50% da melhoria na nutrição nos anos 1890.[34]

Os fazendeiros se superaram na codificação de todas essas novas ideias, técnicas e biológicas, em um corpo sistemático de conhecimento. O Departamento de Agricultura americano, fundado em 1862, criou uma rede de instituições devotadas ao "ensino das artes agrícolas e mecânicas".

Eles também se aperfeiçoaram na administração das incertezas presentes no desenvolvimento dos mercados a futuro. A agricultura é um negócio arriscado: inúmeros atos de Deus, de severas condições climáticas a pragas biológicas, podem arruinar uma colheita e deixar o produtor sem renda. Uma colheita abundante do outro lado do mundo pode significar uma queda vertiginosa dos preços. Vender uma opção sobre safras antes da colheita pode prover um seguro contra riscos futuros. A segunda metade do século XIX assistiu ao desenvolvimento de mercados de opções especializados para uma série de produtos agrícolas. A Chicago Board of Trade, fundada em 1848, começou a vender trigo, milho e centeio futuros em 1868. A Kansas City Board of Trade, fundada em 1856, negociava trigo vermelho duro de inverno ("trigo do Kansas") no mercado futuro; e a Minneapolis Grain Exchange, fundada em 1881, fez o mesmo com o trigo vermelho duro de primavera ("trigo de Minneapolis").

O último ingrediente da receita foi o transporte barato: apesar de toda a ira rural contra os monopólios das ferrovias, as companhias ferroviárias reduziram seus custos. De 1852 a 1856, custava 20,8 centavos para transportar um bushel de trigo de Chicago a Nova York. No início da década de 1880, esse custo caíra para 8,6 centavos, e em 1911-13 caíra para 5,4 centavos. O custo do envio de um bushel de trigo para o outro lado do Atlântico caiu de 14,3 para 4,9 centavos por bushel. No início da década de 1850, o preço do trigo em Chicago equivalia a 46% do seu preço em Liverpool. No início da Primeira Guerra Mundial, os preços de Chicago e Liverpool eram praticamente os mesmos: mercados antes isolados haviam sido transformados em um mercado mundial unificado.[35]

Todos esses desenvolvimentos ligaram o outrora isolado Oeste à economia global. O processo de conexão do Oeste ao mundo enriqueceu a região ao tornar suas terras e recursos muito mais valiosos. Também enriqueceu o mundo ao fornecer outra fonte de trigo e carne. As ferrovias atraíram pessoas do longínquo desconhecido com campanhas de propaganda agressivas, subsidiaram sua viagem através do Atlântico e depois emprestaram dinheiro para a compra de lotes de terra. Também mantiveram agentes em portos a leste para garantir que "seus" imigrantes não fossem roubados por companhias rivais. A Union Pacific, em particular, gostava dos trabalhadores irlandeses, considerados cavadores de talento, e dos trabalhadores chineses empregados como "aprendizes", que, além de serem baratos, eram julgados bons com explosivos. James J. Hill gostava dos escandinavos por achar que tinham um caráter nobre. As Dakotas até batizaram uma cidade fictícia com o nome de Bismark na esperança de atrair imigrantes alemães.

A combinação da expansão para o Oeste e da inovação tecnológica provocou um salto na produtividade agrícola. A produção real por trabalhador no setor agrícola cresceu cerca de 0,5% ao ano no século XIX, com um crescimento particularmente rápido nas duas décadas seguintes a 1860, a 0,91% ao ano.[36] Em 1900, o trabalhador agrícola produzia em média por volta de dois terços mais do que em 1800.

A revolução da produtividade mudou a cara da América rural. Mulheres e crianças foram gradualmente sendo liberadas de trabalhos árduos: as mulheres se concentraram na economia doméstica, facilitada por inovações como a máquina de costura e inspirada por novas modas como "a ciência do serviço doméstico"; e as crianças dedicavam mais tempo à educação. A revolução da produtividade também mudou a América como um todo. Os rancheiros e caubóis transformaram a carne de um luxo dos ricos, o que ela ainda era na Europa, em um alimento corriqueiro para as massas. Os plantadores de trigo distribuíam farinha e pão baratos pelo país, com o preço do trigo caindo pela metade em apenas quatro anos, de 1868 a 1872.[37] As dietas tornaram-se mais ricas e menos monótonas: os americanos podiam comer pêssegos da Geórgia, laranjas da Flórida, aspargos da Califórnia, e alimentos básicos como a carne do Meio-Oeste e o bacalhau da Nova Inglaterra. O termo *dietician* — isto é, "nutricionista"; do inglês, *diet* (dieta) e *physician* (médico) — apareceu no idioma pela primeira vez em 1905, quando as pessoas começaram a se preocupar não mais com a escassez, mas com o exagero na alimentação.[38]

4

A ERA DOS GIGANTES

A SEGUNDA METADE DO século XIX assistiu a uma revolução na escala da vida econômica. Quando John Jacob Astor morreu em 1848, deixou uma fortuna de 20 milhões de dólares, tornando-se o homem mais rico da América. Sua companhia, a American Fur Company, empregava poucos funcionários em tempo integral, que trabalhavam em uma única sala. Quando Andrew Carnegie vendeu a Carnegie Steel Company para J. P. Morgan em 1901, embolsou 226 milhões de dólares, o que fez dele o homem mais rico do mundo. Combinando a Carnegie Steel a outras companhias de aço, Morgan forjou um leviatã que empregava 250 mil pessoas, um contingente superior ao das forças armadas do país, e tinha um valor de mercado de 1,4 bilhão de dólares.[1]

A revolução em escala organizacional também foi uma revolução em escala humana: os homens no coração dessa revolução eram verdadeiros gigantes da energia e da ambição. Com a exceção de reis e generais, eles exerciam mais poder do que qualquer um jamais exercera. E pensavam nos maiores termos possíveis — nenhum sonho era grande demais, nenhuma ambição extrema. São alguns dos poucos empresários que merecem ser comparados a Alexandre, o Grande, a César e a Napoleão.

Rockefeller controlou 90% da capacidade de refino mundial. Carnegie produziu mais aço do que o Reino Unido. Morgan salvou a América duas vezes do calote, atuando como um banco central humano. Com a reinvenção do setor privado, eles também reinventaram o setor voluntário. Um número impressionante das instituições sociais mais importantes da América — das universidades de Chicago e Stanford às fundações Rockefeller e Carnegie — foi criado por homens que nasceram com poucos anos de diferença na década de 1830.

Essas figuras colossais atraíram o opróbrio externo. Ida Tarbell acusou-os de serem "barões ladrões". Teddy Roosevelt apelidou-os de "malfeitores com fortunas". Henry Adams descreveu Jay Gould como "uma aranha" que "tecia grandes redes nos cantos escuros". Um show popular da Broadway chamou Morgan de "a grande Górgona financeira".

Por um lado, essa hostilidade pode ser justificada: as pessoas raramente alcançam grandes coisas quando não estão dispostas a enfrentar os opositores. E toda essa arrogância pode subir à cabeça: Henry Ford tentou evitar a Primeira Guerra Mundial levando um navio da paz à Europa em apenas um exemplo de várias missões políticas delirantes. Alguns dos barões ladrões de Tarbell foram, sem dúvida, culpados por coisas terríveis. Daniel Drew era um ex-caubói que alimentava seu gado com sal para que os animais inchassem antes de serem pesados — a origem da expressão "ações aguadas", isto é, ações cujos preços inflados refletem ativos sobreavaliados. James Fisk, que cunhou a frase "nunca jogue limpo com um trouxa", aguou tanto as ações da Erie que a ferrovia, antes próspera, faliu. Jay Gould subornou legisladores para conseguir fechar negócios, subornou acionistas e até sequestrou um investidor. Ele certa vez disse: "Posso contratar metade da classe trabalhadora para matar a outra." Um número incrível deles pagou 300 dólares por ano a um "substituto" a fim de fugir ao serviço obrigatório no exército da União.

Em sua maior parte, contudo, esses empresários não eram nem "ladrões" nem "barões". Eles ganharam seu próprio dinheiro, e não o herdaram. Andrew Carnegie chegou da Escócia aos 13 anos sem um único centavo no bolso. O pai de John D. Rockefeller era vendedor de óleo de cobra, bígamo, e talvez até estuprador. Abandonava a família periodicamente e acabou por deixá-la em definitivo, por causa da esposa mais jovem. Collis

Huntington cresceu em um lugar apropriadamente chamado de Poverty Hollow (Vale da Pobreza) no distrito de Harwinton, Connecticut.

Esses homens enriqueceram arregaçando as mangas e agarrando as oportunidades. "Se chover mingau", disse, certa vez, a irmã de Rockefeller, "você vai encontrar o prato de John lá fora." Carnegie começou a vida buscando carretéis para as costureiras na indústria têxtil, caiu nas graças dos grandes empresários de Pittsburgh, e com pouco mais de 30 anos se tornou milionário, antes mesmo de investir sequer um dólar em aço. Rockefeller pegou mil dólares emprestados com o pai no início da Guerra Civil, investiu em um negócio de distribuição de alimentos, terminou a guerra com 70 mil dólares e comprou uma fábrica de óleo para lamparina. Cornelius Vanderbilt iniciou sua carreira empresarial transportando pessoas em um batelão de Nova Jersey a Nova York, trocou-o por um vapor e, posteriormente, trocou-o por locomotivas. "A lei, a hierarquia, os vínculos sociais tradicionais — essas coisas não significavam nada para ele", observou T. J. Stiles. "Só o poder tinha seu respeito, e ele sentia a própria força aumentando a cada pequeno investimento, a cada parcela de conhecimento jurídico, a cada lição de negócios."[2] Collis Huntington foi para a Califórnia durante a corrida do ouro, mas não tardou a concluir que havia mais dinheiro a ser ganho produzindo picaretas e pás para os mineradores. J. P. Morgan foi o único homem que nasceu na alta sociedade, e aumentou exponencialmente o poder de seu banco. Uma das coisas mais notáveis da destruição criativa é que ela pode afetar os membros da mesma família de maneiras diferentes: a mesma força que tornou Andrew Carnegie o homem mais rico do planeta empobreceu seu pai, um tecelão manual que viu suas habilidades perderem o valor com a chegada das fábricas têxteis com máquinas movidas a vapor na década de 1830, e que nunca encontrou uma boa colocação na vida, mesmo tendo deixado a Escócia com destino à América.

Todos os barões ladrões fizeram questão de "devolver algo à sociedade", formando organizações filantrópicas da mesma escala de suas companhias. Carnegie tentou tornar a igualdade de oportunidades algo real fundando quase 3 mil bibliotecas públicas. Rockefeller fundou duas universidades, a Rockefeller e a Universidade de Chicago, e doou uma fortuna a outras instituições de ensino superior. Leland Stanford deixou uma parcela tão grande da sua fortuna para a Universidade Stanford que sua viúva precisou liquidar ativos para não ficar no vermelho.

A principal defesa desses homens contra o opróbrio público, no entanto, não é que vieram do nada ou fundaram instituições de qualidade. É que ajudaram a promover uma melhoria maciça nos padrões de vida de todos. Esses homens eram gênios do empreendedorismo que alcançaram o sucesso transformando os Estados Unidos em um dos laboratórios mais puros da destruição criativa que o mundo já viu: homens que perceberam que algo grande, mas ainda sem forma, estava no ar, e que lhe deram forma e direção; homens que extraíram óleo de rochas e criaram máquinas industriais do caos. Em uma famosa passagem, Winston Churchill escreveu: "Enfim, eu tinha autoridade para dar direções em relação a tudo. Senti-me como se estivesse caminhando ao lado do destino." Os homens que presidiram o cenário industrial nessa era dourada do capitalismo também caminharam lado a lado com o destino.

Todos os titãs compreenderam que a base material da civilização estava mudando. Carnegie percebeu que a América estava entrando na era do aço. O homem que conseguisse fornecer o melhor aço ao menor preço seria um Rei Midas da modernidade. Rockefeller se deu conta de que o país estava entrando na era do petróleo. Henry Ford viu que ele estava entrando na era da mobilidade em massa. Figuras menores perceberam que ele estava entrando em uma era de consumo em larga escala, passando a fornecer bens de consumo às massas. "Coloque todos os seus ovos em um cesto e observe o cesto", Andrew Carnegie certa vez aconselhou. Esse conselho funcionava quando você escolhia os ovos que estavam destinados a transformar a economia.

Eles também entenderam que, com a chegada da ferrovia e do telégrafo, tanto a natureza do tempo quanto a do espaço haviam mudado. Fizeram tudo ao seu alcance para adquirir informações rapidamente e para acelerar a produção e a entrega. "As velhas nações se arrastam a passo de lesma", escreveu Carnegie. "A República troveja com a velocidade de um expresso."

Eles perceberam que as mesmas forças que estavam encolhendo a América também estavam encolhendo o mundo: depois de ter construído um leviatã americano, Rockefeller rapidamente o expandiu para o exterior.

Esses grandes empreendedores conquistaram seu lugar na história não com a invenção de coisas, mas com a sua organização. Isso envolveu três elementos: a identificação de inovações que tinham o potencial de revolucionar a indústria; a reunião de fatores de produção distantes, em muitos casos transportando equipamentos por imensas distâncias; e a integração de atividades econômicas antes isoladas, da produção de matérias-primas à venda do produto final.

Carnegie tornou-se um rei do aço com a descoberta das últimas técnicas e com a sua aplicação em grande escala. Em 1875, ele investiu sua fortuna na construção de imensas siderúrgicas de ponta em Pittsburgh e arredores. Calculando que Pittsburgh já lhe dava vantagens importantes por estar localizada na interseção de grandes rios e ferrovias, e perto de minas de carvão e ferro, ele lucrou integrando essas vantagens tanto vertical quanto horizontalmente. Adquiriu instalações com fornos de coque para garantir o suprimento de carbono, minas de ferro para garantir o minério, e ferrovias e linhas de navios de carga para garantir o fluxo contínuo de matéria-prima para suas fábricas e produtos finais para o consumidor.

Carnegie estabeleceu uma vantagem duradoura ao avançar primeiro e construir defesas sólidas. No entanto, estava sempre à procura de inovações revolucionárias que pudessem ameaçar seu domínio sobre a indústria. Em 1883, comprou sua maior rival, a Homestead Steel Works, que incluía uma imensa fábrica alimentada por minas secundárias de carvão e ferro, uma ferrovia de 684 quilômetros de comprimento e uma linha de navios a vapor de transporte lacustre. Quanto maior ele se tornava, mais podia cortar custos. "O barato é proporcional à escala de produção", afirmava. "Produzir dez toneladas de aço por dia custaria muito mais por tonelada do que produzir cem toneladas." Em 1888, quando viu uma nova fábrica que estava produzindo resultados melhores com fornos Siemens-Martin do que com o processo de Bessemer, ele imediatamente encomendou a construção de mais seis fornalhas. "O atraso de cada dia na construção [...] é uma grande perda de lucros."

Carnegie fazia questão de investir parte de seus prodigiosos lucros em pesquisa e desenvolvimento. Uma passagem sobre um químico alemão que ele descobriu na década de 1870 resume sua atitude:

Encontramos [...] um alemão instruído, o doutor Fricke, e o doutor nos contou grandes segredos. Descobriu-se que [o minério] das minas de grande reputação contém 10%, 15% e até 20% menos ferro do que lhe fora creditado. Descobrimos que minas que até então tinham baixa reputação produziam minério superior. O bom era ruim e o ruim era bom, e tudo estava de cabeça para baixo. Nove décimos de todas as incertezas relacionadas à produção do ferro--gusa desapareceram sob o sol ardente do conhecimento químico.[3]

Rockefeller adotou uma estratégia semelhante. Ele encontrou a indústria do petróleo em estado caótico — os exploradores cavavam buracos onde queriam, inclusive nas ruas mais importantes das cidades; a produção excessiva reduzia as margens de lucro a zero; havia desperdício — e começou a colocá-la em ordem. Identificou a importância da parte de refinaria antes de qualquer outra pessoa. (A citação favorita de seu parceiro comercial Henry Flagler, que ele mantinha sempre em exibição na sua mesa, era: "Faça com os outros o que eles fariam com você — e faça primeiro.") Isso lhe permitia produzir mais petróleo a um custo menor do que qualquer concorrente. Ele foi sistematicamente eliminando esses concorrentes, convidando-os a fazerem parte da Standard Oil Company, que fundou em 1870, ou, caso se recusassem, como fez o pai de Ida Tarbell, tirando-os do negócio. "A Standard era um anjo da misericórdia", ele disse, "estendendo a mão do céu e dizendo 'Entrem na arca. Tragam sua velharia. Assumiremos todos os riscos.'"[4] No final da década de 1870, as firmas da sua aliança controlavam mais de 90% da indústria de petróleo do país.

Essas alianças faziam parte de um plano maior de colocar tudo que fosse possível sob o mesmo teto. Rockefeller construiu oleodutos para conectar seus campos petrolíferos na Pensilvânia às refinarias em Nova Jersey, Cleveland, Filadélfia e Baltimore. Ele construiu sua própria fábrica de barris, que em 1888 rendeu-lhe uma economia de 1,25 dólar por barril em um período no qual ele usava 3,5 milhões por ano. Usou sua escala superior para negociar acordos especiais com ferrovias: volume garantido em troca de custos reduzidos. Aumentou a receita transformando petróleo em uma série cada vez maior de produtos úteis, como óleo lubrificante, parafina, nafta para asfaltar as estradas e gasolina. Quanto mais crescia, mais ambicioso ficava. Em meados da década de 1880, ele construiu três refinarias gigantes capazes de suportar 6.500 barris por dia, enquanto antes o máximo fora de 1.500. Em 1890, passara a usar uma frota de vagões-tanque para entregar o petróleo da Standard Oil na porta do consumidor, estabelecendo de vez controle sobre o processo completo.

Rockefeller não via utilidade em noções antiquadas como concorrência e livres mercados. "Os dias da competição individual nos grandes negócios ficaram para trás", declarou. "Você pode argumentar igualmente que deveríamos voltar ao trabalho manual e jogar fora nossas máquinas eficientes." Para ele, as fusões e aquisições empresariais eram os equivalentes organizacionais aos motores a vapor. O fato de algumas empresas fusionadas abusarem de sua influência "não é um argumento contra as fusões, do mesmo modo que o fato de o vapor poder explodir não é um argumento contra ele. O vapor é necessário e pode ser usado de forma relativamente segura. A fusão é necessária, e os abusos podem ser minimizados".[5] O fato de o preço do petróleo ter tido uma queda tão grande sob sua influência prova que havia algo de verdadeiro nessa visão: Rockefeller usou seu gênio organizacional para reduzir os custos por unidade, e não para explorar o público. O resultado da queda dos custos por unidade foi o aumento da produção por hora.

J. P. Morgan aplicou a mesma genialidade organizacional ao mundo do dinheiro. Em geral, a vida econômica na época se desenrolava por trás de um véu de ignorância.[6] O governo não produzia números sólidos para, digamos, o emprego, importações ou exportações, ou para estoque de moeda. As corporações escondiam seu balanço dos olhos bisbilhoteiros, inclusive, na maior parte das vezes, dos olhos intrometidos de acionistas. A maioria das companhias não se dava o trabalho de emitir relatórios. As que os emitiam misturavam fatos a ficção: Horace Greeley comentou em 1870 no *New York Tribune* que, se o relatório anual da Erie Railroad fosse verdadeiro, então "o Alaska tem um clima tropical e morangos na sua estação".[7] Ações eram emitidas por capricho. Isso favorecia investidores profissionais como Jay Gould e James Fisk, que podiam explorar (e com frequência criar) rumores ou engendrar grandes esquemas, tais como o de 1869 ("The Gold Ring"), com o qual a dupla tentou dominar o mercado do ouro.

Morgan trouxe três coisas para esse mundo confuso. Ele trouxe uma inteligência treinada. Estudara matemática (entre outras matérias) em Gotinga na época em que a Alemanha era o centro do mundo acadêmico, e se provou um aluno tão bom que seus professores pediram para que permanecesse depois da graduação. Trouxe contatos globais. O pai de Morgan fizera carreira na Cidade de Londres, na época a capital das finanças globais, vendendo a América à Grã-Bretanha e a Grã-Bretanha à América, e Morgan passou muitos anos em Londres antes de voltar para Nova York. E trouxe mais informações sobre os negócios anglo--americanos do que qualquer um jamais possuíra. Começara sua carreira nos negócios reorganizando ferrovias, então o maior e mais complexo setor econômico da América, e seguiu reorganizando tudo, de aço a produtos agrícolas e transatlânticos a vapor. Ele e seus sócios ocupavam dezenas de diretorias. Ninguém sabia mais das entranhas dos negócios americanos do que J. P. Morgan.

Morgan usou sua posição única para moldar o capitalismo americano em seus dias de glória. Isso às vezes significava criar companhias do zero. Ele sabia identificar inovações capazes de mudar o mundo: emprestou a Thomas Edison o dinheiro para a fundação da Edison Electric Illuminating Company em 1878, e foi a primeira pessoa a instalar lâmpadas elétricas no interior de sua casa (para o incômodo de seus vizinhos, pois o gerador fazia um barulho infernal).[8] Muitas vezes, isso implicava a redução de custos, melhorando a organização e se livrando do excesso de capacidade.

O grande amor de Morgan era o progresso ordenado — "Ele gostava de um capitalismo organizado, comportado e sob o controle do banco", como colocou Ron Chernow em seu esplêndido livro sobre a J.P. Morgan

& Co.[9] Morgan promoveu a ordem no setor privado formando trustes. Promoveu a ordem da economia como um todo entrando em cena e ajudando na operação do sistema. Ele salvou o governo americano duas vezes do calote. Em 1895, organizou um consórcio de banqueiros para evitar o esgotamento da reserva de ouro da América fornecendo ouro ao Tesouro em troca de títulos federais. Por um breve momento, Morgan controlou o fluxo de ouro dentro e fora dos Estados Unidos. Em 1907, quando o mercado de ações entrou em colapso e os bancos implodiram, ele trancou seus pares capitalistas em uma sala da sua casa, no número 219 da Madison Avenue, e disse-lhes para traçarem um plano com o objetivo de evitar um colapso do mercado. Uma ordem imposta pelo banqueiro tinha mais poder para promover um aumento da produtividade do que a concorrência desenfreada.

A séria questão sobre esses titãs não é se eram gananciosos ou egoístas. Ganância e egoísmo são emoções humanas comuns que afetam tanto pobres quanto plutocratas. Não é tampouco se exploraram brechas comerciais para fugir às normas. A América ainda não encontrara muitos dos grandes desafios de uma economia capitalista sofisticada, isso para não mencionar regras formuladas para lidar com elas. A questão é se eles ficaram ricos à custa do resto da população. A Suprema Corte sem dúvida considerou-os culpados de tentar criar monopólios. Até economistas conservadores tendem a restringir elogios ao vigor do empreendedorismo desses titãs levando em conta o grau de ambição com que esmagaram a concorrência. Mas a acusação de monopólio precisa ser qualificada: nem todos os monopólios são ruins. Monopólios costumam ser menos problemáticos para países em desenvolvimento do que para os desenvolvidos. Economias em desenvolvimento geralmente sofrem do que os economistas chamam de "vazios institucionais": faltam-lhes as instituições que fazem os mercados funcionarem de forma apropriada, então as companhias precisam se expandir para todos os tipos de áreas, da garantia de suprimento à melhoria da distribuição.[10] Monopólios também são menos problemáticos durante períodos de rápida mudança tecnológica, quando inovadores fazem grandes apostas em novas tecnologias. A Aluminum Company of America (Alcoa) foi um monopólio em virtude de deter um novo sistema para a extração de alumínio a partir da alumina e da bauxita. Ninguém podia competir. No entanto, a Alcoa não só manteve seus custos e preços baixos, como também continuou inovando, desenvolvendo uma nova indústria inteira de utensílios leves, uma revolução para a vida doméstica.

Os titãs prosperaram explorando economias de grande escala, e não com preços abusivos. Também prosperaram criando mercados antes inexistentes — e fornecendo produtos cada vez mais baratos a esses mercados. A produção de aço aumentou de 20 mil toneladas em 1867 para mais de um milhão de toneladas uma década depois, enquanto os preços caíram de 166 para 46 dólares. A produção de petróleo aumentou de 8.500 barris de petróleo refinado em 1859 para mais de 26 milhões de barris em 1879, enquanto os preços caíram de 16 dólares por barril em 1859 para menos de um dólar em 1879, e permaneceram em um dólar pelo resto do século.

"A MAIOR DESCOBERTA DOS TEMPOS MODERNOS"

A ascensão dos titãs da indústria deu-se de mãos dadas com a ascensão de um novo tipo de empresa. Estamos falando da sociedade anônima de capital aberto. Nicholas Murray Butler, reitor da Universidade Columbia de 1902 a 1945, fez o resumo mais sucinto da importância histórica da sociedade anônima:

> Peso minhas palavras quando digo que, do meu ponto de vista, a sociedade anônima com responsabilidade limitada dos acionistas é a maior descoberta dos tempos modernos, seja pelos seus efeitos sociais, éticos, industriais, ou, no longo prazo — depois que a compreendermos e aprendermos a usá-la —, políticos. Até o vapor e a eletricidade são muito menos importantes do que a sociedade anônima com responsabilidade limitada dos acionistas e teriam sido reduzidos a relativa impotência sem ela.

Novas tecnologias como o vapor e a eletricidade claramente tinham a capacidade de mudar o mundo. Empresários bem-intencionados como Carnegie e Rockefeller também claramente tinham a capacidade de mudar o mundo. Mas o que reuniu isso tudo e transformou capacidade em ação foi essa tecnologia organizacional única.[11] As companhias podiam aprimorar a operação do mercado de duas maneiras: elas podiam coordenar o fluxo de produtos de matérias-primas aos produtos finais com a criação de hierarquias administrativas; e podiam moldar o futuro permitindo que os empreendedores fizessem grandes apostas em produtos ou processos em particular.

Antes de meados do século XIX, as empresas tinham duas formas distintas: sociedades e companhias privilegiadas. As sociedades eram flexíveis e fáceis de serem criadas. Mas tinham duas grandes desvantagens: a impermanência e a responsabilidade ilimitada. Elas geralmente eram dissolvidas quando um sócio morria ou perdia o interesse pelo negócio. Essas dissoluções com frequência eram amargas. Cada sócio era pessoalmente responsável pelas dívidas da empresa se ela tivesse problemas, durante um período em que uma falência podia levar à prisão. Em virtude disso, as pessoas costumavam formar sociedades com parentes e correligionários em vez de estranhos. As companhias privilegiadas ofereciam permanência e responsabilidade limitada ao separar o negócio como uma entidade empresarial das pessoas que o operavam ou investiam nele. Mas não era possível criar essas companhias sem conseguir uma carta patente do governo. O processo podia ser demorado e maçante. Era preciso trocar apertos de mãos e fazer malabarismos. Os governos também tentavam usá-las para alcançar propósitos públicos: se quisesse obter o privilégio da permanência e da responsabilidade limitada de uma companhia, você precisava aceitar construir uma ponte ou promover as ambições imperialistas do governo.

As companhias privilegiadas tiveram um papel imenso na história da América. O país foi colonizado por companhias privilegiadas como a Massachusetts Bay Company e a Virginia Company. As viagens que trouxeram os colonizadores para os Estados Unidos foram pagas por "aventureiros" que compraram ações nessas companhias. Os primeiros colonizadores em geral também tinham uma participação nelas. Além disso, essas companhias eram coletivamente as proprietárias de grande parte das terras. Pode-se argumentar que o governo representativo americano foi formado em 1630, quando a Massachusetts Bay Company se transformou em uma comunidade política convertendo seus acionistas de membros de um empreendimento limitado em representantes de um governo público.[12]

A Revolução Americana prolongou a existência das companhias privilegiadas. Na Grã-Bretanha, elas entraram em declínio depois da aprovação em 1720 da Lei da Bolha para lidar com os problemas criados pela Companhia dos Mares do Sul. (A reação à Bolha Companhia dos Mares do Sul foi um dos primeiros exemplos em que a reação do governo ao pânico financeiro foi pior do que o próprio pânico.) Em uma América pós-revolucionária, os estados entregaram-se entusiasmadamente à criação de companhias privilegiadas. Mais de 350 dessas empresas foram constituídas entre 1783 e 1801. Dois terços delas operavam no ramo da navegação interior, passando por postos ou pontes com pedágio. O restante oferecia serviços diversos — bancários, seguros, industriais e, no caso da companhia de John Jacob Astor, comércio de peles de animais.[13]

Contudo, apesar de a América ser muito mais generosa com suas companhias privilegiadas do que a Grã-Bretanha, a modalidade sofria com limitações inerentes: companhias privilegiadas eram concebidas com muitas restrições, e os políticos exerciam poder demais. A primeira metade do século XIX viu uma das grandes revoluções no capitalismo. Uma sucessão de decisões legais libertou essa forma de empresa de suas algemas: ao final da Guerra Civil, qualquer um passou a poder criar uma companhia, contanto que pagasse uma pequena taxa e atendesse a vários requisitos (como uma capitalização mínima) pelo vago propósito de operar um negócio. A partir daí, os empresários tiveram muito mais facilidade para levantar grandes quantias de dinheiro do "público", enquanto passou a ser muito mais conveniente para o público investir em companhias. Isso também mudou o equilíbrio do poder entre o Estado e o setor privado: em vez de os empresários fazerem lobby nos governos pelo privilégio da constituição de um negócio, os governos estaduais passaram a fazer lobby junto às empresas pelo privilégio das suas participações. Essas novas companhias tinham os direitos de "pessoas naturais": elas podiam ter propriedades coletivamente e celebrar contratos legais (inclusive processar e serem processadas). Mas não tinham a desvantagem das pessoas naturais: eram potencialmente imortais e suas operações não eram limitadas por fronteiras.

Os titãs gostavam de conservar ações que lhes dessem controle sobre o que consideravam "suas" companhias. Carnegie não gostava das empresas de capital aberto, argumentando que, "quando as ações são divididas entre um grande número de pessoas, o negócio que é de todos não é de ninguém", e estruturou sua corporação em uma série de sociedades, cada uma controlada pelo próprio Carnegie e sujeita a um abrangente "Acordo Blindado", que forçava qualquer sócio que quisesse sair a vender sua participação de volta à companhia pelo valor contábil. Ele só adotou a forma de companhia aberta em 1900, quando um processo movido por Henry Clay Frick deixou-o sem opção. John D. Rockefeller também estruturou sua companhia em uma sucessão de sociedades integradas sob o seu controle pessoal. Henry Ford aumentou o controle que tinha sobre sua companhia na metade da década de 1920, transformando-se em único proprietário.

Não obstante, a lógica da escala e do escopo levou as sociedades anônimas de capital aberto a avançarem paulatinamente, ainda que de forma acidentada, à custa de outras estruturas de propriedade. Antes dos anos 1880, poucas companhias tinham mais de um milhão de dólares como valor de mercado. Em 1900, a Standard Oil Company, de John D. Rockefeller, valia 122 milhões de dólares. Antes da década de 1880, poucas companhias empregavam mais de algumas centenas de pessoas. Em 1900, várias companhias empregavam mais pessoas do que o governo americano. "Se o período carbonífero voltasse e a Terra fosse repovoada por dinossauros", escreveu John Bates Clark em 1901, "a mudança feita na vida animal não pareceria muito maior do que aquela que foi feita na vida econômica por essas corporações monstruosas."[14]

A revolução das sociedades de capital aberto teve início com as ferrovias. As ferrovias precisavam de duas coisas das quais as sociedades privadas ainda não haviam precisado. Elas precisavam de grande quantidade de capital para financiar trilhos e equipamentos ferroviários. O montante total investido em canais de 1815 a 1860 foi de 188 milhões de dólares. O valor investido em ferrovias em 1860 foi mais de 1,1 bilhão de dólares.[15] Era impossível levantar esse capital recorrendo aos recursos tradicionais dos amigos e familiares. Elas também precisavam de exércitos de administradores. As ferrovias rapidamente fizeram outras organizações parecerem anãs em termos de funcionários: em meados dos anos 1850, a Erie Railroad empregava 4 mil pessoas, enquanto a Pepperell Manufacturing Company, de Biddeford, Maine, empregava algumas centenas. E elas continuaram crescendo: em 1900, a Pennsylvania Railroad empregava mais de cem mil.[16] As ferrovias não só operavam em uma escala maior do que as organizações operavam antes, como administravam riscos maiores: se houvesse um erro em seus cronogramas, aglomerados gigantescos de aço viajando a 97 km/h colidiriam. A escala da revolução das ferrovias teria sido impossível sem a forma da sociedade anônima de capital aberto para garantir sua longevidade e limitar a responsabilidade, protegendo os investidores.

Alfred Chandler argumentou que, além de seus outros feitos, as ferrovias criaram uma nova espécie de homem econômico: o administrador profissional, selecionado com base na sua competência e seu conhecimento em vez de seus vínculos familiares com o proprietário. Os administradores das ferrovias não eram proprietários das organizações para as quais trabalhavam, mas ainda assim dedicavam carreiras inteiras à defesa de seus interesses. ("O indivíduo murcha, enquanto o todo só cresce", Charles Francis Adams disse a formandos de Harvard quando tentava definir a essência da sociedade anônima moderna.) Eles operavam dentro do contexto de uma estrutura hierárquica complexa que definia o que deveriam fazer; mesmo assim, tinham uma visão mais elevada de sua vocação individual. Liam revistas, como a *Railroad Gazette*, e também livros especializados, como *Railroad Revenue: A Treatise on the Organization of Railroads and the Collection of Railroad Receipts*, de

Marshall Kirkman, e *The Economic Theory of the Location of Railways*, de Arthur Wellington. Foram pioneiros de muitos dos métodos de administração que se tornaram comuns: administradores como Daniel McCallum, da New York and Erie, Benjamin Latrobe, da Baltimore and Ohio, e J. Edgar Thomson, da Pennsylvania Railroad, criaram novas técnicas de contabilidade que possibilitaram a mensuração do desempenho de unidades operacionais individuais, assim como gráficos organizacionais que definiam meticulosamente o papel de cada dente das engrenagens de uma máquina gigantesca.

As ferrovias ligaram o mundo da administração racional ao mundo do capital financeiro. A demanda voraz das ferrovias por capital foi o principal fator para a criação da Bolsa de Valores de Nova York. Embora ela tivesse sido fundada em 1817, só se tornou o que é hoje com o boom das ferrovias na metade do século. O precursor do Índice Dow Jones incluía não menos do que dez ferrovias, além de uma operadora de navios a vapor, a Pacific Mail, e uma companhia de telégrafo, a Western Union. Antes da era das ferrovias, uma semana agitada na Bolsa podia envolver a negociação de mil ações. Na década de 1850, semanas com milhões de ações negociadas já não eram mais inéditas. As ferrovias ainda correspondiam a 60% das ações publicamente ofertadas em 1898, e a 40% em 1914. Wall Street também se tornou o centro do mercado da dívida das ferrovias. Em 1913, havia mais de 11,2 bilhões em títulos de ferrovias, contra 7,2 bilhões em ações comuns.

As ferrovias originaram uma nova cultura de investimento. Jornais especializados em economia, como o *Commercial & Financial Chronicle* (fundado em 1865) e o *Wall Street Journal* (fundado em 1889) dedicavam-se mais à cobertura de notícias relacionadas às ferrovias do que a qualquer outra coisa. Henry Varnum Poor editou o *American Railroad Journal* antes de dar seu nome à agência de classificação de risco Standard & Poor's. Investidores sofisticados (inclusive muitos estrangeiros) aprenderam a se proteger contra riscos comprando uma "cesta de mercado" composta por títulos de ferrovias, assim como os investidores da atualidade compram uma cesta das principais ações industriais.

Os investidores precisavam adquirir informações e se proteger contra riscos, pois o novo negócio era muito instável. Joseph Schumpeter observou que o boom das ferrovias americanas, mais do que qualquer boom ferroviário europeu, significou "construir bem à frente da demanda", e, portanto, operar com déficit por tempo indeterminado. Os barões ferroviários não tinham outra opção além de especular em vasta escala: eles precisavam reunir quantidades inéditas de equipamentos para construir negócios que, a princípio, não tinham clientes. A especulação podia facilmente levar a práticas questionáveis ou até fraude. As ferrovias produziram uma classe de especuladores que foi brilhantemente satirizada em *The Way We Live Now* (1875), de Anthony Trollope, e que estava mais interessada em manipular o mercado de ações das ferrovias para ganhar dinheiro rápido do que em realmente construí-las. Na chamada "Guerra da Erie" de 1868, Daniel Drew e seus aliados James Fisk e Jay Gould imprimiram secretamente milhões de dólares em títulos na Erie Railway Company com o objetivo de impedir Cornelius Vanderbilt de assumir seu controle. A especulação era comum em particular nas ferrovias transcontinentais, que, como Richard White demonstrou, eram palco de construções em excesso, negociações usando informações privilegiadas e outras práticas corporativas questionáveis.

A combinação entre "construir bem à frente da demanda" e especulação endêmica significava que o setor ferroviário estava longe do modelo de planejamento racional elogiado por Alfred Chandler. As ferrovias não se encaixavam todas em um sistema nacional: não havia um padrão único de trilhos nas diferentes linhas, e às vezes era preciso viajar quilômetros a cavalo ou de carroça para ir de uma linha a outra.[17] Ao mesmo tempo, o Oeste tinha tantos trilhos que não sabia o que fazer com tudo: em 1890, a América a oeste do Mississippi possuía 24% da população do país, e 43% da extensão dos trilhos.[18] O setor era perturbado pela instabilidade: no último semestre do século XIX, mais de setecentas companhias ferroviárias, que juntas controlavam mais da metade das estradas de ferro do país, faliram. "A geração entre 1865 e 1895 já estava hipotecada para as ferrovias", observou Henry Adams laconicamente, "e ninguém sabia mais disso do que a própria geração".

Apesar dessas irracionalidades, a sociedade anônima conquistou o coração industrial da América. Depois de terem estado mais ou menos confinadas às ferrovias na década de 1860, em 1900 companhias verticalmente integradas haviam dominado a maioria dos grandes setores industriais do país: não só o do aço e do petróleo, mas também o de tecnologia e de bens de consumo. A AT&T foi fundada em 1885, a Eastman Kodak em 1888, e a General Electric em 1892. Os homens que criaram essas corporações costumavam seguir a mesma sequência de passos que vimos com Carnegie e Rockefeller. Eles arriscavam tudo com investimentos em novas fábricas. Cresciam tanto quanto possível o mais rápido possível, transformando seus custos mais baixos em barreiras para novos entrantes. (Reid Hoffman, fundador do LinkedIn, chama o equivalente moderno dessa técnica de "blitzscaling".)[19] Eles integravam "para frente" e "para trás". E tentavam alcançar o máximo possível de vendas cortando custos e fazendo propaganda em massa.

O último setor a adotar a sociedade anônima foi o varejo. Em 1850, o varejo era completamente dominado por lojas familiares. Em uma geração, algumas lojas gigantes haviam se juntado à multidão de anões. Esses gigantes exploraram a nova rede ferroviária nacional para aumentar o alcance dos produtos disponíveis em suas lojas ao mesmo tempo que reduziam preços. Em 1858, Rowland Hussey Macy fundou uma loja de produtos sofisticados em Nova York que cresceu e se tornou uma rede de lojas de departamentos. Em 1859, George Francis Gilman abriu uma lojinha que vendia couros e plumas, a qual acabou se tornando a Great Atlantic & Pacific Tea Company (A&P). Em 1900, a cadeia tinha quase duzentas lojas em 28 estados vendendo uma coleção muito mais ambiciosa de produtos do que apenas couros e plumas. Frank Woolworth expandiu ainda mais rápido, operando a primeira "loja de cinco centavos" bem-sucedida em Lancaster, Pensilvânia, em 1879. Ele já possuía doze lojas em 1889, e 239 em 1909, procurando novos negócios no exterior.

A inovação mais impressionante foi o surgimento da venda por catálogo. Aaron Montgomery Ward (em 1872) e Richard Warren Sears e Alvah Roebuck (em 1886) criaram companhias que permitiram aos americanos pedirem produtos a partir de um catálogo. Essas companhias revolucionaram a vida na zona rural: pessoas que até então só tinham acesso a uma variedade restrita de produtos passaram a poder ter tudo que seu país podia oferecer, das coisas mais simples (como ferramentas para o trabalho rural) às mais exóticas (como o Heidelberg Electric Belt, que, se usado por breves períodos em torno da cintura, supostamente promovia uma "cura maravilhosa para a fraqueza seminal ou vital").[20]

A figura mais interessante nessa revolução do varejo foi Richard Sears. Como muitos empreendedores da era, Sears começou a carreira no negócio ferroviário (que, na época, também era o negócio do telégrafo). Ele usou sua posição como chefe de estação combinada à de chefe do telégrafo para coletar informações sobre os preços de muitos dos itens comerciais que passavam por ele através de catálogos e entregas. Concentrou-se nos relógios, pois eles ofereciam margens elevadas, e fez sua primeira fortuna vendendo por bom preço um lote inteiro de relógios que haviam caído em suas mãos. Ele investiu o dinheiro ganho com esse lote estabelecendo um negócio de venda por catálogo para poder vender ainda mais relógios. Sears não demorou a perceber que estava no negócio de venda por catálogo, e não de venda de relógios, e começou a anunciar uma coleção cada vez maior de produtos. Em 1902, Sears atendia a cem mil pedidos por dia, selecionados a partir de um catálogo com 1.162 páginas. Isso requeria uma estrutura imensa de armazenamento, entrega e coordenação, o que, por sua vez, exigia um investimento cada vez maior de capital.

Em 1906, Sears e seu sócio Alvah Roebuck abriram o capital da companhia e inauguraram uma sede de venda por catálogo de 5 milhões de dólares em Chicago, o maior prédio comercial do mundo, com uma linha de montagem para os pedidos dos clientes. "Quilômetros de trilhos percorrem longitudinalmente o interior e o entorno desse prédio para o recebimento, o transporte e o despache de mercadorias", gabava-se o catálogo da Sears. "Elevadores, esteiras rolantes para pessoas e objetos, correias intermináveis, roletes por gravidade, aparelhos e faixas, tubos pneumáticos e todos os dispositivos mecânicos conhecidos para reduzir o trabalho, promover a economia e o despache são utilizados aqui em nossa grande operação." Uma das primeiras pessoas a visitarem essa maravilha industrial foi o sempre curioso Henry Ford.

O ANSEIO PELA FUSÃO

As corporações que se espalharam pelo mundo empresarial americano, do transporte à produção e ao varejo, tinham todas uma coisa em comum: a busca pelo tamanho. À medida que os mercados amadureciam, a busca pelo crescimento acabou levando inevitavelmente a fusões. Os anos transcorridos entre 1895 e 1904 assistiram a uma verdadeira febre de fusões. Antes dessa febre, a consolidação geralmente assumia a forma da integração vertical, com companhias comprando fornecedores e distribuidores. O boom das fusões acrescentou a integração horizontal à receita. A integração horizontal e a vertical reforçavam uma à outra: logo depois da sua fundação, a U.S. Steel adquiriu imensos depósitos de minério de ferro na região do Lago Superior, e em 1950 possuía 50% dos depósitos de minério de ferro de todo o país.[21]

Duas pessoas estavam no centro da era da consolidação: Rockefeller e Morgan. Em 1882, Rockefeller arquitetou a primeira fusão gigante ao transformar a aliança da Standard Oil, uma "federação" agrupando flexivelmente quarenta companhias, cada uma com sua identidade legal e administrativa (para satisfazer as leis estaduais), na Standard Oil Trust. A aliança já tivera sucesso na eliminação da competição entre seus membros por meio de trocas de ações. Os acionistas das companhias membros cediam suas ações com direito a voto a um truste central em troca de certificados negociáveis desse truste e que lhes conferiam o direito de obter rendimentos, mas não de votar. A forma do truste levou as coisas a um novo nível. Em termos legais, um truste é um mecanismo que confia a custódia dos ativos a um fiduciário ou a um grupo de fiduciários que tem o dever legal de agir de acordo com o interesse dos proprietários dos ativos. Em termos comerciais, é um mecanismo que permite a concentração de controle pelos empresários. Rockefeller usou-o para criar uma companhia integrada com uma única sede, no número 26 da Broadway, cidade de Nova York, uma única estrutura de propriedade e uma única estratégia administrativa. Rockefeller fechou 32 das suas 53 refinarias e expandiu as 21 plantas restantes, reduzindo o custo do refino de 1,5 centavo por galão para 0,5 centavo.[22] Companhias de um amplo espectro de setores industriais, principalmente os do açúcar, do chumbo e do uísque, seguiram o exemplo de Rockefeller.

O Congresso retaliou com a aprovação em 1890 da Lei Sherman Antitruste, proibindo contratos ou combinações que restringissem os negócios. Então, foi a vez de a assembleia legislativa de Nova Jersey retaliar a retaliação, facilitando a criação de holdings, que podiam deter ações de empresas subsidiárias. Em 1899, a Standard Oil of New Jersey tornou-se a holding formal da gigante do petróleo, controlando ações em dezenove grandes companhias e 21 menores. Em 1901, dois terços de todas as firmas americanas com 10 milhões de dólares ou mais de capital eram incorporações em Nova Jersey, permitindo que o estado tivesse um superávit orçamentário de quase 3 milhões de dólares em 1905 e pagasse por um surto de novas obras públicas. Outros estados reagiram abraçando os trustes. A assembleia legislativa de Nova York promulgou uma licença especial para a General Electric Company a fim de evitar que ela fugisse para Nova Jersey. Nenhum estado foi mais persistente em atrair corporações do que Delaware. Em 1930, o estado havia se tornado lar de mais de um terço das corporações industriais na Bolsa de Valores de Nova York: 12 mil companhias declaravam endereço fiscal em um único escritório no centro de Wilmington.

O mais poderoso dos trustes era o "truste do dinheiro", como Charles Lindbergh, pai do famoso aviador e congressista de Minnesota, chamava Wall Street, e o mais poderoso membro desse truste era, de longe, J. P. Morgan. Depois de ter demonstrado sua proeza na consolidação das ferrovias durante a grande crise provocada pela depressão dos anos 1890, Morgan estendeu seu potencial para uma variedade mais ampla de setores industriais à medida que a economia se recuperava, mas o excesso de capacidade persistia.

O resultado foi a grande onda de fusões ocorrida de 1895 a 1905, que viu mais de 1.800 empresas manufatureiras serem fundidas. Morgan e seus aliados fizeram aquisições de empresas oferecendo aos seus proprietários o valor de suas empresas em ações preferenciais com o equivalente em ações ordinárias como forma de agrado. Em seguida, eles começaram a fundir várias companhias concorrentes com o intuito de reduzir o excesso de capacidade. A teoria era que as ações preferenciais subiriam à medida que os investidores competissem por uma parcela dos ganhos obtidos com a fusão enquanto as ações ordinárias teriam bom desempenho no longo prazo, pois as companhias recém-fundidas produziriam um lucro contínuo. Morgan costumava colocar seus aliados (com frequência, sócios) nas diretorias dessas novas companhias para poder observá-las atentamente.[23] Em 1900, ele e seus sócios tinham assentos nas diretorias de companhias responsáveis por mais de um quarto da riqueza dos Estados Unidos.

Não há dúvida de que Morgan foi bem-sucedido na transformação da face da América corporativa. Ele criou novas companhias como a General Electric, a American Telegraph and Telephone (AT&T), a Pullman Company, a National Biscuit (Nabisco), a International Harvester e, é claro, a U.S. Steel. Aumentou o montante total de capital em companhias manufatureiras de capital aberto de 33 milhões de dólares em 1890 para mais de 7 bilhões de dólares em 1903. Criou o mundo dos "três maiores" ou "quatro maiores" bancos do setor bancário americano. Naomi Lamoreaux calcula que, das 93 fusões que estudou detalhadamente, 72 criaram companhias que controlavam pelo menos 40% dos seus setores e 42 controlavam pelo menos 70%. Entre essas 42, estão a General Electric, que foi formada a partir de oito firmas e controlava 90% do seu mercado; a International Harvester, que foi formada a partir de quatro companhias e controlava entre 65% e 75% do seu mercado; e a American Tobacco, que fora formada a partir de 162 firmas e controlava 90% do seu mercado.

Se teve sucesso na criação de uma economia mais eficiente, é algo mais controverso: Morgan era uma figura muito mais problemática do que, digamos, Carnegie ou Rockefeller. O nível de sucesso dessas gigantes foi embaralhado. A avaliação mais favorável do nível de sucesso dessas fusões foi publicada por Shaw Livermore em 1935. Ele coletou informações sobre 136 fusões grandes o bastante para mudar seus setores, estudou seus ganhos de 1901 a 1932 e concluiu que 37% fracassaram e 44% tiveram sucesso.[24] A criação da U.S. Steel pôs fim a um longo período de queda de preços no setor do aço (ver Gráfico 10).

GRÁFICO 10
PREÇO DO AÇO NO ATACADO
1867-1946

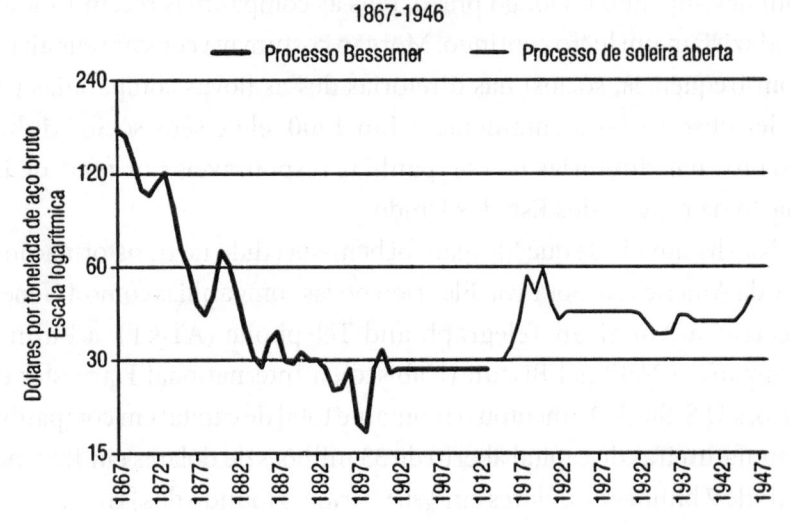

A EVOLUÇÃO DA CORPORAÇÃO

O período do domínio dos banqueiros foi relativamente breve. O movimento das fusões resultou não no triunfo do capitalismo centralizado nos bancos, mas na consolidação da dispersão acionária no coração do capitalismo. A dispersão acionária já triunfara no setor ferroviário. Agora, triunfava no setor manufatureiro, à medida que os novos gigantes financiavam suas fusões emitindo títulos e outras companhias lançavam ações nas bolsas nacionais para poderem competir. Essas empresas com ações dispersas geralmente separavam propriedade de controle. Alguns fundadores, como Andrew Carnegie, cortavam completamente suas conexões. Outros conservavam alguma participação, mas raramente o bastante para ditar políticas. A rotina da administração das companhias foi transferida para administradores assalariados que tinham poucas ações ou nenhuma. Os fundadores expunham suas opiniões por meio de conselhos diretores, mas geralmente eram contrabalançados por administradores assalariados e representantes dos bancos, que haviam arquitetado as fusões. O capitalismo em larga escala agora equivalia ao capitalismo com dispersão acionária: companhias de capital aberto e controladas por administradores profissionais.

Em 1914, a Ford Motor Company era uma das poucas grandes companhias de propriedade privada a sobreviver. De modo paradoxal, aquela grande companhia que se manteve mais irredutível contra o capital aberto também foi a responsável pelo aperfeiçoamento do maior avanço de gestão da América: a produção em massa. A produção em massa tem suas raízes no "sistema de uniformização" de Eli Whitney para a fabricação das primeiras descaroçadeiras de algodão e depois para a dos mosquetes no século XVIII. Henry Ford levou essa filosofia a um novo nível, não só dividindo cada tarefa de acordo com seus menores componentes, mas acrescentando a linha de montagem. Longas filas de trabalhadores agora repetiam as mesmas tarefas mecânicas várias vezes. Ford incorporou a linha de montagem a um grande sistema de produção e distribuição em que tudo era projetado para aumentar a eficiência e maximizar o controle. A integração vertical significava que seus funcionários faziam quase tudo internamente. Uma rede nacional de aproximadamente 7 mil vendedores disponibilizava os Tin Lizzies até nas menores cidades. "No passado", Frederick Taylor escreveu em *Os princípios da administração científica* (1911), "o homem veio em primeiro lugar; no futuro, o sistema deve vir em primeiro lugar."

Algo também importante para a ascensão do capitalismo gerencial foi o fato de a América ter abraçado tanto a padronização da inovação quanto da produção. Isso aconteceu devagar. A maioria das companhias preferia recorrer à improvisação — fosse vasculhando os registros públicos em busca de novas ideias, ou conseguindo-as informalmente a partir de conversas com inventores locais. O Escritório de Patentes fazia um bom trabalho na disseminação da informação ao exibir modelos e projetos em suas sedes em Washington D.C. e publicar informações em revistas relevantes. A *Scientific American* trazia longas descrições das novas tecnologias mais importantes, imprimia listas de patentes concedidas e até se oferecia para enviar cópias aos leitores das especificações completas para as patentes em troca de uma taxa modesta. A América também fez um bom trabalho na produção de "centros de inovação" — isto é, lugares onde os inventores se reuniam para discutir a arte de inventar. Lojas de ferragens e escritórios de telégrafo eram ímãs para inventores. Escritórios de telégrafos com bibliotecas compostas por livros e periódicos sobre a tecnologia elétrica. Companhias praticavam o que hoje é chamado de "contribuição colaborativa" (*crowdsourcing*) e "inovação aberta" com o argumento de que havia mais pessoas inteligentes fora do que dentro da organização. Executivos da Western Union estavam sempre de olho nos funcionários da linha de frente em busca de ideias inteligentes, e com frequência lhes emprestava dinheiro para comercializá-las. J. P. Morgan decidiu investir no projeto de iluminação incandescente de Edison porque dois de seus sócios conheciam o advogado de patentes da Western Union. As grandes companhias também investiam pesado no desenvolvimento de sua capacidade de analisar o mercado. T. D. Lockwood, presidente do departamento de patentes da AT&T, explicou: "Estou completamente convencido de que nunca compensou, não compensa e jamais compensará comercialmente manter um estabelecimento de inventores profissionais ou homens cujo principal trabalho é inventar."[25]

Lockwood foi a coruja de Minerva: na virada do século, a invenção estava se tornando uma função corporativa, como a contabilidade ou a propaganda, e os inventores estavam se tornando empresários (ver Gráfico 11). Thomas Edison foi o arauto de uma nova era com sua "fábrica de invenções" na Menlo Park e o plano de produzir uma grande invenção a cada seis meses. Na virada do século, todos estavam tentando seguir seus passos. A proporção de patentes concedidas a indivíduos e não a empresas caiu de 95% em 1880 para 73% em 1920, e ainda para 42% em 1940.[26] Em 1900, desesperada para desenvolver uma nova lâmpada incandescente com a aproximação do vencimento de sua patente sobre a lâmpada antiga, a General Electric criou um laboratório de pesquisa e desenvolvimento sob o controle de Willis Whitney. A AT&T criou um laboratório que logo compensou com a solução de problemas técnicos que impediam o fornecimento de um serviço telefônico de uma costa à outra. O acúmulo pelo laboratório de "mil e uma pequenas patentes", nas palavras do presidente da companhia, manteve a vantagem sobre os competidores.[27] A DuPont estabeleceu um laboratório em 1911, a Kodak, em 1913, a Standard Oil of New Jersey, em 1919. Onde quer que se encontrasse a fronteira do conhecimento, iria se encontrar também um laboratório corporativo de pesquisa e desenvolvimento.

GRÁFICO 11
PATENTES CONCEDIDAS PARA INVENÇÕES NOS EUA
1901-2000

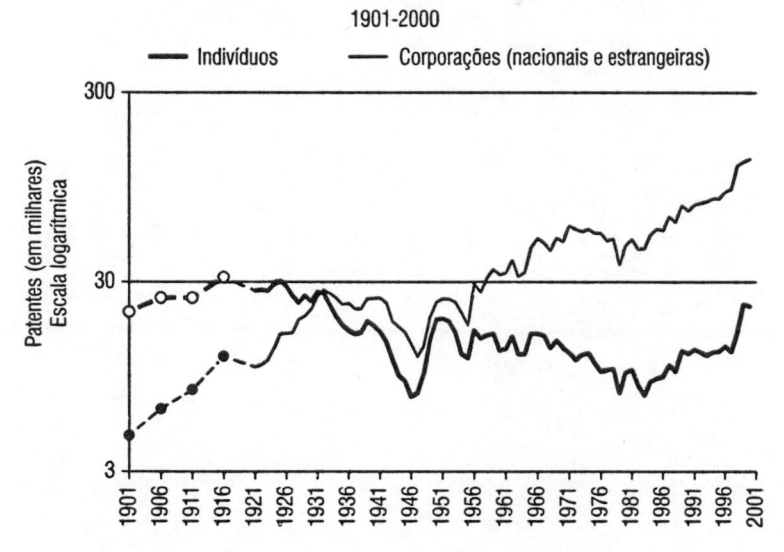

Companhias gigantes, de capital aberto, dominadas por administradores profissionais, dispostas a produzir quantidades cada vez maiores de produtos padronizados e determinadas a produzir o máximo possível internamente, inclusive ideias, agora estavam no coração da economia americana.

Mas nem todo mundo estava feliz com isso.

5

A REVOLTA CONTRA O *LAISSEZ-FAIRE*

A HISTÓRIA AMERICANA FOI pontuada por grandes discursos: o de Lincoln em Gettysburg, o discurso de posse de John Kennedy, o discurso "Eu tenho um sonho", de Martin Luther King Jr. O discurso da "Cruz de Ouro" de William Jennings Bryan foi mais um. Ele não só deu voz aos sentimentos mais profundos de uma parcela significativa da população, como marcou um divisor de águas na política econômica americana.

Quando se dirigiu à Convenção Nacional do Partido Democrata em Chicago, em julho de 1896, Bryan tinha apenas 36 anos, era um ex-congressista de Nebraska que virara jornalista, não mais do que um menino entre os velhos chefes grisalhos do partido. Mas o terreno estava em chamas de fúria. Os apoiadores de Bryan haviam-no preparado para o seu discurso tomando controle da sede do partido. Ele foi o maior orador da sua era, com uma voz potente, "clara como o sino de uma catedral", e um dom para a linguagem. Bryan usava todos os truques da retórica à sua disposição para levar sua audiência a um frenesi de indignação virtuosa.[1]

Ele proclamou que os argumentos habituais apresentados pelos defensores do padrão ouro, de que a prata atrapalharia os interesses comerciais do país, se baseavam em uma concepção falsa.[2] "O empregado remunerado é um homem de negócios tanto quanto o seu empregador; o advogado em uma cidade do interior é um homem de negócios tanto quanto o conselho administrativo da corporação em uma grande metrópole; o comerciante de uma loja à beira de um cruzamento de estradas é um homem de negócios tanto quanto o comerciante de Nova York." Os fazendeiros que cultivavam os grãos da nação eram homens de negócios tanto quanto os intermediários que os vendiam. O establishment rotulava esses radicais rurais como beligerantes. Mas quem não seria beligerante em defesa de seus lares e suas famílias? "Nós pedimos, e nossos pedidos foram desprezados. Nós suplicamos, e nossas súplicas foram desconsideradas." O establishment reprovava-os por cometerem a "falácia do apelo especial", um apelo enganoso à suposta exceção da zona rural. Mas não são os defensores do padrão ouro defensores dos interesses urbanos — e não repousam as grandes cidades sobre "nossas amplas e férteis campinas"? "Queimem suas cidades e preservem nossas fazendas, e suas cidades renascerão como num passe de mágica. Mas destruam nossas fazendas, e a grama nascerá nas ruas de cada cidade do país." Os defensores do padrão ouro haviam feito o desafio. O povo tinha o dever de responder. Bryan concluiu com um grande floreio retórico:

> Se eles ousarem vir a público e defender o padrão ouro como algo bom, nós os enfrentaremos até o fim. Com o apoio das massas produtoras desta nação e do mundo, dos interesses comerciais, dos interesses dos trabalhadores e labutadores de todos os lugares, responderemos à sua demanda por um padrão ouro dizendo: Tu não depositarás sobre a cabeça do trabalhador essa coroa de espinhos! Tu não crucificarás a humanidade nessa cruz de ouro!

Ao proferir essas últimas frases, abaixou a cabeça e abriu bem os braços, a própria imagem de um Cristo crucificado. Os delegados observaram em silêncio. Então, quando se deram conta de que ele chegara ao fim de seu discurso, irromperam em aplausos, onda após onda, cada vez mais altas, complementadas por gritos. A convenção adotou a plataforma da prata de imediato, e Bryan, como seu candidato à presidência no dia seguinte.

Nas décadas anteriores, o Partido Democrata fora dominado por defensores dos grandes empresários em geral e do padrão ouro em particular. Eles haviam escolhido o conservador Grover Cleveland como seu candidato. Mas a oposição ao padrão ouro vinha crescendo havia anos, com fazendeiros reclamando da deflação, e os "silverites" (defensores da adição do padrão prata, muitos deles proprietários de minas de prata) argumentavam que a prata era uma alternativa mais humana e mais conveniente. Na conferência democrata, os democratas de Cleveland foram violentamente acusados de serem agentes do capitalismo e apóstolos da religião bárbara do ouro. David Bennett Hill, senador de Nova York, teve a difícil tarefa de defender a causa de Cleveland. "Por que o senhor não sorri nem exibe uma expressão agradável?", perguntou um repórter. "Nunca sorrio nem me mostro agradável em um funeral", Hill respondeu.

Apesar da sua genialidade, o discurso de Bryan provou-se um desastre para a sua causa. Ao dividir o Partido Democrata quanto ao padrão ouro, ele inaugurou um longo período de domínio republicano na política. Ao levantar a questão do padrão ouro, transformou uma política informal em formal. Uma das primeiras coisas que William McKinley fez quando se mudou para a Casa Branca em 1897 foi assinar o Gold Standard Act, que tornou o ouro o único padrão monetário.

A prata foi uma de uma longa lista de causas perdidas defendidas por Bryan. Ele levou o Partido Democrata três vezes à derrota (em 1896, 1900 e 1908). Tentou converter o corpo diplomático ao abstencionismo banindo o álcool das funções diplomáticas quando foi secretário de Estado no governo de Woodrow Wilson, assim talvez tendo contribuído com o mau humor nas relações internacionais. Opôs-se à entrada da América na Primeira Guerra Mundial. Agiu em favor do estado do Tennessee ao processar John Scopes pelo ensino da evolução. Teddy Roosevelt chamou-o de "asno incorrigível", enquanto H. L. Mencken chamou-o de "pobre idiota [...] iludido por uma teologia infantil, cheia de um ódio quase patológico por todo aprendizado, toda dignidade humana, toda beleza, todas as coisas boas e nobres".[3]

Não obstante, Bryan tinha o hábito de sair vencedor. Sua viúva, ao editar suas memórias em 1925, afirmou que, apesar de todos os fracassos que teve durante a vida, suas políticas haviam triunfado em uma área após outra: o imposto de renda federal, a eleição popular dos senadores americanos, o sufrágio feminino, um Departamento do Trabalho, uma regulação mais rígida para as ferrovias, reforma monetária e, no nível estadual, iniciativas e referendos. E elas continuaram triunfando após sua morte — a América acabou por abandonar o padrão ouro em 1971 sob uma administração republicana.

O maior sucesso de Bryan foi ter ampliado o reino da política. Até então, os americanos respeitáveis haviam considerado o padrão ouro uma parte imutável do mundo, e não um construto político. Bryan, em vez disso, argumentou que o padrão ouro era uma cruz inventada por um grupo de pessoas (os especuladores) para torturar outro grupo (os fazendeiros). Ele aplicou o mesmo ceticismo ao *laissez-faire* em geral. Até então, os americanos respeitáveis haviam considerado as leis do mercado algo semelhante às leis da natureza. Bryan e seus aliados afirmavam que os políticos podiam domar o mercado em benefício do bem comum.

O MUNDO DE ACORDO COM GROVER

Para entender o quão chocante foi o discurso da Cruz de Ouro de Bryan, vale a pena analisar o homem que Bryan substituiu à frente do Partido Democrata. Grover Cleveland foi o único presidente a ter cumprido dois mandatos não consecutivos: ele foi o 22º e o 24º presidente. Também foi o único presidente a casar na Casa Branca. Ele acreditava na moeda sadia, em um governo pequeno e em uma robusta autossuficiência. ("A expectativa de um cuidado paternal da parte do governo [...] enfraquece a robustez do nosso caráter nacional", disse certa vez.) E ele se agarrava aos seus princípios com a determinação de um touro, apesar da pressão de interesses especiais, da influência da opinião pública e das vicissitudes da economia (Cleveland tinha tanto o físico quanto o temperamento de um touro, tendo chegado a pesar 136 quilos). Em 1887, ele vetou um projeto de lei que concedia uma soma minúscula para a compra de sementes de cereais aos produtores rurais do Texas arruinados por uma seca, argumentando que não conseguiu "encontrar nenhuma garantia para tal verba na Constituição [...]. Não acredito que o poder e o dever do Governo Geral devam ser estendidos ao alívio do sofrimento individual que não esteja, de maneira alguma, relacionado ao serviço ou ao benefício público". Ele se manteve fiel aos princípios do *laissez-faire* durante o pânico de 1893, quando bancos entraram em colapso, a produção industrial caiu 17% e o desemprego aumentou 12%. Nas eleições da metade do mandato, em 1894, os eleitores correram em manada para os republicanos. Mas Cleveland não desistiu: ele interviu na greve da Pullman para manter as ferrovias e o serviço postal funcionando, usando a Lei Sherman Antitruste para obter uma ordem judicial contra a greve e processar Eugene V. Debs, líder do Sindicato Ferroviário Americano.

Cleveland crescera em um mundo definido pelo governo pequeno, como fato e como ideal. Em 1871, o governo federal ainda empregava apenas 51.071 pessoas, das quais 36.696 trabalhavam nos serviços postais. Isso produzia uma taxa de um servidor não postal para cada 2.853 americanos.[4] Com a exceção do período da Guerra Civil, os gastos consolidados dos governos (federal, estaduais e locais conjuntamente) eram significativamente inferiores a 10% do PIB entre 1800 e 1917 (ver Gráficos 12 e 13).

GRÁFICO 12
GASTOS DO GOVERNO AMERICANO
1800-1917

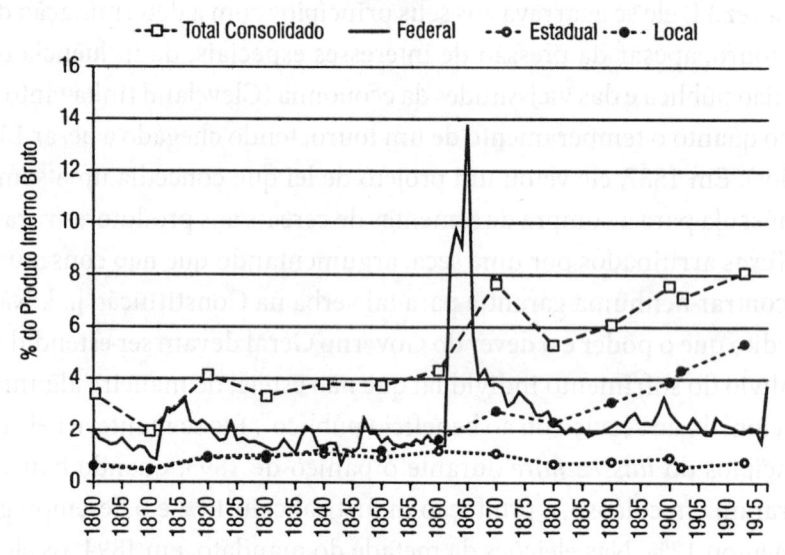

GRÁFICO 13
GASTOS DO GOVERNO FEDERAL AMERICANO
1800-1917

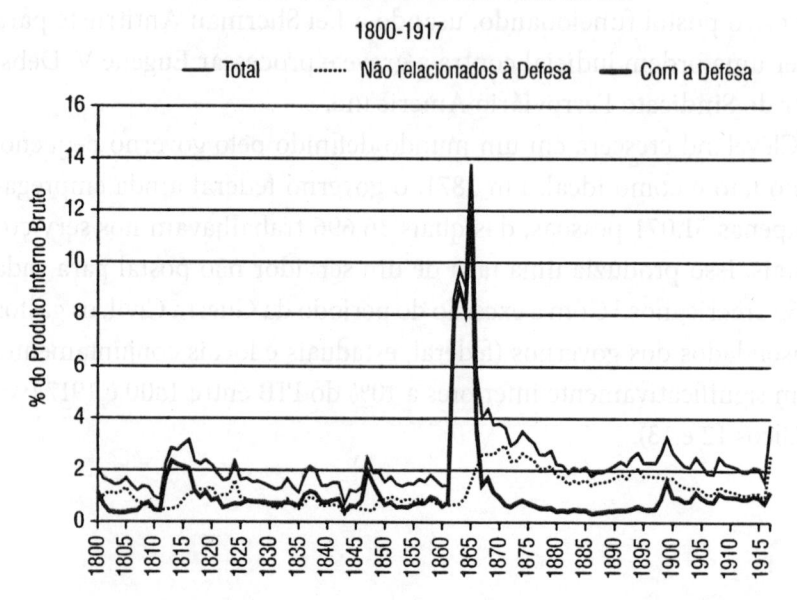

Os cidadãos podiam atravessar suas vidas sem nenhum contato com o governo federal afora os serviços postais. O dia 15 de abril era apenas mais um de primavera: não havia imposto de renda a pagar. Washington D.C. era uma das capitais mais sonolentas do mundo: não havia o Federal Reserve para cuidar do dinheiro do país, nem Departamento da Educação, ou do Comércio etc. O habitante da Casa Branca não tinha quase nada para fazer e, se por alguma estranha razão precisasse fazer alguma coisa, ninguém para ajudar: Cleveland precisava atender ao telefone, assim como abrir a porta da frente.

Se havia algum governo, ele era o menor possível. O governo como um todo coletava apenas 8 centavos para cada dólar de renda gerado pela economia, e 6 desses 8 centavos eram gastos pelos governos locais. O governo americano ainda era, em muitos aspectos, o governo descrito em *A democracia na América* (1835), de Tocqueville — um governo de reuniões públicas locais.

O governo era ofuscado por corporações gigantes. Charles W. Eliot, reitor de Harvard, deu uma ideia do que essa disparidade significava no âmbito local no ensaio de 1888, "The Working of the American Democracy": a Boston & Maine Railroad empregava 18 mil pessoas, tinha receitas de cerca de 40 milhões de dólares por ano e pagava 35 mil dólares ao seu funcionário com o salário mais alto. Ao mesmo tempo, o estado de Massachusetts empregava 6 mil pessoas, tinha receitas de 7 milhões de dólares e não pagava nenhum salário superior a 6.500 dólares.[5]

O crescimento notável observado na economia americana após a Guerra Civil — uma expansão sem precedentes na história humana — ocorrera com pouca interferência de Washington. A América sobreviveu por 77 anos, de 1836, quando a permissão do Second Bank expirou, até 1913, quando Woodrow Wilson criou o Federal Reserve, sem um banco central e praticamente nenhuma política monetária além do padrão ouro. O custo de vida aumentava apenas 0,2% ao ano. Os empregadores podiam contratar e demitir como bem entendessem. A América promovia uma política de portas abertas em relação aos imigrantes europeus (embora não em relação aos chineses, que foram deixados de fora pelo Chinese

Exclusion Act de 1882). E a maioria dos americanos gostava assim: o senso comum dizia que, para criar uma boa sociedade, necessitava-se apenas de uma moeda sadia e uma Declaração dos Direitos Humanos. O livre mercado poderia fazer o resto.

Os Fundadores haviam sido cuidadosos no estabelecimento de limites tanto ao alcance do Estado quanto ao poder do povo. Eles haviam definido os direitos dos cidadãos em uma Declaração de Direitos. Haviam dividido o governo em ramos separados a fim de criar um sistema de freios e contrapesos. "Na estruturação de um governo a ser administrado por homens sobre homens", James Madison opinou em O Federalista, "a grande dificuldade reside no seguinte: você deve, primeiro, possibilitar ao governo o controle dos governados; em segundo lugar, obrigar o governo a controlar a si mesmo." Eles também haviam incorporado um elemento de meritocracia. Os senadores tinham mandatos de seis anos como forma de garantir que se comprometessem com o longo prazo — George Washington notoriamente comparou o Senado a um pires onde você coloca o chá para esfriar. Eles também eram nomeados por assembleias legislativas estaduais, e não diretamente eleitos, como forma de garantir que fossem escolhidos pelos "melhores homens" da sociedade. Os juízes da Suprema Corte tinham um emprego vitalício.

O sistema de freios e contrapesos dos Fundadores foi testado por um imenso crescimento da população de eleitores durante o governo de Andrew Jackson (ver Gráfico 14). Na segunda metade do século XIX, quase todos os homens brancos tinham o direito ao voto, e uma proporção considerável exercia esse direito: 83% em 1876, 81% em 1888 e 74% em 1900. No entanto, por décadas, os limites ao excesso de democracia estabelecidos pelos Fundadores continuaram funcionando, em parte, pelo fato de Washington estar muito dividida e, em parte, porque as recém-emancipadas massas não esperavam tanto do governo federal.

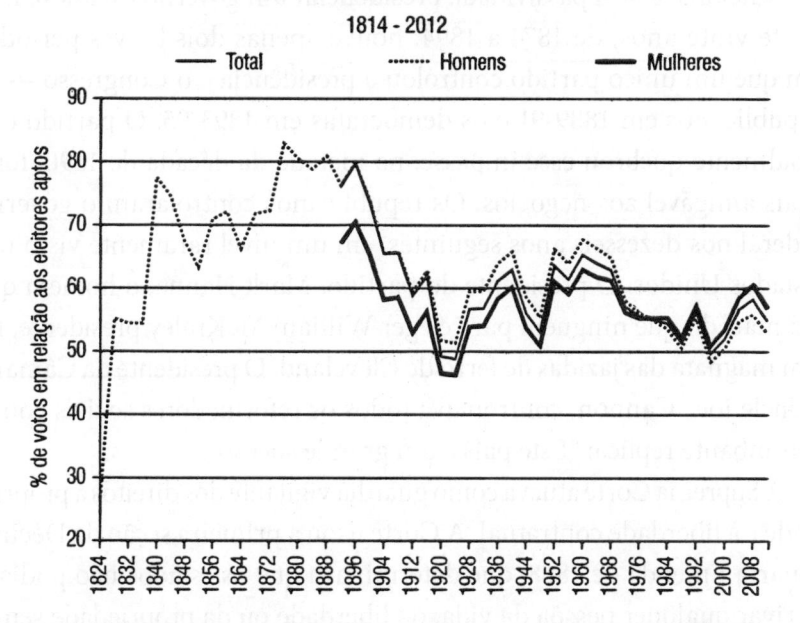

GRÁFICO 14

PARTICIPAÇÃO DO ELEITORADO NOS EUA

1814 - 2012

Entre Abraham Lincoln e Teddy Roosevelt, a América teve uma sucessão de presidentes passivos. Autores disputam entre si os lamentos por esse fato. James Bryce dedicou um capítulo inteiro do seu clássico de 1888, *A comunidade americana*, ao tema "por que grandes homens não são eleitos presidentes". Morton Keller escreveu que "a presidência americana do século XIX consistiu em uma montanha de grandeza (Lincoln) cercada por planícies de mediocridade". Andrew Jackson nunca frequentou a escola e não aprendeu a escrever até sua esposa lhe ensinar. Grover Cleveland nunca visitou a Europa, nunca visitou a parcela da América localizada a oeste do Mississippi, e foi a Washington D.C. pela primeira vez quando se mudou para a Casa Branca. Mas não está claro se isso foi algo ruim: Bryce certa vez observou que essa sucessão de mediocridades serviu às necessidades da América na época: "A proporção dos mais capacitados atraídos pela política é menor na América do que na maioria dos países europeus", ele argumentou, porque a coisa pública não é tão interessante quanto "o negócio do desenvolvimento dos recursos materiais do país".[6]

Adicionava-se à passividade presidencial um governo dividido. Durante vinte anos, de 1874 a 1894, houve apenas dois breves períodos em que um único partido controlou a presidência e o Congresso — os republicanos em 1889-91 e os democratas em 1893-95. O partido que finalmente quebrou esse impasse, na metade da década de 1890, foi o mais amigável aos negócios. Os republicanos controlaram o governo federal nos dezesseis anos seguintes, em um nível raramente visto nos Estados Unidos. O presidente do partido, Mark Hanna, o homem que fez mais do que ninguém para eleger William McKinley presidente, foi um magnata das jazidas de ferro de Cleveland. O presidente da Câmara, "Uncle Joe" Cannon, confrontava todos os reformadores sociais com a retumbante réplica: "Este país é um grande sucesso."[7]

A Suprema Corte atuava como guardiã vigilante dos direitos à propriedade e à liberdade contratual. A Corte usou a primeira seção da Décima Quarta Emenda de 1868, que determinava que os estados não podiam "privar qualquer pessoa da vida, da liberdade ou da propriedade sem o devido processo legal", e que fora originalmente aprovada para garantir os direitos legais dos escravos livres, assim neutralizando tentativas de regular os negócios. Na ação *Santa Clara* (1886), a Corte deixou claro que reconhecia uma corporação como pessoa jurídica e, portanto, sujeita à proteção da lei. Na ação *Pollock v. Farmer's Loan & Trust Company* (1895), a decisão da Corte derrubou o imposto de renda federal com cinco votos a quatro. Na ação *United States v. E. C. Knight Company*, a Corte tornou sem efeito a Lei Sherman Antitruste. O governo federal tivera certeza de que venceria seu processo antitruste contra a American Sugar Refining Company sob o argumento de que a companhia controlava 98% da oferta de açúcar do país. Em vez disso, a Corte decidiu que um monopólio sobre a produção não constituía monopólio sobre o comércio, já que era perfeitamente possível produzir coisas sem comercializá-las.

A Suprema Corte era particularmente rígida em relação à liberdade contratual em causas trabalhistas. Na ação *Toledo, Ann Arbor and North*

Michigan Railway Company v. Pennsylvania Company (1893), ela decidiu que um ato legal realizado por um trabalhador individual — pedir demissão — tornava-se ilegal caso fizesse parte de um conluio, decisão que confirmou no processo *ex parte Lennon*, em 1897. Na prática, isso tornava as greves ilegais. Na ação *Lochner v. New York* (1905), ela julgou inválida uma lei de Nova York que proibia funcionários de padarias de trabalhar mais de dez horas por dia ou 60 horas por semana sob o argumento de que infringia a liberdade contratual. Em 1918, a decisão tornou nulo o Keating-Owen Act de 1916, que proibia o envio de um estado para outro de artigos produzidos pelo trabalho infantil, sob o argumento de que ele tentava regular a produção e, portanto, exercer um poder reservado aos estados.

O equivalente monetário da Constituição americana era o padrão ouro. Os defensores do padrão ouro ocupavam as funções econômicas mais poderosas do país: a presidência, o secretariado do Tesouro e os principais cargos nos maiores bancos — e por razões compreensíveis. O ouro sempre foi admitido como meio de troca e, portanto, como reserva de valor, até onde a história alcança. O fato de as reservas de ouro serem limitadas significava que o ouro era uma das defesas mais sólidas da sociedade liberal contra a tentação de se corromper a moeda, o equivalente monetário dos direitos de propriedade. A aceitação universal do ouro como meio de troca facilitava a exportação e a importação de mercadorias.

A América envolvera-se em um acalorado debate sobre os méritos relativos da moeda "forte" e da moeda "fraca" desde a fundação da república. Os Fundadores — em particular Alexander Hamilton — entendiam que sociedades comerciais precisam ter uma sólida reserva de valor em que todos possam confiar se quiserem operar com eficiência. Mas até 1834 a América oscilou entre a prata e o ouro como melhor reserva de valor (a princípio, optou por definir seu dólar em termos de onças-troy de prata, mas ao mesmo tempo cunhava moedas de ouro com o preço do ouro ancorado com uma taxa fixa em relação à prata). Também suspendeu repetidas vezes os compromissos com uma moeda "forte" para financiar suas inúmeras guerras, a começar pela Guerra da Independência. A impressão de dinheiro mostrou-se a única maneira viável de pagar tropas e armas, pois era impossível levantar dinheiro com impostos ou empréstimos externos de forma suficientemente rápida. Contudo, ainda que a impressão de dinheiro funcionasse até certo ponto, invariavelmente produzia inflação e retração no longo prazo: os dólares continentais de George Washington permitiram-lhe manter o pagamento e o abastecimento das tropas por anos após terem sido emitidos em 1775, mas acabaram ficando sem valor.

A Guerra Civil foi um exemplo extremo desse padrão. Levou anos de um trabalho meticuloso para restaurar o valor da moeda da América depois que tanto o Norte quanto o Sul introduziram moeda fiduciária durante a guerra. A experiência do Sul mostrou-se particularmente desastrosa: a impressão de um bilhão de dólares em "graybacks" (como foram chamadas as notas de dólares confederados), que não podiam ser convertidos em ouro, produziu um surto inflacionário tão severo que a moeda não tardou a perder todo o valor. Os sulistas não podiam fazer negócios com pessoas do resto do país, muito menos de outros lugares do mundo. Até o experimento mais calculado do Norte com as "greenbacks" levou algum tempo para ser superado. Em 1875, o Specie Payment Resumption Act forçou o governo federal a retirar de circulação, até janeiro de 1879, uma quantidade suficiente de "greenbacks" para que o dólar retornasse ao seu valor pré-guerra de 20,67 dólares por onça-troy de ouro.

O debate monetário ficou mais complexo com a descoberta em 1859 de uma imensa jazida de prata — Comstock Lode, em Nevada. Quando o grande aumento na oferta de prata (de 907 quilos em 1858 para 326.133 quilos em 1864 e para 1.133.981 quilos em 1878) levou a uma queda brusca em seu preço (de 2,73 dólares por onça em 1864 para 0,53 dólar por onça em 1902), os barões da prata do Oeste tiveram uma brilhante ideia para fazer o preço voltar a subir: forçar o governo federal a comprar seu produto e usá-lo como moeda. O Sherman Silver Purchase Act de 1890 foi um dos casos mais notáveis da história americana de uma lei feita para beneficiar interesses especiais. Ele não só forçou o governo federal a comprar quase toda a prata que as minas estavam produzindo, o que totalizava milhões de quilos por mês, e transformá-la em moedas de prata, como ameaçou desestabilizar a moeda. A lei exigia que o Tesouro comprasse a prata com uma emissão especial de notas do Tesouro que podiam ser trocadas por prata ou ouro. Mas, nos mercados de metais, a prata valia menos do que a taxa de câmbio oficial entre a prata e o ouro. Assim, os investidores foram presenteados com uma mágica árvore de dinheiro: eles compravam prata nos mercados de metais, trocavam a prata no Tesouro por moedas de ouro com valor de face de 1 dólar (os chamados "gold dollars"), vendiam essas moedas nos mercados de metais por mais do que haviam pago pela prata e em seguida levavam seu estoque ampliado de prata para o Tesouro. Se isso tivesse alcançado sua conclusão lógica, teria reduzido as reservas de ouro da América a zero.

O establishment da Costa Leste americana apressou-se a salvaguardar seu ouro contra as ameaças cada vez maiores dos barões da prata do Oeste e dos fazendeiros do Meio-Oeste. Grover Cleveland interrompeu a sangria das reservas de ouro do Tesouro pressionando o Congresso a revogar o Sherman Act em 1893. Conservadores defendiam o ouro como baluarte não só contra o caos econômico, mas também contra o colapso civilizacional. O *Chicago Tribune*, um influente jornal republicano, comparou os defensores da moeda fiduciária aos revolucionários da Comuna de Paris. O *Illinois State Register*, influente jornal democrata, chamou-os não só de "inflacionistas", mas de "lunáticos".[8] Quanto mais as velhas certezas se dissolviam, mais desesperadamente os liberais se agarravam ao padrão ouro. Assim, o padrão ouro se tornou inatacável: as afirmações de que ele estava prejudicando a economia eram tratadas como provas de que estava "funcionando".[9]

Críticos do padrão ouro compararam a adoração ao metal amarelo a um fetiche primitivo. Mas foi muito mais do que isso. O valor de troca do ouro como percentual de uma cesta fixa de bens e serviços permanecera estável desde que Sir Isaac Newton, Mestre da Casa da Moeda britânica, em 1717, fixou a libra esterlina em 4,25 por onça de ouro. O preço permaneceu nesse patamar até 1931, quando a Grã-Bretanha abandonou o padrão ouro. Em 1933, foi a vez dos Estados Unidos. Uma das coisas mais notáveis da expansão econômica da segunda metade do século XIX foi que ela ocorreu sem a distorção da inflação.

O "liberalismo oficial" de juízes da Suprema Corte e banqueiros refletia a opinião geral de pessoas instruídas. Havia um amplo e profundo consenso de que o mercado era um governante rígido, mas benéfico: obedeça ao mercado, e a sociedade ficará mais rica; desobedeça ao mercado, e a sociedade não só ficará mais pobre, como colherá todos os tipos de consequências perversas. Salários mínimos, por exemplo, levariam inexoravelmente a taxas maiores de desemprego. A teoria econômica do *laissez-faire* reinava não só nos departamentos de economia, mas na ampla gama da vida intelectual. William Lawrence, um bispo episcopal, disse que havia "uma equação elementar" entre a riqueza dos homens e a graça de Deus.[10] Advogados acreditavam que a liberdade contratual estava no coração do direito anglo-saxônico. A partir da década de 1860, uma nova escola de darwinistas sociais passou a argumentar que o *laissez-faire* era respaldado pela evolução e por Deus.

O darwinismo social foi inventado na Grã-Bretanha. Francis Galton, primo de Charles Darwin, aplicou as ideias de Darwin à espécie humana, formulando o que considerou a ciência da eugenia. Herbert Spencer, jornalista do *Economist*, elaborou suas ideias, mas, igualmente importante, cunhou as frases imortais: "sobrevivência do mais apto" e "natureza vermelha em dentes e garras". Os intelectuais americanos importaram entusiasticamente essas ideias. Spencer foi um dos intelectuais públicos mais reverenciados da América pós-Guerra Civil — "um grande homem, grande intelecto, figura gigante na história do pensamento", nas palavras de Richard Hofstadter.[11] William Graham Sumner pregava o darwinismo social na cátedra que ocupava na Universidade de Yale.

Os grandes empresários do país gostavam particularmente do darwinismo social. James J. Hill argumentava que "a sorte das companhias ferroviárias era determinada pela lei da sobrevivência do mais apto". John D. Rockefeller, ao comparar a produção de um grande negócio à produção da "American Beauty", variedade de rosa, disse que a "sobrevivência do mais apto" é "a consequência de uma lei da natureza e de uma lei de Deus". Andrew Carnegie convidou Spencer para uma visita à sua siderúrgica em Pittsburgh. O darwinismo social oferecia uma explicação perfeita para justificar por que os "tipos mais elevados" de homens deveriam ter o máximo possível de liberdade. Tendo liberdade, eles descobririam maneiras mais eficazes de combinar terra, trabalho e capital. Isso elevaria cada vez mais a sociedade à medida que as massas seguissem seus passos. Tendo liberdade, eles também devotariam o excedente de suas fortunas e energias a atividades filantrópicas, com a mesma genialidade já aplicada ao ferro, ao aço e ao petróleo à reorganização da educação, do bem-estar e da assistência à saúde. Se suas mãos fossem amarradas, toda a sociedade sofreria.[12]

A cultura americana também estava saturada da crença do auto-aperfeiçoamento e da mobilidade ascendente. Calvin Cotton argumentava: "Este é um país de homens que se fizeram sozinhos, que não podem ser superados em qualquer condição social." Mark Twain e Charles Dudley Warner insistiram no prefácio da edição britânica de *The Gilded Age: A Tale of Today* (1873) que "na América, quase todo homem tem seu sonho, seu projeto de estimação, pelo qual deve avançar social ou monetariamente". As histórias de Horatio Alger sobre homens que haviam vencido na vida por meio do trabalho duro vendiam milhões de exemplares. *Pushing to the Front* (1894), de Orison Swett Marden, que argumentava que qualquer um podia alcançar o sucesso, contanto que tivesse determinação e energia suficientes, teve 250 edições. Imigrantes que haviam fugido de regimes europeus autoritários traziam consigo um compromisso intenso com os ideais da oportunidade e do êxito pessoal.

A América de Grover Cleveland era, portanto, uma anomalia notável: era, certamente, o país mais democrático do mundo, mas também o mais *laissez-faire*. Cerca de 80% dos homens brancos americanos podiam votar. No entanto, eles não usavam seus votos para restringir a liberdade de fazer negócios, em parte porque o sistema político impunha barreiras no caminho, mas principalmente porque não acreditavam que o governo lhes devia meios de subsistência.

As décadas seguintes a 1880 viram essas restrições ao poder do governo serem testadas por duas mudanças: a emergência do protesto político contra o *status quo* tanto na América rural quanto na urbana e o surgimento de um movimento intelectual progressista que redefinia atitudes em relação ao "Estado" e ao "mercado". Contudo, em muitos aspectos, o terreno para essas mudanças foi preparado por uma revolução ocorrida dentro do próprio capitalismo, quando as corporações gigantes começaram a minar a lógica do *laissez-faire*. Dois presidentes — Teddy Roosevelt e Woodrow Wilson — tiveram um papel fundamental em traduzir, para a política, a alteração do humor americano.

O CAPITALISMO CONTRA O *LAISSEZ-FAIRE*

A alteração da estrutura da indústria colocou um ponto de interrogação ao lado de muitas das máximas centrais do *laissez-faire*: era mais difícil sustentar uma doutrina que parecia perfeitamente adequada ao mundo de pequenos comerciantes independentes e espaços abertos de Tocqueville quando companhias empregavam milhares de pessoas para além de fronteiras estaduais e milhões de pessoas lotavam grandes cidades.

As primeiras a quebrarem o feitiço do *laissez-faire* foram as companhias ferroviárias. Sendo, sem dúvida, a forma mais eficiente de transportar pessoas e produtos em longas distâncias, as ferrovias rapidamente se envolveram na política por operarem em uma escala tão grande. Elas levantavam questões relacionadas ao comércio interestadual, porque cruzavam as fronteiras entre os estados. Levantavam questões relacionadas ao bem comum, porque ditavam o destino de muitos outros negócios, entre os quais as fazendas. E, o mais importante, levantavam questões relacionadas à desapropriação, pois, em virtude de sua própria natureza, passavam por terras de propriedade de outras pessoas. Assim, seu modelo de negócio requeria contato com o governo, que lhes concedia terras baratas a fim de convencê-las a construir estradas de ferro no meio do nada.

Até os americanos mais conservadores admitiam que as ferrovias eram um caso especial. A primeira decisão da Suprema Corte sancionando uma interferência extensiva no mercado foi relacionada às ferrovias. Em *Munn v. Illinois* (1876), a Suprema Corte decidiu que as ferrovias eram uma classe específica de propriedade "afetada ao interesse público", já que o público não tinha alternativa realista à utilização de seus serviços. Isso significava que os estados tinham o direito de regular as tarifas ferroviárias tendo em vista o interesse público.[13] O primeiro exemplo de legislação empresarial nacional também foi introduzido para lidar com as ferrovias. A Lei de Comércio Interestadual de 1887, que foi aprovada por Cleveland, criou a Comissão de Comércio Interestadual a fim de garantir tarifas justas e suprimir a discriminação tarifária. As ferrovias também foram as primeiras empresas americanas estatizadas (ainda que por um período breve), durante a Primeira Guerra Mundial. A América estatizou até mesmo o "tempo" a fim de satisfazer as ferrovias. Na América do *laissez-faire*, o tempo era local: as autoridades da cidade acertavam o relógio da igreja para marcar meio-dia na hora em que o sol passasse diretamente sobre a cabeça. Isso era terrível para as ferrovias, que precisavam agendar atividades no continente inteiro, e se transformava em tragédia quando os trens colidiam. No domingo de 18 de novembro de 1883, a América dividiu-se em dois fusos horários padrão com o objetivo de facilitar a coordenação ferroviária.[14]

As ferrovias estabeleceram o primeiro grande exemplo de capitalismo de compadrio. Elas compravam políticos, subornavam juízes, e, nas palavras de Henry Adams, transformavam-se em "despotismos locais" em um estado após outro. Em 1867, a Crédit Mobilier, uma companhia de construção fundada pelos diretores da Union Pacific Railroad, obteve milhões com a construção de ferrovias, subornando políticos para fecharem os olhos no processo. Entre os políticos envolvidos no escândalo, estava um vice-presidente, Schuyler Colfax, e um candidato à vice-presidência, Henry Wilson; o presidente da Câmara, James Blaine; e um futuro presidente, James Garfield. A "guerra" de 1869 entre Cornelius Vanderbilt e Jay Gould pelo controle da Erie Railroad de Nova York envolveu dois juízes contratados, assembleias legislativas corrompidas e pagamentos por baixo dos panos.

As ferrovias mudaram tanto a natureza quanto a escala do lobby. Elas usavam seus grupos de pressão para combater a concorrência e suplicar favores ao governo, tornando turva a linha entre a competição econômica e a política. Travavam suas disputas em escala nacional, e não só regional. A criação da Comissão de Comércio Interestadual garantiu que as ferrovias precisassem pressionar tanto reguladores federais quanto políticos locais e nacionais.

Os barões ladrões deram continuidade ao assalto das ferrovias ao antiquado mundo do *laissez-faire*, levando Rutherford B. Hayes a queixar-se em seu diário: "este já não é mais um governo do povo, pelo povo e para o povo. É um governo pelas corporações, das corporações e para as corporações." Os barões tentavam comprar o máximo possível de influência política. Segundo um dito popular, John D. Rockefeller fez tudo com a assembleia legislativa da Pensilvânia, exceto aprimorá-la. Eles também invadiam as próprias assembleias legislativas. O Senado era amplamente ridicularizado como um "clube de milionários". William Clark, um democrata de Montana, tinha um patrimônio de 100 milhões de dólares; John Dryden, um republicano de Nova Jersey, tinha 50 milhões; e o poder por trás do trono de William McKinley, Mark Hanna, um republicano de Ohio, tinha entre 7 e 10 milhões de dólares.

A densidade populacional cada vez maior testava os limites do *laissez-faire*. O número de habitantes por quilômetro quadrado aumentou de 4,09 em 1860 para 13,75 em 1920. A proporção da população que morava em locais com 8 mil habitantes ou mais no mesmo período aumentou de 16,1% para 43,8%. Em grandes cidades como Nova York e Chicago, os edifícios residenciais tornaram-se como abelhas em torno de favos de mel.

Isso produziu problemas óbvios com os dejetos humanos e animais. Na antiga América rural, a natureza conseguira cuidar-se sozinha. Na nova América urbana, o saneamento e a poluição tornaram-se problemas urgentes. As ruas estavam lotadas não só de pessoas, mas também de animais: porcos procurando comida em pilhas de lixo, vacas amarradas nos jardins para fornecer leite e principalmente cavalos puxando cargas, carruagens e oferecendo entretenimento. O suprimento de água era contaminado por dejetos humanos e animais. Cadáveres geravam doenças: apenas em um ano, o de 1880, as autoridades da cidade de Nova York removeram as carcaças de quase dez mil cavalos.[15]

Também produziu poluição industrial em uma escala aterrorizante. Na velha América rural, a pouca poluição produzida pelas fábricas têxteis e pelas oficinas de ferreiro simplesmente desaparecia na atmosfera. Na nova América industrial, ficava perigosamente concentrada. A fumaça deixava o céu escuro ao meio-dia; a fuligem cobria tudo com uma película de sujeira. Herbert Spencer ficou tão chocado com o estado da Pittsburgh de Carnegie, com seu barulho, sua fumaça e sujeira, que proclamou que "seis meses aqui justificariam o suicídio". Rudyard Kipling sentiu-se da mesma maneira em relação a Chicago: "Depois de tê-la visto, desejo nunca mais voltar a vê-la. O ar é feito de sujeira."[16]

A combinação entre a superlotação e a poluição ajuda a explicar um dos fatos mais surpreendentes da era: o de que, apesar da melhora geral dos padrões de vida e da redução no preço real dos alimentos, a estatura média dos homens nascidos na América caiu mais de 2,5%, de 1,73 metro no coorte dos nascidos em 1830 para 1,69 metro no coorte dos nascidos em 1890.[17]

A vida industrial era tão perigosa quanto suja. As grandes máquinas que moviam a industrialização — as locomotivas que corriam de cidade a cidade; as fornalhas que produziam o aço que compunha as locomotivas; os arranha-céus que bloqueavam o céu — traziam todos grandes perigos. Os metalúrgicos eram vítimas de respingos de metal derretido ou mortos por fornalhas que explodiam. Petroleiros podiam ser esmagados com a queda de um guindaste. Mineiros eram esmagados por desabamentos em minas (em 1869, uma explosão na mina Steuben, na Pensilvânia, matou 110 mineiros) ou lentamente envenenados pela asma e pela antracnose pulmonar.[18] Barcos a vapor explodiam e afundavam. Trens matavam centenas de pessoas (e milhares de vacas) todo ano. Entre 1898 e 1900, o número de americanos mortos por trens foi tão grande quanto o de soldados britânicos mortos pelos bôeres.[19] O aumento da velocidade era comprado ao preço de milhares de vidas.[20]

Por fim, as grandes corporações também produziam uma grande concentração de renda que testava a crença da América na igualdade de oportunidades. Os novos plutocratas americanos gostavam cada vez mais de ostentar sua fortuna à medida que o espírito da destruição criativa de Schumpeter dava origem à doença do consumo conspícuo de Thorstein Veblen. Também se mostravam cada vez mais propensos a adotar a arrogância europeia. Eles competiam para entrar no *Social Register* (publicado pela primeira vez em 1888 e que semestralmente listava os membros da alta sociedade). Associavam-se a clubes de cavalheiros e clubes de campo (e, na outrora igualitária Filadélfia, entravam até em clubes de críquete). Mandavam os filhos para escolas e universidades exclusivas que seguiam o modelo das escolas públicas britânicas e de Oxbridge. Matthew Josephson capturou o estado de espírito:

> "Nobres natos", todos unidos na disputa frenética da ostentação e do consumo. Mansões e châteaux de estilo francês, gótico, italiano, barroco e oriental ladeavam todo o trecho norte da Quinta Avenida, enquanto vilas intricadas cobertas por telhados e de imensas proporções erguiam-se perto do porto de Newport. Barões ferroviários, proprietários de minas e magnatas do óleo competiam entre si na construção de casas urbanas e vilas rurais que eram imitações de tudo na Terra, e estavam cheias de quinquilharias, cortinas antigas, bronzes, conchas e porcelana. Um tinha cama com estrado de carvalho entalhado e marfim, incrustado com ouro, custando 200 mil dólares. Outro decorava as paredes com verniz e ouro ao custo de 65 mil dólares. E quase todos saqueavam os tesouros da arte europeia, despojavam castelos medievais de suas peças entalhadas medievais e tapeçarias, arrancavam escadarias e tetos inteiros daqueles que foram seus lugares de repouso por séculos para colocá-los em ambientes que reproduziam uma era e simulavam a opulência feudal.[21]

Essas fortunas gigantes produziam uma sensação crescente de injustiça. Estava cada vez mais difícil preservar a antiga ideia de que todo homem podia se tornar um chefe em um mundo onde companhias empregavam 250 mil pessoas. E a velha concepção de que as pessoas recebiam o que mereciam era mais difícil de ser justificada quando os filhos de barões ladrões comportavam-se como senhores feudais — quando, por exemplo, um dos filhos de William Vanderbilt, Cornelius, construía uma mansão em Newport, Rhode Island, batizada de The Breakers, que ostentava mais de 6 mil metros quadrados e setenta quartos, e outro filho, George, retaliava com a construção de um complexo na Carolina do Norte, The Biltmore, ostentando mais de 16 mil metros quadrados e 250 quartos, além de fazendas, uma vila, uma igreja e trabalhadores agrícolas.

INSATISFAÇÃO CRESCENTE

A tempestade de destruição criativa que varreu o país após a Guerra Civil produziu tanto uma grande concentração de fortuna quanto de raiva. A raiva começou longe do centro da civilização capitalista, na zona rural, particularmente nas vastas planícies do Meio-Oeste, com o movimento Granger. A Grange, ou Order of the Patrons of Husbandry, foi uma ordem secreta fundada em 1867 para defender os interesses dos fazendeiros americanos, que ainda compunham o maior grupo ocupacional do país, embora não fossem mais uma maioria absoluta entre todos os trabalhadores. Ainda eram, para a maioria das pessoas, e não menos para si mesmos, os repositórios dos valores básicos da América. A Grange era um animal de duas cabeças: um movimento de autoajuda que encorajava seus membros a se educarem, e a se unirem para comprar suprimentos e vender produtos; e um movimento político que protestava por condições melhores. Em seu auge, contou com 1,5 milhão de membros, com filiais espalhadas por toda a América rural.

Os Grangers tinham muito do que se queixar. Eles estavam errados ao reclamarem que os barões ferroviários estavam sendo injustamente beneficiados: como vimos, a única maneira de encorajar as ferrovias a construírem trilhos no meio do nada era lhes dando uma chance de obterem retornos decentes. Centenas de ferrovias faliram na segunda metade do século XIX. Estavam errados ao reclamarem que Rockefeller e seus pares estavam recebendo tratamento especial: é uma prática comercial comum conceder descontos por grandes compras, também uma prática razoável conceder custos inferiores por unidade. Mas estavam certos ao reclamar que às vezes eram vítimas de monopólios: enquanto quem morava na Costa Leste costumava ter opções de meios de transporte (uma ferrovia rival, ou um canal, ou uma estrada), os fazendeiros do Meio-Oeste dependiam de um prestador de serviços monopolista. Os fazendeiros cunharam o termo *"railroaded"*, em referência a "ferrovia" (*railroad*), atribuindo-lhe o significado de "trapaceado". Também estavam certos ao afirmarem que a atividade rural estava em um declínio de longo prazo como fonte de empregos, embora estivessem errados em relação às razões para esse declínio: a razão básica por trás do movimento de migração dos americanos da zona rural para as cidades não era a manipulação do sistema por forças sinistras, mas os aumentos de produtividade que eles mesmos estavam introduzindo.

A insatisfação rural produziu novos partidos políticos, como o Partido do Povo ou Partido Populista, como era mais conhecido. Também produziu ativistas ardentes como Mary Elizabeth Lease, que instava o Kansas a "cultivar menos milho e mais caos", e, é claro, William Jennings Bryan. A plataforma do Partido Populista, adotada na primeira convenção do partido, realizada em Omaha no dia 4 de julho de 1892, expressava com perfeição as críticas crescentes ao capitalismo:

> Encontramo-nos no meio de uma nação levada às raias da ruína moral, política e material [...]. Os frutos do trabalho de milhões são descaradamente roubados para criar fortunas colossais para poucos, sem precedentes na história da humanidade; e seus possuidores, por sua vez, desprezam a república e colocam a liberdade em risco. Do mesmo útero prolífico da injustiça do governo, alimentam-se duas grandes classes — prostitutas e milionários.[22]

Da década de 1880 em diante, trabalhadores furiosos se juntaram aos fazendeiros igualmente furiosos. Os sindicatos não existiam na primeira metade do século XIX, pois a maioria dos trabalhadores eram artesãos que vendiam seu trabalho diretamente aos consumidores. Depois da Guerra Civil, porém, a agitação industrial tornou-se uma constante tanto da vida americana quanto do mundo industrializado: houve 37 mil greves entre 1881 e 1905, por exemplo, com o maior número nas áreas da construção e na indústria da mineração, mas causando mais divisão nas indústrias que jaziam no coração da Segunda Revolução Industrial, como a ferroviária e a metalúrgica.

Em 1886, mais de 600 mil trabalhadores deixaram seus postos de trabalho em um tsunami de 14 mil greves contra 11.562 negócios que ficaram conhecidas como Grande Greve. O auge das greves foi uma greve nacional que durou todo o horário comercial em 1º de maio. Em 1894, a greve da Pullman paralisou o sistema americano de transportes até a intervenção de Grover Cleveland. No mesmo ano, a "grande greve do carvão" suspendeu a produção de carvão na Pensilvânia e no Meio-Oeste, quase paralisando grandes segmentos da industria americana.[23]

A batalha mais sangrenta foi a da Greve de Homestead de 1892, que colocou Andrew Carnegie e Henry Clay Frick contra os trabalhadores. Ou, aliás, colocou Frick contra os trabalhadores, pois Carnegie, determinado a manter sua reputação como amigo da classe trabalhadora, decidiu fazer mais uma de suas muitas viagens de férias, deixando Frick pagar o pato. Em 1892, Homestead empregava 4 mil trabalhadores em uma grande unidade a 11 quilômetros de Pittsburgh, às margens do rio Monongahela. Frick tentou justificar os salários relacionando-os ao preço do aço (que estava caindo), e não aos lucros da companhia. A Associação dos Trabalhadores do Ferro, Aço e Amálgamas resistiu; Frick construiu uma cerca de 4,80 quilômetros de comprimento ao redor da fábrica com arame farpado, refletores de 2 mil velas de potência e vigias para rifles, e empregou trezentos homens da agência de detetives de Pinkerton para proteger os trabalhadores que furavam a greve. Seguiram-se verdadeiras batalhas que deixaram dezesseis mortos e chocaram o público. Quando os grevistas venceram a primeira rodada da batalha, forçando os pinkertons a se renderem, o governador da Pensilvânia deu ordens para que 8.500 soldados pusessem um fim à greve e tomassem a fábrica.

A principal causa desses projetos era a deflação, que se abateu sobre a economia do final da Guerra Civil até 1900, e que foi particularmente severa de 1865 a 1879. Os preços gerais caíram 1,9% ao ano de 1865 a 1900. Os preços de algumas commodities caíram muito mais, com preços agrícolas caindo 29% entre 1870 e 1880, e os preços de fora desse setor caindo 13% (ver Gráfico 15). A deflação afetava quatro grupos relacionados de pessoas: os produtores, devedores, empregadores e empregados. Os produtores eram forçados a reduzir os preços de seus produtos. O preço nominal do milho caiu de 50 centavos por bushel em 1890 para 21 centavos seis anos mais tarde. Os fazendeiros viram-se em uma corrida para produzir cada vez mais a fim de manterem sua renda nominal. Devedores precisaram pagar os dólares baratos que haviam tomado emprestado com dólares mais caros e juros maiores sobre esses dólares. Era a receita para conflitos regionais e de classe: a deflação transferia fortunas de devedores no Sul para os credores do Leste. O fardo da deflação não caiu só sobre os simples mortais: indústrias com custos fixos elevados, como as ferrovias, precisavam pagar um custo extra por fábricas e maquinários. Empregadores precisavam reduzir os salários nominais de seus funcionários a fim de se manterem competitivos e conseguirem pagar os juros de suas dívidas. E os empregados recebiam salários nominais cada vez menores. Mais uma vez, era uma receita para o conflito: os trabalhadores se concentravam no fato de que seus salários estavam sofrendo cortes, e não no fato de que seu dinheiro duraria mais (John Maynard Keynes mais tarde chamaria isso de "rigidez dos salários nominais"), e os empregadores tinham ainda mais incentivos para substituir funcionários intransigentes por máquinas obedientes.

Os protestos também eram motivados por algo mais nebuloso do que a deflação: a ansiedade diante da própria escala da mudança. Em *Drift and Mastery* (1914), Walter Lippmann argumentou que a campanha presidencial de William Jennings Bryan era animada pelo desejo de defender o estilo de vida americano tradicional contra "as grandes organizações que haviam surgido no mundo". "Ele achava que estava lutando contra a plutocracia; na verdade, ele estava lutando contra algo muito mais profundo do que isso; estava lutando contra a escala mais ampla da vida humana."[24] A "escala mais ampla da vida humana" de Lippmann era um sinal de algo ainda mais profundo: a inexorável reorganização da economia. A América reorganizou-se em grande escala. A proporção dos americanos que trabalhavam em fazendas encolheu da metade em 1880 para um quarto em 1920 (a palavra "urbanização" foi cunhada para descrever o fenômeno em Chicago em 1888). Quinze milhões de imigrantes chegaram da Europa entre 1890 e 1914 — muitos católicos do sul da Europa, que não se misturavam espontaneamente com os grupos protestantes tradicionais da zona rural. E trabalhadores se reorganizavam em uma escala igualmente maciça para tentar controlar as mudanças: em 1914, cerca de 16% da força do trabalho estava sindicalizada, uma proporção inferior à da Dinamarca (34%) e à da (Grã-Bretanha), mas superior à da França e à da Alemanha (14%).[25]

GRÁFICO 15
PREÇOS E SALÁRIOS
1860-1905

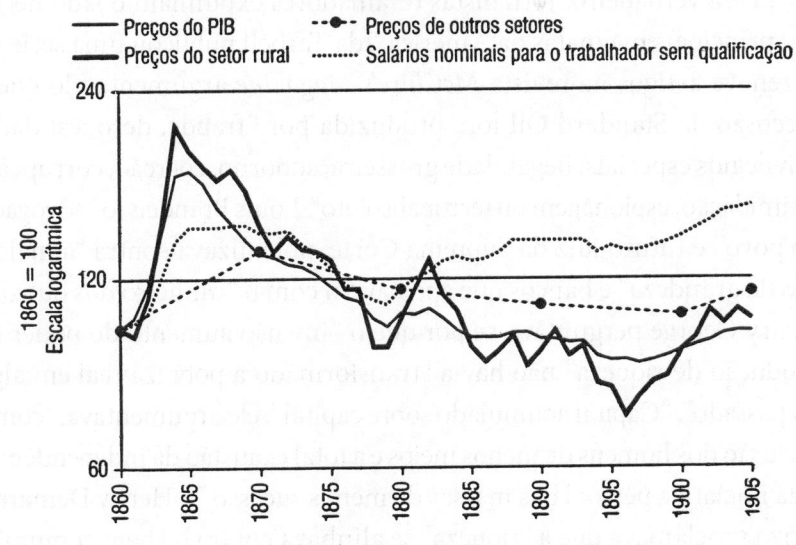

——— Preços do PIB   --●-- Preços de outros setores
——— Preços do setor rural   ········ Salários nominais para o trabalhador sem qualificação

O CULTO DO GOVERNO

Os intelectuais progressistas habitavam um mundo diferente daqueles dos radicais rurais e dos ativistas sindicais: eles eram profissionais de classe média com vidas confortáveis como professores universitários, jornalistas, advogados e funcionários públicos, e que instintivamente menosprezavam os trabalhadores, em particular os estrangeiros, questionando, inclusive, se deveriam ter direito de voto ou mesmo de ter filhos.[26] Ainda assim, tiveram um papel central na coalizão contra o *laissez-faire*. Eles deram aos reformadores as duas coisas de que precisavam para ir em frente: indignação e organização. Mostraram às pessoas que elas não podiam mais tolerar problemas com os quais já haviam se acostumado. E produziram organizações reformadoras com o mesmo entusiasmo que os empresários produziram companhias.

A maior realização dos progressistas foi encorajar uma mudança nas atitudes dos americanos em relação ao governo. Antes de eles terem iniciado seu trabalho, os americanos eram otimistas em relação aos negócios e cínicos em relação ao governo. Duas décadas depois, os progressistas haviam convencido um número significativo de pessoas de que o contrário era verdadeiro. Jornalistas difamadores expunham o lado negro dos principais magnatas da América: Ida Tarbell publicou uma série de dezenove artigos na revista *McClure's Magazine* argumentando que a ascensão da Standard Oil fora produzida por "fraude, desonestidade, privilégios especiais, ilegalidade grosseira, suborno, coerção, corrupção, intimidação, espionagem ou terror absoluto". Louis Brandeis, o "advogado do povo" e futuro juiz da Suprema Corte, polemizava contra "a maldição da grandeza" e bancos que apostavam com o "dinheiro dos outros". Henry George perguntava-se por que o "imenso aumento do poder de produção de riqueza" não havia "transformado a pobreza real em algo do passado". "Capital acumulado sobre capital", ele argumentava, "com a exclusão dos homens de menos meios e a total exaustão da independência e da iniciativa pessoal das massas de menos sucesso."[27] Henry Demarest Lloyd proclamava que a "riqueza" se alinhava contra o "bem comum".

Os romancistas mais talentosos da época acrescentavam suas vozes à causa da denúncia de escândalos. Upton Sinclair expôs as condições terríveis da indústria frigorífica de Chicago. Frank Norris denunciou a Southern Pacific Railroad como "um abscesso, um parasita gigante engordando com o sangue de toda uma comunidade" em *The Octopus*.[28] Theodore Dreiser retratou a compulsão dos magnatas em sua trilogia baseada em Charles Yerkes.

Muitos progressistas importantes ampliaram seus ataques aos males das grandes empresas para transformá-los em um ataque aos fundamentos econômicos do capitalismo. Em 1869, Charles Francis Adams, descendente de dois presidentes, receava que a sociedade tivesse "criado uma classe de seres artificiais que concorrem para serem, sem demora, mestres de seu criador. Faz apenas alguns anos que a existência de uma corporação controlando alguns milhões de dólares era objeto de grande apreensão, e agora este país já abriga organizações que sozinhas detêm poderes representados por milhares de milhões de dólares [...] e que já exercem despotismos que nenhum esforço popular espasmódico será capaz de abalar." Os progressistas apoiavam entusiasmadamente esse argumento, apresentando as corporações gigantes como um desafio à grande tradição americana de poder descentralizado e democracia popular. Por que as companhias deveriam ter privilégios legais tão generosos, eles perguntavam, sem aceitar responsabilidades maiores para com a sociedade?

O movimento do Evangelho Social fez muito para mudar atitudes. Nos dias gloriosos do *laissez-faire*, autoridades religiosas haviam argumentado que as leis do livre mercado eram sancionadas por Deus. Na Era Progressista, algumas autoridades religiosas argumentavam o oposto — que o individualismo capitalista era não só incompatível com a ética cristã, como contraditório a ela. Walter Rauschenbusch, ministro batista e teólogo, lamentava que, "por um século, a doutrina da salvação por meio da competição foi o preceito fundamental do credo operante nas nações capitalistas". Mas isso era um erro. Os cristãos deveriam tentar eliminar a competição porque ela era "imoral" — uma negação da noção de "fraternidade" que está no coração da Cristandade. Dar total liberdade à competição é "descristianizar a ordem social".

O outro lado da demonização do mercado era a santificação do Estado. Woodrow Wilson, o rei-filósofo do Progressismo, argumentava que os americanos haviam devotado muito esforço para limitar o governo, e não o suficiente para torná-lo "ágil, organizado e eficaz". Herbert Croly traduziu os argumentos a favor do Estado sustentados por fabianos britânicos como Beatrice e Sidney Webb para a realidade americana em *The Promise of American Life* (1909), e depois lhes garantiu olhares permanentes da opinião pública fundando a revista *The New Republic* em 1914.

As atitudes em defesa do Estado moldaram profundamente a nova ciência acadêmica da Economia. Richard Ely e outros estabeleceram a Associação Americana de Economia em 1885 com um manifesto que considerava o *laissez-faire* "arriscado para a política e duvidoso para a moral". Washington Gladden, membro fundador, condenava a liberdade individual como uma base frágil para o governo democrático. Economistas progressistas aplaudiam alto os temas da eugenia e do nativismo. Três anos após a sua fundação, a associação ofereceu um prêmio para o melhor ensaio sobre os males da imigração irrestrita.

Os progressistas concluíram sua investida contra o mundo de Grover Cleveland promovendo uma reengenharia do sistema político. Eles montaram um ataque feroz ao sistema de freios e contrapesos dos Fundadores, sustentando que restrições criavam conspirações enquanto a democracia requeria abertura. Começando pelo Oregon e se espalhando pelo Oeste, 31 estados adotaram eleições primárias diretas a fim de reduzir o poder dos chefes dos partidos. Em 1913, a América ratificou a Décima Sétima Emenda, permitindo a eleição direta dos senadores pelo voto popular em vez de serem nomeados pelas assembleias legislativas estaduais. Sete anos depois, a Décima Nona Emenda deu o direito ao voto às mulheres. Eles gostariam de ter ido muito mais longe. Teddy Roosevelt considerava a Constituição "um obstáculo persistente a ser superado pela luta da sua agenda política progressista", nas palavras de William Bader.[29] Woodrow Wilson acreditava que a América não podia mais se dar ao luxo de ter uma presidência acorrentada a freios e contrapesos do século XVIII se quisesse lidar com o mundo de corporações gigantes. Em vez disso, ela precisava de uma revolução constitucional total — um primeiro-ministro poderoso nos moldes britânicos apoiado por uma vigorosa disciplina partidária.

O FECHAMENTO DA FRONTEIRA

O desenvolvimento de uma elite no estilo europeu na Costa Leste coincidiu com o fim da expansão da fronteira americana no Oeste. A fronteira aberta dera à América sua energia e seu otimismo. A primeira nova nação do mundo investira grande parte de sua energia no estabelecimento da fronteira — e quando uma fronteira era fixada, outra era aberta ainda mais a oeste. A imagem quintessencialmente americana era a da família pioneira na carroça adentrando novos territórios. Os países europeus ficavam tão próximos uns dos outros que seus habitantes tinham poucas opções além de travar guerras por território ou expandir no exterior. A América tinha tanto espaço na fronteira que recrutou milhões de europeus com a promessa não só de vida e liberdade, mas também de terras desocupadas. Em 1893, Frederick Jackson Turner, um jovem historiador da Universidade de Wisconsin, anunciou uma nova tese radical na reunião anual da Associação Americana de História em Chicago: a fronteira finalmente havia sido fechada.

Para muitos americanos, entre eles o próprio Turner, o fim da expansão da fronteira parecia uma mudança negativa. A expansão da fronteira dera à América seu selo igualitário: as pessoas que sofriam sob os mandos da elite de Boston ou dos nababos de Nova York podiam simplesmente se mudar para oeste. Agora, até o Oeste estava colonizado — e São Francisco tinha seu próprio Nob Hill. A expansão da fronteira atuara como uma garantia do forte individualismo americano. Agora, a América seguia o caminho da decadente Europa para se tornar uma civilização colonizada. A expansão da fronteira dera à América uma sensação de possibilidades infinitas. Agora, até os vastos espaços do Oeste estavam delimitados e divididos.

O que o Mar Mediterrâneo havia sido para os gregos, quebrando as amarras dos costumes, oferecendo novas experiências, bradando novas instituições e atividades, isso e muito mais a fronteira em constante avanço foi para os Estados Unidos diretamente, e para as nações da Europa mais remotamente. E agora, quatro séculos após a descoberta da América, completando-se cem anos de vida da Constituição, era o fim da expansão da fronteira, e com seu fim encerrava-se o primeiro período da história americana.[30]

Turner exagerou. O aumento da produtividade acelerou depois do fechamento da fronteira: na verdade, a consumação do mercado interno americano, com a integração da Costa Oeste, facilitou a conquista de novas fronteiras econômicas. A América continuou sendo um país de terras baratas e grandes espaços abertos. As pessoas continuaram se mudando em grandes números: a partir de 1900, os negros do Sul começaram a se mudar para cidades do Norte, e os "okies" fugiram da "dust bowl"* com destino à Califórnia. Turner, no entanto, identificara algo: a América havia começado sua longa transformação de uma terra de infinitas possibilidades em uma terra de limites e escolhas entre opções excludentes (*trade-offs*).

Bryan era o homem óbvio para dar expressão a essa nova América, limitada pelo fechamento da fronteira, comandada por uma nova classe dominante e agitada pelo descontentamento. Ninguém estaria em melhor situação para declarar: "Estou furioso, e não vou tolerar mais isso." Mas ele era uma figura muito excêntrica e um interlocutor muito complexo para alcançar o pináculo da vida nacional. O político que fez muito mais para transformar o novo espírito do ativismo em legislação não foi um democrata, mas um republicano — Teddy Roosevelt.

---

* Fenômeno climático provocado pelo manejo incorreto do solo, caracterizado por seca e tempestades de areia que assolaram as Grandes Planícies na década de 1930. O resultado foi um desastre ambiental e econômico que agravou a situação dos agricultores dessa vasta região (em particular os do estado de Oklahoma, chamados de "okies"), já afetados pela Grande Depressão. [*N. da T.*]

ENERGIA NO EXECUTIVO

No dia 3 de dezembro de 1901, Theodore Roosevelt, que chegara à presidência com o assassinato de William McKinley por um anarquista, fez seu primeiro discurso anual para o Congresso. Roosevelt começou celebrando as conquistas do país. A confiança dos negócios estava em alta, ele disse; a prosperidade abundava; o progresso estava acelerando. Ele elogiou os empresários que haviam ajudado a construir essa prosperidade: "Os capitães da indústria que disseminaram os sistemas ferroviários pelo continente, que construíram o nosso comércio, que desenvolveram as nossas fábricas, fizeram, no total, um grande bem ao nosso povo." Insistiu que eles mereciam suas colossais recompensas — a capacidade individual determina a diferença entre "sucesso extraordinário" e "futuro sem perspectivas", e os empreendedores só irão se sentir tentados a exercer essa capacidade se tiverem a chance de ganhar "grandes prêmios". Ele também alertou contra a intervenção desnecessária. "O mecanismo dos negócios modernos é tão delicado que cuidados extremos devem ser tomados para que ele não sofra interferência por pressa ou ignorância."

Roosevelt finalizou o discurso, contudo, com um tom muito diferente: "Aqueles que buscam o aperfeiçoamento social devem ter como objetivo tanto a eliminação dos crimes astuciosos no mundo dos negócios quanto dos crimes violentos em todo o corpo político." E, ao se estabelecer em seu cargo, Teddy, o Reformador, venceu Teddy, o Conciliador. Toda a conversa sobre a "pressa" da reforma e a "delicadeza" dos negócios foi esquecida quando Roosevelt abraçou a causa progressista.

Theodore Roosevelt era um ativista por temperamento. Alice Roosevelt Longworth, sua filha, disse que ele precisava ser "a noiva de todos os casamentos, o cadáver de todos os funerais e o bebê de todos os batismos". Henry James chamou-o de "a personificação do alarido". Louis Hartz disse que ele foi "o único presidente nietzschiano da América". Ele também era uma combinação única entre aristocrata e intelectual: como intelectual, apoiava a concepção de Hegel da primazia do Estado, e como aristocrata menosprezava os empresários novos-ricos.

Em 1902, ele deu ordens para que seu procurador-geral entrasse com um processo antitruste contra a proposta de fusão das ferrovias Burlington, Great Northern e Northern Pacific, a maior amalgamação do mundo depois da U.S. Steel. A Suprema Corte decidiu favoravelmente ao governo em 1904, ordenando que a combinação dessas ferrovias fosse dissolvida. Roosevelt prosseguiu com 44 processos adicionais, entre os quais ações contra o Beef Trust, o Sugar Trust, a DuPont e, é claro, a Standard Oil. Em 1903, ele criou o Departamento de Comércio e Trabalho, equipando-o com uma Agência de Corporações, encarregada de investigar e expor a má conduta das empresas. Em 1905, depois de ter sido eleito por mérito próprio à presidência com 56,5% dos votos, Roosevelt apresentou um programa ativista que foi "calculado para arrepiar os cabelos dos industrialistas". Em 1906, ele sancionou a Lei Hepburn — aumentando a capacidade do governo de regular as tarifas ferroviárias — e a Lei de Alimentos e Medicamentos Puros, que permitia identificar e combater casos de alimentos adulterados ou rotulados indevidamente; introduziu taxações de rendas e heranças, bem como estabeleceu a proibição de fundos político-partidários financiados por doações corporativas.

Roosevelt queria usar o governo como uma força mediadora entre o que considerava as forças mais poderosas em uma sociedade industrial: entre aqueles empresários que buscavam a fortuna sem se importar com o bem comum e as massas que poderiam se descontrolar por força da inveja e da indignação. Ele declarou enfaticamente, com um desdém aristocrata contundente, que, "de todas as formas de tirania, a menos atrativa e a mais vulgar é a tirania da mera riqueza, a tirania da plutocracia". Não obstante, ao mesmo tempo, alertou contra o escândalo, o populismo e o domínio das massas. "Se Bryan vencer", argumentou, "teremos diante de nós alguns anos de miséria social não muito diferente da encontrada em qualquer república sul-americana."[31] Ele declarou que "a propriedade de todo homem está sujeita ao direito geral da comunidade de regular seu uso em qualquer grau que o bem público possa exigir". "Acredito nas corporações", confessou Roosevelt, "mas acredito que elas devem ser supervisionadas e, assim, reguladas a fim de serem usadas no interesse da comunidade como um todo." Seu objetivo era provar que o governo dos Estados Unidos era mais poderoso do que qualquer agregação de capital — ainda que em nenhum momento tenha lhe passado pela cabeça que o próprio governo poderia se transformar em um grupo de interesse determinado a interferir no delicado equilíbrio da vida corporativa não buscando o bem comum, mas seus próprios interesses.

Theodore Roosevelt foi sucedido por um republicano mais convencional. William Howard Taft argumentava categoricamente que não era a missão do governo federal "ser espetacular na aprovação de grandes leis estabelecendo novos códigos morais ou assegurando um novo padrão de integridade empresarial".[32] A tarefa do governo era estabelecer regras previsíveis e deixar que os negócios produzissem riqueza. Mas o sempre incansável Roosevelt reemergiu como candidato do "Partido do Alce" (apelido do Partido Progressista, criado por ele) em 1912 com um conjunto ainda mais amplo de propostas: uma batalha vigorosa contra "os trustes", uma maior reprovação dos malfeitores possuidores de grandes fortunas, eleições diretas para anular precedentes judiciais impopulares e remover juízes turrões. Embora tenha perdido as eleições, os resultados gerais serviram de testemunho da magnitude alcançada pela revolta contra o *laissez-faire*. Woodrow Wilson e Teddy Roosevelt receberam juntos 69% dos votos. Taft, o candidato do republicanismo empresarial, ficou em terceiro com apenas 23% dos votos. O Partido Socialista, fundado em 1901, tomou de assalto o palco nacional: Eugene Debs, seu candidato à presidência, recebeu quase um milhão de votos, e o partido elegeu mais de mil candidatos a diversos cargos governamentais.

Se Theodore Roosevelt representava a face aristocrata do desprezo pelos negócios, Woodrow Wilson representava a face acadêmico-burocrática. O "mestre de Princeton" reforçou e ampliou muitas das medidas progressistas de Roosevelt. Em 1913-14, enquanto a Europa entrava na guerra, Wilson assinou uma série de leis de grande alcance. A Décima Sexta Emenda, aprovada pelos estados em 1909 e autorizada pelo Congresso em 1913, introduziu o imposto de renda. A Lei Clayton Antitruste fortaleceu a Lei Sherman de 1890 e restringiu diretorias interligadas. A Lei da Comissão Federal de Comércio criou um órgão cujo objetivo era arrancar pela raiz e esmagar práticas restritivas ao comércio. Uma das reformas mais importantes de Wilson resultou da sanção do Federal Reserve Act, em 23 de dezembro de 1913. Esta lei produziu uma revolução institucional: foram criados doze bancos membros do Federal Reserve System em novembro de 1914, que logo começaram a expandir a oferta de crédito da América a um patamar impossível no antigo e restritivo sistema do padrão ouro. Além disso, ela produziu uma revolução intelectual: com a substituição do ouro pelo crédito soberano dos Estados Unidos, deu poder aos banqueiros centrais para exercerem o papel antes cumprido, por um lado, por um mecanismo monetário inflexível, e, por outro, pela intervenção caprichosa, ainda que necessária, de banqueiros privados como J. P. Morgan.

É claro que a América continuou atrelando sua taxa de câmbio ao padrão ouro, e o Federal Reserve Act limitou a expansão do crédito exigindo a reserva mínima de cerca de 40% em ouro para notas do Federal Reserve recém-emitidas e 35% para depósitos dos bancos membros no Federal Reserve Bank. Contudo, nos cinquenta anos seguintes, sempre que esses limites se aproximavam da reserva mínima, eles eram gradualmente reduzidos, até serem completamente eliminados em 1968. Como será discutido no capítulo 9, o presidente Richard Nixon removeu os últimos vínculos com o ouro em 15 de agosto de 1971. Desde então, a política monetária tem sido em grande parte decidida pelo Comitê Federal de Mercado Aberto.

Talvez a mudança seja mais bem representada pelo comparecimento de J. P. Morgan diante da comissão congressista de Arsène Pujo. Em 1905, Morgan contivera a crise forçando os outros banqueiros a apoiarem o sistema bancário. Em 1912, Pujo, um congressista do sétimo distrito da Louisiana, obrigou Morgan a comparecer diante da comissão e protestou veementemente contra suas maquinações. A Comissão Pujo concluiu que o truste financeiro tinha 341 diretorias em 112 companhias, com ativos de 22 bilhões de dólares, e em 1913, após a morte de Morgan, seus diretores discretamente renunciaram aos cargos em quarenta das companhias. Muitos defensores furiosos do *status quo* atribuíram a morte de J. P. Morgan em Roma, alguns meses depois de ter comparecido diante do comitê, ao estresse causado por sua difamação pública. Isso é um exagero — seria mais razoável atribuir a morte de Morgan ao seu hábito de fumar vinte imensos charutos por dia e ao fato de se recusar a fazer exercícios. Não obstante, a Comissão Pujo representou o fim de uma era em que banqueiros podiam combinar a função de titã das finanças com a de banqueiro central.

A maior contribuição de Wilson para o fim da era do *laissez-faire* foi aceitar algo que, por muitos anos, tentou evitar: a entrada da América na Primeira Guerra Mundial. A declaração de guerra contra a Alemanha em abril de 1917 provocou uma mudança fundamental na relação entre Estado e sociedade. O governo federal foi forçado a aumentar a tributação a níveis até então jamais sequer sonhados para pagar por um conflito que, de acordo com Hugh Rockoff, da Universidade Rutgers, custou ao país cerca de 32 bilhões de dólares, ou 52% do PIB na época.[33] Em 1917, os impostos tiveram um aumento geral. A tributação da renda tornou-se mais progressiva, com um teto de 67%. Grandes espólios eram tributados em até 25%. Uma tributação severa foi imposta sobre lucros corporativos com o objetivo de restringir os ganhos exorbitantes dos que especulavam com a guerra. Após o conflito, cidadãos comuns precisaram pagar impostos. O governo também teve que pedir dinheiro emprestado através de uma série de mecanismos tais como os Liberty Bonds.

O governo federal também tentou dirigir a economia, criando uma falange de novas agências federais como o War Industries Board, a Food Administration e a Fuel Administration, preenchendo-as com economistas e outros especialistas, e conferindo-lhes o poder de fixar preços e estabelecer objetivos. O War Industries Board tentou regular a venda de álcool, coordenar as compras do governo e fixar preços em mais de sessenta indústrias "estratégicas". Também estatizou as ferrovias para garantir o transporte sem percalços de produtos por todo o país.[34] O governo recorreu até mesmo à censura: a Lei de Sedição de 1918 criminalizou qualquer expressão de opinião sobre o governo, sobre a bandeira ou sobre as forças armadas americanas que fizesse uso de "linguagem desleal, profana, vulgar ou abusiva". E essa lei teve uma aplicação rigorosa: Eugene Debs foi preso. Para os liberais, não haveria outra "manhã clara e confiante".

A América afrouxou grande parte dessa atividade federal após a guerra. O leviatã de Washington de Wilson encalhou. A liberdade de expressão foi restaurada. As ferrovias foram devolvidas à iniciativa privada. Ainda assim, a guerra deixou uma marca permanente. A América continuou sob o domínio dos especialistas governamentais que haviam passado a integrar as agências federais. As agências do tempo de guerra lançaram as bases para as agências muito mais ambiciosas do New Deal, criadas mais de uma década depois: o War Industries Board deu origem ao National Industrial Recovery Act, enquanto a Food Administration deu origem à Agricultural Adjustment Administration.[35] "Quase todos os programas de governo realizados na década de 1930 refletiam um precedente da Primeira Guerra Mundial", conclui Hugh Rockoff, e "muitas das pessoas empregadas para administrar as agências do New Deal aprenderam a fazer seu trabalho na Primeira Guerra Mundial".

A guerra lançou uma longa sombra tanto sobre as relações internacionais quanto sobre as nacionais. Apesar de o povo americano ter retornado ao seu isolacionismo tradicional após a vitória, a América continuou se envolvendo muito mais nos assuntos europeus e asiáticos do que havia se envolvido antes de 1917. De 1920 até 1940, os Estados Unidos gastaram 1,7% do PIB no Exército e na Marinha, aproximadamente o dobro do percentual gasto entre 1899 e 1916.[36] Em 1915, a dívida nacional era de 1,191 bilhão de dólares. John D. Rockefeller poderia ter pago várias vezes esse valor do seu próprio bolso. Em 1919, ela subiu para mais de 25 bilhões.

O NOVO MUNDO *VERSUS* O VELHO MUNDO

A América não se afastou tanto do *laissez-faire* quanto a Europa na época. A Constituição americana impunha barreiras muito mais sólidas contra o socialismo do que as constituições europeias. A cultura americana era mais comprometida com o capitalismo de livre mercado do que a europeia. A América sofreu muito menos durante a guerra do que as outras grandes potências. Os Estados Unidos perderam 126 mil homens, enquanto a França perdeu 1.570.000; a Grã-Bretanha perdeu 908 mil; a Alemanha, 1.773.000; a Áustria, 1.200.000; e a Rússia, 1.700.000. A Áustria, despojada de seu império na Europa Oriental, deixou de ser uma grande potência. A Alemanha, sobrecarregada com as reparações impostas pelo Tratado de Versalhes e humilhada pela derrota, foi acometida por um tipo de psicose nacional. A Rússia tombou vítima dos bolcheviques. A França ficou em frangalhos. A Grã-Bretanha lutava para conservar sua antiga glória com uma economia enfraquecida e um império em declínio.

Os progressistas americanos pareciam ursinhos de pelúcia se comparados aos partidos antiestablishment da Europa. O Partido Trabalhista britânico jurara garantir a propriedade comum dos meios de produção, distribuição e troca. A Alemanha contava com dois partidos anticapitalistas vigorosos: o Partido Social-Democrata, de esquerda, e o Partido Nazista, de direita. Os bolcheviques russos cumpriram sua promessa de estabelecer uma ditadura do proletariado. Por outro lado, os progressistas americanos só queriam fazer o capitalismo funcionar de modo mais maleável, enquanto os sindicatos queriam uma fatia maior da torta capitalista. A América também ganhou mais uma fase de governo favorável aos negócios na década de 1920. Warren Harding e Calvin Coolidge tiveram sucesso na reversão de muitas das medidas introduzidas durante a Era Progressista e no restabelecimento das liberdades tradicionais dos negócios.

Dito isso, a América ainda assim inclinou-se significativamente para a esquerda: a América de 1918 era um país muito diferente da América do final do século XIX. Tinha grande parte dos instrumentos de uma sociedade moderna dominada pelo Estado: um imposto de renda, um banco central e uma burocracia cada vez mais inchada. Além disso, contava com um grupo significativo de pessoas que acreditava que o principal problema era que essas mudanças não tinham ido longe o bastante.

6

O NEGÓCIO DA AMÉRICA SÃO OS NEGÓCIOS

O S DOIS PRESIDENTES que se seguiram a Teddy Roosevelt e Woodrow Wilson — Warren Harding e Calvin Coolidge — mudaram completamente a vida pública, substituindo o ativismo por moderação, e o barulho, pelo silêncio. Eles abandonaram os sonhos de reinventar o capitalismo americano e deixar uma impressão ousada no palco mundial. Em vez disso, abraçaram os ideais de levar uma vida tranquila e conservar o poder presidencial.

Para os historiadores progressistas, os dois foram parasitas deploráveis — desvios na gloriosa estrada com destino ao ativismo estatal. Harding jogava pôquer uma vez por semana com amigos, nem todos modelos de cidadania, e golfe duas vezes, aperfeiçoando sua habilidade de acertar bolas no terreno da Casa Branca para seu Airedale Terrier, Laddie Boy, ir pegar.[1] Coolidge se orgulhava de nunca trabalhar mais do que quatro horas por dia e nunca dormir menos de onze horas por noite. "Seu dia ideal", brincou H. L. Mencken, "é aquele em que absolutamente nada acontece".

Harold Laski queixou-se da "abdicação consciente do poder". John Morton criticou "o eclipse temporário da presidência". A realidade da era é muito mais interessante: o compromisso de Harding e, particularmente, de Coolidge com o hábito de não fazer nada era tanto filosófico quanto temperamental, mais uma arma ideológica do que um defeito pessoal. Eles eram não ativistas ativos.

Tanto Harding quanto Coolidge se dedicavam a manter o governo pequeno. Eles trabalharam com defensores de corte de impostos no Congresso, controlado pelos republicanos nos anos 1920, para reduzir a alíquota máxima. Compuseram suas administrações com conservadores favoráveis ao governo pequeno, mais notavelmente Andrew Mellon, secretário do Tesouro de 1921 a 1932 — e o terceiro homem mais rico do país depois de John D. Rockefeller e Henry Ford —, que reduziu a tributação dos lucros excessivos, cortou pela metade a taxação de heranças e reduziu a dívida nacional. Coolidge vetou duas vezes uma medida para impulsionar os preços dos produtos agrícolas fazendo dumping de excedentes de safras no exterior, e vetou uma lei que permitia ao governo federal operar uma hidrelétrica em Muscle Shoals. Ele também pressionou o recém-fundado Bureau of the Budget a incutir o princípio da austeridade nos departamentos de governo. Conforme observou Mencken: "O tipo de governo que ele ofereceu ao país foi o governo nu em pelo."[2]

Tanto Harding quanto Coolidge acreditavam que os negócios, e não o governo, eram a engrenagem do progresso social. "O homem que constrói uma fábrica constrói um templo", declarou Coolidge em um de seus poucos discursos efusivos. "O homem que nela trabalha, nela faz adoração." O apelo de Harding por um "retorno à normalidade" foi amplamente desprezado como o mais estúpido grito de batalha. Foi sem dúvida um grito pelo retorno aos ritmos regulares da vida, anteriores à ruptura da Grande Guerra. Mas foi ainda mais do que isso — um grito pelo retorno aos dias heroicos dos negócios americanos, quando empreendedores produziam companhias gigantes a partir de ideias brilhantes e quando indivíduos heroicos, livres da interferência governamental, construíam cavalos de ferro e máquinas voadoras. O trabalho do presidente não era se envolver em um frenesi de atividades. Era fornecer fundações estáveis sobre as quais os empreendedores pudessem criar riqueza.

A década de 1920 foi, supostamente, a última década em que o tamanho do governo pôde ser limitado, e os Estados Unidos foram o último país rico onde esse árduo feito pôde ser executado. Os países europeus já haviam construído máquinas governamentais robustas para oferecer bem-estar às pessoas e proteger a si mesmos de seus vizinhos rebeldes. Os vizinhos iam se tornando cada vez mais rebeldes. Os Estados Unidos, por outro lado, ainda conseguiam praticar a arte do governo frugal. O país era protegido de invasões por vínculos culturais com o Canadá ao norte, pelos vastos desertos do norte do México ao sul e por oceanos dos dois lados. Coolidge não exagerou muito quando observou que "se o governo federal deixasse de existir, as pessoas comuns não detectariam a diferença em seu dia a dia por um período considerável de tempo".[3] O governo tinha um papel tão periférico na vida americana que, pela primeira vez desde o surgimento dos partidos políticos de massa na era de Andrew Jackson, a participação eleitoral masculina caiu de 63% em 1916 para 52% na década de 1920, caindo ainda mais em 1924.

Esse princípio de não intervenção enfrentava tendências contrárias. Esses presidentes republicanos eram cada vez mais hostis ao movimento livre de produtos e pessoas: por exemplo, em seu discurso para o Congresso em 1924, Coolidge exaltou as tarifas por assegurarem "o mercado americano para os produtos dos trabalhadores americanos" e permitirem que "nosso povo viva de acordo com um padrão melhor e receba em compensação valores melhores do que qualquer outro povo, em qualquer período, em qualquer lugar da Terra, jamais gozou". A década foi ditada por duas tarifas: a Emergency Tariff de 1921 e a Smoot-Hawley Tariff de 1930. A Lei da Imigração de 1924, que vigorou até 1965, limitou severamente o número de imigrantes e restringiu o fluxo desde os países favorecidos com que a América já possuía fortes laços sanguíneos, principalmente no norte da Europa.

A América também abraçou algo que nenhuma outra democracia liberal ousara abraçar: por catorze longos anos, de 1920 até 1933, foi ilegal produzir, transportar ou vender álcool. Embora esse regime opressivo não tenha ajudado a reduzir a proporção do PIB americano gasto em álcool, criou um novo negócio inovador na forma do contrabando.

Os contrabandistas dos anos 1920 eram uma imagem especular dos empreendedores da sociedade respeitável. Os gângsteres americanos, muitos imigrantes que tiveram as carreiras mais convencionais negadas, construíram impérios empresariais do nada com o uso inteligente de inovações na administração e novas tecnologias. Al Capone franqueou a administração de suas casas de apostas e bordéis para clientes locais em troca do fornecimento de serviços centralizados, notavelmente de proteção. Essas franquias foram pioneiras na adoção da ticker tape* para se manterem atualizadas nas notícias e dos carros para se manterem à frente da polícia.

A era também teve um início difícil. O período imediatamente posterior à guerra teve uma atmosfera surreal: escândalos anarquistas, manifestações patrióticas exageradas, greves furiosas, conspirações comunistas, eventos que se apinhavam. Os Estados Unidos passaram pelo que talvez tenha sido a deflação mais intensa da sua história, com uma queda de 44% nos preços de atacado entre junho de 1920 e junho de 1921. Em 1920, companhias que lideravam o mercado, como a Anaconda Copper, a Bethlehem Steel e a U.S. Steel, viram suas receitas anuais caírem 49%, 46% e 44%, respectivamente. A produção agrícola caiu 14% em 1921. A taxa de desemprego pulou de 2% em 1919 para 11% em 1921. A depressão durou cerca de dezoito meses, e durante esse período os formuladores de políticas praticaram a mesma reação passiva observada durante a crise de 1893 e, mais tarde, durante a de 1996 e 2007. Em seguida, o colapso foi sucedido por uma recuperação igualmente inesperada e rápida. Como observou James Grant, foi "a quebra que se curou sozinha".[4]

Acrescente-se aos problemas do país o maior surto de greves da história americana (ver Gráfico 16). Durante a guerra, a Federação Americana do Trabalho (AFL) de Samuel Gomper apoiara entusiasmadamente o

---

* Considerado o primeiro meio eletrônico de comunicações, o "stock ticker" foi uma tecnologia baseada no telégrafo que transmitia os valores atualizados das ações, impressos em uma fita, a "ticker tape". [N. da T.]

esforço de guerra, enquanto negociava discretamente mais reconhecimento e salários mais altos. Com a chegada da paz, ela tentou garantir a permanência de suas conquistas com greves coordenadas em indústrias chave como a do aço e a frigorífica.

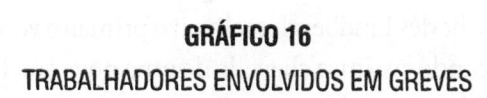

GRÁFICO 16
TRABALHADORES ENVOLVIDOS EM GREVES
1881-1998

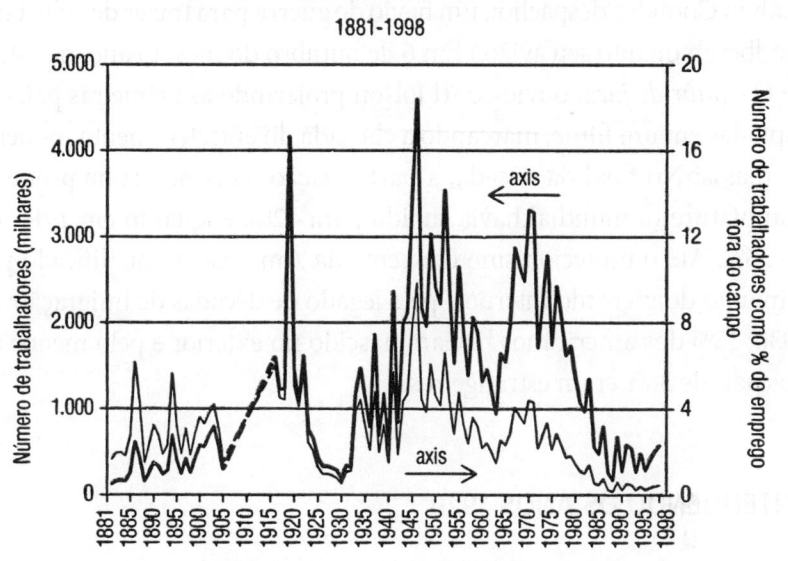

Ainda assim, a tempestade passou quase tão rápido quanto começou. Os empregadores americanos contra-atacaram com sucesso os grevistas estimulando (em alguns casos de forma justificada) os temores em relação ao comunismo. Em 1920, os sindicatos haviam retornado à mesma posição em que se encontravam em 1910. A Suprema Corte deslocou o equilíbrio do poder, favorecendo novamente os chefes: em 1921, a Corte tornou os boicotes secundários ilegais (*Duplex Printing Press Co. v. Deering*), e em 1923 (*Adkins v. Children's Hospital*) emitiu um veredito contrário aos salários mínimos. A filiação aos sindicatos despencou — a AFL perdeu cerca de um milhão de membros entre 1920 e 1925 — e o ativismo dos sindicatos enfraqueceu. Em 1929, 286 mil trabalhadores (1,2% da força de trabalho) realizaram novecentas greves, enquanto, em 1919, 4 milhões (21% da força de trabalho) haviam realizado 3.600 greves.

De 1921 até 1929, o PIB americano cresceu 5% por ano em termos reais — um dos melhores desempenhos já registrados para um país avançado. A América também testemunhou um milagre econômico após outro. Em 20 de maio de 1927, Charles Lindbergh realizou o primeiro voo solo cruzando Atlântico, marcando, assim, a chegada de uma nova era da globalização. (Calvin Coolidge despachou um navio de guerra para trazer de volta tanto Lindbergh quanto seu avião.) Em 6 de outubro do mesmo ano, na estreia de *O cantor de jazz*, ouviu-se Al Jolson proferindo as primeiras palavras captadas em um filme, marcando a chegada do entretenimento moderno de massa. No final da década, a participação da América na produção manufatureira mundial havia subido para 42%, enquanto em 1914 fora de 36%. Até o protecionismo crescente da América era qualificado pelo tamanho do mercado interno e pelo legado de décadas de imigração: em 1930, 15% dos americanos haviam nascido no exterior e pelo menos um dos pais de 36% eram estrangeiros.

ENTENDENDO OS ANOS 1920

Os anos 1920 foram dominados por três grandes temas. O primeiro foi o aumento rápido da produtividade, em particular na primeira metade da década. Esse aumento foi mais notável na indústria automobilística. Em 1924, um Model T saía da linha de produção a cada dez segundos. Apenas doze anos antes, levava catorze horas para montar um único carro. O aumento da produtividade também pôde ser identificado fora do setor manufatureiro — nos escritórios, com seus exércitos de jovens secretárias, que faziam o máximo de trabalho pelo mínimo de pagamento antes de se casarem, e nas cadeias de lojas, com sua ênfase em baixos custos e serviços frugais. Com os sindicatos apaziguados após o descontentamento inicial do pós-guerra e a inflação zerada, as companhias puderam capturar uma proporção principesca dessas melhorias de produtividade nos lucros corporativos. O nível dos ganhos corporativos dobrou entre 1913 e 1925. O número de companhias listadas no mercado de ações quintuplicou. E o valor total das ações aumentou de 15 bilhões para 30 bilhões de dólares.[5]

O segundo foi a modernização da economia graças à expansão do setor de serviços e à ascensão das cidades. O censo de 1910 observou que a América cruzara um limiar importante, com mais pessoas trabalhando no setor de serviços do que no campo. O setor de serviços continuou se expandindo rapidamente nos anos 1920 com a adição de novas profissões, como "gerente de recursos humanos", às antigas, como professor.

Mais ou menos ao mesmo tempo, o número de moradores das cidades ultrapassou o número de moradores do campo. A nação que havia se definido em termos de grandes planícies e caubóis começou a se definir em termos de arranha-céus e da personalidade urbana. Os arranha-céus iam cada vez mais alto: entre 1930 e 1931, Manhattan ganhou dois de seus maiores marcos, o Chrysler Building e o Empire State Building, e a quantidade de espaços corporativos no distrito praticamente dobrou. Uma série de novas revistas — *Time* (1923), *American Mercury* (1924) e *New Yorker* (1925) — passaram a celebrar as sofisticações urbanas, ajudando a acender os conflitos culturais que queimam até hoje. A *New Yorker* gabava-se de não ser "editada para a senhorinha de Dubuque". F. Scott Fitzgerald escreveu com leveza sobre "a vasta obscuridade para além da cidade". H. L. Mecken usou o julgamento de Scopes para criar a impressão de que a América rural, principalmente a América rural do Sul, era habitada por idiotas de dentes quebrados (curiosamente, o manual usado por Scopes era um hino rudimentar às maravilhas da eugenia). William Jennings Bryan, que notoriamente confrontou o eminente advogado Clarence Darrow durante o caso, morreu depois do julgamento, encerrando uma das carreiras públicas mais influentes da história americana.

O terceiro tema foi, supostamente, o mais interessante: a democratização e a disseminação das grandes inovações da era do *laissez-faire* — da eletricidade, dos automóveis, dos aviões e, em um nível mais abstrato, da própria sociedade anônima. Os anos 1920 foram uma década tanto de prosperidade crescente para as massas quanto de mercados superaquecidos. As massas agora tinham acesso a coisas que haviam sido privilégios dos ricos (como a casa própria) ou que não existiam poucos anos antes (como carros e rádios). Os bairros residenciais afastados cresceram. As casas eram ligadas à rede elétrica e à rede hidráulica. E, em 1929, 3 milhões de famílias americanas, ou uma em cada dez, possuíam ações, o que teve consequências desastrosas.

A CARRUAGEM SEM CAVALOS

O automóvel estava no centro da economia americana, produzido com mais eficiência e consumido com mais entusiasmo na América do que em qualquer lugar do planeta. Na metade da década de 1920, 80% dos carros do mundo estavam localizados nos Estados Unidos: a América ostentava um automóvel para cada 5,3 pessoas, enquanto na Inglaterra e na França essa proporção era de um carro para 44. Um carro que, antes da Primeira Guerra Mundial, custava ao trabalhador médio o equivalente a quase dois anos de salário, na metade dos anos 1920, podia ser comprado por cerca de três meses de salário. A partir daí, o preço se estabilizou, mas a qualidade continuou aumentando: o seu dinheiro comprava um carro melhor (e havia uma variedade maior de formas de financiar a compra do seu carro).

A indústria automobilística revolucionou a distribuição da riqueza. Em 1924, Henry e Edsel Ford ocupavam o terceiro e segundo lugares na lista de contribuintes que mais pagavam impostos ao governo federal (Rockefeller continuava ocupando o primeiro), e a senhora Horace Dodge estava em nono. Isso também teve um efeito dominó no restante da economia — estimulou a demanda por petróleo, necessário para o abastecimento, de borracha e vidro, para a produção dos pneus e dos para-brisas, de estradas para facilitar a rodagem, de garagens para abrigar os carros, de postos de combustível para abastecimento e reparos, além de inúmeros serviços para abrigar, alimentar e satisfazer de todas as formas a nova população móvel. Um cálculo de 1929 sugere que a economia automobilística criou 4 milhões de empregos que não existiam em 1900, o equivalente a um décimo da força de trabalho total.

Quase nenhum aspecto da vida americana nos anos de 1920 deixou de ser transformado pelo automóvel. Os contrabandistas usavam "carros de fuga" para escapar da polícia. As prostitutas encontraram outro lugar para exercer sua profissão: em Middletown (publicado em 1929), Robert e Helen Lynd informaram que, das trinta mulheres acusadas de crimes sexuais no Juizado de Menores local em 1924, dezenove estavam em carros.[6] Os subúrbios, que haviam sido originalmente criados por bondes elétricos, espalharam-se ainda mais, tornando-se verdadeiras "autopias". Outdoors, postos de combustível e trailers vendendo comida se multiplicaram. A cadeia de hambúrgueres White Castle surgiu em 1921 em Wichita, Kansas; Howard Johnson inaugurou sua primeira máquina de refrigerante em uma drogaria de Quincy, Massachusetts, em 1925; Harland Sanders desenvolveu sua receita de frango em 1930 em sua "Servistation" em Corbin, Kentucky.[7]

O número de caminhões também aumentou rapidamente, de zero em 1909 para 300 mil em 1920 e depois para 600 mil no final da década. Os caminhões competiam com as ferrovias. Eles ofereciam algo que as ferrovias não podiam: a entrega na sua porta, e não na estação de trem. Isso economizava um tempo e esforço enormes. Em vez de ter que descarregar produtos na estação, recarregar em uma carroça puxada por cavalos e transportá-los até o destino final, o caminho da origem ao destino podia ser feito em uma única jornada.

Pode-se argumentar que o motor de combustão transformou mais as vidas dos 44% que moravam nas zonas rurais do que dos 56% que moravam nas cidades. Henry Ford certificou-se de que seu Model T fosse capaz de sobreviver às terríveis estradas da América rural ao equipá-lo com uma suspensão independente, peças robustas, motores fáceis de consertar e até kits para ajudar os fazendeiros a transformarem seu carro em um trator.[8] Durante a década, os fazendeiros eliminaram cerca de 9 milhões de animais de carga, principalmente cavalos e mulas, liberando pastos para usos mais lucrativos, que foram substituídos por veículos motorizados de todos os tipos.[9] O número de tratores aumentou de cerca de mil em 1910 para 246 mil em 1920 e para 920 mil em 1930. Esses tratores também se tornaram mais versáteis, graças ao surgimento da tomada de potência, que lhes permitia transmitir potência diretamente para os implementos que puxavam, e dos pneumáticos, que lhes permitiam puxar cargas muito mais pesadas. O número de colheitadeiras combinadas cresceu de 4 mil em 1920 para 61 mil em 1930 e depois para 190 mil em 1940. A disseminação dos Tin Lizzies nas zonas rurais foi boa tanto para a vida social quanto para o pool genético: pessoas que haviam sido forçadas a socializar dentro de um raio de poucos quilômetros de repente podiam atravessar distâncias muito maiores.

O motor de combustão foi adotado tanto pelos transportes públicos quanto pelos privados, à medida que o número de ônibus crescia e seus preços caíam. O primeiro ônibus reconhecidamente moderno foi introduzido pelos irmãos Fageol em 1921 em Oakland, Califórnia, na forma do Fageol Safety Bus. Talvez os ônibus não pudessem competir com os bondes elétricos no tocante ao romantismo — "Um Ônibus Chamado Desejo" não produz o mesmo impacto —, mas eles eram mais práticos: não requeriam trilhos caros; podiam cobrir rotas diferentes; os pneus reduziam o barulho e absorviam choques.[10] Logo, ônibus intermunicipais desafiariam os trens da mesma forma que os ônibus locais haviam desafiado os bondes. Em 1928, o primeiro serviço rodoviário de costa a costa fez a jornada de Los Angeles a Nova York em cinco dias e catorze horas, com 132 paradas.

A década de 1920 viu uma grande melhora na qualidade tanto das estradas do país quanto dos veículos que as cruzavam. Em 1900, os mais de 3 milhões de quilômetros de estradas da América eram em sua maior parte estradas de terra conectando fazendas a cidades. Aliás, uma das razões por que os carros europeus progrediram tão pouco na América foi que seus chassis eram baixos demais para sobreviver aos rigores das estradas de terra do país. Woodrow Wilson inaugurou uma nova era ao

O NEGÓCIO DA AMÉRICA SÃO OS NEGÓCIOS

assinar o Federal Aid Road Act de 1916, concedendo subvenções federais aos estados comprometidos com o desenvolvimento de suas estradas e pontes. Howard Mason Gore, secretário de agricultura, introduziu mais ordem no sistema nacional emergente ao aprovar uma uniformização da numeração e marcação das rodovias em 1925: as rodovias leste-oeste receberam números pares, as estradas norte-sul, números ímpares, e as rodovias transcontinentais receberam múltiplos de dez. Os construtores de estradas desenvolveram o asfalto e o concreto para as superfícies. O primeiro atlas rodoviário a informar as condições de rotas específicas foi introduzido em 1926.[11] Robert Gordon estima que o desenvolvimento de uma rede nacional de estradas pavimentadas aumentou a velocidade da viagem de automóvel em um fator de pelo menos cinco entre 1905 e 1920.[12]

A América também começou a acrescentar o céu às suas rotas de transporte. A indústria de aviões comerciais demorou a decolar em razão dos riscos associados ao voo. Na década de 1900, os aviões eram associados a aventureiros, aos atos de audácia de quem gostava de desafiar os limites. Na década de 1910, eram associados às forças militares (os irmãos Wright venderam sua primeira aeronave à Army Signal Corps e a forças militares estrangeiras). No final da década de 1920, eles finalmente passaram a ser vistos pelo que iriam se tornar: parte do sistema de transporte de massa que levava as pessoas de um ponto a outro em um país imenso a velocidades sem precedentes.

O Serviço Postal estabeleceu as bases do boom do pós-guerra ao fundar uma rede aérea nacional para acelerar as entregas postais (31 dos quarenta primeiros pilotos do Serviço Postal dos Estados Unidos foram mortos nos primeiros seis anos).[13] Em 1925-26, o governo abriu concorrência para exploração dessas rotas postais por companhias privadas. Isso eletrizou o nascente setor: mais de 5 mil pessoas concorreram por contratos, o primeiro dos quais foi dado a Walter Varney, fundador da Varney Airlines, ancestral corporativa da United Airlines, para o transporte da correspondência de Pasco, Washington, a Elko, Nevada. Dezenas de empreendedores perceberam que poderiam ganhar dinheiro tanto com o transporte de pacotes quanto de pessoas. Em 1928, quando foram

205

coletadas as primeiras estatísticas do transporte aéreo, os Estados Unidos já tinham 268 aeronaves em operações domésticas e 57 em operações internacionais.[14]

A MARCHA DOS CRIADOS ELETRÔNICOS

A revolução da combustão só se iguala em importância à revolução da eletricidade. No início do século XX, o setor elétrico teve maior aumento na produtividade do que qualquer outro setor da economia, graças a dois desenvolvimentos: a construção de grandes estações centrais alimentadas por caldeiras de alta pressão e turbinas eficientes, além da construção de redes de transmissão de energia cobrindo áreas cada vez maiores. Nas três décadas seguintes, a quantidade de eletricidade usada pelos americanos aumentou dez vezes — de 6 bilhões de quilowatts-hora em 1902 (ou 79 quilowatts-hora por pessoa) para 118 milhões de quilowatts-hora em 1929 (ou 960 por pessoa). No mesmo período, o custo da eletricidade caiu 80% — de 16,2 centavos por quilowatt-hora em 1902 para 6,3 centavos em 1929.

A eletrificação das fábricas americanas nos anos de 1920 estava no coração do aumento da produtividade. Embora a eletricidade já fosse uma tecnologia bem estabelecida, seu impacto sobre a produtividade foi limitado pelo design industrial antiquado. Antes da década de 1920, a maioria das fábricas americana era alimentada por grandes motores a vapor. Esses motores ficavam no porão, alimentando as máquinas nos andares superiores por meio de eixos verticais que percorriam a lateral da construção e de eixos horizontais em cada andar. A princípio, os proprietários das fábricas hesitaram em desperdiçar todos os seus "custos afundados": eles simplesmente substituíram os motores a vapor por motores elétricos e esperaram que os trabalhadores tolerassem a inconveniência de prédios elevados e muitos eixos horizontais. Mas nos anos 1920 eles se deram conta de que era preciso começar do zero: passaram a alimentar suas máquinas com motores individuais e a montar fábricas horizontais.

Henry Ford resumiu a importância dessa mudança:

A provisão de um novo sistema completo de geração elétrica emancipou a indústria da correia de couro e do eixo de transmissão, já que por fim se tornou possível equipar cada ferramenta com seu próprio motor elétrico. Isso pode parecer apenas um detalhe de pouca importância. Na verdade, a indústria moderna não poderia funcionar com a correia nem com o eixo de transmissão por uma série de razões. O motor permitiu que o maquinário fosse organizado de acordo com a ordem do trabalho, e só isso provavelmente dobrou a eficiência da indústria, visto que eliminou uma quantidade tremenda de manuseio e arrasto. A correia e o eixo de transmissão também produziam um desperdício tremendo — tanto desperdício, aliás, que nenhuma fábrica podia ser realmente grande, pois até o eixo de transmissão mais comprido era pequeno para os requisitos modernos. Além disso, ferramentas de alta velocidade seriam impossíveis sob as velhas condições — nem as polias nem as correias poderiam suportar as velocidades modernas. Sem ferramentas de alta velocidade e as peças de aço mais finas que elas produziam, não poderia existir nada do que chamamos de indústria moderna.

Paul David identificou a eletrificação como um exemplo de inovação que só teria seu efeito completo quando acompanhada por outras mudanças, como a reorganização do trabalho. Para que a eletrificação provocasse um aumento da produtividade, não bastava acrescentar eletricidade ao velho processo de produção. Seria preciso abandonar o "acionamento por grupos" (em que a energia elétrica simplesmente substitui a energia a vapor em uma fábrica que mantém os imensos eixos e correias de uma era anterior) e implantar o "acionamento individual" (em que cada máquina é equipada com seu próprio motor elétrico).

Esses pequenos motores elétricos alimentavam um número cada vez maior de eletrodomésticos. Empreendedores inventaram dezenas de aparelhos que podiam usar a nova fonte de energia para melhorar as vidas das pessoas. No mesmo ano em que os comunistas tomaram o poder na

Rússia, a General Electric celebrava uma revolução diferente — a ascensão dos "criados domésticos", que podiam fazer "o trabalho pesado de lavar, passar, limpar e costurar. Eles podiam cozinhar tudo — sem fósforos, sem fuligem, sem carvão, sem reclamar — em uma cozinha agradável". Um levantamento realizado pela Electric Company de Chicago em 1929 mostrou que mais de 80% das residências tinham um ferro elétrico e um aspirador de pó, 53% tinham um rádio, 37% tinham uma torradeira, 36% tinham uma máquina de lavar. Refrigeradores (10%) e aquecedores elétricos (10%) eram muito mais raros.[15]

A ERA SEM FIO

O dispositivo mais revolucionário que as pessoas ligaram em suas tomadas foi o rádio. A partir da década de 1890, engenheiros das telecomunicações descobriram como se libertar dos fios enviando dados e mensagens de voz pelo ar. Em 1901, Guglielmo Marconi, italiano, fundou a britânica Marconi Company para transmitir código Morse pelas ondas aéreas para os navios. Em 1907, Lee de Forest desenvolveu um tríodo ou válvula capaz de dividir o espectro do rádio em diferentes canais ou frequências. Em 1915, engenheiros da Bell conseguiram usar ondas longas de rádio para transmitir locuções desde Arlington, Virgínia, para o Panamá, o Havaí e Paris.

O rádio comercial moderno nasceu com a década de 1920: o primeiro noticiário de rádio foi transmitido em 31 de agosto de 1920 pela estação 8MK em Detroit, Michigan (ela existe até hoje como a estação de notícias WWJ), e a primeira transmissão em frequência licenciada foi feita em Pittsburgh, Pensilvânia, em 2 de novembro de 1920 pela estação de rádio KDKA. A nova tecnologia se espalhou como rastilho de pólvora. Em 1924, havia 556 estações de rádio e 25 mil "estações transmissoras" operadas por amadores. Em 1930, quase metade das casas do país (46%) tinha rádios. Os anos 1920 podem ser descritos melhor como a década do rádio do que como a década do jazz (embora ouvir jazz fosse um dos usos mais populares do rádio).

O rádio era a liberdade em uma caixa: de repente, pessoas que nunca haviam tido a oportunidade de ouvir músicos ou dramaturgos profissionais podiam transformar suas salas de estar em combinações de teatro particular e sala de concerto. Só precisavam comprar o aparelho, e todo o resto era de graça. A revolução foi promovida por empreendedores em busca de lucro, e não por comissões governamentais, como aconteceu na Europa. George Westinghouse, magnata da eletricidade, estabeleceu a KDKA para estimular a demanda por seus aparelhos de rádio. A demanda crescente por aparelhos de rádio estimulou mais inovações — em particular, a introdução das válvulas termiônicas em 1925. E o boom da propaganda proporcionou uma fonte confiável de lucro. Logo, centenas de estações de rádio estavam em operação.

A General Electric's Radio Corporation of America (RCA) foi uma das principais ações dos anos 1920, chamada simplesmente de "Radio": seu preço aumentou por um fator de 100 entre 1924 e 1929, antes de cair para quase zero em 1931. Os astros do rádio estavam entre os artistas mais bem pagos da era: no seu auge, em 1933, o programa *Amos 'n' Andy* pagava aos seus dois astros uma renda anual de 100 mil dólares, mais do que recebiam o presidente da NBC e o da RCA.

O mais democrático dos meios de comunicação inevitavelmente alterou a política. Harding foi o primeiro presidente a falar no rádio, na transmissão da cerimônia de inauguração da Francis Scott Key Memorial Bridge, no Fort McHenry, na baía de Baltimore, em 1922. Silent Cal — apelido de Calvin Coolidge, aludindo ao fato de ser um homem de poucas palavras na intimidade — foi, surpreendentemente, um locutor entusiasmado. Em 1924, a Convenção Nacional do Partido Democrata foi transmitida em toda a sua caótica glória. Franklin Delano Roosevelt apropriou-se desse meio de comunicação ao usá-lo para suas conversas ao pé da lareira com a nação durante a Grande Depressão, falando com um país assustado como um tio sábio que sabia exatamente o que fazer. O rádio também forneceu uma plataforma para figuras menos singelas: o padre Charles Coughlin, ou "padre do rádio", recebia uma média de 4 mil cartas por semana, número que subiu para 1,2 milhão em fevereiro de 1932, quando ele atacou Hoover como "o Espírito Santo dos ricos, anjo protetor de Wall Street"; Huey Long transmitia por horas, apelidando-se de "Kingfish" por causa de um personagem de *Amos 'n' Andy*; Gerald L. K. Smith prendia a atenção de sua audiência com teorias da conspiração complexas e envolventes.

O cinema se espalhou quase tão rápido quanto o rádio. O nickelodeon (assim chamado porque cobrava 5 centavos pelo ingresso)* explodiu em 1906-7. Os grandes palácios dedicados ao cinema, com decorações exuberantes, órgãos elaborados para garantir o som e apresentações de aquecimento com cantores, dançarinos e comediantes chegaram em 1911. O Roxy Theatre, em Midtown Manhattan, tinha 6.200 assentos e camarins para trezentos artistas. Em 1922, cerca de 40 milhões de pessoas, 36% da população, ia ao cinema uma vez por semana. A introdução do som em 1928 deu ao meio de comunicação novo impulso. No final da década de 1920, mais de 70% da população ia regularmente ao cinema, e a América produzia 80% dos filmes do mundo. O entretenimento popular seguiu o mesmo caminho que outras formas de produção industrial: pessoas que antes produziam seu próprio entretenimento tornaram-se consumidores passivos do entretenimento produzido pelas grandes fábricas de sonhos de Hollywood.

A SOCIEDADE AFLUENTE

A chegada dos "criados eletrônicos" marcou uma novidade na história: a afluência de massa. No final do século XIX, a maioria das famílias americanas apenas subsistia. Elas gastavam metade ou mais do que sua renda no sustento básico e estavam sempre a um contracheque da pobreza. Nos anos 1920, pessoas simples passaram a ter a chance de viver

---

* Termo usado para as primeiras salas de cinema, pequenas e simples, geralmente instaladas em fachadas de lojas adaptadas. O termo "nickelodeon" é proveniente do fato de que a moeda de 5 centavos, o preço do ingresso, em inglês, é chamada de nickel. [*N. da T.*]

o sonho americano — comprando suas próprias casas e enchendo-as de bens de consumo que sequer existiam uma geração antes.

A década de 1920 assistiu a um dos dois maiores booms do setor imobiliário da história americana — mais de um milhão de casas foram construídas só em 1925, e em 1929 cerca de metade das casas do país era ocupada por seus proprietários. O boom imobiliário teve efeitos secundários. Moradores de casas próprias fizeram o que tipicamente fazem — encheram suas casas de móveis, quadros e aparelhos, adquirindo várias formas de seguro para proteger suas famílias e posses. Um dos livros mais populares da época, *Babbitt* (1923), de Sinclair Lewis, conta a história de um agente imobiliário em um subúrbio fictício do Meio-Oeste, Floral Heights, onde apenas três casas têm mais de uma década. As casas são templos erguidos aos aparelhos domésticos: gramofones do tamanho de armários, aquecedores de água, aspiradores de pó, ventiladores elétricos, cafeteiras, torradeiras. Lewis zomba da natureza padronizada de todos esses produtos — ele descreve uma sala como "tão organizada e deprimente quanto um bloco de gelo artificial" —, mas Floral Heights representava a democratização da riqueza e da oportunidade à medida que os ganhos na produtividade da década anterior transformavam as vidas dos americanos comuns.

A COMPANHIA TORNA-SE SOCIEDADE ANÔNIMA

A democratização estendeu-se à instituição que estava no cerne da vida empresarial americana, a sociedade anônima: o número total de acionistas aumentou de cerca de um milhão na virada do século para 7 milhões em 1928. A praticante mais entusiástica do capitalismo popular era a AT&T, que aumentou o número de acionistas de dez mil, em 1901, para 642.180 em 1931. Os principais acionistas da maior ferrovia do país (a Pennsylvania Railroad), a maior prestadora de serviços públicos (AT&T) e a maior corporação industrial (U.S. Steel) detinham menos de 1% das ações.

"Democratização" pode parecer uma palavra forte, já que a maioria do público não detinha suas próprias ações. Não obstante, captura uma mudança importante. Você não precisava ser um capitão da indústria ou um banqueiro de Wall Street para ter ações. Podia ser uma pessoa simples economizando para a aposentadoria. Em 1929, cerca de 50% de todos os dividendos corporativos iam para pessoas que ganhavam 5 mil dólares ou menos por ano.[16] As maiores companhias da América haviam adotado um modelo que manteriam até os anos 1970: eram de propriedade de investidores espalhados, e não fundadores dominantes, como acontecera no passado, ou instituições poderosas, como aconteceria dos anos 1970 em diante.

O advento da propriedade dispersa andava de mãos dadas com dois outros desenvolvimentos. O primeiro foi a consolidação das companhias. Em seu clássico *A moderna sociedade anônima e a propriedade privada* (1932), Adolf Berle e Gardiner Means observaram que as grandes companhias do país cresciam cada vez mais. De 1909 a 1928, as maiores companhias da América cresceram, em média, 5,4% ao ano, enquanto outras corporações cresceram 2%.[17] De 1921 a 1928, elas cresceram 6,1% ao ano, enquanto companhias menores cresceram 3,1%. Em 1929, as "duzentas mágicas" controlavam quase metade da riqueza corporativa do país, valendo 81 bilhões de dólares. O rápido crescimento das grandes companhias foi estimulado, em parte, pelos mercados de ações, que lhes permitiram levantar fundos com mais facilidade e usar esse dinheiro para consolidar o controle sobre seus respectivos mercados.

O segundo foi a ascensão dos administradores profissionais. O fato mais importante ocorrido com a sociedade anônima moderna foi a separação entre propriedade e controle. Os milhões de novos proprietários das grandes companhias da América não podiam exercer seus direitos de propriedade diretamente, administrando eles mesmos suas companhias. Precisavam contratar administradores profissionais. Essa mudança redefiniu a natureza da propriedade: os proprietários das companhias não eram mais donos de fábricas e maquinários, mas de pedaços de papel vendidos nos mercados de ações. Também redefiniu o termo "propriedade" ao facilitar a obtenção de renda a partir de ações sem que o proprietário precisasse se preocupar com a tediosa questão de como a companhia era administrada. Berle e Means compararam os novos acionistas a novos operários de uma fábrica: assim como os operários da fábrica entregavam a direção do seu trabalho aos mestres industriais, os novos acionistas entregavam a direção do seu capital aos mestres administrativos.[18]

A década de 1920 inaugurou a era dourada dos administradores americanos, que durou até a metade dos anos 1970. Na "Era Dourada" ("The Gilded Age"), os administradores precisavam dar satisfações aos proprietários. Nas primeiras duas décadas do século, precisavam dar satisfações aos banqueiros (como continua sendo o caso na Europa). Por outro lado, os pequenos acionistas não tinham outra opção a não ser confiar a administração do dia a dia a profissionais. O lado negativo disso era que os administradores poderiam trabalhar em prol do seu próprio lucro à custa dos proprietários. As hierarquias corporativas cresceram. O lado positivo foi que puderam tentar moldar o ambiente dos negócios com a adoção da visão de longo prazo.

As corporações abraçaram tanto o lado "soft" quanto o "hard" da administração. Elas desenvolveram sistemas complexos de gestão de pessoal para fazer um melhor uso de seus funcionários. Adotaram técnicas sofisticadas de relações públicas para polir sua imagem no imaginário da população. Também investiram pesado em propaganda, estabelecendo departamentos publicitários internos, travando relações com empresas de publicidade e, de forma geral, tentando transformar a venda em arte. Os gastos com propaganda como percentual do PIB alcançaram o ápice no início dos anos 1920 (ver Gráfico 17).

GRÁFICO 17
GASTOS COM PROPAGANDA NOS EUA
1919-2007

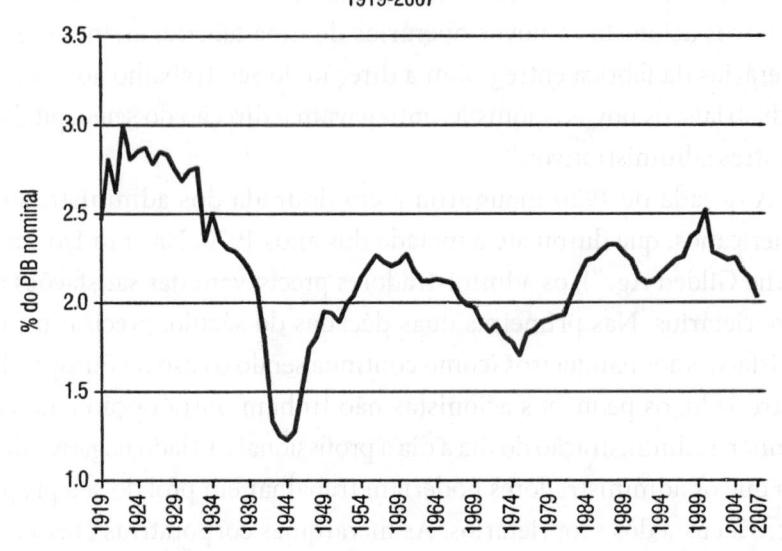

Os administradores mais ambiciosos defendiam o "capitalismo do bem-estar social" — isto é, forneciam a seus funcionários planos de previdência, planos de saúde e programas de participação nos lucros. George Johnson, empresário do setor de calçados, adotou a jornada de oito horas, a semana de 40 horas e um abrangente plano de saúde. Philip Wrigley provou que podia abraçar a reforma social e produzir goma de mascar em um só tempo ao adotar um plano de seguro contra perda de renda e um sistema previdenciário. Lewis Brown, magnata do amianto, adotou a negociação coletiva, a jornada de oito horas, a semana de 40 horas e pesquisas regulares de opinião junto aos funcionários.[19]

A nova administração profissional das corporações estendeu seu reinado a outras áreas, como a de distribuição e varejo. Redes de lojas especializadas em serviços básicos disseminaram-se rapidamente na década de 1920, usando sua grande escala para pressionar fornecedores e sua presença nacional para alcançar os subúrbios em expansão. As vítimas das novas redes de lojas não foram só os pequenos comerciantes, que não conseguiam concorrer com seus preços. Foram também as lojas que vendiam por catálogo, que no final da década de 1920 se viram forçadas a abrir lojas físicas, com frequência em subúrbios. A destruição criativa gerou uma reação política inevitável: os perdedores se uniram e por fim convenceram a Comissão Federal de Comércio a aprovar a chamada manutenção do preço de revenda.

HENRY FORD *VERSUS* ALFRED SLOAN

A batalha corporativa de maior destaque dos anos 1920 contrapôs duas concepções da sociedade anônima: a focada no empreendedor, adotada pela Ford Motor, e a focada na administração, adotada pela General Motors. A Ford Motor Company começou a década com uma vantagem considerável: em 1921, ela detinha 56% do mercado americano, enquanto a GM detinha 13%. Henry Ford era universalmente considerado o maior empresário da América. No final da década, as duas companhias estavam emparelhadas — e, no final dos anos 1930, a GM abriu uma vantagem notável em relação à Ford.

O arquiteto dessa mudança foi Alfred Sloan, que passou a trabalhar para a General Motors após uma breve carreira produzindo rolamentos e se tornou presidente da companhia em 1923. Sloan entendia que a administração era um agente do aumento da produtividade por si só: enquanto Ford promovia a produtividade desenvolvendo novas maneiras de produzir coisas, Sloan a promovia desenvolvendo novas maneiras de colocar as pessoas para trabalharem juntas. Sloan era quase a personificação da ética administrativa — com cerca de 1,83 metro de altura e pesando apenas 59 quilos, completamente dedicado ao trabalho, sem tempo para hobbies; um colega comparou-o aos rolamentos que ele produzira: "autolubrificante, suave, eliminando a fricção e suportando a carga".[20]

Sloan abraçou a ideia da firma com estrutura multidivisional. Oliver Williamson chamou a estrutura multidivisional de inovação mais importante da história do capitalismo do século XX.[21] Talvez seja um exagero, mas não há dúvidas da sua importância. As firmas com estruturas multidivisionais eram bem-equipadas para uma era de organizações gigantes: elas permitiram que as companhias combinassem tamanho e foco. Também eram bem-equipadas para uma era do capitalismo de consumo, permitindo que companhias gerassem divisões especializadas concentradas na produção e na oferta de produtos específicos. Essas divisões estavam suficientemente próximas do mercado para acompanhar mudanças nas tendências com a mesma atenção que companhias menores, mas também suficientemente próximas do resto da corporação para poderem recorrer a vastos recursos.

A primeira companhia a adotar a estrutura multidivisional foi a DuPont, pouco depois da Primeira Guerra Mundial. A DuPont cresceu exponencialmente durante a guerra, pois fornecia nitroglicerina aos Aliados. Mas o advento da paz trouxe consigo um problema: ela deveria retornar ao seu tamanho menor (permitindo o enfraquecimento das competências técnicas e a demissão de funcionários) ou deveria encontrar novos usos para suas novas capacidades? A companhia decidiu-se pela última opção, e criou várias divisões para comercializar produtos diferentes. Executivos individuais receberam a incumbência de gerir a produção e a venda de seus produtos (ou linhas de produtos). Suas divisões tornaram-se centros de lucro e seu desempenho era avaliado pela alta administração com a ajuda de ferramentas de medição como o ROI (sigla em inglês de "retorno do investimento").[22]

Alfred Sloan aplicou a ideia à companhia com a maior produção manufatureira da América. Ele se deu conta de que os consumidores de automóveis não estavam mais satisfeitos em receber o que lhes davam ("Você pode escolher qualquer cor que quiser, contanto que seja preto"). Eles queriam exercer a maior das virtudes americanas, a escolha individual, e queriam usar essa escolha para comunicar algo sobre si: que tipo de pessoas eram e quanto dinheiro tinham para gastar. Ele também entendeu que não podia satisfazer essa demanda sem reorganizar sua empresa por completo.

Sloan reestruturou a companhia em divisões responsáveis por tipos diferentes de carro: de Chevrolets projetados para competir com o Model T a Cadillacs feitos para a elite. Ele deu a ambiciosos administradores o comando sobre a operação dessas divisões, mas ao mesmo tempo responsabilizou-os pelo seu desempenho geral. "Com a descentralização, temos iniciativa, responsabilidade, desenvolvimento dos funcionários, decisões baseadas em fatos, flexibilidade", disse Sloan. "Com a coordenação, temos eficiências e economias."[23]

Sloan ocupava o coração do leviatã que era essa organização, na sede da GM de Detroit, usando sua capacidade na alocação de capital para controlar a engrenagem inteira. Ele ajustava continuamente a estrutura da companhia em resposta a pressões internas e externas. A revista *Fortune* argumentou que a GM "escapou do destino daquelas muitas famílias de vertebrados cujos corpos cresciam cada vez mais, enquanto as cavidades cerebrais encolhiam relativamente, até a espécie ser extinta [...] pois o senhor Sloan conseguiu lhe dar um cérebro multifacetado proporcional ao seu tamanho".[24]

A GM foi pioneira em técnicas de expansão do mercado ao facilitar o empréstimo com receitas futuras como garantia e ao estimulá-lo com investimentos em propaganda. A companhia introduziu a "compra parcelada" em 1919 com a criação da General Motors Acceptance Corporation. Também investiu, na década seguinte, o montante sem precedentes de 20 milhões de dólares em propaganda.

É notável que a Ford só tenha realmente reagido depois da Segunda Guerra Mundial, quando se deixou influenciar pelo entusiasmo da GM pela administração. Henry Ford II, que assumiu com apenas 28 anos, copiou a estrutura organizacional da GM, contratou executivos da GM para dar vida a essa estrutura e um grupo de "Garotos Prodígio" que haviam trabalhado no Corpo Aéreo do Exército dos Estados Unidos durante a guerra — e que incluíam Robert McNamara — para implantar controles estatísticos.

A estrutura multidivisional varreu tudo no seu caminho. Francis Davis, ex-gerente da Dupont, mostrou como a administração multidivisional podia ser usada para impulsionar uma companhia em crise. Quando Davis assumiu a United States Rubber Company em 1928, ela era um caos e sofrendo grandes perdas: era um conjunto sem nexo de unidades operacionais ineficientes sem uma estrutura operacional formal. Davis usou a estrutura multidivisional para colocar ordem, reunindo decisões financeiras e estratégicas em uma equipe central, medindo o desempenho das várias divisões e se livrando das que estavam abaixo do desempenho. Davis retomou a lucratividade da companhia e começou a investir em pesquisa, desenvolvendo uma nova câmara de ar de espuma de borracha em 1934 e introduzindo o rayon nos seus pneus em 1938.

A AMÉRICA É PLANA

A *American* Telephone and Telegraph Company, a Aluminum Company of *America,* a *American* Radiator and Standard Sanitary Corporation, a *American* Can Company, a *American* Woolen Company, a Radio Corporation of *America...* os nomes de alguns dos maiores negócios do país sugerem que havia outro grande desenvolvimento movendo a vida americana ao lado da democratização. Estamos falando do desenvolvimento de um mercado nacional integrado.

Os primeiros trinta anos do século testemunharam avanços fantásticos na integração do Sul ao mercado nacional. Isso não foi resultado de uma reforma esclarecida desde cima ou de pressões políticas desde baixo. Foi antes o resultado de uma inovação tecnológica que, a princípio, não tinha nenhuma relação com o Sul: o desenvolvimento de um mecanismo para o controle das condições do ambiente, possibilitando, assim, o trabalho em dias de calor sufocante. Em 1902, a Sackett & Wilhelms Lithographing & Printing Company enfrentava problemas na impressão colorida, dificultada pela variação dos níveis de umidade. A impressão colorida requeria que o mesmo papel fosse impresso quatro vezes com cores diferentes — ciano, magenta, amarelo e preto —, mas se o papel se expandia ou contraía sequer um milímetro entre as impressões, como acontece quando há alterações na umidade, o efeito era completamente arruinado. A Sackett & Wilhelms solicitou à Buffalo Forge Company, uma companhia de aquecimento de Buffalo, Nova York, a criação de um sistema para controlar a umidade. A Buffalo Forge confiou o problema a Willis Carrier, um jovem engenheiro que recebia um salário mínimo. E Carrier encontrou uma solução criativa: se o ar circulasse por bobinas resfriadas por amônia comprimida, era possível manter a umidade em 55%. O nascimento do Novo Sul pode ser datado nesse momento.

Os primeiros clientes da inovação de Carrier foram companhias cujos produtos sofriam com o excesso de umidade, como têxteis, farinhas e lâminas de barbear, ou geradoras de muita poluição interna, como as que transformavam folhas de tabaco em cigarros. Então, em 1906, Carrier começou a explorar um mercado inteiramente novo — o do "conforto". Ele selecionou os cinemas como seu público-alvo para testar o que começou a descrever como "criador climático". Ao longo de sua história, os cinemas haviam sido forçados a fechar as portas no verão por causa do calor insuportável dentro das salas. Carrier compreendeu que, se ficassem mais frescos do que seu exterior, as pessoas passariam a visitá-los tanto em busca do ar frio quanto da ação quente. Os cinemas de Nova York começaram a instalar aparelhos de ar-condicionado na década de 1910. Estima-se que, em 1938, 15 mil dos 16.251 cinemas do país tinham ar-condicionado, e os "campeões de bilheteria do verão" estavam se tornando uma constante do calendário de entretenimento.

As companhias do sul aos poucos foram percebendo que o ar-condicionado mudava o cenário da concorrência: assim que eliminaram sua maior desvantagem regional, um clima capaz de drenar energias, elas puderam aproveitar as vantagens regionais, sua força de trabalho relativamente barata e flexível (um dos primeiros estudos realizados pelo governo concluiu que os datilógrafos tornavam-se 24% mais produtivos quando transferidos de um escritório quente para um fresco). Em 1929, Carrier equipou um prédio inteiro de escritórios, o Milam Building, em San Antonio, Texas, com aparelhos de ar-condicionado. O ar-condicionado fez mais do que tornar o ambiente de trabalho suportável.

Também permitiu que o Sul produzisse gêneros sensíveis ao calor, como têxteis, impressões coloridas e produtos farmacêuticos, além de alimentos processados. Um dos primeiros clientes de Carrier foi a unidade da American Tobacco Company de Richmond, Virgínia, que usou o ar-condicionado para a eliminação dos miasmas da poeira do tabaco. Companhias têxteis, em particular nas Carolinas, começaram a processar o algodão no Sul em vez de mandá-lo para o Norte. Posteriormente, um grande número de companhias nortistas, atormentadas por poderosos sindicatos, transferiram a produção para o Cinturão do Sol, transformando uma região antes considerada quente demais para a indústria moderna no coração da nova economia.

A Grande Migração de negros do Sul para as cidades industriais do Norte (principalmente, Nova York e Chicago) também reduziu o isolamento da região. Até então, o Norte e o Sul haviam sido quase dois países distintos quando o assunto era mercado de trabalho. Mesmo depois da abolição da escravidão, a maioria dos negros se mudava apenas dentro do Sul, e quando deixava a região não ia muito longe. Mas a combinação do boom econômico dos anos 1920 com a aprovação de leis de imigração restritivas mudou essa realidade: cerca de 615 mil negros, ou 8% da força de trabalho negra sulista, mudaram-se para o Norte, muitos dos quais para preencher vagas antes ocupadas por imigrantes estrangeiros. Em 1925, o Harlem tornara-se "a maior cidade negra do mundo", nas palavras de James Weldon Johnson, secretário executivo da Associação Nacional Para o Progresso de Pessoas de Cor (NAACP), com 175 mil afro-americanos ocupando 25 quarteirões da cidade de Nova York.[25] A migração produziu benefícios econômicos imediatos para os migrantes: apesar de os negros ganharem menos do que os brancos, eles ainda assim ganhavam significativamente mais do que ganhariam caso voltassem para o Sul. Também liberou ondas de energia cultural a partir da colisão entre a cultura negra sulista e as oportunidades do Norte na forma do Renascimento do Harlem e da ascensão do jazz negro.

Ao mesmo tempo, o Sul viu o surgimento de companhias de âmbito nacional. A mais significativa delas foi a Coca-Cola, que fora fundada na década de 1880, mas que emergiu para o cenário nacional nos anos 1920 sob a liderança geral de Ernest Woodruff (que comprou a companhia em 1919) e de seu filho Robert Woodruff (que se tornou CEO em 1923). Robert Woodruff retomou o controle da companhia, antes mantida como refém dos engarrafadores. Ele também demonstrou uma verdadeira genialidade para a publicidade, comprando acres de espaço para propaganda nas rodovias americanas e popularizando um slogan, "A pausa que refresca", que capturava o humor de uma nação perturbada, mas cheia de energia.

Clarence Saunders em 1926 revolucionou o setor varejista quando abriu a primeira loja self-service da América em Memphis, a Piggly Wiggly. Até então, as lojas mantinham todos os seus produtos atrás do balcão: os clientes diziam aos vendedores o que queriam, aguardavam enquanto suas compras eram ensacadas e depois pagavam. Saunders teve a ideia de deixar os fregueses fazerem o trabalho. Eles entravam por uma porta giratória, percorriam uma fileira de prateleiras cheias de produtos, colocando o que queriam em uma cesta, e pagavam ao caixa no final do passeio. Saunders declarou que sua ideia, poupando trabalho, "mataria o demônio dos preços altos".

Em 1932, Saunders tinha um império de 2.660 Piggly Wigglys espalhadas pelo país, ganhando mais de 180 milhões de dólares com o negócio. Ele construiu uma mansão em Memphis — o Pink Palace — que hoje é um museu que inclui uma maquete da primeira loja. Mas ele não repousou sobre seus louros: combateu um ataque especulativo de Wall Street e fez experiências com um "cérebro de compras" que permitia aos fregueses ir somando os valores de seus produtos enquanto avançavam.

O FIM DE UMA ERA

A década de 1920 pode parecer um pouco o paraíso antes da queda — um mundo de maravilhas tecnológicas e progresso material, de prosperidade de massa e da expansão do otimismo. Já havia, contudo, duas serpentes nesse paraíso.

A primeira era a dívida do consumidor. Os primeiros anos do século XX assistiram ao nascimento do setor do crédito ao consumidor à medida que as pessoas se acostumavam a ver sua renda real crescer de dois em dois anos. As lojas de departamentos e as companhias de compra por catálogo tiveram um papel central no desencadeamento dessa revolução, concedendo empréstimos tanto a indivíduos da classe trabalhadora quanto à elite e avaliando o acesso ao crédito das pessoas com base em várias fórmulas burocráticas, e não no conhecimento pessoal. Outras companhias voltadas ao consumidor adotaram modelos semelhantes. As fabricantes de automóveis lideraram o caminho, mas dezenas de outros negócios acabaram seguindo seu exemplo, com companhias estabelecendo planos de "pagamento fácil" para pianos, aparelhos de rádio, fonógrafos, aspiradores de pó e até joias e roupas. O tamanho do endividamento das famílias cresceu — de 4.200 dólares em 1919 para 21.600 em 1929 (ambos em dólares de 2017).[26]

A maior dívida era a adquirida com a compra de casas. No período entre 1890 e 1930, tornou-se mais fácil obter hipotecas, com entradas menores e mais opções para uma segunda e até uma terceira hipotecas. O valor das hipotecas pendentes decolou de cerca de 12 bilhões de dólares em 1919 para 43 bilhões em 1930 — com muitas famílias tirando proveito de uma segunda e uma terceira hipotecas.

Mas o que aconteceria se o carrossel de remunerações mais altas e concessão maior de crédito desacelerasse por um momento? Hubert Work, membro atuante do Partido Republicano, abordou o problema sem querer quando fez um discurso com o objetivo de assustar os eleitores e afastá-los dos democratas:

> Hoje, uma grande quantidade de pessoas arrisca mais do que seus lucros ou seus empregos. Eles devem dinheiro por suas casas, seus rádios, seus automóveis, suas máquinas de lavar elétricas e muitos outros artigos de luxo. Apostaram na continuidade da prosperidade. Basta haver uma ruptura nessa cadeia contínua de prosperidade e toda essa estrutura de crédito pessoal desabará,

soterrando milhões em privações sem precedentes em qualquer período anterior de depressão.[27]

A outra serpente era o nacionalismo — "América em primeiro lugar". As leis contra a imigração interromperam a antiga oferta de mão de obra barata do país. As imigrações anuais caíram de 1% da população nativa durante o período entre 1909 e 1913 para 0,26% de 1925 a 1929. A taxa de crescimento da população caiu de 2,1% entre 1870 e 1913 para 0,6 de 1926 a 1945. A redução na imigração não apenas reduziu a oferta de mão de obra (facilitando a organização de sindicatos), como reduziu a demanda de longo prazo por casas. Isso dificultou a venda das casas que haviam sido construídas durante a explosão do crédito.

Mas por que se preocupar com essas serpentes? A máquina americana de crescimento continuava funcionando. Os rivais em potencial da América já estavam destruindo uns aos outros, e em 1928 o país elegeu um novo presidente que parecia completamente qualificado para atuar como um encantador nacional de cobras.

Herbert Hoover passara a vida reunindo o que talvez tenha até hoje sido o melhor currículo para qualquer novo presidente, como engenheiro de mineração, empresário internacional e astro entre os membros do crème de la crème americano. John Maynard Keynes elogiou seu "conhecimento, magnanimidade e abnegação". Sherwood Anderson observou que ele "nunca conheceu o fracasso". Como líder da ajuda alimentar durante e depois da Grande Guerra, ele salvara 2 milhões de pessoas da inanição; "secretário de tudo", como o chamou um jornal; "secretário do comércio e subsecretário de todos os outros departamentos", como alguém em Washington brincou.[28] Ele fez um trabalho incrível melhorando a operação do mercado interno americano com a padronização dos tamanhos das peças de todas as máquinas. E, além de tudo isso, também era um prodígio literário: sua obra *American Individualism* (1922) é um dos melhores livros sobre o traço que define a América, e *Fishing for Fun — and to Wash Your Soul* (1963) é uma bela meditação sobre o tão civilizado passatempo da pesca.

Hoover defendia uma variação intervencionista do republicanismo, que enfatizava a responsabilidade do partido na orientação da economia na direção certa. "O tempo em que o empregador podia tratar com arrogância sua mão de obra está desaparecendo junto com a doutrina do 'laissez-faire' sobre a qual está fundado", ele escreveu em 1919.[29] Hoover tinha uma crença quase fabiana no poder da ciência, no planejamento e na eficiência, uma crença que influenciava tanto sua vida pessoal quanto sua abordagem do governo. "Nunca foi da minha natureza construir castelos a partir do futuro", ele refletiu, "mas sim medir as experiências, as ações e as forças dos homens através do microscópio frio e monótono dos fatos, das estatísticas e do desempenho." Por outro lado, ele ia de encontro aos fabianos na crença de que a intervenção deveria ser o trabalho de amigos dos negócios, e não de seus inimigos. Ele acreditava no uso do poder do governo para fazer os negócios funcionarem melhor — por exemplo, simplificando as regras e facilitando o ciclo econômico. Um dos primeiros atos de Hoover ao assumir a presidência foi traçar um plano ambicioso para recrutar as melhores mentes do país para compilar um corpo de conhecimento e um plano de ação com o objetivo de guiar o país na "próxima fase do desenvolvimento da nação". "Em uma sociedade de castores comedidos, diligentes, medíocres", comentou a revista *Time*, "um homem-castor dessa natureza daria um Rei Castor ideal."

Contudo, até as capacidades de Hoover logo seriam testadas para além de todos os limites. Os Estados Unidos haviam gozado o lado luminoso da destruição criativa com três décadas de crescimento econômico, com pouquíssimos incidentes, culminando em sete anos de uma prosperidade sem precedentes. O país estava prestes a experimentar seu lado sombrio.

7

A GRANDE DEPRESSÃO

EM TERMOS GEOGRÁFICOS simples, a Bolsa de Valores de Nova York dificilmente poderia ocupar posição mais periférica em relação à grande massa de terra americana: ela está aninhada na ponta extrema da Ilha de Manhattan, logo ao sul do muro que os primeiros colonos holandeses construíram para se proteger da população nativo-americana. Em termos econômicos, porém, constitui o coração pulsante do capitalismo americano: bombeia crédito para uma economia do tamanho de um continente (e muito além) e registra a saúde de todo o mercado americano. Esteja você no negócio de produzir pasta de dente em Cincinnati, ou de fabricar carros em Detroit, ou computadores no Vale do Silício, provavelmente negocia suas ações na Bolsa de Valores de Nova York.

Wall Street estabeleceu-se como coração da economia americana na década de 1920. O número de escritórios de corretagem — pessoas que vendiam ações para clientes de varejo — saltou de 706 em 1925 para 1.658 no final de 1929. O volume de negociações aumentou de 1,7 milhão de ações por dia em 1925 para 3,5 milhões em 1928, e para 4,1 milhões na metade de outubro de 1929. Um número seis vezes maior de ações ordinárias foi emitido em 1929 em relação a 1927. Wall Street estava transbordando de crédito. Novos investidores podiam comprar com uma margem de 25% — isto é, tomando emprestados 75% do preço de compra. Clientes regulares podiam comprar com uma margem de 10%.[1]

Algumas das pessoas mais sábias do país aplaudiam a alta do mercado. Em 1927, John Raskob, um dos principais financistas do país, escreveu um artigo para o *Ladies' Home Journal*, "Everybody Ought to Be Rich" (Todos têm que ser ricos), aconselhando pessoas com recursos modestos a colocarem suas economias no mercado de ações.[2] Um ano depois, Irving Fisher, um dos mais respeitados economistas do país, declarou que "os preços das ações alcançaram o que parece um planalto elevado permanente".

Outros mostravam-se mais céticos: enquanto o mercado decolava em 1927, o secretário do Comércio, Herbert Hoover, condenou a "orgia de especulações alucinadas" em Wall Street e começou a explorar formas de encerrá-la.[3] A orgia provou-se mais difícil de ser detida do que de ser iniciada. Corporações gigantes destinavam uma parcela crescente dos lucros obtidos com a produção para a especulação no mercado de ações. Novos investidores continuavam comprando com margem (conta a história que Joseph Kennedy vendeu todas as suas ações em julho de 1928 quando um engraxate insistiu em regalá-lo com informações privilegiadas). Como Wall Street oferecia retornos melhores do que qualquer outra coisa, houve uma inundação de dinheiro estrangeiro. O Dow Jones Industrial Average (composto por ações de trinta das maiores empresas), principal índice do mercado da época, saltou de 191 no início de 1928 para 381 em 1º de setembro de 1929.

Por fim, a música acabou. Em outubro, o mercado caiu 37%. Quem havia comprado com margem foi massacrado. Imagens de corretores de ações pulando de janelas ficaram gravadas na consciência nacional.

Por um momento, parecia que a Quinta-Feira Negra poderia ser um daqueles cometas bizarros que cruzavam o céu de vez em quando sem deixar rastros. A participação acionária ainda era algo limitado a uma minoria da população.[4] Nenhuma grande companhia ou banco entrou em crise. Em abril de 1930, o Dow Jones Industrial Average havia retornado ao seu patamar do início de 1929 — ou seja, praticamente o dobro do nível atingido em 1926. O *New York Times* declarou despreocupadamente que a matéria jornalística mais importante de 1929 fora a expedição do Almirante Byrd ao polo sul.[5]

Entretanto, como mostra o Gráfico 18, a recuperação de Wall Street foi breve, e a queda foi retomada. O mercado continuou despencando.

Em 1932, quando atingiu o seu ponto mais baixo, suas ações valiam meros 11% dos seus maiores patamares e Wall Street fora reduzida a uma cidade fantasma. Duas mil casas de investimentos fecharam as portas. O preço de um título patrimonial na Big Board caiu de 550 mil dólares antes da quebra para 68 mil. As corretoras de valores declaravam "dias de maçã" — folgas não remuneradas a cada mês para permitir que corretores necessitados complementassem sua renda vendendo maçãs nas calçadas. O Empire State Building, cuja construção fora encomendada por John Raskob em 1929 como um monumento ao "estilo de vida americano, que permitia a um menino pobre fazer fortuna em Wall Street",[6] foi apelidado de "Empty State Building", em referência à crise e aos escritórios vazios (*empty*).[7] O Union League Club tinha uma sala onde certificados de ações sem valor foram usados como papel de parede.

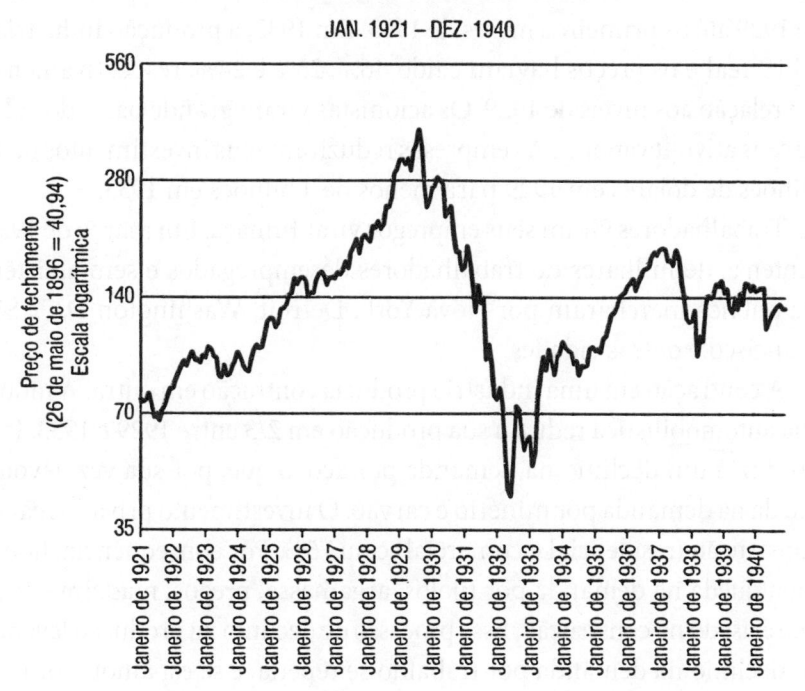

GRÁFICO 18

DOW JONES INDUSTRIAL AVERAGE

JAN. 1921 – DEZ. 1940

Historiadores têm questionado até que ponto a quebra de Wall Street teria causado a Grande Depressão. Um importante historiador especializado em negócios chegou a argumentar que "nenhuma relação casual entre os dois eventos do final de outubro de 1929 e a Grande Depressão jamais foi demonstrada". Isso não convence. Análises econométricas sugerem que, por si só, mudanças nos preços dos ativos têm um efeito notável sobre o PIB, correspondendo a quase 10% do seu crescimento nos anos pós--guerra.[8] Considerando que as parcelas do PIB relativas a ações e ativos eram praticamente as mesmas nos anos de 1927 e 1932, e nos anos do pós-guerra, o colapso do mercado de ações deve ter tido um "efeito sobre a riqueza" significativo. A crise de 2008 foi outro lembrete de que crises financeiras impõem um perigo à economia como um todo quando são acompanhadas por ativos tóxicos muito alavancados.[9] Na década de 1920, as ações entraram com os ativos tóxicos, e os empréstimos de curtíssimo prazo das corretoras, com a alavancagem. A crise financeira produziu calotes contagiosos que geraram abalos secundários por todo o restante da economia. Houve um declínio na atividade econômica geral do final de 1929 até os primeiros meses de 1933. Em 1932, a produção industrial, o PIB real e os preços haviam caído 46%, 25% e 24%, respectivamente, em relação aos níveis de 1929. Os acionistas viram grande parte do valor de seus ativos evaporar. As empresas reduziram seus investimentos de 13 bilhões de dólares em 1929 para menos de 4 bilhões em 1933.

Trabalhadores viram seus empregos virar fumaça. Em março de 1933, centenas de milhares de trabalhadores desempregados e sem assistência pública marcharam por Nova York, Detroit, Washington D.C., São Francisco e outras cidades.

A contração em uma indústria produzia contração em outra. A indústria automobilística reduziu sua produção em 2/3 entre 1929 e 1933. Isso produziu um declínio na demanda por aço, o que, por sua vez, levou à queda na demanda por minério e carvão. O investimento privado real na construção (residencial e comercial) caiu 75%. Por consequência, houve uma queda na demanda por tijolos, argamassa, pregos, madeira e tudo que é usado na construção. Esse processo de declínio na produção levando ao declínio na demanda por trabalho se repetia, e se espalhou por toda a economia: menos construção não só significou menos demanda pelos responsáveis por erguer um prédio, como encanadores e especialistas em telhados, mas também pelos fornecedores da matéria-prima, como lenhadores, e por pessoas como Babbitt, que vendia as casas prontas.

O desemprego foi mais severo entre os homens dos grandes centros industriais. Em Cleveland, Ohio, a taxa de desemprego alcançou 50% em 1933, e em Toledo, também em Ohio, 80%. Edmund Wilson, um dos escritores mais conhecidos desse período, descreveu o que encontrou em Chicago, o açougue de porcos para o mundo, em uma visita em 1932. Ele viu um imigrante polonês "morrendo de um tumor sem aquecimento na casa em um dia frio". Visitou uma pensão onde "um surto de tuberculose" e de "meningite" saíra de controle e deixara "nove pessoas em grave situação". Centenas rumavam para um aterro sanitário quando o caminhão de lixo descarregava e reviravam o lixo "com gravetos e com as mãos". Os famintos pegavam até carne estragada e "cortavam as piores partes" ou a lavavam com bicarbonato de sódio. Uma empregada doméstica viúva tirou os óculos antes de pegar a carne "a fim de não conseguir enxergar as larvas".[10]

A terra da abundância se transformou em uma terra de sofrimento, a terra da oportunidade, na terra dos sonhos frustrados. O desespero da década foi registrado em uma série de romances ocasionalmente brilhantes: *Waiting for Nothing* (1935), de Tom Kromer; *Hungry Men* (1935), de Edward Anderson; *U.S.A.* (1930-1936), uma trilogia de John Dos Passos; e *As vinhas da ira*, de John Steinbeck (1939). Também ficou gravado na demografia. A população do país teve um aumento de 7% na década de 1930, enquanto nos anos 1920 esse aumento foi de 16%. Exércitos de pessoas, entre as quais os Joads de *As vinhas da ira*, mudaram-se das áreas mais atingidas, como as Grandes Planícies e o Sul, para a Califórnia, para o Norte, ou até para o exterior. De 1932 a 1935, pela primeira vez na história americana, o número de pessoas que deixaram o país foi maior do que o número das que chegaram.

A Depressão foi mais profunda do que qualquer coisa que qualquer país em patamar comparável ao dos Estados Unidos jamais experimentara: no seu auge, cerca de um quarto da força de trabalho eram pessoas desempregadas. Também foi mais longa: a Depressão durou mais de doze longos anos, e a economia só recuperou sua plena capacidade produtiva durante a Segunda Guerra Mundial (1941-45). Pode-se argumentar que a América não sofreu uma Grande Depressão, mas duas Depressões interrompidas por uma fraca recuperação. A primeira Depressão durou 43 meses, de agosto de 1929 a junho de 1938. A recuperação interposta falhou: após seis anos de recuperação, o produto real permaneceu 25% abaixo da tendência histórica, o número de horas trabalhadas no setor privado só foi um pouco maior do que o mínimo alcançado em 1933, e a taxa de desemprego foi de 11%.[11]

Assim, a economia despencou outra vez, enquanto o país era tomado pelo que os contemporâneos chamaram de "a depressão dentro de outra depressão", ou, com mais contundência, "a recessão de Roosevelt". O desemprego em 1939 foi mais alto do que fora em 1931, antes de Roosevelt assumir a presidência. Também foi bem mais elevado do que a média de 11,4% das dezesseis maiores economias industriais do mundo. Testemunhando diante do House Ways and Means Committee (Comitê de Recursos Financeiros da Câmara dos Deputados) em 9 de maio de 1939, Henry Morgenthau, que era não só secretário do Tesouro de Roosevelt, mas também um amigo íntimo e vizinho em Upstate New York, chegou perto de sugerir que o New Deal fora um fracasso:

Tentamos gastar dinheiro. Estamos gastando mais do que jamais gastamos, e não funciona [...]. Quero ver as pessoas conseguirem emprego. Quero ver as pessoas com o bastante para comer. Nunca conseguimos cumprir nossas promessas [...]. Digo que, após oito anos desta Administração, continuamos com tanto desemprego quanto no começo [...]. E o que ganhamos foi uma dívida enorme![12]

O QUE CAUSOU A GRANDE DEPRESSÃO?

Herbert Hoover ofereceu uma resposta para essa pergunta na abertura de suas memórias: "De modo geral, a principal causa da Grande Depressão foi a guerra de 1914-18." Hoover concentrou-se em como o Tratado de Versalhes piorou a terrível destruição causada pela guerra ao sobrecarregar os Aliados com dívidas colossais e a Alemanha com indenizações irrealistas. De 1916 a 1919, os Estados Unidos viram sua dívida nacional inchar de 1,2 bilhão para 25 bilhões de dólares. Quase metade da dívida consistia em empréstimos aos Aliados, que tinham dificuldades para pagá-los, mesmo arrancando da Alemanha o máximo de dinheiro que podiam em reparações. No período de 1929 a 1932, quase todos os Aliados recusaram-se a pagar suas dívidas (a Finlândia foi uma exceção honrável), e a América respondeu adotando o protecionismo.

A história, na verdade, é muito mais complexa. A Depressão foi consequência do desmoronamento de uma ordem mundial estável, sustentada por taxas de câmbio fixas, ligadas ao padrão ouro, e da guerra e do fracasso das Grandes Potências em se ajustarem à alteração da distribuição do poder econômico e financeiro e em instituir um novo sistema sustentável.

Antes da guerra, a ordem econômica global estava centralizada em Londres e era aplicada pelo Banco da Inglaterra por meio do padrão ouro. A Grã-Bretanha era, sem dúvida, a principal potência financeira do mundo: dois terços do crédito comercial que garantiam o fluxo de produtos através do mundo, ou cerca de 500 milhões de dólares por ano, passavam por Londres.[13] A combinação da esmagadora supremacia econômica da Grã-Bretanha com o sólido compromisso de sua elite para com o papel global do país fazia o sistema funcionar relativamente sem percalços. Os britânicos eram extremamente bons no que faziam, agindo com rapidez e resolução para garantir os devidos ajustes do sistema. Outras potências europeias — e, em particular, a rica em ouro França — faziam seu papel na solução dos problemas: quando o Barings Bank quase faliu em 1890, graças a empréstimos imprudentes feitos à Argentina, ameaçando desestabilizar os mercados financeiros londrinos, os bancos centrais da França e da Rússia emprestaram dinheiro ao Banco da Inglaterra e a crise foi evitada. A mera certeza de que o Banco da Inglaterra podia recorrer a somas tão grandes de dinheiro e usá-las com excelência era o bastante para acalmar os mercados. Na frase de Keynes, a Grã-Bretanha era "a maestrina da orquestra internacional".

A Primeira Guerra Mundial acelerou a mudança do centro do poder da Europa (e Grã-Bretanha) para os Estados Unidos. Essa mudança já estava avançada antes da guerra. Mas o fato de as potências europeias terem investido tanto a mais de seu sangue e de seu tesouro na guerra do que os Estados Unidos agilizaram consideravelmente o processo. Antes da guerra, quatro nações industriais europeias juntas — Grã-Bretanha, Alemanha, França e Bélgica — produziam bem mais do que os Estados Unidos. No final da década de 1920, os Estados Unidos superavam a produção europeia em 50%. Antes da guerra, a América era importadora de capital: 2,2 bilhões de dólares em 1914, por exemplo. Após a guerra, passou a ser exportadora: 6,4 bilhões de dólares em 1919. As potências aliadas chegaram ao fim da guerra devendo 12 bilhões de dólares ao Tesouro americano, a Grã-Bretanha, com uma dívida de 5 bilhões, a França, com uma dívida de 4 bilhões. A América consolidou sua liderança global acumulando uma proporção tão grande do ouro mundial que Liaquat Ahamed, em *Os donos do dinheiro*, a comparou a um jogador de pôquer que acumulou uma quantidade tão grande de fichas que o jogo precisou ser finalizado.[14]

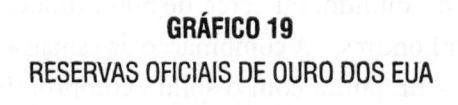

GRÁFICO 19
RESERVAS OFICIAIS DE OURO DOS EUA
1860-2016

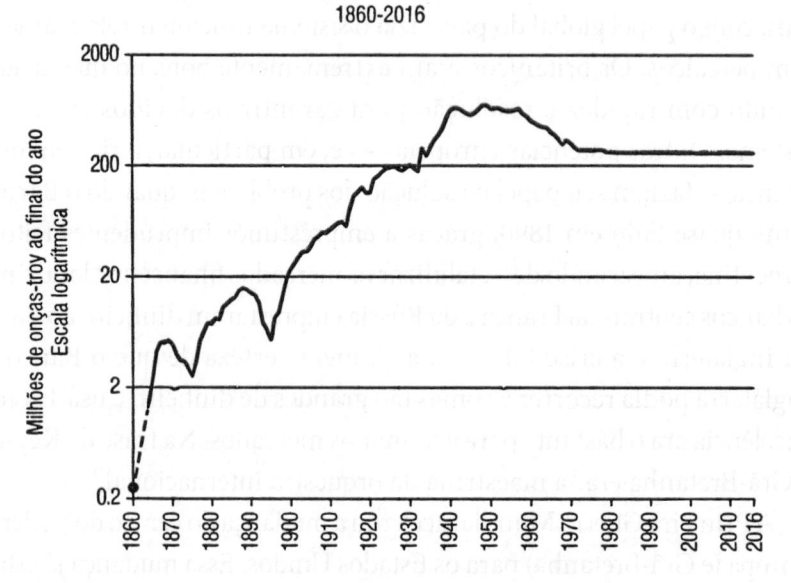

Com suas reservas de ouro praticamente esgotadas e sua economia debilitada, a Grã-Bretanha agora estava fraca demais para exercer o papel de maestrina da ordem internacional. A questão era se os Estados Unidos podiam pegar a batuta.

O orgulho europeu e a irresponsabilidade americana eram obstáculos. Todas as principais potências europeias consideravam o retorno ao padrão ouro (que haviam abandonado durante a guerra) a maior prioridade. Mas não conseguiram ajustar sua taxa de câmbio de forma a refletir seu poder econômico agora reduzido. A manifestação mais calamitosa disso foi a decisão de Winston Churchill, na época secretário do Tesouro, de fazer a Grã-Bretanha retornar ao padrão ouro, com uma paridade de 4,86 dólares por libra esterlina ou 4,25 libras por onça-troy de ouro, o nível ocupado antes de a Grande Guerra destruir a civilização europeia — aliás, o nível em que estava quando a América declarou independência. O resultado da sobrevalorização da libra foi um desastre triplo para a Grã-Bretanha. A economia real sofreu porque a Grã-Bretanha, com sua antiga taxa de câmbio, não era competitiva, o que levou a dificuldades desnecessárias ao esmagar a indústria, contrair indústrias exportadoras, tal como a do carvão, aumentar o desemprego e desencadear uma greve geral organizada pelos sindicatos. Em 1931, com 22% da força de trabalho desempregada, o governo britânico, com suas reservas de ouro diminuindo rapidamente, retirou a libra esterlina do padrão ouro pela primeira vez em tempos de paz desde que Sir Isaac Newton estabelecera a paridade com o ouro em 1717. A libra caiu mais de um terço em relação ao dólar (de 4,86 para 3,25 dólares), forçando outros países a seguir o exemplo da Grã-Bretanha — primeiro, os Estados escandinavos e bálticos, com seus laços estreitos com o mercado britânico, e depois o Japão, seguido de grande parte da América Latina.

Apesar de todas as previsões de Keynes contra a "relíquia bárbara", o problema não era o padrão ouro em termos abstratos, mas a decisão de quase todo o mundo desenvolvido de fixar suas moedas em relação ao dólar no pós-guerra dentro das taxas cambiais não competitivas do pré-guerra, isso apesar dos custos significativos do armazenamento e da perda de interesse. As algemas que condenaram a economia internacional não foram as algemas de ouro de Keynes, mas as algemas do orgulho. Os principais bancos centrais do mundo até hoje valorizam o ouro como moeda de reserva e, quando apropriado, como meio de troca. No final de 2017, os Estados Unidos tinham 262 milhões de onças de ouro, e os bancos centrais dos países mais poderosos do mundo (inclusive o Fundo Monetário internacional e o Banco de Compensações Internacionais) tinham 815 milhões de onças. Até a Rússia, que, como integrante da União Soviética, se abstinha do totem capitalista e se recusava a guardar ouro, desde o fim da URSS em 1991 acumulou 59 milhões de onças de ouro. A China, oficialmente comunista, também detém 59 milhões de onças da relíquia de Keynes.

Ao mesmo tempo, a América não conseguiu assumir o papel de maestrina da orquestra internacional antes ocupado pela Grã-Bretanha. A Grã-Bretanha confiara em seu papel hegemônico no mundo. A América, por sua vez, não estava certa sobre seu novo papel. Alguns americanos de mente mais globalista entendiam que o interesse próprio do país lhe ditava o dever de assumir um papel mais responsável na liderança dos assuntos mundiais. Woodrow Wilson insistia que a Europa podia ser reconstruída com sucesso sem a participação ativa dos Estados Unidos. Thomas Lamont, o verdadeiro presidente do J. P. Morgan, argumentava que a América estava envolvida na economia global por meio de uma complexa rede de comércio e finanças.

Essas vozes eram contrapostas pelos isolacionistas, que acreditavam que a América deveria se envolver o mínimo possível com o Velho Mundo e suas dívidas, seus antagonismos e guerras. Warren Harding foi ficando tão nervoso em relação à opinião isolacionista que se recusou a mandar representantes oficiais a várias conferências globais do setor bancário, enviando banqueiros do J. P. Morgan para observar de um ponto de vista particular. Conduzir a orquestra global era difícil mesmo no melhor cenário, considerando a complexidade da situação. Por outro lado, era impossível quando tantos dos próprios cidadãos da América estavam determinados a arrancar a batuta das suas mãos.

Um dos piores exemplos da irresponsabilidade da América foi a Lei Tarifária Smoot-Hawley de 1930, que aumentou as tarifas alfandegárias em uma média de 18% sobre novecentos bens de consumo e 575 produtos agrícolas.[15] A lei tornou-se um símbolo de idiotice econômica. Passados 63 anos, durante um debate televisionado sobre o Tratado Norte-Americano de Livre Comércio, Al Gore, então vice-presidente, presenteou Ross Perot com uma foto emoldurada dos autores da lei, Willis Hawley, congressista do Oregon, e Reed Smoot, senador de Utah. Hoje virou moda, entre alguns historiadores da economia, questionar até que ponto a lei causou a Grande Depressão. As tarifas alfandegárias da América haviam sido elevadas desde a fundação da república. A Lei Tarifária Fordney-McCumber de 1922 já havia aumentado ainda mais as tarifas. A Smoot-Hawley aumentou de 40% para 48% a alíquota média incidente sobre as mercadorias tributáveis pela alfândega, o que significou um aumento de preço de 8% sobre uma grande variedade de produtos. Outros países haviam começado a aumentar suas tarifas alfandegárias antes da Lei Smoot-Hawley. O volume das importações americanas já tivera uma queda de 15% no ano anterior à aprovação da lei. Ainda assim, a lei foi um exemplo clássico do problema mais geral do fracasso da América em assumir o papel da Grã-Bretanha na liderança da ordem comercial global.

A Lei Smoot-Hawley foi outro exemplo de fraqueza da razão econômica quando confrontada com interesses especiais. Irving Fisher organizou uma petição de 1.028 economistas contra a lei, e 238 dos 324 jornais do país suplicaram ao Congresso que não a aprovasse. Walter Lippmann, proeminente colunista americano, descreveu as tarifas alfandegárias como "um produto desprezível e prejudicial da estupidez e da ganância". George Norris, senador republicano de Nebraska, descreveu a lei como "protecionismo perfeitamente ensandecido". Thomas Lamont "quase ficou de joelhos para implorar a Herbert Hoover que vetasse a asinina Lei Hawley-Smoot". Em setembro de 1929, 23 parceiros comerciais haviam registrado suas preocupações diante da perspectiva de tarifas mais altas.

O público americano mostrou-se admiravelmente esclarecido, tomando, em sua maior parte, o lado dos especialistas, e não dos interesses especiais: o secretário responsável pela correspondência do presidente informou-lhe que "raramente houve neste país uma onda tão grande de protestos quanto a provocada pela lei tarifária".[16] Ainda assim, mesmo apesar dos alertas dos especialistas e das reclamações dos cidadãos comuns, a lei ia piorando à medida que percorria a máquina política de produção de linguiças. O projeto de lei nascera como um plano relativamente modesto para ajudar fazendeiros americanos que haviam encarado um período difícil desde o início dos anos 1920. Os fazendeiros exigiam que os produtos agrícolas recebessem o mesmo tipo de proteção que os industrializados, para os quais as tarifas alfandegárias eram, em média, duas vezes mais altas. Para muitos dos defensores do projeto de lei, a "igualdade tarifária" significava ao mesmo tempo a redução das tarifas sobre produtos industrializados e o aumento das tarifas incidentes sobre produtos agrícolas. "Mas logo a agenda tarifária foi lançada no caldeirão da revisão", escreveu a *Economist* na época, com "interessados em trocas de favores e políticos passando a mexê-lo com toda a sua energia". Os críticos das tarifas alfandegárias apelidaram a proposta de lei de "tarifa de Grundy" por causa de Joseph Grundy, um senador republicano da Pensilvânia e presidente da Associação de Fabricantes da Pensilvânia, segundo o qual qualquer um que fizesse contribuições de campanha teria direito a tarifas mais altas. Grupos de interesses pressionavam por carnes mais suculentas. Políticos responsáveis recuavam. E, no final das contas, Herbert Hoover viu-se usando seis canetas de ouro para assinar uma monstruosidade de uma lei que fixava tarifas específicas sobre 3.300 itens.

A lei não tardou a provocar retaliação. A Liga das Nações (para a qual a América não entrara, apesar dos esforços de Woodrow Wilson) propusera a ideia de uma "trégua alfandegária" com o intuito de evitar a recessão global. A Lei Smoot-Hawley ajudou a transformar uma trégua em guerra. Países estrangeiros reagiram com uma variedade de instrumentos (tarifas, cotas de importação, políticas cambiais) que reduziram o comércio global. Furiosos com as tarifas impostas sobre seus relógios, por exemplo, os suíços impuseram tarifas sobre as máquinas de escrever, carros e rádios americanos. A Alemanha declarou uma política de autossuficiência nacional (com a ameaça implícita de que uma Alemanha autossuficiente também seria uma Alemanha expansionista). Até a Grã-Bretanha, que havia defendido o livre comércio desde a revogação das "Leis dos Cereais" em 1846, abraçou o protecionismo em fevereiro de 1932, aumentando tarifas e oferecendo preferências especiais ao império e a poucos parceiros comerciais favoritos. O volume de negócios globais encolheu de cerca de 36 bilhões de dólares em 1929 para cerca de 12 bilhões em 1932.[17]

A tendência da Depressão de se alimentar de si mesma foi reforçada pelo que Irving Fisher chamou de "deflação da dívida". A explosão dos empréstimos nos anos 1920 funcionara muito bem enquanto as pessoas tinham uma renda regular (e em crescimento). A combinação entre o aumento do desemprego e a estagnação (ou queda) das rendas reais ampliou os problemas econômicos. As obrigações das dívidas da sociedade aumentaram, enquanto sua capacidade de cumprir com essas obrigações diminuiu. A deflação forçava os devedores a reduzirem o consumo, levando a mais quedas nos preços. As quedas dos preços levaram a uma contração econômica geral. No início de 1934, mais de um terço dos proprietários de casas das cidades americanas padrão estava atrasado com a hipoteca.

A deflação da dívida amplificou os efeitos malignos das tarifas em geral e das novas tarifas da Lei Smoot-Hawley em particular. As tarifas eram impostas sobre o volume das importações (tantos centavos por quilo, digamos), e não sobre o valor. Assim, com o estabelecimento da deflação depois de 1929, as tarifas alfandegárias efetivas aumentaram, desencorajando as importações. Em 1932, a tarifa alfandegária americana média sobre as importações taxadas era de 59%, mais alta do que jamais fora, exceto por um breve momento em 1830. Se a Lei Smoot-Hawley aumentou as tarifas em 20%, a deflação representou mais um aumento de metade disso. O comércio global entrou em colapso. Em 1932, tanto as importações quanto as exportações americanas correspondiam a um terço do que haviam sido em 1929.

A deflação da dívida foi pronunciada na agricultura. Os fazendeiros americanos haviam passado por um período de prosperidade inédito durante a Grande Guerra, já que seus concorrentes europeus estavam frequentemente incapacitados de operar. Os preços agrícolas dobraram durante a guerra à medida que a demanda estrangeira aumentava, e os fazendeiros pediram muitos empréstimos a fim de investirem em maquinário agrícola ou recuperar terras impróprias para o cultivo. Quando os preços agrícolas não caíram após a guerra, conforme esperado, os fazendeiros entraram em outra rodada de investimentos e especulação. Então, o clima mudou. A recuperação da agricultura europeia reduziu a demanda por produtos americanos. Mas os fazendeiros não conseguiram ajustar sua estratégia para lidar com a mudança nas condições. Um ciclo de deflação de dívida começou a se estabelecer. A queda dos preços desencadeou uma sucessão de crises: fazendeiros mergulhados em dívidas não conseguiram pagar seus empréstimos; bancos rurais entraram em colapso com os calotes de seus clientes; e o manejo incorreto de terras impróprias para o cultivo provocou tempestades de poeira. O número de execuções de hipotecas aumentou de 3% das fazendas entre 1913 e 1920 para 11% entre 1921 e 1925, e depois para 18% entre 1926 e 1929. Em 1933, quase metade dos fazendeiros da América estavam atrasados nos pagamentos de suas hipotecas.

O peculiar sistema bancário da América botou lenha na fogueira. O aumento rápido na demanda por serviços bancários criou um sistema altamente fragmentado e pobremente organizado. O Canadá tinha quatro bancos nacionais, cada um com ramificações por todo o território, com bolsos cheios, acionistas espalhados e clientes diversificados.[18] A América tinha 25 mil bancos, a maioria subcapitalizados, com 52 regimes de regulação diferentes e dependentes dos caprichos das economias locais. A falência de bancos era comum até em períodos bons: na década de 1920, mais de quinhentos faliam por ano. Entre 1929 e 1933, 40% dos bancos da nação (9.460) faliram. Em 1930, o Bank of the United States (que devia seu nome a um marketing inteligente, e não a qualquer status oficial) sofreu a maior falência de um banco na história americana até hoje, congelando cerca de 200 milhões de dólares em recursos dos depositantes.[19] Em 1932, o problema tornou-se ainda maior: em outubro, o governador de Nevada fechou os bancos do estado com o objetivo de impedir que o incêndio se espalhasse, e depois disso 38 estados decretaram "feriados bancários".

Uma particularidade do sistema político americano piorou ainda mais a situação. Os Fundadores haviam criado uma lacuna de mais de três meses entre as eleições presidenciais em novembro e a posse do novo presidente em março com o objetivo de dar aos presidentes tempo o bastante para fazerem a viagem desde suas casas até a capital da nação. Essa prática continuava em voga em 1932, apesar do advento dos trens, dos automóveis e até dos aviões (a data foi transferida para janeiro com a aprovação da Vigésima Emenda em janeiro de 1933). Dessa forma, a América ficou sem um presidente em exercício entre a derrota humilhante de Hoover em novembro de 1932, quando ele só venceu em dois estados, assim perdendo qualquer legitimidade preservada após a quebra, e a posse de Roosevelt em março. Hoover recusou-se a tomar novas iniciativas sem a cooperação de Roosevelt. Roosevelt preferiu aguardar até estar no poder. Com isso, os dois se tornaram completamente hostis entre si: Hoover não disse uma palavra a Roosevelt quando os dois fizeram o trajeto para a posse em uma carruagem. Com Washington paralisada, bancos em colapso, negócios estagnados e o medo se espalhando.

O Federal Reserve também ia muito mal. Só havia um banqueiro capacitado na diretoria, Benjamin Strong, presidente do Federal Reserve Bank de Nova York, e ele morreu em 1928. Os outros membros da diretoria eram, na frase de John Kenneth Galbraith, "assustadoramente incompetentes": Daniel Crissinger, presidente do Conselho de Diretores do Federal Reserve de 1923 a 1927, era um pequeno comerciante e congressista fracassado que devia sua posição a uma amizade de infância com Warren Harding.[20] O Federal Reserve ainda estava aprendendo a fazer seu trabalho. O Fed descobriu por acidente sua ferramenta mais poderosa para definir a política monetária, a política de Mercado Aberto. Depois da Primeira Guerra Mundial, alguns bancos distritais do Federal Reserve estavam negociando tão pouco com outros bancos que os formuladores de políticas temiam que eles não produzissem receita suficiente para pagar as despesas esperadas. Assim, no primeiro semestre de 1922, os bancos do Fed passaram a comprar mais títulos do governo que pagam juros para melhorar seus ganhos. Isso teve o efeito previsto de aumento das reservas dos bancos comerciais por todo o país, levando à redução das taxas de juros de curto prazo. O Fed logo se deu conta de que tinha uma ferramenta incrivelmente poderosa nas mãos: comprando títulos no mercado aberto, podia aliviar as condições de crédito e as taxas de juros; por outro lado, vendendo títulos, podia apertar as condições de crédito por meio do aumento das taxas. Em maio de 1922, o Fed decidiu conferir ao Federal Reserve Bank de Nova York a responsabilidade pela coordenação desse investimento dos doze bancos restantes do Sistema. Alguns meses depois, formou o que é hoje chamado de Comitê Federal de Mercado Aberto (FOMC, do inglês Federal Open Market Committee).

Não obstante, o FOMC era frequentemente paralisado por divisões internas. O Fed alimentou o frenesi especulativo de 1926-28, conservando as taxas de juros muito baixas, a fim de manter o valor da libra esterlina ao encorajar um fluxo de capital direcionado à Grã-Bretanha. Em seguida, pesou a mão na compensação, aumentando quatro vezes as taxas de juros em 1928 e 1929, de 3,5% para 6%, e dificultando que as pessoas fizessem empréstimos para investimentos. O Fed também contribuiu para o problema das falências de bancos ao negligenciar a criação de sistemas de segurança — por exemplo, quando o Bank of the United States faliu em dezembro de 1930. Milton Friedman e Anna Schwartz demonstram, no monumental *Monetary History of the United States* (1963), que as falências dos bancos reduziram o dinheiro em circulação em mais de um terço. Então, no outono de 1931, o Fed piorou uma situação que já era de desespero com um grande aumento das taxas de juros objetivando garantir a manutenção do valor do dólar.

Ao refletirmos sobre essa série de erros, é importante considerarmos as circunstâncias. Os formuladores de políticas tinham não mais do que uma noção nebulosa da economia nacional. Foi necessário o choque da Grande Depressão para convencer o governo a empregar Simon Kuznets e a Agência Nacional de Pesquisa Econômica na preparação de um amplo conjunto de contas nacionais. O mundo jamais havia experimentado nada como a Grande Depressão: os formuladores de políticas estavam navegando em uma tempestade global sem um mapa para guiá-los. No início, eles não sabiam o quão ruim ficaria. Um ano após a quebra, muitos americanos acreditavam estar no meio de uma crise — não tão ruim, é claro, como a súbita contração de 1920. Havia muitas notícias boas para compensar as ruins: a taxa de desemprego de 1929 havia sido de 2,9%, uma das mais baixas de todos os tempos; a nova economia do rádio, dos filmes e dos aviões estava vivendo um verdadeiro boom; os lucros corporativos estavam fortes.

Quando ficou claro que a América estava mergulhando em uma tempestade sem precedentes, eles não tinham uma compreensão nítida de como os diversos segmentos da economia interagiam. É claro que Wesley Clair Mitchell explicara como os ciclos econômicos funcionavam em 1913. Mas isso não era o bastante para penetrar a confusa neblina da quebra de 1929. A única depressão que podia ser comparada de longe com a Grande Depressão em severidade e duração era a de 1893. Mas ainda era possível, naquela época de governo pequeno e políticas fatalistas, que o governo permanecesse parado e deixasse a destruição criativa seguir seu curso. Na década de 1930, as pessoas esperavam que o governo "fizesse algo", mas não sabiam o que esse "algo" deveria ser. O governo federal era minúsculo: os gastos totais em 1929 somavam apenas 3,1 bilhões de dólares, ou 3% do PIB. O Federal Reserve só tinha quinze anos em 1929, e ainda estava pegando o jeito. Economistas acadêmicos tinham pouco a dizer sobre como lidar com depressões. E, ainda que soubessem o que fazer, não está claro se teriam tido os mecanismos para fazer uma grande diferença no prazo disponível.

UM DESAFIO SEM NINGUÉM À ALTURA

A vítima mais proeminente da Grande Depressão, à medida que ela capturava a economia, foi Herbert Hoover: um presidente que assumira o cargo tão enaltecido quanto qualquer um na história americana viu sua reputação enfraquecer e morrer. Os difamadores de Roosevelt, alguns dos mais implacáveis do negócio, apelidaram a Depressão de "Depressão Hoover", as comunidades de sem-teto que se multiplicaram em tantas cidades americanas, de "Hoovervilles", e os jornais que essas pessoas usavam para se cobrir à noite, de "cobertores Hoover".[21] Historiadores subsequentes descreveram Hoover como um republicano indolente.

Essa acusação é infundada. Sem dúvida, existiam republicanos que acreditavam que a solução era não fazer nada: segundo relatos, Andrew Mellon, secretário do Tesouro herdado por Hoover de Coolidge, acreditava que a melhor solução para a Depressão seria uma liquidação no atacado:

> Liquidem a mão de obra, liquidem as ações, liquidem os fazendeiros, liquidem os imóveis [...]. Isso irá purificar a podridão do sistema. Os elevados custos de vida e os luxos serão reduzidos. As pessoas trabalharão mais, levarão uma vida mais moralizada. Os valores serão ajustados, e pessoas com iniciativa assumirão em lugar das menos competentes.

Hoover não era um deles — aliás, ele reprovou a presunçosa ideia liquidacionista de Mellon em suas memórias e afirmou tê-las ignorado. Ele acreditava firmemente que as economias capitalistas modernas precisavam da orientação de um governo ativista. Hoover encontrou-se com os banqueiros do Federal Reserve para discutir a bolha no mercado de ações apenas dois dias depois da sua posse, e periodicamente apoiava diversas formas diferentes de se lidar com ela, da elevação das taxas de juros ao desencorajamento da compra com margem. Primeiro presidente a ter um telefone em sua mesa, ele com frequência iniciava o dia telefonando para Thomas Lamont, do J. P. Morgan, a fim de se manter informado em relação ao mercado.[22] Hoover reagiu rapidamente à desaceleração da economia propondo uma mistura de redução de impostos e investimentos em infraestrutura. Levou grandes empresários à Casa Branca e os fez prometer manter os salários e, com isso, evitar uma erosão do poder de compra: Henry Ford, um dos mais proeminentes convidados na Casa Branca, imediatamente reduziu os preços dos carros e aumentou as remunerações dos funcionários para sete dólares por dia.

O problema de Hoover é que ele não compreendia muito a arte da política. Até seus amigos temiam que ele fosse "maquinal demais". Seus inimigos difamavam-no como frio e sem coração. Ele não sabia como acariciar os egos dos outros. Não sabia como fortalecer suas ideias com poder retórico. Em suma, não entendia que é preciso governar tanto em poesia quanto em prosa.

Alguns políticos crescem com os desafios de fases difíceis. Hoover pareceu encolher. Ele capturou as manchetes com alguns pronunciamentos bizarros — por exemplo, declarou, usando sua típica expressão de enterro, que a melhor maneira de curar a Depressão era que todos rissem, e chegou até a propor a Will Rogers que escrevesse uma piada capaz de destruir a Depressão. Nunca muito extrovertido, ele se isolou em uma carapaça de austeridade. Nunca um mestre da inspiração, adotou uma sombria tecnocracia. Perto do final, ele era um homem visivelmente cansado, os olhos injetados, o rosto pálido, trabalhando em sua mesa do amanhecer ao anoitecer, mas jamais capaz de se comunicar com o público ou de inspirar a nação.

Nesse aspecto, seu sucessor era o oposto — um dos grandes políticos da era democrática. Franklin Delano Roosevelt (FDR, popularmente) era o equivalente americano de um aristocrata britânico: criado em uma propriedade imensa no Hudson Valley e educado em Groton e Harvard, ele estava completamente convencido de seu direito a governar e de sua capacidade de exercer esse direito. Contudo, como Winston Churchill do outro lado do Atlântico, ele era um aristocrata com um toque popular.

Enquanto Hoover era melancólico, Roosevelt era radiante. Enquanto Hoover cedia ao desespero, Roosevelt era um otimista inveterado: para ele, toda nuvem terminava em luz e todo problema tinha uma solução. Roosevelt era a personificação do princípio de Hamilton, do artigo de número 70 de *O Federalista*, de que "a energia do executivo é uma das principais características da definição de um bom governo". Ele instintivamente compreendia que, politicamente, era melhor fazer alguma coisa — mesmo que fosse a coisa errada — do que ficar parado e esperar que as coisas melhorassem. "O país precisa, e, a não ser que eu esteja enganado em relação ao seu temperamento, o país exige experiências ousadas e persistentes", ele declarou em um discurso na Universidade Oglethorpe em 22 de maio de 1932. Suas ideias eram com frequência improvisadas, contraditórias e pouco refletidas — Henry Stimson, secretário da Guerra, disse que seguir seu raciocínio era "muito como perseguir um raio de sol errante por uma sala vazia".[23] Ele cometeu inúmeros erros. Uma de suas principais políticas — a Lei de Recuperação da Indústria Nacional — foi um fracasso. Não obstante, ele se dava conta de que um povo dado a resolver problemas precisava de um líder capaz de se comprometer completamente com a ação e a experiência.

Nenhum presidente fez melhor uso de seu privilegiado púlpito. Roosevelt fez uma série de discursos edificantes — entre os quais o mais notável foi o da sua posse, em que declarou que os americanos não tinham nada a temer além do medo em si. Ele lançou mão do poder oferecido pelo rádio para se aproximar do povo. Ao longo de seu mandato, apresentou uma sucessão de conversas ao pé da lareira, em que ao mesmo tempo reconfortava um público nervoso e harmonizava políticas radicais. Os presidentes haviam assumido o hábito de se dirigir ao público como os senadores romanos se dirigiam ao senado (hábito este ressuscitado por John F. Kennedy em seu discurso de posse "Não pergunte"). FDR conversava com as pessoas como se fosse um tio querido que estava passando para uma visita. "Eu tentava imaginar um pedreiro trabalhando em uma nova construção, uma menina atrás de um balcão, um fazendeiro em seu campo", ele disse.

Roosevelt cercou-se de intelectuais que confiantemente acreditavam entender o que afligia a América e saber como resolver a situação. Eram os "Brain Trusters": um grupo de notáveis formado por acadêmicos liberais e advogados que se reunia em torno de FDR no final da década de 1920 e início dos anos 1930. "Em vez de uma cozinha, ou de um gabinete do tênis, ele preferiu confiar em um gabinete de beca e capelo", opinou um perfil.

O membro fundador do gabinete de beca e capelo foi Raymond Moley, professor de Direito da Universidade Columbia. Entre outros membros proeminentes estavam Adolf Berle, professor da Columbia Law School e coautor de *A moderna sociedade anônima e a propriedade privada* (1932), e Rexford Tugwell, economista da Universidade Columbia. Herdeiros dos intelectuais progressistas do início do século XX, eles assumiram ao extremo todas as virtudes (ou vícios) dos progressistas. Acreditavam, acima de tudo, no poder do governo. Tugwell retornara de uma viagem para estudar agricultura na Europa e na União Soviética convencido de que o planejamento governamental era o ingrediente secreto do sucesso no setor (seus críticos apelidaram-no de "Rex, o Vermelho" ou "o Lênin do New Deal"). O argumento central de Berle em *A moderna sociedade anônima* era que, se não fossem reguladas pelo governo, as corporações modernas representariam uma grande ameaça ao bem público.[24]

Os progressistas haviam se dividido em torno da questão das grandes empresas. Louis Brandeis considerava que a própria "grandeza" já era uma maldição. Sua solução era usar o poder do governo para impedir que a concentração fosse um índice de eficiência, e o truque era direcionar a concentração ao bem público. Em *Concentration and Control* (1912), Charles Van Hise, reitor da Universidade de Wisconsin, argumentou que a América entrara em uma era pós-*laissez-faire*, em que os negócios estavam destinados a crescer cada vez mais. Não havia nada de errado nessa "concentração", ele argumentou, contanto que ela fosse equilibrada pelo "controle" do governo. O grupo de notáveis de Roosevelt colocou-se enfaticamente ao lado do argumento pró-grandeza — aliás, tratando Van Hise como um profeta, e *Concentration and Control,* como uma bíblia. Acreditavam que os conglomerados industriais representavam uma ameaça tanto à prosperidade quanto à liberdade. Riqueza demais nas mãos de poucos empresários reduzia a demanda e ameaçava privar as empresas de seus consumidores, e poder demais nas mãos dos mesmos empresários minava a democracia, conforme afirmavam; mas bastava equilibrar a concentração com controle na forma de regulamentações, e um vício se transformava em virtude. A América, argumentava Van

Hise, precisava lançar mão do poder de um governo intervencionista para contrabalançar o poder das grandes empresas.[25]

FAZENDO HISTÓRIA

Franklin Roosevelt tomou posse ao meio-dia de 4 de março de 1933. Naquela data, o sistema bancário, lubrificante vital da economia capitalista, encontrava-se em estado de colapso. De acordo com a autoridade controladora da moeda de Hoover, "a gota d'água" veio com a decisão do governador de Michigan de declarar um feriado bancário estadual em 14 de fevereiro de 1933. Seguiu-se uma onda de pânico. As retiradas em espécie tiveram um grande aumento de 15 de fevereiro a 8 de março, e a quantidade de moeda em circulação aumentou quase 2 bilhões de dólares. Aumentaram também as retiradas de ouro do Federal Reserve Bank de Nova York, deixando o saldo em ouro do Fed bem abaixo do patamar estatutário de 40% das notas do Federal Reserve para apenas 24% (o Fed depois suspendeu os requisitos para as reservas em ouro). Ao final do horário comercial de 4 de março de 1933, de acordo com uma estimativa de Allan Meltzer, da Universidade Carnegie Mellon, os bancos em 35 dos 48 estados haviam declarado feriado bancário. Em 25 de março, o primeiro ato de FDR como presidente foi fechar todos os bancos sob uma obscura determinação federal.

Fechar era mais fácil do que reabrir sem desencadear a continuação das corridas aos bancos. Roosevelt descobriu que sua nova administração não tinha capacidade de executar essa complexa tarefa. Por sorte, a equipe de Hoover, liderada pelo secretário do Tesouro, Ogden Mills, e incluindo Eugene Meyer, presidente do Federal Reserve, havia traçado um plano inteligente durante o último ano de seu mandato para reabrir os bancos sem criar distúrbios: dividi-los em três categorias de acordo com sua saúde financeira; examiná-los meticulosamente; e depois retomar suas operações de rotina em etapas. Os bancos da Classe A abririam primeiro. Os bancos da Classe B receberiam empréstimos do Federal Reserve

ANTES DA REVOLUÇÃO INDUSTRIAL, AS PESSOAS VIVIAM MUITO MAIS PERTO DO MUNDO NATURAL

As baleias eram uma das principais fontes de óleo para a iluminação. A caça delas, portanto, era um dos negócios mais lucrativos – e perigosos – da América.

The Sperm Whale in a Flurry, litografia colorida à mão por Nathaniel Currier, 1852. Springfield Museums

Como mostra essa pintura de uma fazenda em Mahantango Valley, Pensilvânia, os americanos conviveram diretamente com todos os tipos de animais por um longo período da história dos Estados Unidos.

Mahantango Valley Farm, América, final do século XIX. National Gallery of Art/NGA Images

O dólar de prata de 1794.

Ukartpics/Alamy Stock Photo

A Compra da Louisiana, em 1803, quase triplicou o tamanho dos Estados Unidos ao custo de 15 milhões de dólares, secando o tesouro e forçando o país a pegar dinheiro emprestado da Baring Brothers.

Mapa de Jacob Abbott Cummings, parte do seu *Atlas of Ancient and Modern Geography*, 1816. Yana & Marty Davis Map Collection, Museum of the Big Bend

1800-1850: O NORTE ERA UM FOCO DE ATIVIDADE EMPRESARIAL

Um ferreiro na forja.

Pat Lyon at the Forge, pintura de John Neagle, 1827. Museum of Fine Arts, Boston

Moinho de Samuel Slater em Pawtucket, Rhode Island, o primeiro moinho mecânico de algodão da América. Praticante de espionagem industrial, Slater memorizou os segredos do moinho britânico onde trabalhara.

Ilustração sem data. The Joseph Bucklin Society

Cyrus McCormick, fundador da McCormick Harvesting Machine Company, obteve uma patente por sua máquina em 1834. Graças a ele, os agricultores, que antes sofriam usando foices, agora podiam trabalhar sentados, como príncipes da campina.

Propaganda da máquina de McCormick. Capa de *The Abilene Reflector* (Abilene, Kansas), 29 de maio de 1884. *Chronicling America: Historic American Newspapers.* Biblioteca do Congresso

Aplicação de patente de Eli Whitney para a descaroçadeira de algodão, que revolucionou a produtividade da economia algodoeira.

Desenho da patente de Eli Whitney, 14 de março de 1794. Records of the Patent and Trademark Office, National Archives

SHERIFF'S SALE.

John Warburton and others, vs. Robert Taylor.

Attachment in the St. Louis Circuit Court.

Whereas, on the 14th day of April, 1845, an order was made in the above entitled cause, by the Hon. John M. Krum, Judge of the 8th Judicial Circuit of the State of Missouri, ordering and directing the undersigned, Sheriff of the County of St. Louis, to sell the property attached by virtue of the writ of attachment in this case, in the manner prescribed by law, which said property is described as follows, to wit:

1 Negro woman, named AMERICA, aged about 25 years, and her child, aged about 18 months.

Also, twin negro boys, aged about 5 years, named FRANK and WILLEY.

Now, therefore, I, the said Sheriff, will, on *Monday*, the 25th day of August, inst., between the hours of nine and five o'clock, of that day, at the east front door of the Court house, in the City and County of St. Louis, State of Missouri, sell the said attached property above described, to the highest bidder, for cash, in pursuance of said order.

WILLIAM MILBURN, Sheriff.

St. Louis, Aug. 13, 1845.

A economia do Sul baseava-se nas fundações mais desumanas: a propriedade de seres humanos.

Panfleto de leilão público avisando sobre venda de escravos (fac-símile), 13 de agosto de 1845.
Missouri Historical Society

O Canal de Erie, aberto em outubro de 1825, ajudou a criar uma rota aquática de Nova York aos Grandes Lagos. O canal estimulou a expansão para oeste e ajudou a transformar Detroit, Cleveland e Chicago em eixos urbanos.

Ilustração do Canal de Erie do "Summer Excursion Routes", um catálogo da Sunshine Publishing Company, Filadélfia, 1881.
Digitalizado pela Sloan Foundation. Biblioteca do Congresso

O general Robert E. Lee (o primeiro sentado a partir da esquerda) encontra o general Ulysses S. Grant em 9 de abril de 1865 para firmar os termos da rendição da Confederação.

Sala da McLean House, na Appomattox Court House, onde o general Lee se rendeu ao general Grant. Litografia. Major & Knapp, Biblioteca do Congresso

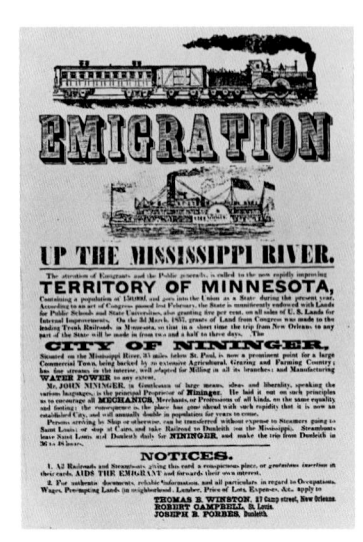

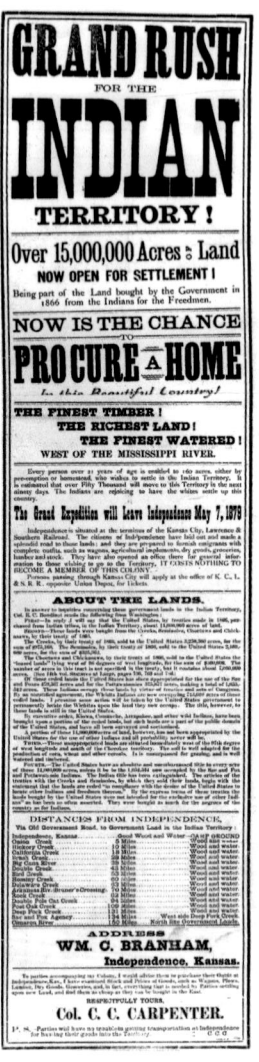

Dois cartazes promovendo a imigração para os novos territórios: Minnesota, em 1857, e Oklahoma, em 1879. Os colonizadores invadiram o Oeste, atraídos pela oferta de grandes lotes de terra por uma taxa nominal, contanto que aceitassem cultivar a terra por determinado período de tempo.

À esquerda: Biblioteca do Congresso via Corbis Historical/Getty. À direita: Foto 12/Alamy Stock Photo

Prospector de ouro por volta de 1850. Os prospectores abandonavam suas famílias e, às vezes, atravessavam o imenso continente, escalando as Montanhas Rochosas e a Serra Nevada em busca de uma chance de enriquecerem.

Minerador por L. C. McClure, 1850. Wikimedia Commons

PONY EXPRESS!

CHANGE OF   *NEWS!!*   REDUCED

TIME!   RATES!

10 Days to San Francisco!

LETTERS

WILL BE RECEIVED AT THE

OFFICE, 84 BROADWAY,

NEW YORK,

Up to **4** P. M. every TUESDAY,

AND

Up to **2½** P. M. every SATURDAY,

Which will be forwarded to connect with the PONY EXPRESS leaving
ST. JOSEPH, Missouri,

Every WEDNESDAY and SATURDAY at 11 P. M.

TELEGRAMS

Sent to Fort Kearney on the mornings of MONDAY and FRIDAY, will connect with **PONY** leaving St. Joseph, WEDNESDAYS and SATURDAYS.

EXPRESS CHARGES.

LETTERS weighing half ounce or under.............$1 00
For every additional half ounce or fraction of an ounce 1 00
In all cases to be enclosed in 10 cent Government Stamped Envelopes,
And all Express **CHARGES** Pre-paid.

☞ PONY EXPRESS ENVELOPES For Sale at our Office.

WELLS, FARGO & CO., Ag'ts.

New York, Ju'y 1, 1861.

SLOTE & JANES, STATIONERS AND PRINTERS, 86 FULTON STREET, NEW YORK

O Pony Express ligou as costas leste e oeste combinando uma nova
tecnologia, o telegrama, a uma antiga, o cavalo.

Westport Landing, Kansas City, c. 1865.

Artista W. H. Jackson; foto MPI via Getty

Em uma pintura de 1872 feita por John Gast, pioneiros seguem uma figura alegórica da América em direção ao Oeste: a pé, a cavalo, em diligência, de carroça e pela estrada de ferro.

American Progress, de John Gast, 1872. Biblioteca do Congresso, Prints and Photographs Division

OS SISTEMAS DE TRANSPORTE QUE UNIRAM O PAÍS

Um grupo de homens posa em cima de uma locomotiva a vapor
em City Point, Virgínia, década de 1860.

Photograph of Engine n. 133, U.S. Military R.R., City Point, Virgínia, de Mathew
Brady, c. 1860-1865. U.S. National Archives

Esta pintura de Thomas Hill exibe a cerimônia realizada em Promontory
Point, Utah, em 10 de maio de 1869, marcando a conclusão da ferrovia
transcontinental.

Everett Collection Inc./Alamy Stock Photo

A grande ponte suspensa sobre o Rio East, conectando as cidades de Nova York e
Brooklyn, por volta de 1883.

The Great East River Suspension Bridge, publicação de Currier & Ives, Nova York. Cromolitografia, 1883.
Biblioteca do Congresso, Prints and Photographs Division

A ASCENSÃO DOS GRANDES NEGÓCIOS

Fabricação de aço pelo processo de Bessemer: aquecimento e fundição de lingotes de aço em 1876. "Os conversores Bessemer encantam os olhos com suas chamas saltitantes", escreveu John Fitch após uma visita a uma das "oficinas de Vulcano" da América.

Cartaz de propaganda da Standard Oil, 1900. Naquele ano, a Standard Oil foi capitalizada em 122 milhões de dólares, e John D. Rockefeller controlava 90% da capacidade de refinaria do mundo.

Trens levando e trazendo produtos para uma fábrica da Filadélfia, c. 1900. Os industriais pretendiam colocar o máximo possível de produção no mesmo lugar.

Uma siderúrgica em Pittsburgh, Pensilvânia, no início dos anos 1900. O aço deu aos Estados Unidos seu homem mais rico: Andrew Carnegie. E sua maior empresa: a U.S. Steel.

KGPA Ltd./Alamy Stock Photo

Imigrantes europeus em Ellis Island. Quase 12 milhões de imigrantes chegaram aos Estados Unidos entre 1870 e 1900.

OS GIGANTES DA ECONOMIA AMERICANA

John Pierpont Morgan, o maior banqueiro da Era Dourada.

Fotografia de John Pierpont Morgan, c. 1902. Biblioteca do Congresso

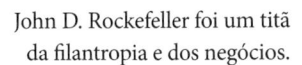

John D. Rockefeller foi um titã da filantropia e dos negócios.

Fotografia de John D. Rockefeller. Foto feita em estúdio por Oscar White. 360.org

Andrew Carnegie tornou-se o homem mais rico do mundo depois de vender sua companhia de ferro em 1901.

Fotografia de Andrew Carnegie, c. 1913. Biblioteca do Congresso

James J. Hill, fundador da Great Northern Railway e pioneiro na introdução do transporte no Oeste.

Fotografia de John J. Hill, 1902, Pach Brothers; publicação de *The World's Work: A History of Our Time*, Doubleday, Page & Company, 1916. Universidade de Toronto

Thomas Edison em seu laboratório em Orange, Nova Jersey.
Nascido no Meio-Oeste e essencialmente autodidata, Edison
deteve mais patentes do que qualquer outro americano.

William Jennings Bryan em uma conferência sobre conservação em 1908,
em Washington D.C., com Andrew Carnegie, James J. Hill e John Mitchell,
presidente da United Mine Workers.

O MOVIMENTO CONTRA A INDÚSTRIA

William Jennings Bryan falando na Convenção Nacional Democrata
(e talvez repetindo a posição que adotou ao final de seu discurso da
"Cruz de Ouro" em 1896).

Fotografia de William Jennings Bryan na Convenção Nacional do Partido Democrata de
1908. Biblioteca do Congresso

Oponentes da Standard Oil criticavam-na como um "monopólio bestial", como ilustrado em uma gravura de 1884.

A ASCENSÃO DA PRODUÇÃO E DO CONSUMO EM MASSA

Vitrine da loja Marshall Field, Chicago, 1909.

Operários na linha de montagem da Ford Motor Company em 1913.

Alfred Sloan, presidente da General Motors, em 1928. Ele revolucionou a administração das companhias automobilísticas do mesmo modo que Henry Ford revolucionou a produção em massa, transformando a GM em uma firma multidivisional que produzia carros diferentes para bolsos e propósitos diferentes.

O Empire State Building em construção em 1930, quando os Loucos Anos Vinte deram lugar aos sombrios anos trinta.

A GRANDE DEPRESSÃO E O NEW DEAL

As multidões em Wall Street no dia 31 de outubro de 1929, após a quebra da bolsa de ações.

Um "bandejão" alimentando os famintos e desabrigados em Chicago, em 16 de novembro de 1930, cortesia do gângster Al Capone.

Ilustração de 1933 de Clifford Berryman homenageia "o espírito do New Deal" na forma da cooperação entre empregadores e funcionários. "NRA" é uma abreviação de National Recovery Administration (Administração de Recuperação Nacional), que adotou uma águia azul como símbolo.

"É de uma bomba nova que precisamos": por volta de 1935, um cartão zombava da ideia de que o governo era capaz de estimular a economia com frentes de trabalho, sugerindo que a água estava vazando para todos os lados sem produzir nenhum resultado.

Membros da recém-fundada United Auto Workers Union (UAW) sentados durante greve na fábrica da General Motors Fisher Body, em Flint, Michigan, em janeiro de 1937.

Sheldon Dick via Hulton Archive/Getty

Passageiros desembarcam de um Condor da American Airlines no aeroporto de Newark, em 1935.

ClassicStock/Alamy Stock Photo

O BOOM DA GUERRA

Produção de B-24s na fábrica de Henry Ford de Willow Run,
Michigan, durante a Segunda Guerra Mundial.

Biblioteca do Congresso via Corbis Historical/Getty

Operárias montam a fuselagem da cauda de um bombardeiro B-17F
Flying Fortress na Douglas Aircraft Company em Long Beach,
Califórnia.

Corbis Historical via Getty

Propaganda da Coca-Cola do período da guerra. A Coca-Cola acompanhou as tropas americanas pelo mundo, tornando-se um produto global e símbolo da afluência americana.

Cortesia de Advertising Archives

A fábrica River Rouge, de Henry Ford, em 1940, era uma das maiores unidades industriais do mundo. Ela acabou por se tornar o coração da produção em massa de mil aviões por dia.

Bettmann via Getty

A ERA DE OURO DO CRESCIMENTO

Vista aérea de Levittown em janeiro de 1955. Levittown aplicou a produção em massa à construção civil e colocou o sonho americano ao alcance da maioria dos trabalhadores brancos.

Hulton Archive via Getty

O sonho do subúrbio: mãe e filha se despedem do pai, que entra no carro com destino ao trabalho em janeiro de 1949. O PIB real havia aumentado 4,2% no ano anterior.

ClassicStock/Alamy Stock Photo

Recriação do primeiro McDonald's, inaugurado em Des Plaines, Illinois, por Ray Kroc em 15 de abril de 1955.

Tim Boyle via Getty

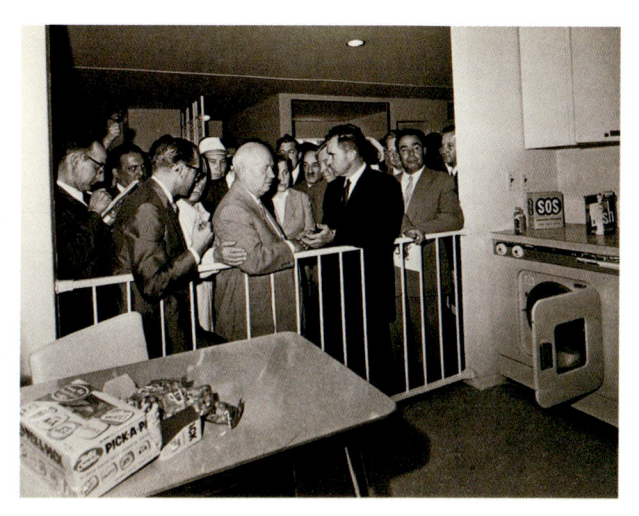

O "debate da cozinha" entre o vice-presidente Richard Nixon e Nikita Khruschov durante uma visita à Exibição Nacional Americana em Sokolniki Park, Moscou, 1959.

Universal History Archive via Getty

A General Electric anuncia um lava-louça automático em 1948. O lava-louça, bem como outros "criados eletrônicos", libertou os americanos, particularmente as mulheres, do pesado trabalho doméstico e aumentou consideravelmente o tempo disponível para o lazer.

Cortesia de Advertising Archives

O computador IBM 360 foi um triunfo do pensamento de longo prazo. A IBM gastou 5 bilhões de dólares, o equivalente ao triplo da sua receita anual, para criar o 360, mas o lucro foi equivalente ao investimento multiplicado várias vezes.

INTERFOTO/Alamy Stock Photo

O DOMÍNIO DAS GIGANTES TECNOLÓGICAS DA AMÉRICA É TÃO FORTE QUANTO O DA CARNEGIE STEEL E DA STANDARD OIL NA ERA DOURADA

Vista aérea do Apple Campus em Cupertino, Califórnia, em 2018.

Sede da Amazon em Seattle, Washington.

para garantir sua liquidez e abririam em segundo lugar. Os bancos da Classe C ou obteriam assistência especial, inclusive injeções de capital em troca de emissões de ações caso necessário, ou seriam liquidados. Infelizmente, Roosevelt recusara-se a ser cossignatário do programa de Hoover para reformar os bancos antes da sua posse, mas a primeira coisa que fez ao assumir a presidência foi induzir o Congresso a aprovar o Emergency Banking Act. A nova lei deu a FDR o poder de oferecer garantias de 100% para depósitos bancários, algo que o presidente explicou em sua primeira conversa ao pé da lareira, no dia 12 de março. Ele explicou tão bem a situação financeira que Will Rogers brincou dizendo que até um banqueiro conseguiu entender.[26] Nos meses seguintes, poupadores transferiram bilhões de dólares em dinheiro e ouro que estavam debaixo de seus "colchões" de volta para os bancos.

Em seguida, Roosevelt criou a Corporação Federal de Seguro de Depósito (FDIC, na sigla em inglês), dando garantia a depósitos bancários individuais de até 5 mil dólares (cifra que já foi elevada várias vezes ao longo do tempo). As corridas aos bancos, que antes haviam sido uma característica tão conspícua do capitalismo, agora se tornavam uma raridade. Ele também reformou o mercado de valores mobiliários criando a Securities and Exchange Commission e forçando as companhias a publicarem informações detalhadas, como seu balanço patrimonial, demonstrativo de resultados e os nomes de seus diretores. Até então, Wall Street fora dominada por um punhado de pessoas com informações privilegiadas, como J. P. Morgan. Dali em diante, as informações passaram a estar disponíveis para um grupo muito mais amplo, e investidores menores passaram a ter uma chance. Ele também transferiu o controle primário da política comercial do Congresso para a Casa Branca. Isso reduziu o poder do Congresso de lançar mão do "toma lá dá cá" legislativo quando o assunto era o comércio, com o qual diferentes blocos de congressistas votavam para proteger seus recíprocos segmentos favoritos: os plantadores de cana-de-açúcar da Louisiana votando a favor dos plantadores de batata de Iowa, e assim por diante.

Enquanto tentava consertar os mecanismos do capitalismo, FDR dedicou seus primeiros cem dias para colocar pessoas de volta no mercado de trabalho. Ele propôs a criação de um Corpo Civil de Conservação (CCC) para empregar um quarto de milhão de homens jovens na silvicultura, no controle de enchentes e em projetos de embelezamento. Ele também propôs uma Federal Emergency Relief Administration (FERA; Agência de Auxílio a Emergências) para distribuir para os estados a assistência federal aos desempregados. Dedicou-se a um ousado desenvolvimento regional, mais notavelmente criando a Autoridade do Vale do Tennessee (TVA) para estimular o desenvolvimento econômico em uma das regiões mais atrasadas do país.

Roosevelt concluiu seus cem dias com o que considerou "a lei mais importante e abrangente já aprovada pelo Congresso americano" — o National Industrial Recovery Act. O NIRA propunha a regulação federal das cargas horárias máximas e dos salários mínimos em setores industriais selecionados e — mais radicalmente ainda — dava aos trabalhadores o direito de se sindicalizar e fazer greve. O projeto de lei também requeria a criação de duas novas organizações, a National Recovery Administration (NRA; Agência de Recuperação Nacional) e a Public Works Administration (PWA; Agência de Obras Públicas). A NRA era responsável pela implementação de um vasto processo de cartelização patrocinado pelo governo: a regulação da produção em setores inteiros e o aumento de preços e salários de acordo com o decreto do governo. A NRA não só suspendeu as leis antitruste, como essencialmente organizou a indústria do país em uma rede de trustes outorgados pelo governo: um rompimento chocante com a tradição americana. A PWA criou um ambicioso programa de obras públicas. Quando Roosevelt sancionou as leis que finalmente emergiram da Colina do Capitólio, em 16 de junho, observou com razão, ainda que sem muita modéstia, que "mais história está sendo feita hoje do que em [qualquer] dia da nossa vida nacional".[27]

O irmão gêmeo do NIRA para a América rural era o Agricultural Adjustment Act (Lei de Ajuste Agrícola), que deveria evitar a "superprodução" e estabilizar os preços agrícolas. Os americanos vinham deixando a terra por décadas à medida que novas máquinas reduziam a demanda por músculos humanos e os empregos nas cidades ofereciam salários mais altos. Com os anos 1930, duas complicações foram acrescidas a esse processo. Os trabalhadores agrícolas foram forçados a permanecer na zona rural, pois não havia empregos nas cidades; e a demanda europeia pelos produtos agrícolas americanos foi reduzida pela Smoot-Hawley. O resultado foi que a pobreza na zona rural com frequência era mais grave do que a pobreza urbana. Roosevelt tentou resolver o problema limitando a produção (pagando aos fazendeiros para não produzir) e aumentando os preços.

A ação inevitavelmente produziu reação, tanto da esquerda quanto da direita. Norman Thomas, o eterno presidenciável socialista, desdenhou do New Deal como uma tentativa de "curar a tuberculose com pastilhas para tosse". Robert La Follette, governador de Wisconsin, estado com longa tradição de Progressismo (em parte colorido pelo grande número de escandinavos que colonizaram a região, com seu forte compromisso com o bom governo e a igualdade social), argumentava que Roosevelt precisava ir muito além para assegurar a distribuição igualitária de renda. Upton Sinclair, o autor de romances-denúncia, concorreu ao governo da Califórnia com um programa de confisco de propriedades privadas e de abolição do lucro. Outro californiano, Francis Townsend, até então um médico obscuro, tornou-se uma figura de projeção nacional com seu plano de pagar a todos 200 dólares por mês, o equivalente a um pagamento anual de 45 mil dólares atuais, para uma aposentadoria aos 60 anos. Pesquisas de opinião mostravam que 56% da população eram a favor do plano de Townsend, e uma petição para que o Congresso transformasse o plano em lei reuniu dez milhões de assinaturas. Na direita, William Randolph Hearst passou a chamar Franklin Delano Roosevelt de "Stalin Delano Roosevelt" em particular, enquanto seus editores substituíam "New Deal" por "Raw Deal" na cobertura das notícias.[*28] "Moscou apoia

---

* Uma tradução livre de "New Deal" seria "Novo Acordo", enquanto o termo usado pelos críticos de Roosevelt, "Raw Deal", poderia ser traduzido como "Acordo Bruto". [*N. da T.*]

Roosevelt", declarou uma manchete em um dos 28 jornais de Hearst durante a campanha para as eleições de 1936.[29]

As críticas mais fortes vinham de populistas que desafiavam a classificação de esquerda e direita. Huey Long, governador da Louisiana e depois senador pelo estado, um político tão astuto quanto o país podia produzir, lançou o plano Share Our Wealth (Partilhar Nossa Riqueza) em fevereiro de 1934 sob o slogan "Todo homem um rei, e nenhum homem usando uma coroa". Ele transformou seu estado natal em uma propaganda para suas políticas, com um programa de doações assistenciais e de obras de infraestrutura pago pelos abundantes lucros provenientes do petróleo: a Louisiana construiu mais quilômetros de estradas em seu mandato do que qualquer estado, com exceção de Nova York e do Texas, apesar de ser um dos estados mais pobres do país, e construiu uma impressionante nova universidade — a Louisiana State University —, apesar de ter uma educação atrasada. Charles Coughlin pregava, em seu estúdio de rádio em Royal Oak, Michigan, uma mistura exótica de populismo de partilha da riqueza com racismo de responsabilização dos judeus. Ele denunciava "o obsceno padrão ouro, que desde tempos imemoriais alimenta o ódio, forja espadas e destrói a humanidade" e instava os ouvintes a se erguerem "contra os Morgans, os Kuhn-Loebs, os Rothschilds, os Dillon-Reads, os banqueiros corruptos do Federal Reserve".[30] A mistura provou-se extremamente popular: ele recebia tantas cartas por dia que o Correio precisou abrir uma agência dedicada exclusivamente a ele, e uma edição de seus discursos vendeu mais de um milhão de exemplares. Coughlin começou como um fã de FDR, declarando que "o New Deal é o pacto de Cristo", mas como não era de surpreender, em virtude do ego desmedido e das políticas idiossincráticas de Coughlin, os dois não tardaram a se desentender, e Coughlin passou a censurar Roosevelt como um agente de várias conspirações internacionais.

FDR lidou com essas críticas introduzindo o segundo New Deal — o Seguro Social, para fornecer uma rede de segurança, a Works Progress Administration (WPA), para fornecer estímulo econômico, e direitos para os sindicatos — em retribuição a alguns de seus maiores apoiadores. O projeto de lei sobre o Seguro Social, apresentado em 17 de janeiro de 1935 e aprovado sete meses depois, em 14 de agosto, era de longe a mais importante dessas medidas, pois tinha como objetivo dar um direito permanente em vez de um estímulo de curto prazo à economia. Aliás, há quem argumente que foi a lei interna americana mais crucial do século XX, já que alterou permanentemente a relação entre o governo e o povo. Os Estados Unidos haviam demorado a adotar o seguro social: a decisão de Otto von Bismarck de introduzir a aposentadoria compulsória por idade na década de 1880 na Alemanha levara os países europeus a seguir seu exemplo. Até a partidária do *laissez-faire* Grã-Bretanha havia adotado o seguro social compulsório no início do século XX. A América preferira confiar no modelo local e na ação voluntária. Mas FDR e seu New Deal aproveitaram a oportunidade fornecida pela Grande Depressão para introduzir duas mudanças radicais: delegar ao Governo Federal a promoção do bem-estar social e criar um programa de Seguro Social que não dependia da necessidade.

Na sua campanha de reeleição em 1936, Roosevelt assumiu o papel de defensor do povo contra os poderosos: a elite de empresários egoístas e míopes, que, do seu ponto de vista, condenara o país à recessão e estava disposta a dificultar o New Deal. Em sua mensagem anual para o Congresso de 3 de janeiro de 1936, ele censurou a "ganância enraizada". "Eles buscam a restauração de seu poder egoísta [...]. Deem-lhes liberdade, e eles seguirão o curso de todas as autocracias do passado — poder para si, escravidão para o povo." Em um discurso na Filadélfia de aceitação de sua nomeação como candidato à presidência pelo partido, ele comparou a luta contra a Grã-Bretanha em 1776 à sua própria luta contra os "monarquistas econômicos". O discurso feito por Roosevelt para uma multidão enlevada no Madison Square Garden de Nova York em 31 de outubro de 1936 teve um tom de discriminação de classe: Roosevelt listou seus "velhos inimigos" — os agentes dos "negócios e do monopólio financeiro, da especulação, da atividade bancária implacável, do antagonismo de classes, do lucro com a guerra" — e declarou que agradecia seu desprezo. Ele voltou ao Salão Oval em 1937 com um mandato mais longo e ambições maiores.

AVALIANDO O NEW DEAL

O New Deal significou um aumento permanente do poder do governo americano. Assegurou a posição de Roosevelt como um dos presidentes mais admirados (e mais odiados) da América. Samuel Lubell, cientista político, argumentou que geralmente há dois partidos na América — um partido solar (partido da maioria que determina a agenda) e um partido lunar (que reage a essa agenda). Os republicanos haviam sido o partido solar durante trinta anos antes do New Deal. Após o New Deal, os democratas foram o partido solar até a eleição de Ronald Reagan. Lyndon Johnson provocou um eclipse solar.

A vitória de Roosevelt sobre Alf Landon em 1936 foi uma das mais esmagadoras da história americana. Ele recebeu mais votos do que qualquer candidato jamais tivera — 28 milhões e uma margem de 11 milhões. Venceu em quase todos os estados, exceto no Maine e em Vermont, e alcançou a maior proporção de votos dos colégios eleitorais (523 a 8) desde que James Monroe concorrera praticamente sem oposição em 1820. E foram muitos os votos que ele atraiu para o seu partido: os democratas ocuparam 331 assentos no Congresso, deixando os republicanos com apenas 89, e 76 no Senado — um número tão grande que os democratas novatos precisaram se sentar do lado republicano.

O segundo mandato de Roosevelt foi uma história diferente. Ao final do seu primeiro mandato, em maio de 1935, a Suprema Corte declarara o National Industrial Recovery Act inconstitucional. Sete meses depois, dera o mesmo veredito para o Agricultural Adjustment Act. A tentativa de Roosevelt de fazer a Corte ceder substituindo juízes mais velhos por outros mais jovens e simpatizantes provocou uma oposição furiosa, não só de eleitores moderados, mas de seu próprio partido, que com razão considerava o "aparelhamento da corte" um ataque ao princípio de pesos e contrapesos que estava no coração da Constituição.

O debate em torno do aparelhamento da corte sugou grande parte da energia da segunda administração de Roosevelt. Os democratas perderam seis assentos no Senado e 71 assentos na Câmara nas eleições da metade do mandato, com perdas concentradas entre os defensores mais entusiásticos do New Deal. Quando o Congresso voltou a se reunir em 1939, republicanos liderados pelo Senador Robert Taft tiraram um número suficiente de democratas sulistas da coalizão de Roosevelt para barrar boa parte da legislação interna de Roosevelt. A "recessão Roosevelt" prejudicou sua reputação de sucesso econômico. No fim da era do New Deal, até seus apoiadores mais convictos, como Henry Morgenthau, estavam se voltando contra ele.

Não obstante, apesar de todos os equívocos e decepções do seu segundo mandato, Roosevelt conseguiu forjar uma aliança entre os dois grandes blocos de eleitores que na época odiavam os republicanos mais do que uns aos outros: os brancos sulistas que os odiavam por causa da Guerra Civil e os grupos étnicos do Norte que os odiavam por serem empresários protestantes. E ganhou muito mais eleitores interessados em se beneficiar do governo — trabalhadores agrícolas que queriam proteção dos caprichos do mercado, intelectuais que queriam fazer o papel de guardiões de Platão, funcionários públicos que lucravam com cada expansão do poder do governo e afro-americanos que experimentaram um sofrimento particular na Depressão. Foi a primeira administração que deixou de ser composta quase inteiramente por anglo-saxões: seu Gabinete incluía um católico, um judeu e uma mulher, para não mencionar que Eleanor Roosevelt atuava como um membro sem posto do Gabinete, viajando mais de 400 mil quilômetros nos dois primeiros mandatos de seu marido.[31]

Uma das características mais estranhas da década de 1930 foi um surto de filiações aos sindicatos num período de desemprego elevado (ver Gráfico 20). A razão para isso é que o New Deal deu aos sindicatos uma lista dos sonhos de poderes ampliados. Essa mudança na verdade começou no mandato de Hoover, e não de Roosevelt: em 1932, o Norris-La Guardia Act restringiu o poder da corte federal para conceder medida cautelar contra sindicatos em greve. Isso privou os chefes da América das armas que haviam usado com grande efeito nos anos 1920, além de marcar uma mudança no humor de Washington. Em 1933, a seção VII do National Industrial Act deu aos trabalhadores o direito de negociação coletiva e de escolher seus próprios representantes (embora a Suprema Corte tenha invalidado o NIRA, o National Labor Relations Act (NLRA) restaurou a seção VII e estabeleceu o National Labor Relations Board (NLRB; Conselho Nacional de Relações do Trabalho), existente até hoje. Essa legislação forneceu as bases para uma grande onda de filiações a sindicatos, garantindo que cerca de um terço dos trabalhadores americanos de outros setores que não o agrícola estivesse sindicalizado em 1945.

GRÁFICO 20

FILIAÇÃO SINDICAL

1880-1998

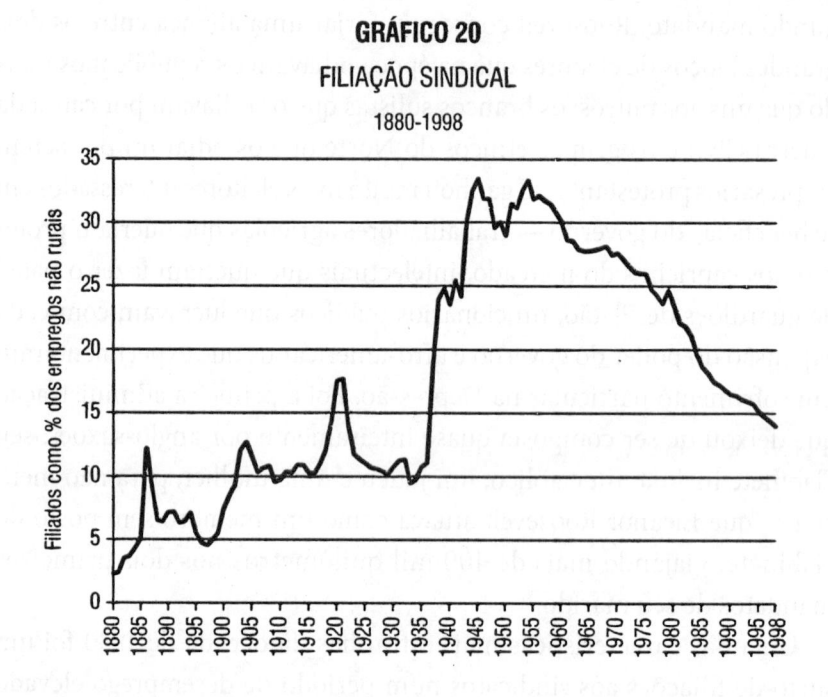

Roosevelt também colocou uma nova classe de especialistas no coração da legislação. Os "Brain Trusters" trouxeram consigo um exército de burocratas e lhes deram a tarefa de colocar as labirínticas regulamentações do New Deal em prática: advogados jovens, acadêmicos e reguladores, ou o que H. L. Mencken chamou de "pedagogos insípidos, secretários desempregados da YMCA, jornalistas de terceira, advogados sem clientes e avicultores altivos".[32] Quando Roosevelt chegou a Washington em

1932, ela era uma cidade sulista modorrenta onde quase nada acontecia. Ao final da década, ela substituíra Wall Street como coração do país. A Divisão Antitruste do Departamento de Justiça expandiu-se de algumas dezenas de advogados para quase trezentos. A NRA adquiriu uma equipe de 4.500 integrantes. Defensores do New Deal penetraram em bairros antes tranquilos como Foggy Bottom e Georgetown, criando uma cultura de coquetéis, em que jovens gozavam de sua liberdade de beber e fantasiavam com a possibilidade de transformar o país. "Tão viva quanto um formigueiro aberto", foi o veredito de Mary Dewson para a cidade.[33]

Acima de tudo, Roosevelt alcançou o objetivo mais ambicionado dos progressistas de mudar a relação entre o governo e o povo. Antes do New Deal, a América desconfiara excepcionalmente de um governo intervencionista em geral e do governo federal em particular: o governo era menor do que na maioria dos países europeus, e o poder ficava dividido entre muitos níveis secundários de governo. Depois do New Deal, o governo federal passou a ocupar o coração da sociedade americana. Em suma, Roosevelt herdou uma economia política marcadamente descentralizada e comprometida com mercados flexíveis e transformou-a em uma economia política dominada por Washington e comprometida com a administração da demanda, programas de bem-estar social nacionais e negociações coletivas compulsórias.

A mudança mais óbvia foi no tamanho. Em 1930, o governo federal consumia menos de 4% do PIB, e o maior empregador do governo era o Correio. Só uma minoria minúscula dos americanos — 4 milhões em 1929 e 3 milhões em 1930 — pagava imposto de renda.[34] Em 1936, o governo federal consumia 9% do PIB e empregava 7% da força de trabalho. Roosevelt também estava ocupado com a ampliação da base tributária. No final dos anos 1920, o gasto do governo estadual e local fora quase três vezes o gasto federal não relacionado às forças militares. Em 1936, o último foi consideravelmente maior do que os gastos estaduais e locais combinados.

Números não são o bastante para demonstrar a extensão da mudança. Os defensores do New Deal estabeleceram dois mecanismos que concentraram o poder em Washington: um sistema federal de programas econômicos internos (incluindo investimentos na infraestrutura) financiados com recursos nacionais e administrados pelos governos estaduais e locais, além de um sistema nacional de gastos com a defesa e um sistema de previdência para os idosos. Os subsídios para os governos estaduais e locais cresceram de 5,4% dos gastos nacionais em 1932 para 8,8% em 1940 (chegando a alcançar 16,4% em 1934). O governo federal expandiu seu controle sobre tudo, regulamentando desde as atividades bancárias, passando pelo fornecimento de energia elétrica, à aposentadoria por idade. Impulsionou seu poder aumentando o imposto de renda sob várias formas (imposto de renda da pessoa física, descontos no contracheque e impostos corporativos) para financiar a vasta expansão das despesas federais.

Ao mesmo tempo, Roosevelt ajudou a mudar atitudes arraigadas pela manutenção de uma rotina de elogios ao governo intervencionista. "A antiga confiança na liberdade de ação das vontades individuais parece bastante inadequada [...]. A intervenção do controle organizado que chamamos governo parece necessária", ele disse durante uma conversa ao pé da lareira em setembro de 1934. "Contra uma tirania econômica como esta", ele declarou em um tom ainda mais informal, "o cidadão americano poderia apelar tão somente ao poder organizado do Governo".[35] Uma instituição que fora considerada o último recurso dos americanos agora assumia um papel dominante.

Sua cartada mais astuta, contudo, foi estabelecer uma versão governamental para benefícios privados definidos, que se sobressaía em relação aos programas de previdência privada. Isso transformou magicamente o Seguro Social, transformando-o de esmola (que era estigmatizada e podia ser abolida) em "direito" conquistado por aqueles que pagavam impostos que incidiam diretamente sobre seus salários (divididos entre empregados e empregadores), contribuindo para um fundo que obtinha rendimentos com aplicações dos pagamentos. Em tese, se o fundo fiduciário se encaminhasse para resultados ruins, os benefícios seriam limitados à contribuição dos beneficiários. Na prática, sempre que o fundo fiduciário se aproximava da total descapitalização, o Congresso optava por reabastecê-lo (na maioria das vezes, a partir da receita geral ou de alguma iniciativa legislativa com o mesmo fim), transformando os benefícios do Seguro Social em uma obrigação direta do governo. Não havia uma relação precisa entre quanto você pagava e com quanto ficava — e, sem dúvida, nenhuma redução dos benefícios quando os recursos do fundo ficavam baixos.

Contudo, essa era apenas a percepção do público. Roosevelt entendia perfeitamente o quão importante era cultivar essa ilusão. Quando foi desafiado em relação ao financiamento do Seguro Social com um tributo incidindo sobre salários e não com um imposto de renda, ele respondeu: "Instituímos essas contribuições descontadas dos salários para dar aos contribuintes um direito legal, moral e político de receber suas pensões e seu seguro-desemprego. Com essa forma de tributação, nenhum maldito político jamais poderá descartar o meu programa de seguro social. Esses impostos não são uma questão econômica, mas apenas política."[36]

A conversão da América em uma nação do New Deal não foi nada fácil. A soberba liderança de Roosevelt durante a guerra salvou-o dos imensos fracassos internos de seu segundo mandato de quatro anos. A aliança entre os nortistas liberais e os sulistas conservadores provou-se feroz: os liberais desafiaram repetidamente padrões votando com os republicanos. Após a guerra, o Seguro Social estava longe de ser universal. Em 1946, só um em cada seis americanos com 65 anos ou mais recebiam benefícios mensais, e um terço dos trabalhadores estava isento da tributação sobre salários. A "aliança herética" entre republicanos e democratas sulistas frustrava frequentemente a expansão do Estado do New Deal.[37] De modo particular, o custo de manutenção dos democratas sulistas em sua aliança excluía trabalhadores agrícolas e domésticos de seu programa de Seguro Social a fim de manter os trabalhadores negros no Sul "em seu lugar".[38] Roosevelt, não obstante, venceu a longa guerra: ao criar uma grande máquina administrativa no coração de Washington e convencer a todos de que o Seguro Social era um direito adquirido, e não uma doação, ele criou um sistema que acabou sendo politicamente impossível reduzir, por maior que fosse a vantagem temporária da aliança herética.

DA POLÍTICA À ECONOMIA

A verdadeira medida do New Deal não está na medida do seu sucesso em criar uma coalizão política, mas em tirar o país da Grande Depressão. Aqui, a pontuação é muito mais negativa. O julgamento mais duro do New Deal veio com a segunda depressão. Embora a economia tenha começado a se recuperar em 1935-36, com o imenso pacote de estímulo de Roosevelt, a recuperação logo perdeu força. A muito alardeada criação de empregos de Roosevelt no setor público foi anulada pela eliminação de empregos no setor privado. Em maio de 1937, a recuperação alcançou um auge muito abaixo dos níveis de emprego de 1929. Em agosto, a economia começou a cair outra vez. Agora, o colapso foi muito maior do que aquele que destruíra Herbert Hoover. As ações perderam mais de um terço do seu valor. Os lucros corporativos despencaram entre 40% e 50%. A produção de aço no último trimestre de 1937 caiu para 25% do seu nível na metade do ano. O desemprego subiu para 10 milhões de pessoas, ou 20% da força de trabalho.

Vimos que Roosevelt herdou o plano para a sua reforma de mais sucesso — a do sistema bancário — de seu predecessor. Sua vocação era de vendedor, e não de formulador de políticas. Ao mesmo tempo, muitas das políticas que ele de fato criou foram contraproducentes. Mesmo que tenham ajudado a América no curto prazo, no longo prazo foram prejudiciais, mergulhando o país em uma segunda depressão e garantindo que a Grande Depressão durasse mais nos Estados Unidos do que na maioria dos outros países.

O maior desastre foi sua tentativa de microgerenciar a economia por meio da fixação de preços e da regulação. A NRA era um monstro estranho: em parte, uma versão capitalista do Gosplan soviético, em parte, uma versão americana do capitalismo corporativista de Mussolini, que tentava cartelizar firmas que compunham 4/5 da economia não agrícola.[39] O NRA encorajava grandes empresas a colaborarem para fixar os preços de seus produtos e os salários e preços envolvidos na sua produção. Também exigia que as firmas pagassem salários mais altos e aceitassem a negociação coletiva compulsória. Firmas que atendiam a essas restrições podiam exibir uma insígnia com uma águia azul: mais de 2 milhões logo se candidataram. Insígnias com a águia azul logo se tornaram onipresentes em vitrines e outdoors. Hugh Johnson, o ex-general colocado no comando da NRA, tornou-se um dos homens mais reconhecidos na América. Em setembro de 1933, um quarto de milhão de americanos marchou atrás da águia azul em um desfile até a Quinta Avenida de Nova York. Em 1934, as diretrizes da NRA cobriam mais de quinhentos setores, somando mais de 22 milhões de trabalhadores: 77% dos empregos do setor privado não rural e 52% dos empregos totais.

O objetivo da NRA era evitar o problema da superprodução. Mas o método era absurdamente burocrático — as 540 diretrizes da NRA determinavam quem podia produzir o que e quanto podiam cobrar por isso. Decretavam até quais clientes podiam escolher seu próprio frango de um galinheiro ou do açougue, ou se eles tinham que ser distribuídos aleatoriamente. O resultado foi a concentração de poder nas mãos das companhias estabelecidas: as que estavam dentro prosperaram graças aos mercados garantidos a preços superiores, parte dos quais financiava salários elevados; mas as que estavam fora não conseguiam prosperar, por mais que se esforçassem e investissem em inovações inteligentes. Em *A riqueza das nações*, Adam Smith avisara que "pessoas da mesma profissão raramente se reúnem, nem para recreação ou distração, mas a conversa termina em uma conspiração contra o público ou em algum plano para aumentar os preços". As principais fabricantes de pneus (Goodyear, Goodrich e Firestone) reuniram-se e escreveram a diretriz da NRA para o setor. O preço dos pneus (e, portanto, dos carros) imediatamente disparou. Os burocratas da NRA processavam pequenos produtores que cometiam a imprudência de oferecer descontos aos clientes ou de trabalhar em horários proibidos.

A NRA rapidamente produziu uma enxurrada de queixas, agravada pelo fato de que seu cabeça, Hugh Johnson, era um alcoólatra que desaparecia por dias em bebedeiras monumentais. Pequenas empresas reclamavam que as grandes estavam usando a NRA para esmagá-las entre preços altos e uma regulamentação pesada. Os consumidores reclamavam de estarem recebendo menos por seu dinheiro. A National Recovery Review Board (Comissão de Avaliação da Recuperação Nacional), dirigida por Clarence Darrow, temia que o excesso de diretrizes provocasse "a saída de pequenas empresas" e acelerasse "a sempre crescente autocracia" das grandes companhias. Irving Fischer, de Yale, disse a Roosevelt que "a NRA retardou a recuperação, e principalmente o reemprego". Roosevelt respondeu às queixas com uma série de ajustes que tiveram um efeito perverso: tornar a máquina ainda mais complicada. A destruição criativa havia desaparecido.

A Suprema Corte prestou um favor inesperado (e certamente não reconhecido) a Roosevelt ao sentenciar que grande parte das medidas da NRA era inconstitucional (a ação judicial que derrubou a NRA envolveu a incômoda questão de quem podia ou não escolher o próprio frango no açougue). Mas o preconceito da agência contra a concorrência teve consequências para outras prioridades de Roosevelt. O número de ações antitruste iniciadas pelo Departamento de Justiça, por exemplo, caiu de uma média de 12,5 ao ano na década de 1920 para uma de 6,5 ao ano de 1935 a 1938. O National Labor Relations Act (Lei Nacional de Relações Trabalhistas) fortaleceu o poder dos grandes sindicatos e fechou os olhos para o conluio. Havia pouca concorrência em uma grande gama de setores industriais — automobilístico, químico, do alumínio, do vidro e do carvão antracito —, e os preços e salários permaneceram no mesmo nível em que se encontravam antes da sentença da Suprema Corte. No meio da pior recessão da história americana, quem fazia parte dos setores industriais protegidos gozava de salários 20% mais altos do que os patamares históricos.[40]

O Agricultural Adjustment Act também era uma bagunça. A lei tentava usar uma combinação de terras deixadas sem cultivo, fixação de preços e pagamentos na forma de transferências governamentais para lidar com o que era percebido como o problema do declínio dos preços agrícolas. Alguns fazendeiros recebiam pagamentos para não produzirem em parte de suas terras. Os preços agrícolas eram fixados de acordo com o poder de compra no auge dos preços agrícolas favoráveis de 1910. Moleiros e processadores de produtos agrícolas eram forçados a pagar por grande parte do custo do programa. Todo o sistema era controlado pela secretaria de Agricultura.

Ele continha algumas falhas óbvias. O governo precisava pagar muito dinheiro aos fazendeiros para não plantarem num período em que (de acordo com o presidente) um terço da população estava subalimentada. Tanto os preços dos alimentos quanto os das roupas aumentaram no ano seguinte à introdução do Agriculture Adjustment Act. O Departamento de Agricultura precisou contratar milhares de burocratas em Washington e mais cem mil funcionários de meio período para determinar quais extensões de terra deveriam receber permissão para o cultivo e depois checar se os fazendeiros estavam cumprindo as regras. "Nossa economia não é mais agrícola", observou William Faulkner. "Não plantamos mais nos campos de algodão do Mississippi. Agora, plantamos nos corredores de Washington e nas salas das comissões do Congresso."[41]

Um projeto mal traçado inevitavelmente levou a consequências perversas. Os fazendeiros usaram sua energia empreendedora para enganar o sistema — requerendo subsídios para reservar partes de suas fazendas para em seguida cultivar os mesmos produtos em outros lotes de terra. Os fazendeiros que plantavam algodão no Sul foram particularmente implacáveis em tirar vantagem dos subsídios, expulsando arrendatários de suas terras e passando eles mesmos a produzir.[42]

Um segundo problema era a incerteza em relação às políticas. A certeza é uma das coisas preferidas dos empresários: ela lhes permite fazer planos e investimentos de longo prazo. Roosevelt agravou as incertezas no meio empresarial alterando constantemente políticas e prioridades. O New Deal era um caldeirão de políticas com frequência inconsistentes — em vários momentos, Roosevelt fez experiências improvisadas com a inflação e o controle de preços, gastos deficitários e equilíbrio orçamentário, cartelização e desmontagem de trustes, esmagando negócios e canalizando-os para o bem comum, reivindicando terras antes intocadas e devolvendo ao território selvagem terras antes reivindicadas.

Roosevelt e sua equipe também tomaram decisões importantíssimas da forma mais cavalheiresca possível. Em 1933, apoiado por grande maioria no Congresso, Roosevelt decidiu colocar a América em algo chamado Gold Exchange Standard (Padrão Ouro-Câmbio). Com isso, os indivíduos ficaram proibidos de possuir e negociar ouro, sendo forçados a trocar suas moedas e barras de ouro por cédulas, e restringiu o mercado do ouro a transações entre os bancos centrais. Ele também fixou um preço arbitrário para o ouro em 35 dólares por onça, um grande salto dos 20,67 por onça que haviam vigorado desde 1835, com o objetivo de provocar o aumento dos preços e a erosão dos encargos das dívidas, particularmente das dívidas agrícolas.[43] Sua política funcionou durante algum tempo: seu Índice de Preço ao Consumidor aumentou a uma taxa anual de 3,2% de abril de 1933 a outubro de 1937. Depois disso, todavia, os preços caíram a uma taxa anual de 3% de outubro de 1937 a agosto de 1939. No final de 1939, os preços ainda estavam muito abaixo do seu nível nos anos 1920.

A consequência mais sangrenta das decisões arbitrárias foi o grande massacre de porcos. Em 1933, o secretário de Agricultura Henry Wallace ordenou o abate de 6 milhões de leitões com o objetivo de provocar o aumento do preço da carne de porco.[44] Facas foram amoladas e porcos foram sacrificados no país inteiro em resultado de um único decreto burocrático. Embora o New Deal fosse com frequência justificado como um triunfo do racionalismo na política, ele também deu a certos indivíduos o poder de tomar decisões quase arbitrárias que impactavam toda a economia.

Lammot du Pont II em 1937 explicou o que isso significava sob a perspectiva dos negócios:

> A incerteza domina a situação tributária, a situação dos trabalhadores, a situação monetária, e praticamente todas as condições legais sob as quais a indústria deve operar. Os impostos vão subir, baixar ou ficar onde estão? Não sabemos. Os trabalhadores serão sindicalizados ou não? [...] Teremos inflação ou deflação, mais ou

menos gastos do governo? Serão impostas novas restrições sobre o capital, novos limites sobre os lucros? [...] É impossível ter palpites para as respostas.[45]

Roosevelt agravou a incerteza atacando os empresários como classe e, pior ainda, atacando alguns dos maiores empresários como indivíduos. Nos anos 1930, o Departamento da Receita Federal americano (IRS) exibiu o hábito preocupante de auditar líderes empresariais contrários a Roosevelt, como Andrew Mellon, descendente da dinastia bancária e secretário do Tesouro de Hoover. Acontece que a "excelente personalidade" de Roosevelt continha um traço malicioso e até vingativo. Esse conflito evidente entre classes deixou empresários furiosos: por que investir se eles seriam demonizados como especuladores, e talvez perseguidos pelo IRS? Até os apoiadores de Roosevelt temiam que suas afrontas aos negócios estivessem se provando contraproducentes. Raymond Moley disse que ficou "chocado com a violência, a linguagem agressiva, a demagogia despudorada" do discurso de Roosevelt no Madison Square Garden. "Comecei a me perguntar se ele estava começando a achar que a prova do mérito de uma medida era o grau em que ela ofendia a comunidade empresarial."[46] Roy Howard, um repórter simpatizante, alertou Roosevelt de que "não pode haver recuperação real até que os temores das empresas sejam dissipados".[47] Adolf Berle alertou que "não seria possível manter um governo perpetuamente em guerra com sua máquina econômica". Ele observou que havia um bom motivo para os negócios estarem desmoralizados: "Praticamente, nenhum grupo empresarial do país escapou à investigação ou outro ataque nos últimos cinco anos [...]. O resultado foi um moral despedaçado [...]. É, portanto, necessário fazer esse grupo recuperar a compostura."[48]

Se a relação de Roosevelt com o meio empresarial era no mínimo conflituosa, e no máximo, hostil, sua relação com a classe trabalhadora era quase de bajulação — Roosevelt, o aristocrata, era amigo do trabalhador e aliado das organizações de trabalhadores, particularmente dos sindicatos. Os trabalhadores eram uma parte importante do exército do

New Deal de Roosevelt: os sindicalistas engajaram-se em peso tanto em 1932 quanto em 1936, não só para votar nele, mas também para gastar sola de sapato para apoiá-lo. O National Labor Relations Act, ou Wagner Act, de 1935 estabeleceu limites rígidos para o que as empresas podiam fazer contra os sindicatos, mas poucos limites para o que os sindicatos podiam fazer contra as empresas: eles tinham o direito de se organizar, enquanto os empregadores tinham a obrigação de lidar com "representantes oficialmente reconhecidos dos sindicatos". A lei também impôs uma política de "equiparação salarial", o que praticamente impossibilitou as companhias de pagarem seus trabalhadores de acordo com o tempo de serviço ou com o mérito individual.[49]

Os sindicatos imediatamente capitalizaram sobre a combinação entre poder constitucional e recuperação econômica para promover suas vantagens, organizando campanhas bem-sucedidas de filiação e mudando o centro do protesto popular das marchas contra a fome para as sedes dos sindicatos. Eles tiveram sucesso principalmente nas indústrias de produção em massa como a do aço e a automobilística. Nos anos 1920, depois do fracasso da greve do aço de 1919, passou a ser senso comum a perspectiva de que as indústrias de produção em massa, com seus salários elevados e chefes caçadores de sindicatos, fossem escapar à sindicalização. O Wagner Act mudou tudo. A filiação a sindicatos aumentou de 13% da força de trabalho em 1935 para 29% em 1939. O número total de dias perdidos com greves aumentou de 14 milhões em 1936 para 28 milhões em 1937.

A sindicalização poderia ter tido ainda mais sucesso se não fosse pela longa batalha entre os sindicatos laborais e os sindicatos de indústrias. A AFL cresceu de 2,1 milhões de afiliados em 1933 para 3,4 milhões em 1936. Ao mesmo tempo, experimentou grandes tensões internas diante da questão de preservar ou não sua tradicional organização laboral. Ambas as reuniões anuais de 1934 e 1935 da AFL em São Francisco (então uma cidade operária) apresentaram uma divisão contundente entre os conservadores e os modernizadores que queriam se organizar por setores industriais. Após sua segunda derrota, nove modernizadores liderados por John L. Lewis, líder do (sindicato dos mineiros) United Mine Workers of America, reuniram-se para organizar o Committee for Industrial Organization (CIO; Comitê de Organização Industrial) a fim de "encorajar e promover os trabalhadores nas indústrias de produção em massa". Embora esses ativistas tenham fracassado na tentativa de reformar a AFL, que primeiro negou filiação completa aos 4 milhões de membros do CIO e depois, em 1936, expulsou-os completamente, eles sem dúvidas causaram um grande impacto nos setores de produção em massa da América. As greves mais prejudiciais ocorreram nas siderúrgicas e nas fábricas de automóveis, onde poucos ativistas determinados podiam interromper completamente as operações. No que ficou conhecido como "a grande greve com ocupação da GM", o (sindicato dos trabalhadores da indústria automobilística) United Auto Workers (UAW) fechou uma fábrica gigante da GM em Flint, Michigan, de 30 de dezembro de 1936 a 11 de fevereiro de 1937.

A evidência mais forte contra o New Deal é a taxa de desemprego: em 1939, 17,2% dos americanos, ou 9,48 milhões, estavam desempregados, enquanto no último ano da administração de Hoover esse número era de 16,3%, ou 8,02 milhões. A Liga das Nações compôs um índice de desemprego para dezesseis países durante a década de 1930. Em 1929, os Estados Unidos tinham a menor taxa de desemprego, em 1,0%, enquanto a média era de 5,4%. Em 1932, o país caíra para a oitava posição, com 24,9%, contra uma média de 21,1%. Em 1938, caíra para a 13ª posição, com 19,8% contra uma média de 11,4%.[50]

NEGÓCIOS E A DEPRESSÃO

Mesmo ainda bem abaixo de seu potencial, a economia americana continuava sendo um animal poderoso: por exemplo, nas profundezas da "depressão dentro de outra depressão" em 1938, a renda nacional dos Estados Unidos era quase o dobro das rendas nacionais da Alemanha, do Japão e da Itália juntas.[51] A economia cresceu cerca de 20% só entre 1936 e 1940. O número de lojas do varejo cresceu de 1,5 milhão em 1929 para 1,8 milhão em 1939. A proporção dos americanos com banheiros com descarga dentro de casa aumentou de 20% em 1920 para 60% em 1940. A família Joad de Steinbeck, que deveria ser um símbolo da pobreza, tinha um carro com o qual atravessou o país.

As grandes forças revolucionárias que haviam sido tão evidentes nos anos 1920 continuavam operando nos anos 1930. A produção por hora teve um respeitável aumento de 1,8% ao ano durante a década de 1930, e a produtividade multifatorial aumentou a uma taxa anual de 1,5%. Avanços tecnológicos, de telefones a aviões, continuaram diminuindo as distâncias. Em 1935, o hidroavião Sikorsky S-42 fez seu primeiro voo direto de São Francisco a Honolulu, uma distância de 3.862 quilômetros. Donald Douglas levou a revolução do avião a novas fronteiras com uma série de inovações que reduziram os custos e aumentaram a capacidade. O DC-3, que ele introduziu em 1935, comportava 21 passageiros, alcançava 333 km/h em velocidade de cruzeiro e voava 1.609 quilômetros sem reabastecer. Com três paradas para reabastecer, o DC-3 podia voar de Nova York a Los Angeles em apenas 15 horas. Ao final da década, 90% das linhas aéreas do mundo tinham aviões da série DC em suas frotas. Empresas globais continuaram vendendo para o exterior, apesar das tarifas, das guerras, das desapropriações e políticas cambiais — e algumas, como Ford e General Motors, tornaram-se exímias na operação de companhias clones em vários países, que as faziam parecer "locais", e não globais.

A Grande Depressão criou oportunidades até enquanto os mercados se contraíam e os governos se expandiam. Houve um boom de empresas que praticavam preços reduzidos: Joe Thompson criou a loja de conveniência moderna com a 7-Eleven. A IBM teve um grande crescimento em resposta à demanda por dados das novas burocracias governamentais (depois da aprovação do Social Security Act [Lei da Seguridade Social], o governo federal precisou manter praticamente um arquivo para cada funcionário do país). O fim da Lei Seca mostrou-se uma bonança para o negócio das bebidas alcoólicas: Erwin Uihlein aproveitou a oportunidade para recuperar a cervejaria da família, a Schlitz Brewing, rapidamente transformando-a na segunda maior cervejaria do país.

A Depressão forçou companhias a usarem a criatividade para equilibrar as contas. A Procter & Gamble, principal produtora de bens de consumo da América, mostrou-se um bom exemplo de como uma companhia poderia reagir a fases difíceis. A P&G gastou tanto em programas de rádio, que se tornavam verdadeiras sensações, sendo apelidados de "soap operas" (óperas de sabão), dando origem à expressão que passou a ser usada, em inglês, para designar as novelas. No final da década de 1930, ela pagava por nove horas de programação todos os dias úteis no rádio, alternando chamadas diretas anunciando o detergente líquido Tide ou o óleo vegetal Crisco com tramas envolventes. Isso coincidiu com uma reorganização corporativa que colocou executivos sêniores no comando de marcas específicas e encorajou-os não apenas a inventarem novos produtos, mas também a lhes dar personalidades que pudessem ser vendidas aos consumidores.

A década de 1930 viu um grande avanço na ciência da administração à medida que as companhias se esforçavam para reduzir custos desnecessários e, ao mesmo tempo, aproveitar novas oportunidades. Em 1933, Marvin Bower, um jovem profissional com um Juris Doctor da Harvard Law School e um MBA da Harvard Business School, esbarrou com James McKinsey, ex-professor da Universidade de Chicago e fundador de uma firma de contadores e engenheiros. Bower chegara à conclusão de que a América tinha muitos profissionais (banqueiros, advogados, contadores etc.) que sabiam como cuidar dos assuntos de uma companhia depois da sua falência, mas nenhum profissional capaz de evitar que falissem, e então convenceu McKinsey a acrescentar um novo tipo de consultores administrativos à equipe de sua companhia. Bower transformou metodicamente a McKinsey em um gigante, oferecendo conselhos a quase todas as maiores companhias da América, e foi o farol da "Firma" até sua morte em 2003.

Os Estados Unidos continuaram liderando o mundo na produção de uma mercadoria que agora havia se tornado mais valiosa do que nunca, o escapismo. Quanto mais difícil se tornava a rotina diária, maior o sucesso dos empreendedores americanos dedicados à venda de sonhos em garrafa. Hollywood teve uma década de ouro: os estúdios produziram cerca de 5 mil filmes nos anos 1930 e as audiências explodiram. Walt Disney inventou o longa-metragem de animação, com *Branca de Neve e os sete anões* em 1937, aumentando ainda mais a extensa gama de formatos, que iam de comédias românticas, passando por musicais e épicos de polícia e ladrão, ao faroeste. A Metro-Goldwyn-Mayer produziu campeões de bilheteria — e clássicos duradouros — com *O Mágico de Oz* (1939) e ...*E o vento levou* (1939).

Charles Revson e Max Factor construíram negócios de sucesso com a venda de produtos para a beleza feminina — antídotos glamorosos para a "década baixa e desonesta" de W. H. Auden. Revson fundou a Revlon em plena depressão, em 1932, e rapidamente expandiu. Max Factor assumiu a companhia da família em 1938, quando a depressão dentro da depressão se intensificava, e deu início à sua transformação de estúdio de maquiagem de Hollywood em marca global. Outras formas de entretenimento floresceram. A assembleia legislativa de Nevada legalizou os jogos de azar em 1931, em parte porque o mercado do divórcio falira, já que os casais decidiram enfrentar a fase difícil juntos. O jogo Monopoly tornou-se um campeão de vendas após seu lançamento em 1935. Autores de pulp fiction* como Erle Stanley Gardner (criador de Perry Mason) entretinham milhões.

Toda essa vigorosa atividade empresarial produziu um paradoxo: a produtividade multifatorial (PMF) cresceu tão rápido nos "estagnados" anos 1930 quanto havia crescido nos prósperos anos 1920. Também cresceu em um escopo muito mais amplo. Parte do seu crescimento foi resultado de uma racionalização motivada pela crise, com o fechamento

---

* Gênero de histórias consideradas subliteratura, caracterizadas por temas sensacionalistas, geralmente com horror ou violência. Eram publicadas em revistas de papel barato; o termo *pulp* designa originalmente a matéria-prima básica do papel comum, a polpa de celulose. [*N. da T.*]

de fábricas menos produtivas. Esse foi particularmente o caso no setor automobilístico. Parte disso consistiu em maiores investimentos no futuro. Ferrovias como a Pennsylvania e a Chesapeake and Ohio (C&O) tiraram vantagem da mão de obra e dos materiais baratos para fazer melhorias em suas linhas. As ferrovias em geral melhoraram suas ligações com o transporte rodoviário de cargas. Companhias dependentes da ciência e da tecnologia tiraram vantagem da capacidade intelectual ociosa para fazer investimentos de longo prazo na pesquisa científica. O número de pessoas empregadas em P&D no setor industrial aumentou de 6.250 em 1927 para 11 mil em 1933, e depois para 27.800 em 1940.

A indústria química teve uma década particularmente rica. A Du Pont descobriu a primeira fibra sintética, o náilon, depois de quase dez anos de pesquisa e desenvolvimento. A Owens-Illinois desenvolveu a fibra de vidro também depois de investimentos intensivos, abrindo uma nova companhia, a Owens-Corning Fiberglass, para explorar o novo produto. O náilon tornou-se um componente essencial não só das meias femininas, mas também dos paraquedas. Outras descobertas da era incluem o policloropreno (1930), o cloreto de polivinilideno (1933), o polietileno de baixa densidade (1933), o acrílico (1937), o Teflon (1938) e o isopor (1941).

A RENASCENÇA DOS TEMPOS DE GUERRA DE ROOSEVELT

Foi a Segunda Guerra Mundial, e não o New Deal de Roosevelt, que finalmente arrancou os Estados Unidos do atoleiro da depressão.

A guerra teve um papel monumental na história americana: incluindo a Guerra da Independência que lhe deu origem, a América passou um quarto de sua história em guerra (ver Tabela 3).

TABELA 3

EVENTO	INÍCIO	FINAL	NÚMERO DE MESES
GUERRA DA INDEPENDÊNCIA (1775-1783)	19/04/1775	03/09/1783	101
PAZ	04/09/1783	17/06/1812	346
GUERRA DE 1812 (1812-1815)	18/06/1812	23/03/1815	33
PAZ	24/03/1815	24/04/1846	373
GUERRA COM O MÉXICO (1846-1848)	25/04/1846	02/02/1848	21
PAZ	03/02/1848	11/04/1861	158
GUERRA CIVIL (1861-1865)	12/04/1861	09/05/1865	48
PAZ	10/05/1865	20/04/1898	395
GUERRA HISPANO- -AMERICANA (1898)	21/04/1898	13/08/1898	4
PAZ	14/08/1898	5/04/1917	224
PRIMEIRA GUERRA MUNDIAL (1917-1918)	6/04/1917	11/11/1918	19
PAZ	12/11/1918	07/12/1941	277
SEGUNDA GUERRA MUNDIAL (1941-1945)	08/12/1941	02/09/1945	44
PAZ	03/09/1945	24/06/1950	58
GUERRA DA COREIA (1950-1953)	25/06/1950	27/07/1953	37
PAZ	28/07/1953	31/10/1955	27
GUERRA DO VIETNÃ (1955-1975)	10/11/1955	30/04/1975	234
PAZ	10/05/1975	10/08/1990	183
GUERRA DO GOLFO (1990-1991)	02/08/1990	28/02/1991	7
PAZ	10/03/1991	06/10/2001	127
IRAQUE/AFEGANISTÃO/OUTRAS (2001-2014)	07/10/2001	28/12/2014	159

TOTAL EM GUERRA	707
TOTAL EM PAZ	2.168
NÚMERO TOTAL DE MESES	2.875
PORCENTAGEM EM GUERRA	24,6

Algumas dessas guerras foram de conquista (além das onze guerras formais da América, o país também travou uma campanha contínua contra os nativo-americanos). Algumas guerras foram pela sobrevivência: os britânicos quase destruíram a nova nação em 1812. A Guerra Civil foi uma guerra existencial que determinou a natureza do país. Essas guerras moldaram tanto a política quanto a economia. Cinco presidentes americanos — Andrew Jackson, Zachary Taylor, Ulysses S. Grant, Teddy Roosevelt e Dwight Eisenhower — tornaram-se figuras nacionais como comandantes militares. O imposto de renda foi introduzido para financiar guerras. As guerras, particularmente a Guerra Civil, levavam a períodos de inflação e a um grande aumento das taxas de juros que continha parcialmente a explosão inflacionária.

A Segunda Guerra Mundial foi, de longe, a mais cara, consumindo uma média de 30% do PIB da nação de 1942 a 1945. Os gastos com a guerra geraram o estímulo de que precisava a economia — eles dispararam de 1,4 bilhão de dólares, cerca de 1,5% do PIB, antes da guerra para 83 bilhões de dólares, mais de 36% do PIB, em 1945. O desemprego, a grande calamidade da década de 1930, desapareceu. A guerra colocou as pessoas outra vez para trabalhar — aliás, incluiu as mulheres na força de trabalho, já que os homens deixaram o país para lutar. Ela forçou companhias a traçarem novas técnicas para aumentar a produção à medida que se esforçavam para contribuir com os esforços de guerra. O resultado foi o maior boom da história americana: o PIB real quase dobrou de 1939 a 1944.[52]

A guerra milagrosamente transformou algo negativo em positivo: o governo podia ser um mau substituto para as decisões de milhões de consumidores em tempos de paz, mas foi o consumidor ideal num momento em que era o único consumidor, comprando tanques e aviões, especialmente quando apoiado sobre contratos com custos corrigidos, o que quase eliminou a incerteza. O governo americano tomou a decisão inteligente de trabalhar de mãos dadas com as maiores companhias da América, em vez de tentar fazer tudo sozinho ou distribuir sua generosidade entre companhias pequenas. As 33 maiores corporações da América respondiam pela metade de todos os contratos militares. Só a General Motors forneceu um décimo de toda a produção de guerra americana.[53] "Se você vai tentar ir à guerra, ou se preparar para a guerra, em um país capitalista", refletiu Henry Stimson, "precisa deixar as empresas ganharem dinheiro com o processo, ou elas não funcionarão." O governo também lançou mão de seus instintos competitivos, encorajando, digamos, Henry Ford a competir com Henry Kaiser para ver quem colaboraria mais com os esforços de guerra. Para completar esse quadro positivo, todos os líderes dos principais sindicatos anunciaram promessas de não fazer greve.

O resultado foi um milagre na produtividade. A guerra enfatizou as vantagens naturais da América como uma potência de proporções continentais longe do caldeirão do conflito que era a Europa: a América era praticamente autossuficiente em recursos materiais, e a região central industrial estava completamente a salvo dos bombardeiros japoneses e alemães. A guerra também demonstrou o poder extraordinário das grandes empresas que vinham se desenvolvendo desde a Guerra Civil. Durante a guerra, a América produziu 86 mil tanques, 12 mil navios de guerra e mercantes, 65 mil barcos menores, 300 mil aviões, 600 mil jipes, 2 milhões de caminhões de guerra, 193 mil peças de artilharia, 17 milhões de pistolas e rifles, 41 bilhões de projéteis de munição e aquilo que mais consumiu recursos, duas bombas atômicas. De acordo com uma estimativa, a produção americana por hora trabalhada foi o dobro da produção alemã e o quíntuplo da japonesa.

Os dois mais importantes laboratórios de produtividade foram a fábrica de Henry Ford em Willow Run e o estaleiro de Henry Kaiser em Richmond, Califórnia. Henry Ford construiu sua gigantesca fábrica de

Willow Run, 56 quilômetros a sudoeste de Detroit, para produzir bombardeiros B-24 em menos de um ano. No seu auge, a Run empregou mais de 40 mil funcionários. Glendon Swarthout, um romancista, comentou sobre a "imensidão insana e intimidante" da fábrica. Charles Lindbergh chamou-a "um tipo de Grand Canyon do mundo mecanizado".[54] A fábrica tornou-se mais eficiente com o avanço da guerra, produzindo 75 aviões em fevereiro de 1943, 150 em novembro de 1943 e, no auge, 432 em agosto de 1944.

Henry Kaiser estava tão obcecado para alcançar as metas do governo que revolucionou todo o setor da construção naval. Em 1941, levava 355 dias para produzir um navio Liberty. Seis meses depois, o tempo de produção foi reduzido para menos de um terço disso. Em novembro de 1942, em um teste, trabalhadores construíram um navio em quatro dias, 15 horas e 26 minutos — e embora fosse impossível manter esse ritmo, o tempo médio para a produção de um navio foi reduzido para apenas dezessete dias, rendendo a Henry Kaiser a admirável alcunha de "Sir Launchalot",* assim como lucros extraordinários. Kaiser realizou esse feito abandonando o método tradicional de construir um navio da quilha para cima, rebite por trabalhoso rebite, e introduzindo um sistema de pré-fabricação e produção em massa: o estaleiro gigante de Richmond foi transformado em uma linha de montagem gigante, com dezenas de milhares de trabalhadores, cada um responsável por uma parte minúscula do todo.

A economia americana estava tão fértil que podia produzir tanto bens de consumo quanto máquinas de guerra. Na Grã-Bretanha e na Alemanha, as economias voltadas para o consumo quase entraram em colapso durante a guerra. Na América, o gasto dos consumidores aumentou 10,5% de 1940 a 1944 em termos reais. Americanos comuns ostentavam com maquiagem, meias-calças e filmes. Até as apostas explodiram: os fãs das corridas apostaram 2,5 vezes mais em cavalos em

---

* Trocadilho entre "launch a lot" (lançar muito) e Lancelot. [N. da T.]

1944 do que haviam apostado em 1940. Os americanos abriram meio milhão de novas empresas durante a guerra e construíram 11 mil novos supermercados.[55] O arsenal da democracia também era um templo do consumo em massa.

O ARSENAL DO CAPITALISMO

O boom da guerra lançou as bases da era dourada dos anos 1950 e 1960. O governo reforçou o estoque de capital do país colocando dinheiro em novas fábricas e equipamentos industriais que mais tarde foram assumidos pelo setor privado. O estoque de máquinas-ferramentas *dobrou* de 1940 a 1945, por exemplo. O governo também atualizou o capital humano do país, sem saber, realizando um imenso programa de treinamento no trabalho. Soldados voltaram do front com novas habilidades, da organização de grupos de pessoas ao conserto de jipes. Operários de fábrica (inclusive mulheres) retornaram à vida civil com seu capital humano aperfeiçoado.

Os Estados Unidos, assim, entraram na era do pós-guerra com vantagens imensas: um sistema de produção em massa que era, de longe, o melhor do mundo; uma infraestrutura apropriada para extrair o máximo desse sistema; e uma força de trabalho que tinha todo o capital humano necessário para aplicar esse sistema da melhor forma.

O sistema, no entanto, tinha duas falhas graves: a produção em massa sacrificava a qualidade em nome da quantidade e o envolvimento humano em nome da previsibilidade. Isso já ficou claro durante o boom da guerra. A América produziu mais do que a Alemanha e o Japão porque se concentrou em quantidade em vez de qualidade. A Wehrmacht (forças armadas no III Reich) empregava pequenos lotes de máquinas projetadas com alta qualidade — 425 tipos de aviões, 151 tipos de caminhões e 150 motocicletas diferentes. Os Estados Unidos produziam grandes lotes de cavalos de guerra. Essa foi a fórmula para a vitória: em um memorando para Hitler em 1944, Albert Speer, ministro de armamentos da Alemanha, argumentou que os americanos "sabiam como agir com métodos organizacionalmente simples e, portanto, alcançar resultados melhores", enquanto os alemães eram "prejudicados por formas anacrônicas de organização".[56] Contudo, com o tempo, o que parecia ser um atributo positivo provou ser um problema, já que os alemães e os japoneses aprenderam a combinar qualidade e quantidade — os alemães, concentrando-se em nichos de alta qualidade, e os japoneses produzindo o sistema Toyota.

O vício da América na produção em massa tornou-se ainda mais problemático com o poder dos sindicatos — um poder libertado pelo Wagner Act de 1935, temporariamente domado pelas exigências da guerra, mas depois reforçado pelo boom do pós-guerra. Os sindicatos não só usavam seu domínio sobre o sistema de produção em massa para extrair salários relativamente altos e direitos que só podiam ser ampliados; também o usavam para resistir à introdução de novas ideias inteligentes, como a gestão da qualidade total.

Levou muitas décadas para que esses problemas se tornassem claros. Mas, ao contarmos a história do boom do pós-guerra, vale lembrar que havia falhas no projeto da grande máquina de prosperidade da América.

8

A ERA DOURADA DO CRESCIMENTO: 1945-1970

OS ESTADOS UNIDOS saíram da Segunda Guerra Mundial um gigante entre anões. Um país com 7% da população do mundo produzindo 42% dos produtos industrializados, 43% da energia elétrica, 57% do aço, 62% do petróleo e 80% dos carros. Antes da guerra, Alvin Hansen, um economista de Harvard, temera que a América estivesse entrando em uma era de "estagnação secular", uma fase que encontraremos mais uma vez em capítulos posteriores. Por 25 anos após a guerra, a economia explodiu, e economistas de Harvard, procurando pretexto para controvérsia, começaram a se concentrar nos males da afluência.

A América do pós-guerra era uma terra de oportunidades. Os soldados que voltavam sem um centavo nos bolsos podiam entrar na faculdade e comprar uma casa, cortesia da GI Bill, lei que garantia uma série de benefícios aos veteranos da Segunda Guerra Mundial. Operários sem mais do que o ensino médio podiam viver com suas famílias nos subúrbios. A oportunidade gerou otimismo: os americanos ansiavam por um futuro de padrões de vida cada vez mais altos, e o governo assumia metas cada vez mais ousadas.

Era um mundo onde tudo era novinho em folha — onde novas famílias compravam casas novas (com garagens) e enchiam-nas com coisas novas. Em 1946, 2,2 milhões de americanos se casaram — um recorde mantido por trinta anos. No mesmo ano, 3,4 milhões de bebês nasceram. Os bebês continuaram vindo — 3,8 milhões em 1947, 3,9 milhões em 1952 e mais de 4 milhões a cada ano de 1954 a 1964. Cerca de 15 milhões de casas foram construídas nos Estados Unidos entre 1945 e 1955. O número de lares com televisão aumentou de 172 mil em 1948 para 15,3 milhões em 1952. Engenhocas inteligentes se multiplicaram — transmissão automática para os carros, secadoras elétricas de roupas, toca-discos, câmeras Polaroid, sistemas automáticos de coleta de lixo, controles remotos... O número de novos carros vendidos aumentou de 69.500 em 1945 para 2,1 milhões em 1955. E que carros! Eram verdadeiros iates terrestres, com componentes de cromo elaborados, espaço suficiente para uma família inteira e potência de 100 cavalos.

Era um mundo onde o crescimento tornara-se autossustentável. A economia americana cresceu em média 3,8% ao ano de 1946 a 1973, e a renda familiar real aumentou 2,1% ao ano (ou 74% ao longo do período). A América colheu os frutos dos investimentos maciços feitos na capacidade de produção nas últimas duas décadas. Durante a Grande Depressão, Roosevelt colocara dinheiro nos transportes (Ponte Golden Gate) e na energia (Tennessee Valley Authority e Represa Hoover). O país plantou e colheu. A GI Bill ofereceu aos veteranos que voltaram da guerra uma série de serviços do governo, como hipotecas de baixo custo (que ajudaram a desencadear o boom da construção) e subsídios para a educação (que transformaram a América em uma líder mundial na proporção de jovens que frequentam a universidade).

Nas últimas décadas, como apontou Robert Gordon, o aumento da produtividade concentrou-se em uma gama estreita de atividades econômicas — entretenimento, comunicações e TI. Nos anos do pós--guerra, as pessoas experimentaram uma melhora rápida em quase todos os aspectos de sua vida — moradia, educação, transporte, saúde, com um aumento de 4% ao ano da produtividade de 1945 a 1960, enquanto de 1835 a 1935 havia sido 1%. As fazendas se consolidaram, com os fazendeiros bem-sucedidos explorando economias de escala e os malsucedidos vendendo as terras. Os fazendeiros instalaram novos maquinários na forma de colheitadeiras combinadas gigantes, colhedoras mecânicas de algodão e tratores. O início da década de 1950 foi o auge das vendas de tratores na América, com a substituição dos últimos cavalos e mulas no arado. Os fazendeiros também exploraram novas formas de fertilizantes. A mecanização da colheita do algodão aumentou a produtividade e diminuiu a criação de empregos em todo o Sul, encorajando milhões de trabalhadores negros a se transferirem para empregos com remuneração melhor nas fábricas do Norte.

O governo abraçou a política keynesiana da administração da demanda, não importando o partido que ocupasse a Casa Branca. Em 1946, o Congresso aprovou o Employment Act (Lei do Emprego), que deu ao país a meta dourada do pleno emprego, da produção total e dos preços estáveis, além de ter estabelecido o Conselho de Consultores Econômicos. Os políticos interpretavam o keynesianismo em termos cada vez mais amplos — não só como uma forma de sair da depressão, mas também de garantir a prosperidade permanente.

Como a América chegou a um estado de tanta felicidade?

GUERRA E PAZ

Os Estados Unidos saíram da guerra relativamente ilesos se comparados a seus aliados ou seus inimigos. A Europa, rival tradicional da América na concorrência pela hegemonia global, estava em pedaços. Estima-se que 36,5 milhões de europeus morreram de causas relacionadas à guerra, enquanto esse número foi de 405 mil americanos.[1] A produção agrícola caiu pela metade. A produção industrial regrediu décadas: em 1946, a produção da Alemanha foi equivalente à de 1890.[2] Grandes cidades como Berlim e Varsóvia estavam em ruínas. "Eis um cemitério. Eis a morte", foi como Janina Broniewska, escritora polonesa, descreveu Varsóvia ao retornar após a liberação.[3] Cerca de 25 milhões de russos e 20 milhões de alemães estavam em situação de rua.[4] Por outro lado, com a exceção do bombardeio do Japão a Pearl Harbor, a guerra deixou a terra americana intocada.

Muitos economistas, entre os quais Alvin Hansen, temiam que a economia retraísse assim que o estímulo da guerra fosse removido, como acontecera em 1918. Não foi o que aconteceu. O grande aumento da demanda por casas, carros e bens de consumo, enquanto os americanos compensavam as privações que haviam passado durante a depressão e a guerra, manteve a economia a todo vapor. Os produtores aplicaram as técnicas de aumento da produção que haviam aprendido durante a guerra até nos cantos mais obscuros da economia de consumo: Swanson inventou seus famosos pratos congelados, bandejas de alumínio de carne e vegetais que levavam exatamente o mesmo tempo para cozinhar, para não perder o ritmo depois que o mercado de rações para os soldados americanos fechara. Os americanos mantiveram o espírito de solidariedade da guerra nos anos do pós-guerra: se haviam conseguido derrotar o império mais maligno que o mundo já vira lutando juntos no exterior, com certeza podiam construir uma terra de prosperidade trabalhando juntos em casa.

A proeminência do país foi reforçada por duas decisões tomadas nos últimos dias da guerra e nos primeiros dias da paz. A primeira foi a de se manter alerta em relação à moda europeia do socialismo. A aliada da América durante a guerra, a Grã-Bretanha, celebrou o fim da guerra votando na construção de uma Nova Jerusalém. O governo trabalhista, eleito por uma maioridade maciça, estatizou os escalões mais altos da economia, introduziu um Estado de bem-estar que ia do berço ao túmulo e prometeu um programa socialista abrangente. As indústrias estatizadas sofreram com o excesso de funcionários e o declínio da produtividade. O programa abrangente estagnou.

Embora houvesse muitos intelectuais do New Deal em Washington que queriam construir sua própria Jerusalém, eles eram mantidos sob rédeas curtas. Mesmo durante a guerra, a América evitara estatizar grandes indústrias, preferindo fazer encomendas em lotes às companhias e deixá-las fornecerem os produtos. Após a guerra, estava mais disposta ainda a voltar ao normal. O governo ajudou as pessoas a comprarem casas e se educarem, mas desmantelou o regime de planejamento central instituído durante a guerra.

Por essa sabedoria, precisava agradecer a Harry Truman e Dwight Eisenhower. Truman tinha a hostilidade de um homem simples a grandes ideias e gastos elevados. "Não quero nenhum experimento", ele disse ao seu conselheiro Clark Clifford. "O povo americano passou por muitos experimentos, e quer descansar de experimentos."[5] Eisenhower se orgulhava de ser apolítico: ele abraçava as reformas sociais moderadas (Barry Goldwater acusou-o de praticar um "New Deal de 1,99"), mas também acreditava em equilibrar o orçamento e controlar os gastos do governo. O movimento conservador também teve seu papel. Todos os países europeus foram arrastados para a esquerda por vibrantes movimentos socialistas: os comunistas obtiveram 26% dos votos na França, 23,5% na Finlândia, 19,5% na Islândia e 19% na Itália.[6] Só a América foi arrastada para a direita por um movimento conservador que era avesso ao governo. Milhões de americanos leram *O caminho da servidão* (1944), de Friedrich Hayek, ou ao menos a versão condensada da *Reader's Digest*. Homens de negócios se uniram para apoiar o American Enterprise Institute, laboratório conservador de ideias dedicado a pesquisas sobre governo, política, economia e bem-estar social, transferido da cidade de Nova York para Washington D.C. em 1943. Ayn Rand conquistou um imenso público para a sua celebração do individualismo livre em *A nascente* (1943) e *A revolta de Atlas* (1957). Mesmo no período imediato a uma guerra em que soldados americanos e russos haviam lutado do mesmo lado, o anticomunismo era intenso: uma pesquisa conduzida em 1946 revelou que 67% dos americanos se opunham a permitir que comunistas tivessem cargos no governo, enquanto outra, conduzida em 1947, mostrou que 61% dos que responderam eram a favor de que o Partido Comunista fosse declarado ilegal.[7]

A segunda decisão foi abraçar o resto do mundo. A América resistiu à tentação de retornar ao esplêndido isolamento, como fizera após a Primeira Guerra Mundial. O país rejeitou a tentação de punir seus oponentes, como os europeus haviam feito em Versalhes, reconhecendo a sabedoria do conselho de Herbert Hoover para Harry Truman em 1946 de que "você pode obter vingança ou paz, mas não os dois". Pelo contrário: decidiu que seu interesse de longo prazo estava na reconstrução do capitalismo em escala global, adotando o livre mercado e oferecendo ajuda não só aos seus amigos exauridos, mas também aos inimigos derrotados. Os Estados Unidos não poderiam "nunca mais ser uma ilha só para si", observou Henry Stimson, um dos grandes do establishment da política externa americana: "Nenhum programa privado ou política pública, em nenhum setor da nossa vida nacional, agora escapa ao fato irrefutável de que, se não for formulado levando em conta o mundo, será formulado com perfeita inutilidade."

A América lançou as fundações do liberalismo econômico ao cortar as alíquotas tarifárias sobre os produtos importados, partindo de uma média de 33% em 1944 para 13% apenas seis anos depois. Também estabeleceu as bases da administração econômica global com a criação do Fundo Monetário Internacional e do Banco Mundial em uma conferência realizada em um hotel em Bretton Woods, New Hampshire, em julho de 1944. Seguiu-se em 1947 o Acordo Geral de Tarifas e Comércio (mais tarde Organização Mundial do Comércio). Estabeleceu as fundações da administração política global com a criação das Nações Unidas em 1944--46. O Plano Marshall deu à Europa cerca de 3 bilhões de dólares para a reconstrução de 1948 a 1952, mais do que todos os planos anteriores de auxílio externo. Ernest Bevin, secretário das relações exteriores da Grã-Bretanha, descreveu o discurso de Marshall em Harvard em 28 de abril de 1947 como "um dos melhores discursos da história mundial".

Os arquitetos do novo mundo eram homens teimosos, e não idealistas sonhadores. Eles percebiam que havia uma nova luta no horizonte entre o capitalismo e o comunismo: entendiam que as companhias americanas precisavam de mercados globais para vender seus produtos. "O Plano pressupõe que desejamos restaurar uma Europa que possa e vá competir conosco nos mercados mundiais", escreveu Allen Dulles, diretor da CIA, referindo-se ao Plano Marshall, "e exatamente por essa razão seja capaz de comprar quantidades substanciais de nossos produtos".[8] A fatia americana do comércio mundial de produtos manufaturados aumentou de 10% em 1933 para 29% em 1953, oferecendo milhões de empregos aos trabalhadores americanos. Não havia dúvidas quanto a quem estava no comando do novo mundo. John Maynard Keynes foi o espírito inspirador por trás da reunião em Bretton Woods, e, por certo, a figura mais intelectualmente distinta presente, mas o secretário do Tesouro americano Henry Morgenthau e seu vice Harry Dexter White tomaram as principais decisões: os participantes da conferência curvaram-se a Keynes, mas ouviram Morgenthau e White. Keynes ficou tão impressionado com a determinação implacável da América em substituir, e não complementar, a Grã-Bretanha como a superpotência do mundo que se queixou dizendo que ela queria "arrancar os olhos do Império Britânico".[9]

A América rapidamente passou da guerra quente contra as potências do Eixo para a Guerra Fria contra o Pacto de Varsóvia. Essa guerra acrescentou um matiz sombrio ao otimismo do país: um povo que abraçou o futuro também se preocupava com a aniquilação global. Em março de 1955, Dwight Eisenhower afirmou sem rodeios que os Estados Unidos poderiam empregar armas nucleares "como se usa uma bala ou qualquer outra coisa".[10] Foi em 1962, durante o impasse acerca do emprego de armas nucleares pela Rússia em Cuba, que o mundo chegou mais perto do apocalipse em toda a sua história, com John Kennedy pessoalmente calculando as chances de uma guerra nuclear em cerca de 25%. Não obstante, a Guerra Fria também serviu para introduzir disciplina em uma sociedade que poderia ter se perdido na afluência. Se os melhores e mais brilhantes se dedicaram ao ativismo social na década de 1960 e à engenharia financeira na de 1990, nos anos 1950 eles foram para o Pentágono.

DOS MÚSCULOS PARA O CÉREBRO

A América que emergiu da Segunda Guerra Mundial ainda era, acima de tudo, uma economia industrial — um lugar onde as pessoas faziam *coisas* que podiam ser tocadas em vez de manipular bits e bytes, e onde operários eram reverenciados e não considerados remanescentes de uma era anterior. O Dow Jones era dominado por companhias industriais como a General Electric e a Westinghouse. A proporção de trabalhadores empregados no setor manufatureiro alcançou o auge na história americana em 1943, com 30% da força de trabalho (em 1870, eles haviam sido apenas 18%).

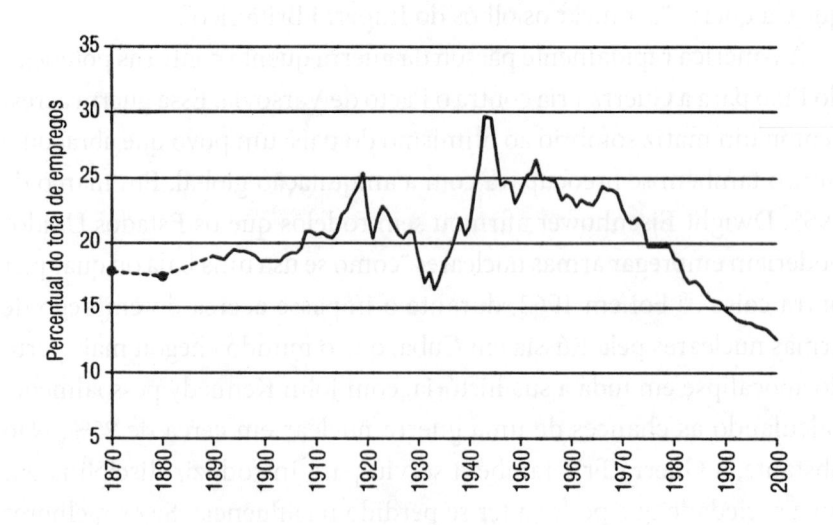

GRÁFICO 21

TRABALHADORES AMERICANOS EMPREGADOS
NA INDÚSTRIA MANUFATUREIRA

1870-2000

A taxa de retorno sobre a educação superior caiu logo após a guerra em virtude da elevada demanda por operários. Foi uma das duas vezes na história americana que isso aconteceu: a outra foi na metade da década de 1970, quando um grande declínio na economia coincidiu com a entrada de uma enxurrada de baby-boomers diplomados no mercado.

Não obstante, esse foi o canto do cisne do setor manufatureiro: o censo de 1956 revelou que havia mais americanos empregados em escritórios do que trabalhando como operários, e os comentaristas mais prescientes perguntavam se os trabalhadores manuais seguiriam o caminho dos trabalhadores agrícolas. Peter Drucker cunhou a frase "trabalhador do conhecimento" para descrever a classe em ascensão. Daniel Bell identificou uma "sociedade pós-industrial" surgindo no útero da sociedade industrial. Os americanos começaram a considerar sua proeza em ganhar Prêmios Nobel uma medida da virilidade econômica do país — entre 1943 e 1969, a América ganhou 21 Prêmios Nobel de Física, muito mais do que qualquer outro país, embora onze dos ganhadores fossem refugiados europeus. Ao longo do período do pós-guerra como um todo, o país estabeleceu uma liderança impressionante e duradoura sobre todos os outros países.

A América do pós-guerra liderou o mundo na criação de uma economia do conhecimento. O ensino superior forneceu um misto único de acesso e qualidade. A proporção de jovens entre 18 e 24 anos matriculados em instituições de ensino superior subiu de 9,1% em 1939 para 15,2% em 1949, depois para 23,8% em 1959 e, finalmente, para 35% em 1969. Estamos falando de um período em que apenas filhos da elite, além de um punhado de agraciados por bolsas de estudo, frequentavam a universidade na Europa. Ao mesmo tempo, as universidades americanas se orgulhavam do seu compromisso com o estímulo da pesquisa: cada vez mais, professores eram efetivados com base em suas publicações e as universidades eram classificadas com base em suas pesquisas.

É do programa voltado para os soldados grande parte do crédito por esse enorme salto: em 1956, quando o programa original chegou ao fim, aproximadamente 7,8 milhões de veteranos, ou cerca da metade de todos aqueles que serviram nas forças armadas, haviam participado do programa, dando ao país 450 mil engenheiros, 360 mil professores, 243 mil contadores, 180 mil médicos, dentistas e enfermeiros, 150 mil cientistas, 107 mil advogados e milhares e mais milhares de profissionais com treinamento.[11] Na verdade, isso foi parte de uma sucessão de iniciativas meritocráticas. A Comissão de Ensino Superior do presidente publicou um estudo que foi um marco, "Higher Education for American Democracy" (Educação Superior para a Democracia Americana) (1947), que descreveu as cotas dirigidas contra judeus e negros como "anti-americanas". A Comissão de Políticas Educacionais publicou "Education and National Security" (Educação e Segurança Nacional) (1951), um relatório arrebatador que convocava os americanos a "investirem uma proporção maior de seus recursos econômicos na educação de indivíduos de talento superior".[12] Os programas de Early Admissions and Advanced Placement (AP; Admissões Precoces e Colocação Adiantada) tentaram libertar as crianças brilhantes da uniformidade rígida das escolas americanas padrão de ensino médio. A National Merit Scholarship Corporation (Corporação Nacional de Bolsas de Estudo por Mérito), estabelecida em 1955, tentou estimular o respeito público pela excelência intelectual.

Ao mesmo tempo, a América evitou o erro de transformar o ensino superior em uma indústria estatizada, permitindo que universidades públicas e privadas progredissem lado a lado e encorajando a criação de novos tipos de instituição. As universidades eram os sóis em uma constelação de organizações relacionadas ao conhecimento que incluíam laboratórios de ideias como a Brookings Institution em Washington D.C. e a RAND Corporation em Los Angeles, além de institutos nacionais como os National Institutes of Health. A América também dava subsídios para a pesquisa com base em licitações competitivas, e não na influência burocrática.

Os Estados Unidos lideraram o resto do mundo em seu investimento na "big science". O homem que fez mais do que qualquer um para converter o establishment político à ideia de que a ciência era um insumo econômico vital, e não um luxo caro, foi Vannevar Bush. Bush uniu os três mundos no coração do que Eisenhower chamou de complexo militar--industrial: ele era ex-decano do curso de Engenharia do MIT; diretor do Office of Scientific Research and Development (Agência de Pesquisa e Desenvolvimento Científico), responsável por 6 mil cientistas durante a guerra; e fundador de uma companhia científica, a Raytheon. Também era confidente de Harry Truman e Dwight Eisenhower. Propagandista talentoso, seu relatório de 1945 "Science, the Endless Frontier" (Ciência, a Fronteira Sem Fim), que instava o governo a financiar a pesquisa pura em parceria com a academia e a indústria, capturou a imaginação pública com sua prudente mistura de referências ao passado e ao futuro tecnológico da fronteira americana. Bush observou que a segurança nacional agora dependia da pesquisa pura: não era possível produzir bombas atômicas sem entender as leis da física. Em seguida, ele acrescentou que a segurança econômica também dependia da pesquisa pura: é ela que fornece o capital científico que pode ser transformado em produtos geradores de prosperidade. "Novos produtos e novos processos não surgem prontos. Eles são fundados sobre novos princípios e conceitos, que, por sua vez, são paulatinamente desenvolvidos pela pesquisa nos reinos mais puros da ciência."[13] A visão de Bush da pesquisa pura logo se concretizou. O Departamento de Defesa e a Fundação Nacional da Ciência tornaram-se os principais patrocinadores de grande parte da pesquisa pura da América — alocando dinheiro não só para grandes universidades, como o MIT de Bush, mas também para grandes companhias e organizações híbridas de pesquisa, divididas entre a academia e os negócios, como a RAND, o Stanford Research Institute e a Xerox PARC.

Os Estados Unidos intensificaram seu investimento na economia do conhecimento depois que os soviéticos lançaram o Sputnik em 4 de outubro de 1957, seguido apenas um mês depois do Sputnik II, muito maior, com a cachorra Laika e um painel de instrumentos científicos. Os Sputniks arrancaram os americanos de sua complacência; o que os americanos encontrarão se um dia chegarem à Lua? — perguntou certa vez um jornalista ao físico Edward Teller; "russos", foi a resposta amarga.[14] O Congresso imediatamente declarou "uma emergência educacional": entre as revelações assustadoras feitas na época, estava a de que 75% das crianças em idade escolar não estudavam nada de física. A Casa Branca criou um novo posto: o de assistente especial do presidente em Ciências e Tecnologia. Um ano depois, o Congresso aprovou o National Defense Education Act (Lei de Educação Para a Defesa Nacional), e Eisenhower estabeleceu a National Aeronautics and Space Administration (NASA). O financiamento para a Fundação Nacional da Ciência mais do que triplicou em um único ano, indo de 40 milhões para 134 milhões de dólares.[15] As forças militares patrocinaram parte das obras mais importantes para a infraestrutura da ciência, como o Lawrence Berkeley National Laboratory, em Berkeley, Califórnia (para armas nucleares), e o Lincoln Laboratory no MIT (para a defesa aérea).

Embora a Guerra Fria tenha monopolizado os holofotes, a profissão médica também fez avanços impressionantes nesse período. Não tendo nunca excedido os 30 milhões de dólares um ano antes da guerra, os gastos públicos com saúde alcançaram uma sucessão de marcos: 149,7 milhões em 1947, um bilhão em 1957 e 5 bilhões em 1966.[16] A penicilina tornou-se amplamente acessível no final dos anos 1940, reduzindo de forma drástica o número de mortes por pneumonia e sífilis. Seguiram--se outros antibióticos, como a estreptomicina. Foram inventadas duas vacinas para a pólio, em 1952 e em 1957, varrendo a doença dos Estados Unidos. No total, 50% mais drogas foram aprovadas pela Federal Drug Administration entre 1940 e 1960 do que nos cinquenta anos anteriores a 1960.[17] Por outro lado, o número de cigarros consumidos por pessoa aumentou de 2 mil em 1940 para 4 mil em 1970, com a maioria dos adultos fumando regularmente.

A energia nuclear era uma versão particularmente impressionante da economia do conhecimento. Os Estados Unidos criaram a Comissão de Energia Atômica em 1946 para encontrar usos pacíficos para a energia nuclear, em parte com o objetivo de compensar os elevados custos do desenvolvimento da bomba atômica. Espadas nucleares não seriam tão controversas se também pudessem ser usadas como arados nucleares. Oito anos mais tarde, em 1954, o país aprovou o Atomic Energy Act para encorajar companhias privadas a construírem reatores nucleares. Cientistas do Brookhaven National Laboratory, em Long Island, falavam em criar maravilhosos novos híbridos de cravos em um "Jardim Gama" radioativo. Pesquisadores do Argonne National Laboratory, perto de Chicago, fizeram experiências com batatas, pão e salsichas para mostrar que a radiação mantinha os alimentos frescos e livres de germes.[18]

A energia nuclear foi um dos muitos subprodutos da guerra. Durante o governo Eisenhower, o Pentágono consumia seis de cada dez dólares federais, e as forças armadas alcançaram um total de 3,5 milhões de homens. Alguns otimistas falavam em "keynesianismo militar" estimulando a economia e produzindo inovações. Pessimistas temiam que o complexo militar-industrial sufocasse a economia civil. Havia um pouco de ambos. O complexo militar-industrial oferecia uma fonte de renda confiável para algumas das companhias mais conhecidas do país, que eram pagas com base no custo acrescido. Também produziu inovações importantes para a economia civil: a nova indústria da computação no Vale do Silício devia tanto aos gastos militares quanto à Universidade Stanford.

Os Estados Unidos até transformaram sua política de imigração em um braço do complexo militar-industrial: um país que impunha limites rígidos à imigração não obstante fazia exceções para cientistas e engenheiros de reconhecimento mundial. A política começou com cientistas alemães que fugiram da Alemanha nazista na década de 1930 e continuou com refugiados das ditaduras comunistas após a guerra, permitindo que a terra da liberdade aumentasse seu estoque de grandes mentes enquanto polia sua reputação por comportamento civilizado.

Mesmo enquanto se concentrava na construção de uma economia do conhecimento, a América do pós-guerra investia pesado nos transportes. É possível que o maior feito doméstico de Eisenhower tenha sido o Federal Aid Highway Act de 1956, que determinou a construção de 65.983 quilômetros de estradas até 1969 a um custo estimado de 25 bilhões de dólares. Como era de esperar, as metas não foram cumpridas: a primeira interestadual transcontinental, a I-80, só foi concluída em 1986, enquanto a interestadual do Sul, a I-10, demorou até 1990. Entre 1958 e 1991, os governos federal e estaduais gastaram quase 429 bilhões de dólares no sistema. Ainda assim, o sistema interestadual foi uma realização incrível. Como escreveu seu principal historiador, Earl Swift, essas estradas "são intrínsecas às nossas vidas diárias, à experiência americana moderna, ao que define fisicamente os Estados Unidos. Elas formam a malha comercial e cultural da nação, ligando regiões, estabelecendo pontes entre seus dialetos, serpenteando em cada estado e cidade importante nos nossos 48 estados contíguos. Elas se insinuaram na nossa gíria, na nossa percepção de tempo e espaço, nos nossos mapas mentais".[19] Mais prosaicamente, elas também estimularam a economia, reduzindo o custo e a inconveniência das viagens de longa distância, facilitando a formação de redes nacionais de abastecimento e aumentando a produtividade de muitos ramos estabelecidos, como o dos caminhoneiros. Um estudo com 35 setores industriais mostrou que todos, com exceção de três, experimentaram reduções de custos significativas graças a transportes mais baratos e versáteis.[20]

As rotas aéreas também se tornaram mais movimentadas. O custo de voar em relação a outros produtos caiu 8% de 1940 a 1950, 4,5% de 1950 a 1960, 2,8% de 1960 a 1980, para se estabilizar enquanto se deteriorava em qualidade de 1980 a 2014. O número de milhas voadas por passageiro subiu 24,4% ao ano de 1940 a 1950, 14,3% ao ano de 1950 a 1960 e 9,9% ao ano de 1960 a 1980. Uma atividade que antes fora cara e exótica, além de um pouco perigosa, tornou-se relativamente barata, comum e segura. Embora a popularização do voo se devesse principalmente a grandes companhias como a Pan Am, também havia espaço para aventureiros como Kirk Kerkorian, que capitalizou sobre sua experiência durante a guerra como piloto de caça para estabelecer a própria linha aérea, Trans International, para levar apostadores de Los Angeles a Las Vegas. Kerkorian não só pilotava pessoalmente alguns dos aviões, recolhendo passagens, e atuando também como engenheiro e faxineiro, como se juntava aos passageiros na mesa de apostas.

Empregados no setor manufatureiro com seus salários altos ou no setor de serviços em ampla expansão, com um novo poder proveniente de uma rede crescente de estradas e concentrados na formação de uma família e no acúmulo de posses materiais, os americanos se espalharam pela imensa paisagem do país. A população dos estados do Pacífico aumentou 110% de 1940 a 1960. A Califórnia assumiu o lugar de Nova York como estado mais populoso do país em 1963. Mais de 80% do crescimento populacional das décadas de 1950 e 1960 se concentrou nos subúrbios.

Alguns desses subúrbios eram do tipo tradicional: comunidades-dormi-tórios nos limites de cidades antigas como Boston e Nova York. Outros, particularmente no Sul e no Oeste, eram completamente novos, como Phoenix e Los Angeles. Esses novos subúrbios não só permitiram que a América explorasse uma de suas grandes vantagens comparativas — o fato de ter tanto espaço livre —, como ajudaram a resolver o grande debate entre Jefferson e Hamilton de uma maneira que satisfez os dois lados: a América era uma terra de pequenos proprietários independentes que habitavam grandes lotes de terra, mas trabalhavam na civilização comercial mais avançada do mundo.

CAPITALISMO GERENCIAL

O capitalismo que surgiu após a Segunda Guerra Mundial foi o capitalis-mo gerencial. A economia foi dominada por um punhado de companhias gigantes — as três grandes do setor automobilístico (Ford, Chrysler e General Motors), as duas grandes da eletricidade (General Electric e Westinghouse), e assim por diante. A General Motors era a maior fabri-cante de carros do mundo; a IBM, a maior fabricante de computadores do mundo; a Procter & Gamble, sua maior companhia de bens de consumo. Essas companhias eram notavelmente sólidas pelos padrões das grandes companhias da atualidade, com seu hábito de terceirizar sempre que possível. Elas empregavam grandes exércitos de trabalhadores (a GM empregava um milhão de pessoas em 1960), detinham ativos sólidos na forma de fábricas e prédios de escritórios, e ofereciam empregos vitalícios não só aos seus administradores, mas também aos funcionários. Muitas companhias se esforçavam para se transformar no centro da vida de seus funcionários. A Kodak tinha um centro de recreação de 27.870 m² que incluía um campo de golfe de dezoito buracos. A companhia patrocinava filmes, piqueniques, bridge, bailes, beisebol e, o mais popular entre todos, boliche (quando o Congresso Americano de Boliche chegou a Rochester na metade da década de 1950, 324 times de companhias entraram no torneio).[21] "A grande empresa é o verdadeiro símbolo da nossa ordem social", escreveu Peter Drucker, um jovem imigrante vindo da Áustria, na *Harper's Magazine* em 1949. "Na empresa industrial pode ser vista a estrutura realmente subjacente a toda a nossa sociedade."[22]

Os administradores americanos gozavam de relativa liberdade se comparados aos seus pares na Europa e no Japão. Eles não precisavam responder a bancos universais como os administradores alemães ou ao Ministério das Finanças como os administradores japoneses. Não precisavam responder aos proprietários, pois as ações estavam nas mãos de pequenos investidores (que eram, pela própria natureza, espalhados e passivos), e não de famílias poderosas ou grandes instituições. Isso permitia que os administradores fizessem apostas de longo prazo: tanto a IBM quanto a AT&T financiaram laboratórios de pesquisa que pacientemente estabeleceram as fundações para a revolução eletrônica. Também permitia que se apresentassem como guardiões de toda a sociedade, e não só servos dos acionistas. "O trabalho da administração", proclamou em 1951 Frank Adams, então presidente da Standard Oil of New Jersey, "é manter um equilíbrio justo e funcional entre as exigências dos vários grupos de interesse diretamente afetados [...] acionistas, funcionários, clientes e o público em geral".[23] Os administradores eram tanto estadistas industriais quanto homens de negócios.

Todavia, até os administradores mais poderosos precisavam entrar em acordo com um governo intervencionista e com os grandes sindicatos. O governo intervencionista geralmente era amigável. Eisenhower encheu seu gabinete de empresários: além de apontar Charles Wilson, diretor executivo da General Motors, como secretário de Defesa, ele nomeou dois ex-distribuidores da General Motors para cargos no Gabinete, levando Adlai Stevenson a brincar dizendo que "os vendedores do New Deal deixaram Washington para abrir caminho para os vendedores de carros".

Os grandes sindicatos eram um problema maior. Nos dezoito meses seguintes à guerra, sindicatos organizaram 550 greves envolvendo 1,4 milhão de trabalhadores para demonstrar seu recém-descoberto poder, conferido pelas mudanças legais pró-trabalho dos anos 1930 e pelos mercados de trabalho apertados dos anos pós-guerra. O UAW iniciou uma greve particularmente determinada contra a General Motors que só foi interrompida quando a administração ofereceu não só salários mais altos, mas pensões financiadas pela companhia e plano de saúde. O "Tratado de Detroit" serviu de modelo para todas as futuras negociações trabalhistas: benefícios que haviam até então ficado restritos aos administradores agora eram estendidos a todos os trabalhadores.

Embora a Lei Taft-Hartley de 1947, que baniu as "closed shops" (que forçavam empregadores a contratarem apenas trabalhadores filiados a sindicatos) e passou a exigir que os líderes jurassem não ser comunistas, tenha ajudado a fazer a balança do poder pender novamente para o lado dos administradores, os sindicatos continuavam poderosos. Durante a década de 1950, cerca de um terço dos trabalhadores fora do setor rural pertencia a sindicatos, e algo entre dois terços e três quartos dos americanos afirmavam aprovar a organização sindical. Até Eisenhower abriu espaço em seu Gabinete para o líder do sindicato dos encanadores, Martin Durkin, como secretário do Trabalho, levando a *New Republic* a brincar que o Gabinete consistia em "oito milionários e um encanador". Em 1955, os sindicatos ganharam ainda mais força quando a AFL e o CIO concordaram em se fundir na AFL-CIO, reduzindo despesas administrativas, eliminando duplicações e dando à AFL-CIO um contingente coletivo de 15,4 milhões de membros. Na metade da década de 1950, quase metade dos grandes e médios empregadores estavam dando pensões aos seus funcionários, e mais de dois terços ofereciam algum tipo de seguro.[24] Na Europa, os formuladores de políticas decidiram garantir benefícios sociais por meio do Estado. Nos Estados Unidos, graças ao Tratado de Detroit, eles os garantiram por meio das corporações.

EM BUSCA DE PRODUTIVIDADE

Os americanos eram entusiastas da ideia de que a administração podia ser transformada em uma ciência. Logo após a Segunda Guerra

Mundial, apenas 5% das companhias tinham programas de treinamento administrativo. Em 1958, esse número subiu para mais de três quartos. A GE abriu a primeira universidade corporativa da América em 1956 em Croton-on-Hudson, Nova York, com um campus de 15 acres e uma biblioteca de administração com 7 mil volumes. Sem demora, ambiciosos funcionários da GE passaram a concorrer por um lugar: mais de 1.500 passaram pelas portas da universidade nos primeiros quinze anos.[25] Outras companhias estabeleceram seus próprios programas de treinamento (e atraíram tantos veteranos da GE quanto conseguiram).

Uma das subdisciplinas de mais sucesso da ciência da administração era a pesquisa sobre o consumidor. As companhias aprenderam a entender os mercados de consumo coletando resmas de dados, e a moldá-los com a propaganda de massa. Elas podiam dar uma personalidade às "marcas": por exemplo, Philip Morris transformou a Marlboro na marca de cigarros mais vendida do mundo promovendo-a como a opção de cigarro para indivíduos "durões". Elas podiam até pegar produtos projetados para um grupo de pessoas e vendê-los a novos grupos: Walter Haas e sua companhia, a Levi Strauss, reposicionou o jeans ao transformá-lo de roupa de trabalho para operários em roupa de passeio para jovens rebeldes e, por fim, para o mundo inteiro.

Uma das formas mais fáceis de melhorar a produtividade era a padronização. A padronização produz dois benefícios rápidos: permite aumentar a produtividade de trabalhadores com pouca qualificação, ao simplificar tarefas antes complicadas, e também colher economias de escala e escopo, ao expandir rapidamente o volume de produção. Tendo se estabelecido na liderança como potência manufatureira no século XIX com uma maior adoção do princípio das partes intercambiáveis em relação aos países europeus, e depois se transformando no arsenal da democracia, levando o princípio da padronização mais longe do que qualquer outro na produção de tanques e navios, a América consolidou sua posição como a sociedade mais afluente do mundo ao conduzir a padronização a novos níveis em velhas indústrias, mas também ao aplicá-la a novos setores, como a construção de casas e os serviços de restaurante.

William e Alfred Levitt aplicaram técnicas de construção padronizada à produção de novas casas. Eles identificaram 27 etapas distintas na produção de uma nova casa, e depois fizeram o possível para padronizar ou automatizar cada uma delas. A construção de Levittown, em Long Island, foi um modelo de eficiência: caminhões descarregavam pilhas idênticas de tábuas, canos, tijolos, tubulação de cobre e telhas a cada 18 metros de distância; equipes de construtores (sem filiação a nenhum sindicato) iam de uma casa a outra, cada um executando uma função específica; e novas casas eram concluídas a um ritmo de trinta por dia.[26] Em um ano, 4 mil casas haviam sido construídas. Os Levitts ofereciam duas opções de design: a Cape Cod de quatro quartos e a casa de rancho maior. Dezenas de outros desenvolvedores produziram casas semelhantes no país inteiro, enquanto as pessoas se apressavam em tirar vantagem de condições generosas de hipoteca — desconto de 5% (mas nenhum para veteranos) e trinta anos para o pagamento do financiamento a juros fixos — e afirmar seu direito a ter sua fatia em um país em franca expansão.

Outros empreeendedores usaram a padronização para oferecer aos habitantes desses novos subúrbios produtos e serviços confiáveis: brinquedos para seus filhos, cortesia da Toys"R"Us, vans para levar suas coisas de uma casa a outra, cortesia da U-Haul, comida congelada, cortesia da Swanson, e empregos temporários para que pudessem entrar no novo mercado de trabalho, cortesia de William Kelly. Edward J. DeBartolo tornou-se um rei dos shopping centers com a construção de centros comerciais com formato em L ou U por todo o país. Jack Eckerd tornou-se um gigante das drugstores; seu negócio duplicava de tamanho a cada dois anos de 1969 a 1975, com a construção de lojas self-service idênticas em todo o Sul.[27]

A partir de meados dos anos 1950, um jovem caminhoneiro chamado Malcolm McLean usou a padronização para revolucionar a logística.[28] A grande inovação de McLean era belíssima em sua simplicidade: transportar produtos em contêineres idênticos que pudessem ser carregados em navios ou caminhões. Não foi fácil colocar a ideia em prática. Caminhões e navios de carga precisaram ser remodelados. Os portos precisaram ser reorganizados. Grupos de interesse, em certos casos até sindicatos violentos, precisaram ser enfrentados. Mas a ideia provocou um aumento tão grande da eficiência, reduzindo a quantidade de cargas e descargas, de encaixotamentos e desencaixotamentos, eliminando os furtos e reduzindo danos, que se espalhou. Os portos que adotaram os contêineres cresceram. As companhias que fizeram o mesmo viram os prêmios de seus seguros caírem. Em 1969, a companhia de McLean, a SeaLand Service, crescera para se tornar um gigante com 127 mil contêineres do tipo trailer, 36 navios de transporte de cargas de caminhão e acesso a trinta portos. Um estudo concluiu que, a partir do início dos anos 1970, a adoção de contêineres gerou um aumento de cerca de 17% no comércio entre países desenvolvidos, e com um intervalo de dez a quinze anos, um aumento de 14% no comércio entre todos os países, desenvolvidos e em desenvolvimento.[29] Hoje, mais de 90% da carga comercial são transportados em navios contêiner.

Sam Walton revolucionou o varejo ao se concentrar em um grupo de consumidores geralmente ignorados pelos varejistas — os habitantes das pequenas cidades rurais. Ele levou os princípios estabelecidos das economias de escala e da padronização a novos níveis, construindo superlojas gigantes nos limites das cidades e promovendo a venda permanente de seus produtos ("preços baixos todos os dias"). Além disso, como McLean, ele se concentrou na logística — construindo uma cadeia fluida de abastecimento e trabalhando com seus fornecedores para reduzir os preços. Depois de estabelecer controle sobre as pequenas cidades americanas, Walton avançou para território mais populoso, usando suas pilhas de dinheiro para construir novas lojas gigantescas, e sua rede inteligente de abastecimento e seus preços baixos para esmagar a concorrência.

A América descobriu um novo modo de disseminar uma solução padronizada em alta velocidade na forma da franquia. A franquia é a empresa padronizada: um franqueador produz um modelo de negócio padronizado, e então convida pequenos empresários a competirem por licenças para operar esse modelo. Ele corta custos oferecendo serviços centralizados como administração, treinamento e propaganda. Os opera-

dores locais fazem o trabalho pesado de administrar as franquias diariamente e pensar em novas maneiras de aperfeiçoar o produto. Ray Kroc,
um vendedor de milk-shake, abriu o primeiro McDonald's em parceria
com os irmãos McDonald, dois pequenos empreendedores californianos,
em 1954. Um de seus primeiros franqueados, Jim Delligatti, teve a ideia
do Big Mac em 1967. Kemmons Wilson abriu seu primeiro Holiday Inn
em 1952 com todas as conveniências modernas (um aparelho de TV e
uma piscina), e sem cobrança adicional para crianças. Richard e Henry
Bloch começaram a franquear seu negócio de declaração de impostos em
1955. Em 1958, a H&R Block preparava uma em cada nove declarações
de rendimento por ano.[30]

IMPERIALISMO CORPORATIVO

Confiantes, profissionais e inovadoras, as companhias americanas se
expandiram para o exterior a um ritmo inédito: seu investimento conjunto
na Europa e no Japão aumentou de 2 bilhões de dólares em 1950 para 41
bilhões de dólares em 1973. Muitas companhias líderes já haviam feito
experiências com a globalização durante a era do *laissez-faire*. A Singer
Marketing Company, como era conhecida na época a Singer Corporation,
abriu uma fábrica na Grã-Bretanha em 1867. A Ford construíra sua
primeira fábrica no continente, em Trafford Park, Manchester, em
1911. J. P. Morgan começara a se preocupar com a expansão de suas
"combinações" para a esfera global ao final da vida. Contudo, depois
da guerra, as grandes companhias da América suplantaram suas rivais
estrangeiras: em 1954, por exemplo, as subsidiárias americanas na Grã-
-Bretanha eram um terço mais produtivas, em termos de produtividade
total do trabalho, do que as empresas britânicas em geral.

As companhias americanas conquistaram mercados globais em um
conjunto impressionante de regiões (embora os produtos de luxo tenham
continuado algo fundamentalmente europeu). Na metade dos anos 1960,
a Ford e a GM eram, respectivamente, a segunda e terceira maiores mon-

tadoras "europeias" de carros depois da Fiat. As companhias americanas produziam mais de 80% dos computadores europeus. Na Grã-Bretanha, os maiores temores de Keynes em relação à dominação alemã haviam se realizado: as empresas americanas correspondiam a mais da metade dos mercados britânicos de automóveis, de aspiradores de pó, barbeadores elétricos, lâminas de barbear, cereais matinais, batatas chips, máquinas de costura, pó para pudins e máquinas de escrever. A Kodak produzia 90% dos filmes vendidos na Grã-Bretanha; a Heinz era responsável por 87% das papinhas para bebês e 62% dos feijões cozidos enlatados; a Kraft e a Swift ficavam com 75% dos queijos fundidos.[31]

Muitos europeus observavam desesperados. Em *O desafio americano* (1967), Jean-Jacques Servan-Schreiber argumentou que a habilidade superior dos americanos na administração de grandes companhias através de imensas áreas geográficas poderia impossibilitar a concorrência por parte de companhias europeias. Os americanos haviam dominado as ferramentas da organização que continham a chave para a prosperidade. Os europeus, por outro lado, haviam ficado para trás graças ao seu compromisso com a propriedade familiar e os valores cavalheirescos. A "arte da organização" permanecia "um mistério para nós", como ele colocou. O livro de Servan-Schreiber tornou-se não só um campeão de vendas, mas um catalisador para a ação: ajudou a inspirar os sonhos europeus de criar um mercado comum tão grande quanto o mercado americano e a criar um quadro permanente de faculdades de administração tão profissionais quanto as americanas.

Os americanos comuns gozavam de uma abundância material em uma escala jamais vista. Estamos falando da era da "grande compressão", expressão cunhada por Claudia Goldin e Robert Margo, em que a desigualdade era baixa, as oportunidades abundavam e todos pareciam ter uma chance de alcançar o sucesso. Trabalhadores rurais mal pagos partiam em busca de empregos com salários melhores nas cidades. Moradores bem pagos das cidades deixavam os centros urbanos pelos subúrbios, que se expandiam rapidamente. Pessoas com apenas o ensino médio compravam lotes generosos de terra e podiam contar com empregos vitalícios. Trabalhadores ambiciosos podiam galgar os degraus da carreira desde o chão de fábrica a uma importante posição administrativa. Nem todos prosperavam igualmente: os afro-americanos ainda sofriam com a discriminação e a pobreza, e as mulheres eram com frequência excluídas. Mas, ao menos para os homens brancos, o sonho americano estava tão perto de se tornar realidade como jamais estivera.

O sucesso da economia era tamanho que editores produziram uma série de best-sellers preocupados com os problemas da riqueza: *A multidão solitária* (1950), de David Riesman, acusava os americanos de conformismo. *People of Plenty* (1954), de David Potter, acusava-os de consumismo. *The Organization Man* (1956), de William H. Whyte, acusava-os de serem dentes das engrenagens da máquina corporativa. *The Affluent Society* (1956), de John Kenneth Galbraith, acusava-os de satisfazerem seus desejos "com um abandono incauto". (Estamos falando da era de ouro tanto do crescimento econômico quanto da sociologia popular.) A ascensão dos subúrbios era uma fonte em particular de angústia. David Riesman comparou "o subúrbio" a "uma fraternidade em uma universidade pequena onde reverberam mentalidades homogêneas".[32] A ideia de que a vida nos subúrbios era maçante demais para ser suportada era tão amplamente aceita que Herbert Gans achou necessário pronunciar, após passar alguns anos morando em Levittown, Nova Jersey, que "a maioria dos novos habitantes dos subúrbios estão satisfeitos com a comunidade que se desenvolve; eles se comprazem com a casa e com a vida ao ar livre, e lhes agrada o grande suprimento de pessoas compatíveis, sem experimentar o tédio ou o mal-estar atribuído à homogeneidade suburbana".

Textos sobre alienação raramente valem o papel em que são escritos. Galbraith e companhia estavam, não obstante, corretos ao afirmarem que a América era uma sociedade homogênea. Os subúrbios pareciam ter sido criados com uma forma de biscoitos. Os supermercados abasteciam suas prateleiras com produtos produzidos em massa. As três grandes emissoras de TV (CBS, ABC e NBC) contabilizavam suas audiências em dezenas de milhões: quando a CBS transmitiu o episódio de *I Love Lucy* em que Lucy teve um bebê, com exibição programada para coincidir com o dia em que a atriz que interpretava Lucy, Lucille Ball, também teria um bebê, em 9 de janeiro de 1953, 68,8% dos aparelhos televisivos do país estavam sintonizados na emissora, uma proporção muito maior do que na posse de Dwight Eisenhower, no dia seguinte. As estradas e vias secundárias eram ladeadas por redes de motéis que se orgulhavam de oferecer os mesmos serviços, estivesse você nas florestas da Nova Inglaterra ou nos desertos do Arizona. O Holiday Inn anunciava seus serviços com o slogan "a melhor surpresa é não ter surpresas".

As instituições centrais do país promoviam vigorosamente o "American way of life" (estilo de vida americano): esportes competitivos (atletas e líderes de torcida eram os heróis e heroínas da vida escolar), religiosidade anódina (Eisenhower dizia que todos deveriam ter uma religião — e não lhe importava qual fosse) e respeito pela bandeira. A proporção dos americanos nascidos no exterior caiu de 6,9% em 1950 para 4,7% em 1970, o número mais baixo da história americana (ver Gráfico 22).

GRÁFICO 22
POPULAÇÃO AMERICANA NASCIDA NO EXTERIOR
POR DÉCADA, 1850-2000

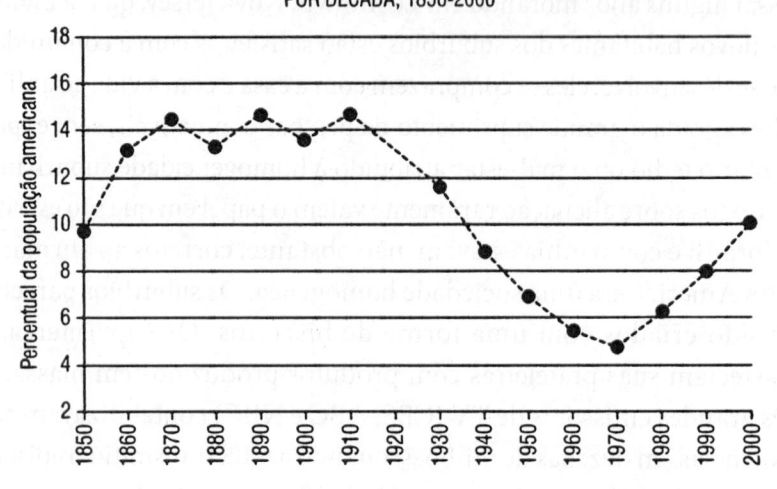

O Serviço de Imigração e Naturalização promovia ativamente uma sociedade mais homogênea, deportando ilegais, particularmente chineses, e pressionando estrangeiros a se tornarem americanos. Os novos subúrbios provaram-se caldeirões de mais sucesso do que as antigas cidades com suas máquinas políticas baseadas etnicamente. As antigas lealdades étnicas dissolveram-se em uma fé ecumênica no americanismo, um ponto bem documentado em *Protestantes, católicos e judeus* (1955), de Will Herberg. O fato de a era dourada do crescimento americano ter sido também uma era de declínio da diversidade étnica (ao menos em se tratando de imigração) e americanismo vigilante ajuda a explicar a atual ascensão do nativismo e do populismo.

PRENÚNCIOS DE MORTALIDADE

O recorde de sucesso durante esses anos impressiona. Em 1960, a família americana média era 30% mais rica do que em 1950. Mais de 60% das pessoas tinham casas próprias. Um quarto das casas americanas havia sido construído nos últimos dez anos. Parecia que a década de 1960 superaria até mesmo isso. O PIB real aumentou 28% entre 1960 e 1965.

Todavia, abaixo dessa superfície lustrosa, havia muitas coisas preocupantes. As companhias americanas estavam satisfeitas, mas apresentavam falhas: sobrecarregadas com custos imensos com benefícios previdenciários, sem disposição para pensarem além da padronização e completamente cegas para a competição asiática. O Tratado de Detroit estava corroendo as fundações da afluência americana: por que oferecer aos trabalhadores uma vida inteira de elevados salários e aposentadorias para a execução de tarefas padronizadas quando essas tarefas podiam ser feitas de modo muito mais barato por estrangeiros ou máquinas? E o hábito do governo federal de gastar dinheiro que não tinha, como a maioria dos maus hábitos, tornou-se vício.

Uma era de otimismo estava prestes a ser substituída por uma era de pessimismo.

9

ESTAGFLAÇÃO

M 1976, OS Estados Unidos celebraram seu aniversário de 200 anos com grandes comemorações. O Tesouro cunhou moedas comemorativas e o Correio imprimiu selos especiais. Veleiros de mastros altos reuniram-se em peso em Nova York e Boston. As cidades montaram espetáculos pirotécnicos: o presidente, Gerald Ford, comandou um dos maiores em Washington D.C., e Elizabeth II, a rainha da antiga senhora imperial da América, chegou para uma visita de Estado. Os americanos demonstravam um prazer particular ao celebrarem o espírito de resiliência e autoinvenção do país, personificado pelas esforçadas donas de casa do período colonial, pelos artesões rurais empreendedores e pelos firmes pequenos proprietários rurais.

Não obstante, o humor do país não era nada alegre. Os anos 1970 foram uma década lúgubre para os Estados Unidos: uma era de ouro se transformou em outra de chumbo, e muitos se perguntavam se a era americana tinha chegado ao fim. Três presidências consecutivas terminaram em desgraça ou decepção. Richard Nixon foi ameaçado de impeachment. Gerald Ford e Jimmy Carter haviam ambos sido descartados depois de um único mandato. "Não temos uma presidência imperial, mas uma presidência em perigo", disse Gerald Ford no último ano do malfadado reinado de Carter.[1]

A década foi envolvida por uma atmosfera de crise. A derrota humilhante da América nas mãos de um pequeno poder comunista no Vietnã destruiu sua autoconfiança. Os venenos liberados pela guerra continuaram consumindo sua alma. Os soviéticos avançavam ameaçadoramente, invadindo o Afeganistão em 1979 quando seu regime fantoche no Cabul se enfraqueceu. A Nova Esquerda recorreu ao niilismo e à violência. Os guetos nos centros pobres da América eram sacudidos por violência e incêndios criminosos. A taxa de homicídios alcançou o recorde de dez a cada dez mil no final dos anos 1970. Richard Nixon temia particularmente que os Estados Unidos tivessem "se tornado sujeitos à decadência que acabava por destruir uma civilização".[2]

Intelectuais públicos debatiam se a década de 1970 deveria ser chamada de "tempo de conflito", "era do declínio" ou "idade dos limites". Mancur Olson argumentava que as democracias inevitavelmente se tornavam prisioneiras de poderosos grupos de interesse. "No cômputo geral", ele concluiu, "organizações com interesses especiais e conluios reduzem a eficiência e a renda agregada nas sociedades em que operam, e tornam a vida política mais decisiva".[3] Um grupo de acadêmicos do MIT, que misteriosamente se intitulavam Clube de Roma, superou Thomas Malthus ao argumentar que o mundo estava prestes a ficar não só sem comida, mas também sem materiais básicos para a vida, do petróleo à água; *Limites do crescimento* (1972) vendeu mais de 12 milhões de exemplares. Em 1975, a revista *Time* publicou uma história de capa perguntando "Can Capitalism Survive?" (Poderá o capitalismo sobreviver?). Uma nação que emergira da Segunda Guerra Mundial acreditando firmemente que era bem-sucedida e boa passou a acreditar, no mínimo, que era malsucedida e má, e que havia grande possibilidade de estar condenada.

Recordes econômicos negativos foram quebrados. Em 1971, os Estados Unidos tiveram uma balança comercial negativa pela primeira vez desde 1893. Em 1974, a inflação alcançou os 11%. O mercado de ações terminou a década no mesmo patamar que começara.

Por trás dos problemas internos do país, estava um drástico declínio no crescimento da produtividade. Nos treze anos de 1960 a 1973, a produção por hora aumentou 51% no setor empresarial americano. Nos treze anos de 1973 a 1986 aumentou menos da metade desse ritmo (ver Gráfico 23).

GRÁFICO 23
RITMO DO CRESCIMENTO DA PRODUÇÃO
POR HORA DAS EMPRESAS PRIVADAS
1950-1990 (COM LINHA DE TENDÊNCIA)

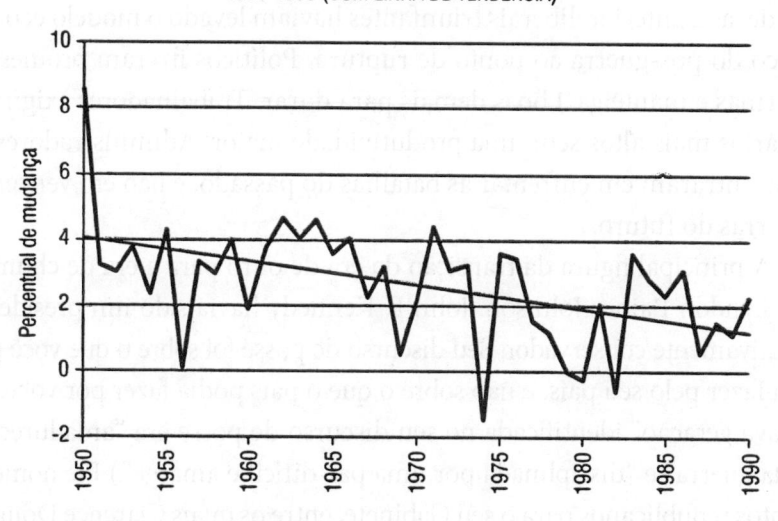

A América era um exemplo particularmente extremo de uma tendência geral. A Europa e o Japão também viram desacelerações marcantes no crescimento da produtividade depois que os frutos dos galhos mais baixos (como retirar os agricultores da zona rural e transferi-los para a indústria) foram colhidos e ficou mais difícil encontrar os novos frutos.

O crescimento mais lento da produtividade implicava a estagnação dos padrões de vida. De 1900 a 1973, os salários reais nos Estados Unidos haviam subido a uma taxa anual de cerca de 2%. Acumulado ao longo dos anos, isso significava que a remuneração média (e, consequentemente, o padrão de vida médio) dobrara a cada 35 anos. Em 1973, essa tendência chegou ao fim, e a média dos salários reais daqueles que o Bureau of Labor

Statistics (Agência de Estatísticas do Trabalho) chama de trabalhadores da produção e não supervisores começou a cair. Na metade da década de 1990, o salário real por hora de um trabalhador da produção era, em média, inferior a 85% do que fora em 1973.

O CASTIGO PARA A ARROGÂNCIA

Uma razão para o pessimismo dos anos 1970 foi o excesso de otimismo da década anterior: liberais triunfantes haviam levado o modelo econômico do pós-guerra ao ponto de ruptura. Políticos fizeram promessas ("armas e manteiga") boas demais para durar. Trabalhadores exigiram salários mais altos sem uma produtividade maior. Administradores se concentraram em enfrentar as batalhas do passado, e não em vencer as guerras do futuro.

A principal figura da transição da era de ouro para a era de chumbo foi Lyndon Baines Johnson. John F. Kennedy havia sido um presidente relativamente conservador. Seu discurso de posse foi sobre o que você podia fazer pelo seu país, e não sobre o que o país podia fazer por você. (A "nova geração" identificada no seu discurso de posse era "amadurecida pela guerra" e "disciplinada por uma paz difícil e amarga".) Ele nomeou tantos republicanos para o seu Gabinete, entre os quais Clarence Douglas Dillon como secretário do Tesouro, que Walter Lippmann chegou a brincar dizendo que aquela era a administração de Eisenhower apenas trinta anos mais jovem.[4] Kennedy estava muito mais interessado em vencer a Guerra Fria do que em uma reforma social, e era muito prudente em relação aos direitos civis. "As relações exteriores são realmente a única questão importante para ser conduzida por um presidente, não é?", ele disse a Richard Nixon. "Quero dizer, quem se importa que o salário mínimo seja de 1,15 ou 1,25 dólar em comparação a algo assim?"

Kennedy, contudo, preparou o caminho para um boom de gastos ao encher seu Conselho de Consultores Econômicos com acadêmicos keynesianos. O Conselho alertou que o maior problema do país era que o

Tesouro estava juntando dinheiro demais. Os grandes excedentes federais atuariam como um freio deflacionário para o crescimento econômico — fenômeno conhecido como "fiscal drag" — e o governo precisava encontrar maneiras de gastar dinheiro. Como seria de prever, não faltavam ideias para gastar: o corte nos impostos de 1964, um programa para levar o homem à Lua e, é claro, muitos gastos sociais.

John F. Kennedy foi sucedido por um homem que não tinha nada do seu cuidado. Lyndon B. Johnson acreditava, com certa justificativa, que o assassinato de Kennedy exigia um grande gesto em resposta. Ele também acreditava, com menos justificativa, que sua própria genialidade merecia ser imortalizada em uma legislação digna de nota. Diante do Congresso, seis semanas após o assassinato, ele declarou "guerra incondicional à pobreza". "A nação mais rica da Terra pode se dar o luxo de vencê-la", disse. "Não podemos nos dar o luxo de perdê-la." No espaço de uma única legislatura do Congresso, de 1965 a 1966, Lyndon B. Johnson aprovou uma grande série de leis comprometendo a América com a criação de nada menos do que uma nova sociedade: "Temos a oportunidade de nos aproximarmos não só da sociedade rica, e da sociedade poderosa, mas de nos alçarmos até a Grande Sociedade." Ele proibiu, com razão, a discriminação na Lei dos Direitos Civis de 1964, e ampliou a máquina federal responsável pela supervisão das práticas de contratação. Acrescentou à mistura o Public Broadcasting Act (Lei da Radiodifusão Pública), o Fair Packaging and Labeling Act (Lei de Embalagem e Rotulagem Corretas) e o Highway Safety Act (Lei de Segurança nas Rodovias). "Ele adota programas como uma criança come biscoitos com gotas de chocolate", comentou um assistente preocupado. "Estou cansado de todas as pessoas que falam das coisas que não podemos fazer", disse certa vez Lyndon B. Johnson. "Diabo, somos o país mais rico do mundo, o mais poderoso. Podemos fazer tudo."

A Grande Sociedade envolvia uma expansão maciça do Estado assistencialista: dois novos programas governamentais de saúde, Medicare e Medicaid; a extensão do auxílio-doença oferecido pelo Seguro Social para cobrir trabalhadores temporariamente incapacitados; dois grandes aumentos da aposentadoria e dos benefícios por incapacidade; e a maior expansão do programa Aid to Families with Dependent Children (AFDC; Auxílio a Famílias com Crianças Dependentes) em sua história de trinta anos. O governo federal também financiou ativistas combatentes da pobreza que encorajavam as pessoas a exigirem seus "direitos".

Johnson levou as políticas econômicas da "Nova Fronteira" a extremos, como se produzir crescimento econômico fosse uma mera questão de vontade e determinação. Em 1964, ele intimidou o Federal Reserve a manter as taxas de juros no patamar mais baixo possível; ao mesmo tempo, proporcionou um forte estímulo fiscal transformando cortes nos impostos em lei. Quando William McChesney Martin, presidente do Fed, resistiu, Johnson convidou-o para uma visita ao seu rancho no Texas e passou-lhe uma descompostura, empurrando-o e gritando na cara dele: "Meninos estão morrendo no Vietnã, e Bill Martin não dá a mínima." Quando a combinação de cortes nos impostos e taxas de juros baixas começou a produzir pressão inflacionária, Lyndon B. Johnson dobrou a dose de intimidação e manipulação: ele puniu companhias de alumínio que aumentaram preços liberando parte do estoque do governo, puniu produtores de cobre restringindo as exportações e até produtores de ovos ao fazer com que o diretor do Serviço de Saúde Pública emitisse um alerta contra os riscos do colesterol presente nos ovos.[5]

Johnson era a personificação do espírito da era: não só massacrou Goldwater nas eleições de 1964 como trouxe consigo grandes maiorias democráticas, com seu partido detendo mais de dois terços dos assentos nas duas câmaras. "No início dos anos 1960 em Washington, achávamos que podíamos fazer tudo", refletiu Daniel Patrick Moynihan; "a proposta psicológica central do liberalismo [...] é que para cada problema há uma solução". Em 1966, Walter Heller, um dos principais consultores econômicos de Kennedy, declarou que a "nova economia garantiria o pleno emprego, uma inflação baixa e um crescimento econômico estável".[6] "Estável" era um eufemismo: a renda nacional, ajustada de acordo com a inflação, cresceu 4% ao ano de 1962 a 1974. Em 1973, a renda real da nação era 70% mais alta em relação a 1961.

Na metade dos gloriosos anos 1960, um alto funcionário do censo disse que o problema mais urgente da América seria como consumir toda a riqueza que estava produzindo: "uma combinação de tendências recentes acabará por nos levar a níveis inacreditáveis de atividade econômica ainda durante nossas vidas".[7]

Os consultores econômicos mais próximos de Johnson subestimaram o custo de todos esses novos benefícios, não só no longo prazo, mas até no curto prazo. No início de 1966, funcionários responsáveis pelo orçamento federal projetaram um custo de menos de 400 milhões de dólares para o Medicaid durante o ano fiscal de 1967 do governo federal. No final das contas, custou quase um bilhão. O custo de um dia no hospital, que vinha aumentando 6,4% ao ano de 1961 a 1965, aumentou 16,6% em 1967, 15,4% em 1968 e 14,5% em 1969.[8] Os gastos federais com o AFDC aumentaram para 392 milhões de dólares em 1967, sendo que em 1962 eles haviam sido irrisórios.

O liberalismo exagerado de Johnson também acabou se dando no pior momento possível. Ele aumentou os gastos com "manteiga" exatamente ao mesmo tempo que foi forçado, graças à guerra no Vietnã, a aumentar os gastos com "armas". Em 1968, o déficit federal alcançou os 25,1 bilhões de dólares, mais do que o total de todos os déficits entre 1963 e 1967. O governo começou a fracassar em tudo que tocava, do combate à pobreza ao combate aos vietnamitas do norte, e a proporção de americanos que diziam "confiar no governo federal" caiu de 75% na metade da década de 1960 para 25% no final da de 1970. A economia poderosa que Johnson acreditava ser capaz de resolver todos os problemas começava a falhar. Ele sobrecarregara o sistema exatamente no momento em que o sistema começava a dar sinais de fraqueza.

Lyndon B. Johnson foi substituído por um homem que havia feito carreira instilando o ódio pelo establishment liberal. Acontece que, quando chegou a hora de governar o país, depois de ganhar os votos, o arquiconservador mostrou-se um liberal enrustido: keynesiano na economia, como declarou a um jornalista em janeiro de 1971 (atônito, o jornalista comparou a declaração a um "cruzado cristão dizendo que

'De uma forma geral, acho que Maomé estava certo'"), e progressista na política social.[9]

Nixon presidiu uma expansão ainda maior do Estado assistencialista do que Lyndon B. Johnson fizera, desatento para o fato de que as rachaduras no sistema já começavam a aparecer. O Congresso criou uma série de novos benefícios — merenda nas escolas, aumento do seguro-desemprego e maiores benefícios para os incapazes. Aumentou os benefícios do Seguro Social em 10% e criou um mecanismo automático para estabelecer uma relação entre os benefícios e a taxa da inflação. Nixon apoiou alegremente todas as medidas, e muitas vezes foi quem tomou a iniciativa para elas (John Cogan, da Universidade Stanford, chama gentilmente o capítulo sobre Nixon na sua história dos programas assistencialistas federais de "a segunda Grande Sociedade").[10] Os gastos anuais com o assistencialismo ajustados pela inflação cresceram 20% mais rápido durante o governo de Nixon em relação ao de Johnson. Em 1971, os gastos com o assistencialismo finalmente superaram os gastos com a defesa.[11] Havia excessos em todos os lugares. A realidade começava a ficar clara.

Em 15 de agosto de 1971, Richard Nixon anunciou um Novo Plano Econômico, infelizmente empregando uma frase usada por Lênin na década de 1920 para descrever sua mudança absoluta de opinião em relação à economia. Ele impôs um congelamento temporário de noventa dias dos preços, remunerações, salários e aluguéis, seguido de um sistema de controle de preços e renda. A partir de então, os preços e remunerações não seriam mais determinados pelo mercado, com base na oferta e na demanda, na escassez e na abundância, mas por uma comissão de análise de salários e preços que incluía vários astros republicanos em ascensão, como Donald Rumsfeld e Richard Cheney, que administrou as políticas de Nixon claramente contrariado. Ele também acrescentou uma sobretaxa de 10% às importações estrangeiras. Refletindo sobre o senso comum da época, o *New York Times* aplaudiu seu arqui-inimigo pela "ousadia". A inflação desacelerou por um momento apenas para retornar com fúria renovada.

Nixon combinou sua decisão de fixar preços e remunerações a outra decisão crucial: retirar a América do padrão ouro e permitir que o dólar flutuasse (para baixo) no mercado global. Desde o Acordo de Bretton Woods de 1944, todas as nações mais importantes que vinculavam sua moeda ao dólar e aos bancos centrais americanos haviam conseguido converter o dólar em ouro a 35 dólares por onça. Esse sistema serviu de base para um crescimento estável ao prender os políticos com uma camisa de força: se um líder nacional em particular quisesse dar à sua economia um estímulo temporário antes das eleições, o presidente do banco central podia impedi-lo com o argumento de que isso desestabilizaria o sistema global e deixaria outros países descontentes. Infelizmente, o sistema só funcionava se duas condições fossem atendidas: se os Estados Unidos mantivessem reservas colossais de ouro e se outros países evitassem acumular dólares para depois trocá-los por ouro em um momento conveniente. No final de 1957, o Tesouro americano possuía, de longe, a maior reserva de ouro, com 653 milhões de onças. A decisão de Roosevelt de elevar o preço do ouro para 35 dólares por onça em 1934, 70% acima da taxa de mercado, servira de incentivo para que os bancos centrais estrangeiros vendessem suas reservas de ouro para os Estados Unidos e permitissem que o Tesouro americano aumentasse suas reservas de 246 milhões de onças em 1934 para 700 milhões em 1949. Contudo, a partir de 1958, com a aceleração da inflação americana e o preço sombra do ouro finalmente subindo acima dos 35 dólares por onça, bancos centrais estrangeiros começaram a usar seu excedente de dólares americanos para comprar ouro ao preço fixado de 35 dólares por onça, e as reservas americanas passaram a cair quase anualmente. No final da década de 1960, as reservas estrangeiras de dólares (quase 50 bilhões) haviam superado consideravelmente as reservas americanas de ouro (de cerca de 10 bilhões de dólares). Nixon não teve outra opção a não ser fechar a chamada janela do ouro, estabilizando as reservas americanas do metal em cerca de 275 milhões de onças, patamar em que permaneceram até 1979, mas sua decisão, ainda assim, abalou a economia local. Desde então, por mais de quarenta anos, as reservas de ouro do país quase não mudaram, atualmente totalizando 265,5 milhões de onças (ver Gráfico 24).

GRÁFICO 24

RESERVAS OFICIAIS DE OURO DOS ESTADOS UNIDOS

1957-1980

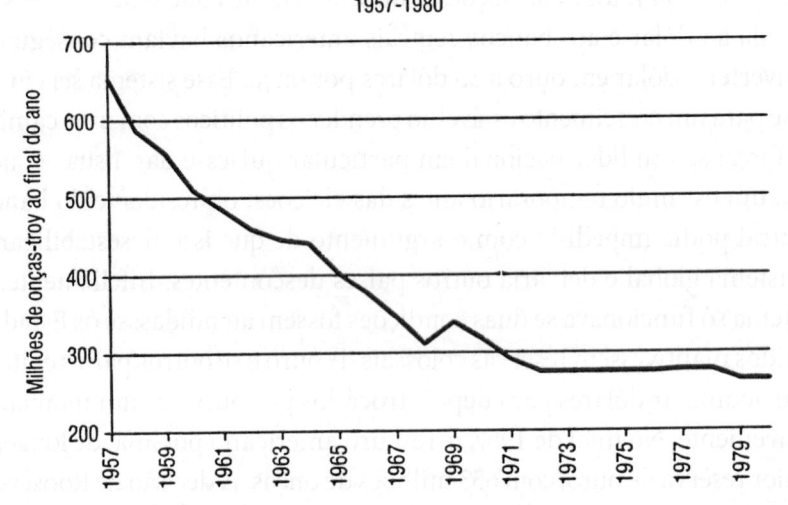

Depois do choque do ouro, veio um choque do petróleo. A América dominara a indústria petrolífera desde o seu nascimento na década de 1870. Sempre que parecia que o país estava ficando sem petróleo, novos campos de extração entravam em cena: exatamente no momento em que os campos da Pensilvânia secavam no início da década de 1900, os americanos descobriram as imensas novas jazidas do Texas e da Califórnia. Isso levou os consumidores a agirem como se petróleo barato fosse só mais uma das dádivas que Deus lhes deu: mais de 80% dos adultos dirigiam para o trabalho, e o carro americano em média consumia 18% mais combustível em 1973 do que em 1963. Contudo, enquanto os americanos se permitiam mais, o mundo mudava. Os países exportadores de petróleo em 1960 haviam se unido na OPAEP (Organização dos Países Árabes Exportadores de Petróleo) com o objetivo de combater a pressão para a redução dos preços. Os campos petrolíferos da nação começaram a se esgotar, forçando a América a recorrer a novos campos muito mais difíceis de explorar. Em 1973, 36% do petróleo consumido pelos americanos era importado, enquanto em 1970 esse percentual era de 22%.

A decisão da OPAEP em outubro de 1973 de impor um embargo de petróleo à América como punição ao seu apoio a Israel durante a Guerra do Yom Kippur sufocou ainda mais a economia americana. Motoristas passavam horas em filas esperando a chance de encherem o tanque e os estoques se esgotavam com frequência. Os ânimos ficaram acalorados, ensejando a violência física. Em um caso extremo, um frentista foi baleado e morto. O governo tentou tudo que pôde para resolver seu problema energético. Washington pediu aos americanos que reduzissem seus termostatos, diminuiu o limite de velocidade para 55 mph (88,5 km/h), investiu em novas formas de energia e estabeleceu um Departamento de Energia. Henry Kissinger fez várias visitas diplomáticas pelo Oriente Médio tentando promover a paz. Não houve grandes mudanças. O preço do petróleo bruto americano ficou nove vezes mais caro entre 1972 e 1981, provocando ondas de choque através da América corporativa, começando por grandes consumidores de energia, como os transportes internos, refinarias de petróleo, indústria química, de aço, alumínio e o transporte internacional de cargas, mas por fim incluindo a totalidade do mundo corporativo.

Acima de tudo, o choque do petróleo tocou no maior problema econômico da América. A estagflação era uma combinação tóxica de aumento da inflação e desemprego que economistas keynesianos, citando a curva de Phillips — que postulava um elemento fixo de compensação entre inflação e desemprego —, disseram que jamais poderia acontecer. No período de catorze anos entre 1969 e 1982, a taxa anual de inflação só caiu abaixo dos 5% duas vezes, e por quatro desses anos teve dois dígitos, alcançando 14,8% em março de 1980. Ao mesmo tempo, o desemprego permaneceu insistentemente elevado.

Os planos de Nixon de controlar obsessivamente a inflação a fim de mantê-la em um patamar tolerável estavam fadados a falhar desde o início: na realidade, ao criarem uma escassez artificial de produtos básicos, eles provocaram o aumento dos preços. Gerald Ford, sucessor de Nixon, tentou substituir o voluntariado pela gestão burocrática. Em outubro de 1974, usando um broche com a sigla WIN (Whip

Inflation Now — Bater a Inflação Já) na lapela, ele declarou a inflação o "inimigo interno número um", e tentou convencer os americanos a combaterem esse flagelo dirigindo menos, usando menos aquecimento, gastando menos e plantando suas próprias verduras. Lojas de desconto demonstraram seu espírito comercial proclamando que seus produtos baratos as tornavam campeãs no combate à inflação. Entretanto, a convocação ao combate voluntário à inflação essencialmente encontrou ouvidos surdos. Jimmy Carter usou a mesma mensagem, dizendo aos americanos que eles precisavam substituir a permissividade pelo sacrifício e reduzir o desperdício. A estagflação, contudo, continuou. No final dos anos 1970, parecia que a economia mais forte do mundo havia esquecido como alcançar a forma mais básica de gestão econômica — preços estáveis.

A estagflação criou convulsões políticas. Trabalhadores faziam protestos por aumentos de salários que pudessem acompanhar o custo de vida cada vez mais alto. Os contribuintes se revoltavam à medida que suas rendas nominais maiores os colocavam em faixas superiores de impostos. Em 1978, impostos cada vez mais altos sobre propriedades em troca de serviços que se encontravam estagnados ou deteriorados geraram fúria e esgotaram a paciência dos vastos subúrbios do sul da Califórnia. Liderados por Howard Jarvis, um enérgico ativista anti-impostos, os californianos aprovaram a Proposição 13 (como emenda constitucional de iniciativa popular), que de um só golpe reduzia pela metade os impostos sobre propriedades e impossibilitava aumentos futuros.

DECLÍNIO E QUEDA

A América dos anos 1970 lembrava muito a Grã-Bretanha do início dos anos 1900: uma grande potência de repente diante da possibilidade da ruína. O exército britânico lutara para derrotar um exército desorganizado de bôeres na África do Sul assim como os americanos haviam lutado para derrotar os comunistas no Vietnã. O establishment britânico vira-se zombado pelo grupo de Bloomsbury da mesma forma que o establishment americano fora zombado pela *New York Review of Books*. George Bernard Shaw brincou em *Misalliance*: "Roma caiu, a Babilônia caiu, a vez de Hindhead vai chegar." Os americanos temiam que o mesmo se aplicasse a Scarsdale, ao Upper East Side e a Georgetown.

A maior semelhança era mais econômica do que militar ou cultural. Em 1901, o ano da morte da rainha Vitória, Frederick Arthur McKenzie, um jornalista britânico, teve sucesso fácil com o livro *The American Invaders: Their Plans, Tactics and Progress*:

O aspecto mais grave da invasão industrial americana está no fato de que esses recém-chegados adquiriram o controle de quase todas as novas indústrias criadas durante os últimos quinze anos [...]. Quais são as principais características da vida em Londres? Elas são, do meu ponto de vista, o telefone, a câmera portátil, o fonógrafo, o bonde elétrico, o automóvel, a máquina de escrever, os elevadores residenciais e a multiplicação das máquinas-ferramentas. Em cada uma delas, com exceção do automóvel movido a petróleo, o fabricante americano é superior; em várias, ele é monopolista.

Essa passagem seria impecável, não fosse pelo trecho "com exceção do automóvel movido a petróleo"; em 1908, os Estados Unidos haviam superado a França como maior fabricante de automóveis do mundo, e na Primeira Guerra Mundial também alcançara a supremacia nessa área.

Passados 75 anos, dois professores da Harvard Business School, Robert Hayes e William Abernathy, apresentaram o mesmo ponto de vista com relação aos Estados Unidos em um artigo na *Harvard Business Review*, "Managing Our Way to Economic Decline" (Administrando nosso caminho para o declínio econômico). Os professores observaram que os estrangeiros estavam devastando as velhas indústrias americanas, como a de carros e a do aço, e dominando também o setor de tecnologia: em particular, os japoneses e alemães estavam fazendo com a América o que esta fizera com a Grã-Bretanha.

Nos anos 1970, a América finalmente precisou encarar o fato de que estava perdendo a liderança em uma gama cada vez mais ampla de indústrias. Embora as melhores companhias americanas, como a General Electric e a Pfizer, continuassem firmes, um número impressionante tentava não afundar: elas haviam tido sucesso durante o longo boom do pós-guerra não por quaisquer méritos particulares, mas porque a Europa e o Japão ainda estavam se recuperando da devastação da Segunda Guerra Mundial, e caíram com a menor brisa de competição. Isso era mais óbvio em dois setores que por muito tempo haviam sido sinônimos do poder industrial americano: o dos veículos motorizados e o do aço.

Nos primeiros sessenta anos do século, a América havia dominado a produção automobilística: em 1950, três quartos dos carros do mundo eram fabricados nos Estados Unidos, e uma grande proporção do restante era produzida por companhias que a América tinha no exterior. No início dos anos 1970, Detroit tornara-se gorda e preguiçosa. As três grandes companhias seguiam acrescentando camadas administrativas, pois tinham dinheiro para queimar. Enquanto isso, deixaram de prestar atenção naquilo que as havia transformado em grandes companhias automobilísticas — a valorização do dinheiro dos consumidores. No início de 1958, um jornalista descreveu os carros americanos como "monstruosidades exageradas, com preços exorbitantes, construídas por imbecis para ladrões venderem a deficientes mentais". O resultado foi um aumento contínuo das importações (ver Gráfico 25).

As campeãs da América estavam em um atoleiro. Elas não dedicavam quase nenhuma atenção à inovação: a última grande inovação havia sido o câmbio automático em 1948. Primeiro, ignoraram o mercado crescente para carros menores, e quando finalmente se deram conta de que ele não desapareceria, não conseguiram investir recursos nele. Todos os principais entrantes no mercado da América — como o Chevrolet Corvair, o Ford Pinto e o American Motors Gremlin — sofriam de problemas básicos de qualidade e segurança. O Ford Pinto tinha o hábito desagradável de pegar fogo quando sofria uma colisão na traseira.

GRÁFICO 25
VENDAS DOS VEÍCULOS AMERICANOS POR ORIGEM
1931-2011

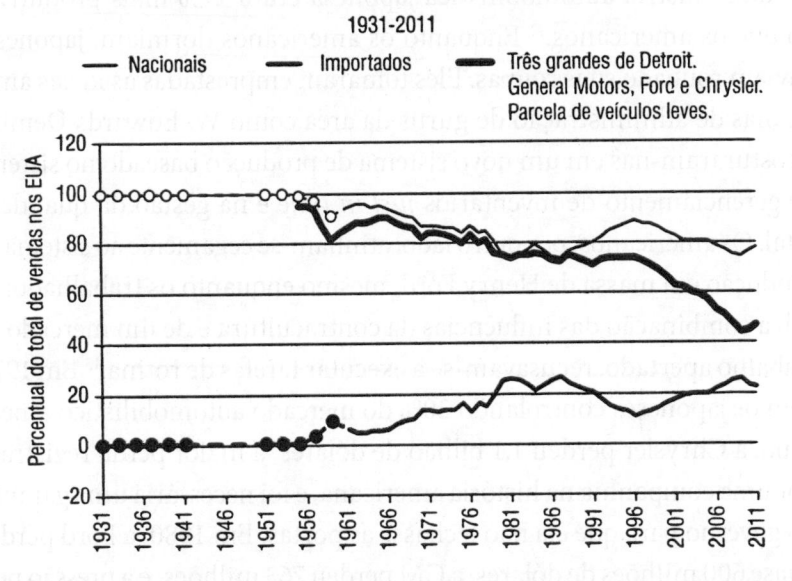

Elas não eram muito boas nem mesmo naquilo que consideravam o centro do seu negócio, dedicando pouquíssima atenção ao básico do seu setor, a confiabilidade e a segurança. Um número considerável dos seus "navios cruzeiros da estrada" colidia contra icebergs tecnológicos enquanto cruzavam as estradas de Eisenhower e deixavam seus passageiros encalhados. *Unsafe at Any Speed* (1965), de Ralph Nader, tornou-se um best-seller porque diagnosticou uma catástrofe nacional. Nos anos 1950 e 1960, mais de 2,5 milhões de americanos foram mortos em acidentes de carro, e vários milhões, feridos. Detroit também dedicava pouquíssima atenção à eficiência do combustível: mesmo depois do primeiro choque do petróleo de 1973-74, continuou produzindo gigantes beberrões de gasolina, pressupondo que os preços elevados do combustível fossem uma peculiaridade passageira, e que o mundo logo voltaria aos doces dias da década de 1950.

As companhias automobilísticas americanas também foram superadas por suas rivais estrangeiras em termos de produtividade. Em 1950, os trabalhadores da indústria automobilística do país eram três vezes mais produtivos do que suas contrapartes alemãs. Em 1980, os trabalhadores da indústria automobilística japonesa eram 17% mais produtivos do que os americanos.[12] Enquanto os americanos dormiam, japoneses haviam roubado suas roupas. Eles tomaram emprestadas as ideias americanas de administração de gurus da área como W. Edwards Deming e costuraram-nas em um novo sistema de produção baseado no sistema de gerenciamento de inventários *just in time* e na gestão da qualidade total. Os americanos, por outro lado, atinham-se cegamente ao sistema de produção em massa de Henry Ford, mesmo enquanto os trabalhadores, sob a combinação das influências da contracultura e de um mercado de trabalho apertado, recusavam-se a executar tarefas de rotina.[13] Em 1979, com os japoneses controlando 20% do mercado automobilístico americano, a Chrysler perdeu 1,1 bilhão de dólares, a maior perda registrada por uma companhia na história americana, e foi necessária uma garantia do governo para que ela não fechasse as portas. Em 1980, a Ford perdeu quase 600 milhões de dólares, a GM perdeu 763 milhões, e a pressão pelo protecionismo tornou-se irresistível. Os japoneses só preservaram seu acesso ao mercado americano construindo fábricas "transplantadas" nos Estados Unidos, as quais se saíram melhor do que suas rivais nativas.

A indústria siderúrgica sofria do mesmo problema de complacência tacanha. A América fora, de longe, a maior produtora de aço do mundo nas primeiras décadas do século, com uma produção variando entre 38% do total mundial em 1913 e 72% em 1945, enquanto a U.S. Steel fora de longe a maior companhia de aço. Em 1937, os trabalhadores americanos da indústria siderúrgica eram entre duas e 4,5 vezes mais produtivos do que os britânicos do setor, dependendo do ramo considerado.[14]

No entanto, a participação da América na produção mundial despencou de 43% em 1953 para 11% em 1982. A greve do aço de 1959, quando o United Steelworkers — sindicato dos trabalhadores americanos do setor — interrompeu a produção interna durante 116 dias, foi crucial. Ela quebrou o encanto do aço americano: as companhias americanas que até então haviam se recusado a comprar aço estrangeiro com o argumento de que ele era de baixa qualidade perceberam que estavam enganadas. A penetração das importações aumentou de menos de 3% em 1958 para cerca de 15% uma década depois (ver Gráfico 26).

GRÁFICO 26

ESTATÍSTICAS DO AÇO AMERICANO

1914-2015

Ao mesmo tempo, a greve levou a um boom nos salários, uma vez que que os empregadores tentavam evitar qualquer greve futura: no início dos anos 1980, as remunerações médias na indústria do aço eram mais de 95% mais altas do que as remunerações do setor manufatureiro em geral.

Siderúrgicas estrangeiras, particularmente a japonesa, e mais tarde a coreana, provaram-se muito mais ágeis do que as americanas. Os administradores japoneses foram mais rápidos na adoção de técnicas inovadoras, como máquinas de lingotamento contínuo. O United Steelworkers (USW) acabou ajudando os rivais ao negociar remunerações mais altas e regras mais restritivas de trabalho, mesmo enquanto os japoneses os superavam em termos de produtividade. Em 1956, os metalúrgicos japoneses haviam sido 19% menos produtivos do que os americanos. Em 1976, eles foram 13% mais produtivos.[15] Enquanto a oferta estrangeira aumentava, a demanda interna diminuía. As cidades estavam construindo menos arranha-céus. O alumínio passou a ser cada vez mais usado em vez do aço. A U.S. Steel passou de maior siderúrgica do mundo para o segundo lugar. Companhias siderúrgicas menores se fundiram.

Os Estados Unidos estabeleceram sua liderança nos produtos eletrônicos de consumo de forma muito parecida com a que havia se estabelecido na liderança do aço e dos carros: pegando as últimas ideias e transformando-as em produtos baratos e confiáveis para o mercado de consumo de massa. Em 1955, as companhias americanas controlavam 96% do mercado americano de aparelhos de rádio. Em 1965, sua participação caíra para 30%, e em 1975, para quase zero. O padrão se repetiu, com algum atraso para categorias diferentes. Em 1955, a América tinha dezenas de companhias bem-sucedidas produzindo aparelhos de televisão. Na década de 1990, o país havia sido dominado por companhias estrangeiras — a marca de televisores da Motorola, pela Matsushita (Japão); Magnavox, Philco e Sylvania, pela Philips (Holanda); RCA e GE, pela Thompson (França); e a Zenith, pela LG Electronics (Coreia do Sul).

A RCA é um exemplo claro do hábito da indústria de dar tiro no próprio pé. A companhia se atrasou na transição da válvula para os transistores. Cega para a revolução dos transistores, não obstante tentou diversificar com computadores, só para ser humilhada pela IBM. Dedicou tanta energia aos computadores — em determinado ponto, 40% do tempo dos pesquisadores era consumido por computadores — que não investiu dinheiro o bastante no desenvolvimento dos televisores coloridos.[16] A companhia selou seu destino na década de 1970, ao apostar tudo na sua VideoDisc quando a indústria adotava o videotape. Mesmo depois de ter perdido a mão no seu principal negócio, ela investiu em uma grande diversificação.

Ao mesmo tempo, as gigantes eletrônicas japonesas, como Sony, Matsushita (Panasonic), Hitachi e Mitsubishi, voltavam-se para as máquinas com potencial para exportação mundial. Não há dúvida de que trapacearam um pouco: protegeram seus mercados internos das importações americanas enquanto investiam os lucros em centros de produção; cobraram preços elevadíssimos dos consumidores internos e preços baixíssimos dos consumidores estrangeiros (em alguns casos, até compraram participação no mercado); e tiraram vantagem do sistema transparente de distribuição da América enquanto mantinham seu próprio sistema de distribuição o mais opaco possível. Apesar de tudo isso, seu sucesso foi construído sobre o simples fato de que ofereciam produtos melhores por preços menores.

O mesmo padrão foi observado em uma ampla gama de outras indústrias. As indústrias de calçados, de roupas e têxtil foram esmagadas por importações crescentes. A indústria dos pneus sofreu o dobro da pressão: a invenção dos pneus radiais triplicou a vida média útil dos pneus ao mesmo tempo que companhias estrangeiras invadiam os mercados americanos. Com um problema global de superprodução, os americanos sofriam mais porque seus pneus eram os mais caros e menos inovadores. Entre 1977 e 1987, 37 firmas americanas de pneus foram fechadas, e a força de trabalho da indústria caiu 40%.[17] A indústria dos semicondutores também perdeu fôlego, embora seu grande recuo tenha se dado nos anos 1980, e não 1970. No auge em 1977, a indústria americana de semicondutores abastecia 95% do mercado americano, metade do mercado europeu e 57% do mercado mundial. Em 1989, a participação americana no mercado global caiu para 40%, e a América era uma importadora líquida de placas de circuito integrado. Os problemas nas grandes indústrias americanas produziram ondas sobre o restante da economia de consumo: o número de casas em início de construção despencou para quase 2 milhões — de 12,2 milhões nos anos 1960 e 10,4 milhões nos anos 1970.[18]

Um importante tema que surge em todos esses estudos de caso é o precipitado declínio na qualidade da administração americana. Na primeira metade do século, os Estados Unidos lideraram o mundo no desenvolvimento da administração tanto como prática quanto como profissão. Frederick Taylor eletrizou o mundo com a descoberta da administração "científica". A Universidade Harvard chocou Oxford e Cambridge ao criar uma faculdade de administração. Marvin Bower transformou a McKinsey na principal firma de consultoria de gestão do planeta. Na década de 1950, a América fora uma exportadora líquida de "administração": firmas japonesas contratavam gurus americanos de administração e países europeus fundavam faculdades de negócios baseadas no modelo americano. Na década de 1970, tudo havia mudado.

O problema óbvio era a complacência: depois de terem passado tanto tempo sentados no topo do mundo, os administradores americanos não perceberam que o mundo logo abaixo havia se adaptado. Eles continuaram medindo seu sucesso pelos concorrentes vizinhos em vez de se compararem a Tóquio e Düsseldorf. Os capitães da indústria automobilística descartavam despreocupadamente os carros alemães e japoneses enquanto concediam a si mesmos remunerações dez vezes maiores do que as recebidas pelos administradores alemães e japoneses. O fusca não passava de uma moda passageira, diziam. Os japoneses só podiam produzir carros baratos para quem fosse pão-duro. Quando Ron Hartwig, gerente de relações públicas da GM na Costa Oeste, escreveu para seu chefe em Detroit dizendo que estava vendo cada vez mais carros japoneses na estrada, o chefe respondeu com arrogância: "Acabei de olhar da minha janela no GM Building, e não vejo nenhum carro japonês."[19] Quando eles finalmente se deram conta de que estavam ficando para trás, recorreram ao truque mais barato da cartilha, acusando os rivais de terem trapaceado e exigindo proteção do governo.

Um segundo problema foi a perda de foco da administração na qualidade dos produtos. Nos anos 1950, muitos administradores haviam galgado até o topo depois de terem começado nos departamentos de produção e engenharia. Nos anos 1960 e 1970, eles foram substituídos por contadores, advogados e pessoas com MBAs. Em 1980, Jackson Grayson, presidente da American Productivity and Quality Center, reclamou que, por vinte anos, a administração havia "posto fora os ganhos com P&D feitos durante a Segunda Guerra Mundial e constantemente recompensado executivos dos setores de marketing, financeiro e jurídico das empresas, enquanto ignoravam os homens responsáveis pela produção". Muitos produtos não eram só de qualidade inferior, mas até perigosos. Em 1973, Nixon estabeleceu uma comissão nacional de segurança pública que revelou um número chocante de lesões provocadas por produtos com falhas de segurança no seu primeiro relatório: 20 milhões de lesões, 110 mil incapacitações permanentes e 30 mil mortes ao ano. Pouquíssimas companhias estavam dispostas a transcender o cumprimento de metas para moldar os mercados do futuro. Joseph Schumpeter observou que um dos paradoxos da inovação é que ela pode destruir o capital no curto prazo, mesmo apesar de criar capital no longo prazo: ela torna habilidades e fábricas atuais obsoletas, mas abre a possibilidade de lucros colossais no futuro. A administração com base em números desencoraja a inovação, pois leva os administradores a se concentrarem na certeza de curto prazo, sacrificando as possibilidades de longo prazo.

Até os grandes departamentos americanos de P&D perderam o entusiasmo. Vimos que a capacidade da América de integrar administração e P&D foi uma de suas grandes vantagens: tanto a General Electric quanto a AT&T foram fundadas por indivíduos que eram cientistas antes de serem empresários, e as duas companhias investiram pesado em pesquisa desde o início. Nos anos 1960 e 1970, as salas dos executivos e os departamentos de P&D seguiram caminhos separados. O departamento de pesquisa da Xerox, Xerox PARC, produziu uma série de produtos de grande sucesso, como o mouse para computador, sobre os quais os executivos da companhia no Leste não sabiam nada. Os laboratórios da RCA eram amplamente considerados um "clube de campo" onde cientistas se divertiam dedicando-se a projetos estouvados.

O maior exemplo dos problemas com a administração americana era a moda dos conglomerados. O cínico argumento a favor dos conglomerados era que eles permitiam que as companhias contornassem as leis antitruste se expandindo para negócios à parte. Os administradores também a defendiam com uma justificativa mais sofisticada: colocar um portfólio de produtos diferentes debaixo do mesmo teto permitia-lhes administrar o risco, pois, quando um produto estivesse com vendas em baixa, as de outro provavelmente estariam em alta. Em *The Rise and Fall of the Conglomerate Kings* (1984), Robert Sobel observou que os "conglomerados foram a forma mais excitante de sociedade anônima a ter surgido em mais de uma geração, e abalaram o cenário dos negócios como nenhum fenômeno fizera desde a era da criação do truste na virada do século". Alguns dos principais empresários da América, como Harold Geneen, chefe da International Telegraph and Telephone, dedicaram suas vidas à construção de conglomerados. Algumas das principais marcas americanas também adotaram a diversificação: a Quaker Oats comprou uma companhia de brinquedos, a Johnson Wax entrou no negócio dos cuidados pessoais, a Chesebrough-Pond adquiriu uma linha de roupas infantis. Entre 1950 e 1959, 4.789 firmas dos setores manufatureiro e minerador, representando cerca de 15,4 bilhões de dólares em ativos, foram unidas em conglomerados.[20]

Na verdade, os conglomerados tinham uma grande desvantagem que se tornava maior ainda com o tempo: eles desviavam a atenção da produção de produtos de qualidade para a questão secundária da mecânica da administração. A RCA foi um desses casos: mesmo enquanto perdia a competitividade necessária para dominar o mercado de televisores coloridos, a empresa se dedicou a uma grande diversificação. Sua decisão de comprar a Random House pode ao menos ser justificada como outro empreendimento no setor de "comunicações". O mesmo não podia ser dito de outras aquisições, como a Hertz Rent-a-Car, a Coronet Carpets, a companhia de refeições congeladas Banquet Foods e uma empresa de roupas para golfe.

O problema era mais profundo do que uma administração pobre. O sistema americano de produção — produzindo grandes séries de produtos padronizados — permitira que trabalhadores relativamente desqualificados criassem produtos altamente padronizados para consumidores que se satisfaziam com pouco de forma rápida e barata. Mas ele não era mais adequado para um mundo caracterizado pela mudança, pela concorrência global, pelo poder do consumidor e altos níveis de volatilidade. As firmas americanas depararam-se com novos concorrentes que não acreditavam ser necessário fazer escolhas conflitantes entre quantidade e qualidade ou padronização e flexibilidade. Os produtores japoneses em particular argumentavam que haviam projetado um novo sistema capaz de produzir variedade a preços baixos.

URBIS ET ORBIS

À medida que os gigantes industriais da América enfraqueciam e sua máquina construtora de casas perdia velocidade, uma nova frase entrou no jargão: "o Cinturão da Ferrugem". As fivelas do Cinturão da Ferrugem eram as grandes cidades industriais que floresceram durante a era de Rockefeller e Carnegie, mas acabaram caindo em desespero. Seis das dezesseis maiores cidades em 1950 haviam perdido metade da sua população em 1980: Buffalo, Cleveland, Detroit, Nova Orleans, Pittsburgh e St. Louis. Embora as cidades mais afetadas tenham sido aquelas construídas com base em um único setor industrial, até cidades poliglotas como Nova York e Chicago sofreram bastante.

O pesadelo urbano da América, refletido em filmes como *Taxi Driver* (1976), tinha raízes profundas. Cidadãos de classe média retiraram-se para os subúrbios, levando seu poder aquisitivo e seus impostos. Os cidadãos que ficaram eram mais propensos ao crime e às disfunções, o que provocou o aumento da demanda por serviços públicos. E a combinação entre o aumento do crime e o dos problemas sociais levou um número ainda maior de cidadãos de classe média para os subúrbios. Mas o fenômeno foi levado a um nível inteiramente novo pela crise.

O exemplo mais famoso foi Detroit, uma cidade que era a tal ponto o epítome da cidade construída com base em um único setor industrial que seu estilo popular de música era chamado de Motown ("motor" + "town"). As virtudes que a criaram logo se transformaram em defeitos. Graças à produção em massa, os trabalhadores tinham pouco incentivo para aperfeiçoar suas habilidades. Fábricas gigantes transferiram poder para trabalhadores sindicalizados dispostos a interromper todo o processo de produção. O sucesso econômico significava que administradores insípidos se convenciam de que eram os mestres do universo. E, por fim, o próprio carro voltou-se contra a cidade que o havia produzido: tanto os administradores quanto os trabalhadores usaram a mobilidade proporcionada pelo carro para trocar a cidade pelos subúrbios. Em 1954, o primeiro grande shopping center suburbano, com estacionamento para dez mil carros, começou a atrair varejistas do centro da cidade. Em 1967, a Rebelião da Rua 12, com a morte de 43 pessoas e a destruição de mais de 2 mil construções, e que só foi contida com a ajuda da Guarda Nacional de Michigan e do Exército americano, acelerou a debandada branca, e de 1970 a 1980 a parcela de brancos da população caiu de 55% para 34%. Embora a cidade tenha sido várias vezes apelidada de capital americana do crime ou do assassinato, sua polícia tinha os salários mais elevados do país. Em 1982, a taxa de desemprego de Detroit alcançou os 25%, a mesma taxa que em 1933. Um terço dos habitantes da cidade viviam de benefícios da previdência social. Cerca de 6.800 firmas locais haviam falido só nos últimos dois anos.[21]

O declínio da indústria siderúrgica supostamente teve um impacto maior na América urbana do que o da indústria automobilística, pois havia mais cidades construídas graças ao aço do que graças ao carro. Youngstown era a capital do "vale do aço" no leste de Ohio, com as margens do rio Mahoning cheias de conversores Bessemer, fornos Siemens-Martin, usinas de laminação, fábricas de tubos e outras construções relacionadas ao aço, todas ladeadas por igrejas, sindicatos, bares e pelas casas dos funcionários. Em 19 de setembro de 1977, dia lembrado localmente como "Segunda-Feira Negra", a Youngstown Sheet e a Tube Company fecharam a maioria das suas fábricas na cidade, demitindo 4 mil pessoas e arrancando o coração econômico da comunidade. Na década seguinte, mais dez mil empregos desapareceram.

Embora Nova York não fosse uma cidade baseada em um único setor industrial como Detroit, o colapso do setor de confecções da cidade foi duro: Nova York perdeu 400 mil empregos no setor manufatureiro entre 1968 e 1975, à medida que eles eram transferidos para o Cinturão do Sol (particularmente para a Carolina do Norte) ou para o exterior, com destino à Índia e à China. O agravamento geral da desordem gerou um golpe ainda mais forte: a cidade perdeu um milhão de nova-iorquinos (a maioria brancos), que se mudaram para os subúrbios. Na primavera de 1975, a cidade enfrentava uma crise fiscal: sem dinheiro para pagar as despesas correntes, sem a opção de tomar mais dinheiro emprestado, diante da perspectiva de faltar com suas obrigações, o prefeito, Abraham Beame, foi com o chapéu na mão à Casa Branca pedir a Gerald Ford que fosse fiador da cidade. Ford, a princípio, recusou-se, inspirando a manchete do *Daily News* "Ford to City: Drop Dead" (Ford para a cidade: morra), mas depois voltou atrás sob a condição de que a cidade introduzisse um equilíbrio orçamentário.

Os problemas econômicos e sociais se reforçavam mutuamente. Cidades que sempre haviam sofrido com graves problemas raciais, com corretores imobiliários promovendo a segregação e as forças policiais em sua maior parte nas mãos dos brancos, explodiram durante o movimento pelos direitos civis. Cidadãos negros fizeram protestos. Prefeitos negros foram eleitos em muitas cidades, corrigindo injustiças do passado, mas com isso levando mais brancos a se mudarem para os subúrbios. Em 1968, Lewis Mumford temera a "dissolução progressiva" das cidades americanas. Uma década mais tarde, essa dissolução corria desenfreada.

Se as cidades estavam em declínio, os subúrbios estavam em franca ascensão. Companhias manufatureiras foram para áreas suburbanas. Em 1981, cerca de dois terços das manufaturas americanas estavam nos subúrbios.[22] A América tornou-se uma terra dominada por cidades do entorno das grandes metrópoles à medida que funções administrativas eram transferidas para prédios com salas comerciais e o varejo se mudava para os shopping centers.

A HORA MAIS ESCURA É SEMPRE ANTES DO AMANHECER

No final dos anos 1970, havia sinais de um futuro melhor. O boom high-tech estava no horizonte: o jovem Bill Gates fundou a Microsoft em Albuquerque, Novo México, em 1975, e Steve Jobs e Steve Wozniak fundaram a Apple em 1976. E a América não havia perdido seu talento para a destruição criativa nem na década doente. A indústria farmacêutica do país escapou do declínio geral na qualidade da administração:

a Pfizer continuou investindo pesado em P&D e desenvolveu uma sucessão de remédios de grande sucesso. Os empresários americanos continuaram revolucionando a economia de consumo: Dee Ward Hock transformou a Visa International, companhia de cartões de crédito, em um gigante com 64 milhões de clientes em 1980.[23] Michael Harper transformou a ConAgra (abreviatura de Consolidated Agriculture), que antes era uma bagunça, na segunda maior companhia alimentícia do mundo.[24]

O sistema político também começou a produzir anticorpos para o vírus da doença. A Brookings Institution e o American Enterprise Institute uniram forças para produzir mais de duzentos livros, artigos de jornal e dissertações explicando por que a desregulação era importante e como ela poderia ser levada a cabo. A legislação sob Jimmy Carter, um dos presidentes mais ideologicamente polimorfos da América, prenunciou muitas políticas mais comumente associadas a Ronald Reagan. "O governo não pode resolver nossos problemas", Carter declarou em seu segundo Discurso Sobre o Estado da União. "Não pode eliminar a pobreza ou oferecer uma economia farta, nem reduzir ou salvar nossas cidades, nem curar o analfabetismo ou fornecer energia." Ele reduziu o tamanho do governo. Aprovou três orçamentos de "austeridade nacional" que reduziram programas sociais e desregulamentaram uma série de setores industriais importantes. "Reduzimos a regulamentação do governo e devolvemos a livre iniciativa às linhas aéreas, às transportadoras e ao sistema financeiro do nosso país", ele disse durante o discurso de aceitação da nomeação do partido em 1980. "Esse é o maior desafio na relação entre o setor empresarial e o governo desde o New Deal." Também apontou Paul Volcker — presidente do Federal Reserve Bank de Nova York e um dos mais empenhados combatentes da inflação no meio — para a presidência do Federal Reserve em agosto de 1979. "Estamos diante de dificuldades econômicas completamente únicas em nossa experiência", Volcker disse durante sua cerimônia de posse. A única solução era "matar o dragão inflacionário".

Arthur Schlesinger Jr. queixou-se que Jimmy Carter não era "um democrata — pelo menos quando comparado a qualquer coisa mais recente do que a visão de Grover Cleveland do mundo". No entanto, Carter não era mesmo o homem certo para liderar uma campanha de renovação econômica. Ele era um presidente imperfeito — extremamente inteligente, mas também obsessivamente controlador. O povo americano já havia desistido dele quando Carter descobriu seu cruzado interior. Eles buscavam um novo homem para livrar a América das perturbações que a vinham consumindo. Ronald Reagan não só estava determinado a combater os demônios que estavam destruindo a América, como também tinha algo positivo a acrescentar à equação — uma fé ardente no poder dos empreendedores para ressuscitar o capitalismo americano.

10

A ERA DO OTIMISMO

R ONALD REAGAN FOI um dos presidentes mais incomuns da América. Ele recebeu sua educação em Hollywood, e não em uma universidade da Ivy League ou em uma máquina política estabelecida. Ele não dava importância aos detalhes do governo: enquanto Jimmy Carter preocupava-se com quem deveria ter permissão para usar as quadras de tênis da Casa Branca, Reagan falava metaforicamente sobre a construção de uma cidade em cima de uma colina. "Preocupo-me com o que está acontecendo no governo", ele certa vez brincou, "e isso me rendeu muitas tardes em claro."

Também foi um dos presidentes mais cruciais da América. Ele ajudou a rasgar o contrato social do pós-guerra. Presidiu a mudança radical que fortaleceu as empresas e enfraqueceu os sindicatos. Apesar disso, foi reeleito com uma margem considerável: 54,5 milhões de votos (58,8% do total) contra os 37,6 milhões de Walter Mondale (40,6%). Deixou a presidência com elevadas taxas de aprovação apesar da confusão do caso Irã-Contras. Os republicanos passaram a era pós-Reagan procurando o próximo Reagan.

Há muitas razões para os conservadores continuarem obcecados por Reagan. Razões econômicas: o produto interno bruto real cresceu quase um terço durante o seu mandato; a inflação caiu de mais de 12%, quando Carter deixou a presidência, para menos de 5%; o desemprego caiu de 7% para 5%. Razões filosóficas: numa época em que governar parecia imensamente complicado, Reagan ateve-se a algumas propostas simples. "Existem respostas simples", ele gostava de dizer, "mas não fáceis". E razões psicológicas: Reagan restaurou a grande tradição americana do otimismo depois da paranoia de Nixon e da apatia de Carter. Ele combinava uma disposição jovial a um bom senso de dramaturgia, combinação esta que compartilhava com seu velho herói, Franklin Roosevelt. Ele fazia o melhor que podia para personificar a América mística dos caubóis durões e das paisagens vastas, tendo passado mais de um ano do mandato em seu "rancho" de Santa Bárbara, sempre caracterizado, com botas de caubói e um chapéu Stetson.

Talvez, a maior razão para esse eterno encanto dos conservadores, contudo, esteja na sua crença em libertar os empreendedores das algemas do governo. Na década de 1930, os americanos recorreram ao governo para salvá-los da instabilidade do mercado. Na de 1980, recorreram aos empreendedores para salvá-los do sufocamento do governo.

NEGÓCIOS LIBERTADOS

Reagan merece o crédito por três conquistas econômicas inegáveis. Primeiro, ele quebrou o poder dos sindicatos. Iniciou o mandato nocauteando a Professional Air Traffic Controllers Organization (PATCO; Organização dos Controladores de Tráfego Aéreo). Em 1981, os controladores de tráfego aéreo desafiaram a lei federal (e colocaram as rotas aéreas nacionais em perigo) com uma greve pelo aumento no salário base, redução da jornada semanal e um pacote melhor de benefícios previdenciários. Eles cometeram um grande erro de julgamento, subestimando a determinação do presidente para alterar o contrato social e a capacidade da administração de reagir, mas também sobrestimando o apoio público que receberiam. Reagan deu um ultimato aos grevistas: voltar ao trabalho dentro de 48 horas ou perder o emprego. A maioria dos trabalhadores recusou-se a voltar ao trabalho, porque não levaram suas ameaças a sério. Foi um grande erro. O público ficou do lado de Reagan. A greve logo gerou caos e recriminação. A administração teve tanto sucesso no preenchimento das vagas que os aeroportos estavam operando com três quartos da capacidade três dias depois das demissões. Ao final do ano, a PATCO abrira falência — e Reagan estava a caminho do panteão conservador.

O momento foi favorável a Reagan: tanto a filiação sindical quanto as greves já estavam em declínio quando ele assumiu, e continuaram caindo rapidamente tanto sob os presidentes republicanos quanto sob os democratas (ver Gráfico 16, p. 199; e Gráfico 20, p. 254). Os sindicatos do setor manufatureiro estavam perdendo terreno graças a uma combinação entre o aumento das importações e a terceirização de empregos para trabalhadores estrangeiros. O grande cinturão industrial que antes fora o bastião do poder trabalhista, como vimos, transformou-se no Cinturão da Ferrugem. Um aumento nas imigrações fez pender a balança do poder para o lado dos empregadores. A proporção da força de trabalho fora do setor agrícola representada por sindicatos caiu de 23,4% em 1980 para 16,8% em 1989 — e os trabalhadores que continuaram nos sindicatos estavam muito menos inclinados a greves.

Reagan desenvolveu as iniciativas que Gerald Ford tomou durante seus dois anos e meio como presidente para colocar o país numa direção mais favorável ao mercado (aliás, na Convenção Republicana de 1980 Reagan tentou convencer Ford a ser seu vice, com uma garantia de maiores poderes, mas as negociações não deram em nada). Reagan também deu continuidade à política de desregulação da economia de Jimmy Carter, enquanto também combatia a inflação. Ele apontou George H. W. Bush, seu vice-presidente, para presidir uma força-tarefa de redução regulatória, cortando os orçamentos das agências de regulação e nomeando defensores agressivos da desregulação para posições cruciais na burocracia. Reagan teve a sorte de ter herdado um homem de determinação indomável em Paul Volcker: Volcker era inflexível em seu compromisso com a morte do dragão da inflação, apesar de ameaças de impeachment e coisas piores. Mas Volcker também teve a sorte de ter o apoio resoluto do presidente, apesar de a taxa de fundos federais ter alcançado um pico de 22,4% em 22 de julho de 1981 e de a taxa de desemprego ter chegado aos 10,8% em novembro de 1982. ("Se não formos nós, quem?", Reagan dizia frequentemente ao seu secretário de

Estado, George Shultz, à medida que a oposição política crescia. "Se não for agora, quando?")[1] Graças à restrição à expansão do crédito, criada por Volcker e semelhante ao padrão ouro, a inflação por fim caiu para 3,2% em 1983, e permaneceu abaixo dos 5% pelo restante da década.

A terceira conquista de Reagan foi introduzir a maior mudança no regime tributário da América desde a Primeira Guerra Mundial. A reforma tributária de 1981 reduziu a alíquota máxima do imposto de renda de 70% para 50%, e a do imposto sobre ganhos de capital, de 28% para 20%. Cinco anos depois, em 1986, ele fez mais uma reforma tributária titânica, cortando a alíquota máxima do imposto de renda para 28%, cortando o imposto corporativo de 46% para 34% e, ao mesmo tempo, eliminando brechas favoráveis aos empresários.

Essas três mudanças tiveram uma coisa importante em comum: elas criaram as condições para uma renovação empresarial, removendo as algemas que haviam restringido cada vez mais os negócios nos anos do pós-guerra e eliminando a incerteza, relacionada à inflação, que dificultava o planejamento de longo prazo. Reagan tinha uma fé instintiva nos negócios — acreditava que eles criavam riqueza, e que o governo colhia os frutos dessa criação. Considerava empresários em geral e empreendedores em particular a guarda pretoriana da sua revolução.

Reagan deu início ao seu mandato com dois gestos que tinham o intuito de transmitir sua crença de que "a vocação da América são os negócios". Foi direto para a Casa Branca depois da cerimônia de posse para colocar seu nome em um documento impondo um congelamento de contratações sobre toda a força de trabalho federal. Retirou o retrato de Harry Truman da Sala do Gabinete, substituindo-o por um de Calvin Coolidge.[2] "Silent Cal" era seu presidente favorito, de acordo com Reagan, "porque fora muito reservado, mantendo o governo federal longe da conduta da sociedade e permitindo que os negócios prosperassem nos anos 1920".[3]

A política econômica de Reagan ou "Reaganomia", como foi chamada, produziu alguns sucessos importantes. A reestruturação da América corporativa gerou um núcleo forte de companhias capazes de competir com eficácia no campo internacional. A GE e a Intel eram tão boas como quaisquer companhias no mundo. A desregulação criou grandes oportunidades para negócios de todos os tipos. A desregulação do setor aéreo criou espaço para companhias inovadoras como a Southwest Airlines. E, de forma geral, a desregulação acelerou a difusão de novas tecnologias. A quebra do monopólio da AT&T sobre a indústria de telecomunicações em 1982 gerou tanto uma redução nos preços quanto um surto de inovações. A desregulação dos transportes ajudou a produzir uma revolução na logística, que reduziu o custo dos insumos da economia. Há uma boa razão para o Dow Jones Industrial Average ter saltado de 951 pontos quando do primeiro discurso de posse de Reagan para 2.239 oito anos depois.

Também produziu um grande fracasso: Reagan foi responsável por uma dívida nacional maior do que a de todos os governos que o antecederam juntos. Tendo assumido a presidência com a missão de cortar tanto impostos quanto gastos, ele descobriu que era muito mais fácil fazer a primeira coisa do que a segunda. Reagan desacelerou o aumento dos gastos com benefícios sociais, o que não é pouco: os gastos reais per capita com benefícios sociais aumentaram à taxa mais baixa desde o início da década de 1950, a 1,4% ao ano de 1981 a 1989. Ainda assim, a dívida nacional cresceu, garantindo que o programa de redução de impostos e de aumento dos gastos com a defesa de Reagan tivesse que ser pago por meio de empréstimos. Alguns dos apologistas de Reagan tentaram maquiar a situação argumentando que os cortes nos impostos se pagariam com a geração de mais receita, argumento este que se provou contrário à realidade. Entre os anos fiscais de 1980 e 1990, a dívida federal em poder do público mais do que triplicou de 712 bilhões para 2,4 trilhões de dólares. O Federal Reserve foi forçado a impor uma política monetária incomumente restritiva para conter a pressão inflacionária e manter as taxas de juros altas o suficiente para atrair capital externo para financiar os déficits. Os volumosos empréstimos federais levaram a uma política de juros altos, afastando os tomadores de empréstimos privados, incluindo aqueles que teriam dado um uso mais produtivo para a poupança da nação, e contribuindo para uma desaceleração do crescimento da produtividade.

DEPOIS DE REAGAN

Os dois sucessores imediatos de Reagan tentaram lidar com a falha fiscal na Reaganomia sem retornar ao controle excessivo dos anos pré-Reagan. George H. W. Bush, que cunhou a expressão "economia vodu" quando concorreu à presidência contra Reagan em 1980, aumentou os impostos para cobrir o déficit. Bill Clinton fez da redução do déficit uma de suas maiores prioridades. Bush foi um presidente de um mandato: a decisão de quebrar sua promessa memorável de não aumentar os impostos ("Leiam meus lábios. Sem novos impostos") eliminou o apoio da direita, enquanto uma longa recessão colocou a população em geral contra ele. Clinton teve muito mais sucesso. Depois de concorrer à presidência como um defensor populista dos eleitores operários que haviam sido deixados para trás pelo boom econômico e esmagados pelo declínio da indústria manufatureira, o Clinton democrata governou como um republicano da linha de Eisenhower, que acreditava em abraçar o capitalismo, mas usando os frutos da prosperidade capitalista para compensar os perdedores.

Clinton colocou duas políticas no coração do seu mandato: equilibrar o orçamento e abraçar a globalização. Ele reconheceu desde o início da presidência que a dívida federal em poder do público, que aumentara para 3 trilhões de dólares em 1992, ameaçava funcionar como um freio de longo prazo para o crescimento, promovendo o aumento da inflação e das taxas de juros, e minando a confiança. Ele seguiu o exemplo de John Kennedy, nomeando uma série de conservadores fiscais para posições econômicas cruciais — Lloyd Bentsen para o Tesouro e Robert Rubin para uma nova posição: presidente do novo Conselho Econômico Nacional (Rubin mais tarde sucedeu Bentsen no Tesouro). Clinton também reconhecia que a combinação do fim da Guerra Fria com a revolução da informação estava sobrecarregando a globalização. Abraçar a redução da dívida e a globalização era a receita para uma política complicada: Clinton era repetidamente forçado a entrar em conflito com os amigos na ala liberal do seu partido enquanto forjava alianças com inimigos na cúpula republicana. O resultado dessa turbulência política foi um notável boom econômico.

Os Estados Unidos se tornaram o centro da economia high-tech, com a revolução do PC (dominada pela Microsoft e pela Apple) seguida pela revolução da internet. O Dow Jones atingiu recordes de altas em todos os anos do mandato presidencial de Clinton, à medida que a economia explodia e americanos comuns trocavam suas economias para a aposentadoria por ações. Entre novembro de 1995 e março de 1999, o Dow foi de 5 mil pontos para a marca sem precedentes de 10 mil.

O boom econômico que Clinton finalmente alcançou resultou de quatro mudanças profundas que vinham se desenvolvendo desde os anos 1970: a renovação do empreendedorismo; a desregulação do capitalismo financeiro; o avanço da globalização; e a revolução tecnológica.

A RENOVAÇÃO DO ESPÍRITO EMPREENDEDOR

Em seu clássico *Capitalismo, socialismo e democracia* (1942), Joseph Schumpeter argumentou brilhantemente que a burocratização (inclusive a da sociedade anônima) estava matando o espírito do empreendedorismo, e com ele o espírito do capitalismo. Os formuladores de políticas passaram trinta anos ignorando Schumpeter. Nos anos 1960, John Kenneth Galbraith chegou a afirmar que a sociedade anônima moderna havia substituído "o empreendedor como força orientadora da empresa pelo gerenciamento". Mas, à medida que a economia sucumbia à estagnação na década de 1970, as pessoas finalmente começaram a ouvir. Os anos 1980 e 1990 viram os empreendedores recuperarem sua posição no centro da vida americana e companhias estabelecidas reduzirem suas burocracias corporativas em nome da flexibilidade e da inovação.

Bill Gates criou uma startup que, com estratégia, superou a IBM e conquistou o mundo. Howard Schultz deu à América uma alternativa para o café ruim com outra startup, a Starbucks, que começou no extremo noroeste do país e depois se espalhou para todo o território americano. Fred Smith criou uma empresa de transportes, a FedEx, com um plano de negócio tão absurdo (enviar todos os pacotes para um hub logístico antes de enviá-los para o destino final) que seu professor em Yale lhe deu uma nota C quando ele traçou as primeiras linhas gerais da ideia.

Os americanos celebraram o empreendedorismo com um entusiasmo renovado: a revista *Entrepreneur*, fundada em 1977, foi um sucesso instantâneo. George Gilder e Michael Novak enalteceram os empreendedores como os grandes agentes da mudança econômica. Peter Drucker, que ganhara fama dissecando grandes companhias, mais notavelmente a General Motors em *Concept of the Corporation*, publicou um livro divertido sobre empreendedorismo, *Inovação e espírito empreendedor* (1985).

A nova geração de empreendedores podia lançar mão de três recursos mais abundantes na América do que em qualquer outro lugar, e que, combinados a um presidente que simpatizava com os empreendedores, produziram uma revolução empresarial. Inovações financeiras forneceram novas fontes de dinheiro, como os títulos de alto risco de Michael Milken e o bem-estabelecido setor de capital de risco do Vale do Silício. Importantes universidades forneciam parques científicos, centros tecnológicos, incubadoras de empresas e fundos de investimento. Uma política de imigração liberal oferecia um suprimento contínuo de mãos e cérebros dispostos.

Amar Bhidé, da Universidade Tufts, sugere que o "consumo ousado" também promoveu o empreendedorismo americano. Os americanos geralmente estavam dispostos a experimentar novos produtos de todos os tipos, mesmo que isso significasse aprender habilidades novas e gastar as economias; também tinham uma disposição incomum para exigir que os produtores aperfeiçoassem seus produtos. A Apple tinha uma multidão de fãs radicais que geravam grandes dificuldades para a companhia.

Uma última vantagem pode ser acrescentada à lista: a inovação legal. Em 1977, Wyoming aprovou uma legislação para criar uma nova forma de empresa — companhias de responsabilidade limitada (LLCs, na sigla em inglês), que gozavam das vantagens tributárias de uma sociedade, mas também do privilégio da responsabilidade limitada. A reação a essa inovação foi lenta, até o Departamento da Receita Federal aprovar a nova forma em 1988. Em seguida, a represa se rompeu. Legisladores do país inteiro competiam para criar duas novas formas de companhias: LLCs e sociedades de responsabilidade limitada. O resultado foi uma economia corporativa dual. Em sua maior parte, as grandes empresas ainda empregavam a forma corporativa tradicional que se desenvolveu no final do século XIX. Empresas menores podiam escolher entre uma grande variedade de modelos que lhes davam um grau de controle sem precedentes sobre a extensão de sua responsabilidade, as regras que as governavam e a facilidade com que podiam dissolver sua firma.[4]

Abraçar o capitalismo empreendedor significava mais do que apenas dar mais liberdade aos novos empreendedores que estavam inventando o futuro em suas garagens. Também representava remodelar companhias estabelecidas. A década de 1980 viu as grandes companhias burocráticas do pós-guerra perderem o fôlego. O ritmo com que grandes companhias americanas deixavam a Forbes 500 aumentou quatro vezes entre 1970 e 1990. Nomes antes sinônimos de permanência corporativa, como Pan Am, desapareceram. Insurgentes corporativas, como a Netscape e a Enron (eleita a companhia mais inovadora da América pela *Fortune* por seis anos seguidos), surgiram do nada e mudaram suas indústrias. As firmas estabelecidas que sobreviveram a esse turbilhão só o conseguiram fazendo internamente o que o mercado fez externamente: liberando capital e trabalho de negócios moribundos e alocando-os a negócios em ascensão, onde puderam ser recombinados ao talento de novas formas criativas.

Jack Welch tornou-se o diretor executivo mais elogiado dessa era em virtude da sua disposição para aplicar a destruição criativa a uma das companhias célebres da América. Ele iniciou seu reinado de duas décadas (1981-2001) com uma brutalidade corporativa inflexível na luta por sua crença de que a GE deveria ocupar o primeiro ou segundo lugar em cada um de seus setores de negócios ou desistir. Entre 1981 e 1990, ele eliminou duzentas divisões de negócios, que respondiam por um quarto do total de vendas da companhia, e adquiriu 370 empresas, entre as quais a Employers Reinsurance, a divisão de iluminação da Westinghouse, e a Kidder, Peabody. Também reduziu a matriz corporativa e transferiu as decisões para as unidades de negócios. A reestruturação resultou em uma perda líquida de 120 mil funcionários, mas produziu um conglomerado muito mais valioso.[5]

"Neutron" Jack tinha um compromisso incomum com a missão de renovar a forma de conglomerado. Os CEOs mais bem-sucedidos descartaram a forma de conglomerado de sua fórmula de sucesso e se concentraram no foco de suas companhias. Os conglomerados tão populares nos anos 1960 e 1970 haviam sido humilhados por concorrentes externos, que tomaram seu mercado em uma área após outra, e rejeitados por investidores, que os submetiam a um "desconto de conglomerado", argumentando que preferiam lidar com o risco comprando cotas de um portfólio de companhias a permitir a prática da diversificação por administradores corporativos. Isso motivou uma geração de engenheiros corporativos a iniciar a maior onda de reestruturação corporativa desde o boom das fusões do início do século XX: desmembrando atividades sem relação com a atividade principal e adquirindo companhias que tinham relação com esta atividade. Quase um terço das maiores companhias manufatureiras americanas foram adquiridas ou fundidas durante esse período.[6]

O movimento de reengenharia que tomou conta do setor empresarial na década de 1990 foi além do culto ao foco, adaptando as companhias para a era de disseminada tecnologia da informação. Os especialistas em reengenharia argumentavam que, assim como as companhias não haviam conseguido capitalizar a chegada da eletricidade até substituir as fábricas verticais pelas horizontais, as companhias modernas não seriam capazes de capitalizar o potencial da revolução computacional até terem reorganizado seus processos internos. Em 1994, 78% das companhias da Fortune 500 e 68% das firmas da FTSE 100, como é conhecida a lista do *Financial Times* com as maiores companhias da Bolsa de Valores de Londres, estavam realizando algum tipo de reengenharia.[7]

Considerando-se ou não em processo de "reengenharia", cada vez mais companhias se davam conta de que precisavam de uma reorganização interna radical se quisessem extrair o máximo da tecnologia. Ao final dos anos 1990, havia computadores em todos os lugares, não só sobre as mesas dos funcionários de escritório, mas também nas mãos dos operários no chão de fábrica. As companhias eliminaram hordas de funcionários de escritório. Dali em diante, os gerentes poderiam eles mesmos digitar documentos, preparar planilhas e manter sua agenda. Também encorajaram os funcionários da linha de frente a se envolverem com a reorganização e a gestão da cadeia de abastecimento.

A outra grande mudança se deu na relação entre as companhias e a sociedade como um todo. As grandes companhias burocráticas da era keynesiana aceitaram uma longa lista de responsabilidades sociais, da garantia de emprego vitalício a seus funcionários ao financiamento da casa de ópera local. Nas décadas de 1980 e 1990, as companhias endureceram os corações. Elas forçaram seus CEOs a serem mais implacáveis com uma combinação de incentivos e punições: a média do salário do chefe de uma companhia da Fortune 500 aumentou de quarenta vezes o salário de um funcionário de fábrica em 1980 para 84 vezes em 1990, e depois para 475 vezes em 2000, mas, ao mesmo tempo, a duração média do exercício do cargo de um CEO caiu. Os CEOs reagiram livrando-se do excesso de funcionários, cortando despesas desnecessárias e se concentrando no desempenho.

Em 1970, Milton Friedman apresentou a justificativa intelectual para essa abordagem mais competitiva com o artigo "The Social Responsibility of Business Is to Increase Its Profits" (A responsabilidade social da empresa é aumentar seus lucros). Seis anos depois, dois professores de finanças da Universidade Rochester, Michael Jensen e William Meckling, desenvolveram suas ideias em "Theory of the Firm: Managerial Behavior, Agency Costs and Ownership Structure" (Teoria da firma: comportamento gerencial, custos de representação administrativa e estrutura de propriedade), que seria o artigo acadêmico mais citado sobre negócios já escrito.[8] Jensen e Meckling argumentam que as companhias são sempre distorcidas por uma tensão entre os proprietários (que querem extrair o melhor retorno pelo seu dinheiro) e os seus representantes gerenciais (que sempre tentarão obter mais benefícios pessoais). A empresa gerenciada, que havia dominado o capitalismo americano pelo menos desde os anos 1950, era administrada de acordo com a conveniência dos administradores, que enchiam seus bolsos de pagamentos e bonificações. Jensen e Meckling argumentam que a melhor maneira de lidar com o problema é forçando os administradores a pensarem como proprietários, pagando--lhes com ações e opções, e colocando seus empregos em risco com o mercado de aquisições. Pagamentos proporcionais ao desempenho e um mercado vigoroso no controle corporativo logo devolveriam a saúde à América corporativa.

O governo praticamente só observava enquanto todo o processo de reengenharia se desenrolava, sob o argumento de que a turbulência corporativa promovia a criação de riqueza. Legisladores antitruste não se opuseram à fusão de 37 bilhões de dólares entre a WorldCom e a MCI, nem à de 70 bilhões do Citicorp com o Travelers. Houve algumas exceções, contudo. Rudy Giuliani entrou em cena para disciplinar dois dos maiores orquestradores de aquisições, Michael Milken e Ivan Boesky, e as autoridades antitruste travaram uma batalha intensa com Bill Gates. Por mais que tenham sido discutidas na época, entretanto, essas exceções não mudaram muito a natureza do período.

A REVOLUÇÃO FINANCEIRA

Ronald Reagan inaugurou a era mais exuberante de Wall Street desde os anos 1920. Financistas tornaram-se celebridades. Bancos de investimentos sugaram os jovens prodígios do país com a promessa de fortunas instantâneas e uma vida glamorosa. Livros como *A fogueira das vaidades* (1987), de Tom Wolfe, e *O jogo da mentira* (1989), de Michael Lewis, assim como filmes como *Wall Street: poder e cobiça* (1987), de Oliver Stone, glamorizaram a vida em Wall Street, mesmo fingindo demonizá-la. Um maremoto de dinheiro entrou em vários instrumentos financeiros à medida que a economia se expandia e as pessoas confiavam as economias para a aposentadoria ao mercado. Enquanto isso, o conjunto e a variedade desses instrumentos aumentavam, com os financistas buscando retornos melhores para os investimentos.

A mudança na relação entre administradores e proprietários provocou um aumento do poder das finanças. No auge do capitalismo gerencial, os acionistas eram essencialmente passivos, e o "ativismo de acionistas" era limitado a casos tão extremos que tornavam a expressão sem sentido. Isso mudou com a multiplicação dos acionistas e o aumento do poder dos seus intermediários. A proporção dos patrimônios familiares investidos em ações, e não em cadernetas de poupanças de baixo risco, aumentou de um décimo em 1980 para um quarto em 2000. O volume de ações negociadas diariamente na Bolsa de Valores de Nova York aumentou de cerca de 3 milhões de ações em 1960 para 160 milhões em 1999, e depois para 1,6 bilhão em 2007.

Com o aumento do número de acionistas, desenvolveu-se um setor para cuidar de seus interesses: fundos mútuos, gerentes de investimentos etc. acompanhavam de perto o desempenho da América corporativa. Os proprietários do capital não se contentavam mais em deixar os administradores livres para escolher a melhor maneira de administrar. Eles acreditavam que o preço de retornos decentes era uma eterna vigilância.

A Lei de Garantia de Renda ao Trabalhador Aposentado (Employee Retirement Income Security Act — ERISA) de 1974 foi um marco: ela obrigou todas as companhias com planos de aposentadoria a reservarem recursos em um fundo fiduciário separado, com o intuito de honrar os aposentados atuais e futuros. Isso criou reservas imensas de capital que, pela lei, precisavam ser investidas prudencial e produtivamente. Na prática, um investimento prudente e produtivo equivalia ao mercado de ações, pois as ações haviam superado os títulos de renda fixa e as contas-poupança em uma margem considerável de rendimento. A ERISA criou uma nova classe de guardiões — os fundos de pensão — que administravam montanhas de dinheiro para os aposentados. Alguns dos guardiões mais vigilantes do dinheiro eram fundos de pensão como o CaLPERS (California Public Employees Retirement System), que cuidava dos interesses de aposentados do setor público, como professores universitários (que frequentemente passavam a aposentadoria se queixando dos males do capitalismo de acionistas).

O setor dos fundos mútuos, que ganhou vida na década de 1960, ampliou e aprofundou os mercados de capitais do país: em 2000, havia 9 mil fundos mútuos na América, dos quais 6 mil haviam sido iniciados na década de 1990. Os fundos mútuos davam às pessoas mais opções em relação a onde investir suas economias para a aposentadoria. Isso se aplicava até mesmo aos casos em que participavam de planos corporativos de aposentadoria: as companhias em geral permitiam que os funcionários participantes desses planos escolhessem em que fundos investir. Elas também permitiam que os investidores aumentassem seu poder criando pools de capitais mesmo quando diversificavam os seus riscos investindo em várias companhias diferentes.

Ao mesmo tempo, a revolução computacional deu tanto aos proprietários quanto aos administradores ferramentas mais poderosas do que jamais haviam tido. Os administradores passaram a ter acesso a instrumentos como a análise por quocientes (que permite medir o inventário, o giro de estoque, o lucro líquido sobre as vendas e o retorno sobre o investimento) para medir quão bem a companhia estava se saindo. Os acionistas podiam monitorar suas companhias e medir seu desempenho em comparação a outros ativos corporativos. Os *day traders,* que operavam sentados em casa, cercados por televisores e monitores de computador, tinham mais informações financeiras à sua disposição do que os senhores das finanças tinham em seus escritórios com painéis no século XIX.

A regulamentação excessiva dos bancos comerciais também teve o efeito paradoxal de encorajar a inovação financeira. Os bancos eram tão limitados pela regulamentação do New Deal que, na década de 1980, nenhum dos dez maiores bancos do mundo estava nos Estados Unidos. Metade havia se estabelecido no país nos anos 1950. Enquanto os bancos encontravam-se estagnados, outros intermediários inovavam para compensar: ao longo dos trinta anos decorridos desde 1970, cresceu consideravelmente a parcela dos ativos financeiros detidos por intermediários "novos", como os fundos mútuos do mercado financeiro, pools de hipotecas e empréstimos securitizados, enquanto caiu a parcela detida por intermediários "tradicionais", como os bancos comerciais, bancos de poupança mútua e companhias de seguros de vida.

Três inovações determinam a nova realidade. A securitização transformou os ativos não comerciáveis em valores mobiliários negociáveis. Os empréstimos para hipotecas de casas, empréstimos para a compra de automóveis e os recebíveis de cartões de crédito, que haviam sido quase exclusivamente detidos por portfólios de bancos comerciais e bancos de poupança mútua, foram reunidos em valores mobiliários e vendidos em mercados secundários. Os derivativos permitiram que os investidores processassem uma amplitude muito maior de risco. A Chicago Board of Trade, estabelecida em 1848 para lidar com futuros de grãos, mas que passou a lidar com futuros financeiros nos anos 1980, tornou-se uma participante dominante. O setor de serviços financeiros desenvolveu várias formas de permitir que as pessoas tomassem empréstimos a fim de poder adquirir e transformar companhias de baixo desempenho: aquisições alavancadas, que usavam dívidas para financiar reorganizações; operações de compra, que com frequência eram usadas para vender uma proporção da companhia; e os "junk bonds" ("títulos podres").

Os maiores defensores da alavancagem foram a Kohlberg Kravis Roberts (KKR) e o Drexel Burnham Lambert. Em 1976, três jovens banqueiros trabalhando para o Bear Stearns, Henry Kravis, Jerome Kohlberg e George Roberts, tiveram a ideia de um novo tipo de organização, uma parceria que criasse uma sucessão de fundos de investimento, assumisse posições em companhias e as vendesse após um período determinado. A KKR teve sucesso, pois combinou duas habilidades raras: a de promover acordos e a de administrar as companhias que assumia fazendo os administradores pensarem e agirem como proprietários.

O Drexel Burnham foi pioneiro no uso de obrigações de alta rentabilidade para a aquisição de companhias. No final da década de 1970, Michael Milken — operando em Beverly Hills, e não em Wall Street — inventou um novo tipo de obrigação especificamente designada para esse mercado da "categoria de não investimento" que permitia que companhias pequenas ou arriscadas demais para emitir obrigações regulares tivessem acesso ao mercado de obrigações. Esses "junk bonds", como foram denominados, ajudaram a financiar a revolução empresarial americana: entre os clientes de Milken, estavam Ted Turner, fundador da Turner Broadcasting; Rupert Murdoch, dono da News International; Leonard Riggio, fundador da Barnes & Noble; e William McGowan, fundador da MCI Communications, o primeiro desafiante sério do monopólio da AT&T sobre as chamadas telefônicas de longa distância. Eles também se tornaram algumas das ferramentas mais valiosas nas guerras de reestruturação: os orquestradores de aquisições usaram-nos para comprar ações em companhias que queriam adquirir, tendo em vista usar os ativos da companhia adquirida para pagar suas dívidas; e muitos alvos de tentativas de aquisição compraram suas próprias ações desses orquestradores por valores muito mais altos. Os "junk bonds" cresceram de 3,5% em 1977 para um quarto do mercado de títulos uma década depois. Michael Milken tornou-se o símbolo da era, com seu salário de 550 milhões de dólares ao ano e seu anual Predators' Ball.*

Em parte, isso parecia bom demais para ser verdade. Os "junk bonds" fizeram jus ao nome: cerca de um quinto dos títulos emitidos de 1978 a 1983 não haviam sido pagos em 1988. Muitas das instituições de poupança que compraram esses "títulos podres" faliram, assim como o próprio Drexel Burnham em fevereiro de 1990. Michael Milken foi processado sob quase cem alegações de operação com informações privilegiadas, acabando na cadeia, e sua companhia, a Drexel Burnham, foi forçada a abrir falência. Ainda assim, a inovação financeira continuou. Nos anos 1990, os fundos de capital de risco deram continuidade ao trabalho dos orquestradores de aquisições na função de ditar o ritmo do capitalismo, concentrando-se em startups em vez de firmas maduras, e usando menos alavancagem. A América tinha muito mais capital de risco disponível

---

* Em tradução livre, "Baile dos Predadores". Convenção anual realizada pelo banco de investimentos Drexel Burnham Lambert Inc., que reunia companhias de alto risco que buscavam financiamento e investidores dispostos a correrem riscos mais altos para terem recompensas maiores. [N. da T.]

do que o resto do mundo: na metade dos anos 1990, Massachusetts tinha mais capital de risco do que a Grã-Bretanha, enquanto a Califórnia tinha mais do que toda a Europa. Todo esse capital de risco abasteceu a explosão da indústria de alta tecnologia. Os capitalistas de risco estavam dispostos a apostar porque confiavam na lei das médias: a maioria dos investimentos fracassava, mas uma oferta pública inicial (IPO, do inglês *initial public offering*) de sucesso podia produzir grandes retornos. Eles também ofereciam às companhias em que investiam conselhos sobre administração e contatos valiosos.

Enquanto os magos financeiros da América faziam sua mágica, Wall Street experimentava um boom. Em 1995-96, o Dow Jones passou por três unidades de milhar: 4 mil, 5 mil e 6 mil. O valor total dos portfólios de ações dos investidores americanos aumentou de 55% do PIB em 1990 para 113% em 1996. Isso produziu um forte "efeito riqueza": sentindo-se revigorados com os ganhos obtidos a partir do valor de seus portfólios, os investidores passaram a tomar mais dinheiro emprestado para esbanjar em casas e bens de consumo.

Os formuladores de políticas concluíram a década desregulamentando os bancos convencionais. Isso não foi uma rendição ao espírito da exuberância irracional, mas o reconhecimento de que as regulamentações praticadas estavam produzindo o pior dos mundos, garantindo que os bancos comerciais americanos fossem pequenos demais para competir com os grandes bancos europeus e japoneses (os maiores emprestadores americanos tinham a metade dos lucros dos concorrentes europeus e japoneses) sem impedir que instituições que não faziam parte do setor bancário praticassem todos os tipos de inovações (em alguns casos arriscadas). Respeitados formuladores de políticas, tal como Paul Volcker, haviam começado a defender a abolição da Lei Glass-Steagall e a facilitação das fusões entre bancos. Em 1999, o governo Clinton finalmente aprovou uma ampla reforma financeira que facilitou a competição dos bancos comerciais com rivais internos e externos. O resultado não foi completamente favorável: preocupados com um mundo onde os bancos americanos eram pequenos demais para competir, os formuladores de políticas acidentalmente criaram um mundo onde eram grandes demais para falir.

GLOBALIZAÇÃO

Os Estados Unidos há muito tempo são um campo de batalha entre isolacionistas e globalizadores. Os isolacionistas argumentam que, como uma potência de proporções continentais dotada de uma economia robusta e vastos oceanos dos dois lados, a América pode manter distância de um mundo caótico. Os globalizadores replicam que, como a maior economia do mundo, a prosperidade da América depende da prosperidade do restante do planeta. Na década de 1970, o movimento antiglobalização começou a recuperar sua influência após ter sido deixado de lado na era de ouro. Nos anos 1980 e particularmente 1990, os pró-globalização não só retomaram a liderança, como expandiram seu credo no consenso de Washington. Os protecionistas não se calaram: as preocupações com o déficit comercial disparado da América predominavam em todas as discussões sobre comércio. Os empresários queixavam-se de estarem sendo sufocados pela combinação de uma recessão prolongada (1979-1982) com o aumento considerável do valor do dólar (de 1980 a 1985). Ronald Reagan impôs barreiras protecionistas contra a onda de carros japoneses e, como vimos, forçou empresas japonesas a construírem "transplantes" em solo americano. George H. W. Bush pagou um preço alto por ter abraçado o que chamou de "nova ordem mundial": Patrick Buchanan e seu exército armado de forcados derrotaram-no nas eleições primárias em New Hampshire (forçando-o a dar a Buchanan um lugar na Convenção Republicana), e Ross Perot liderou um terceiro partido protecionista que dividiu os votos republicanos e colocou Bill Clinton na Casa Branca. A maioria dos congressistas democratas votou contra o Tratado Norte-Americano de Livre Comércio (Nafta, do inglês North American Free Trade Agreement) com o México e com o Canadá. O ressentimento contra a globalização continuou aumentando, e acabou explodindo no populismo de Donald Trump. Contudo, por três décadas depois de 1980, eram os globalizadores que ditavam o clima.

Em vez de simplesmente reclamarem das rivais estrangeiras, as companhias americanas começaram a aprender com seus métodos de administração. Em particular, estudaram as companhias japonesas com o intuito de resolver seus maiores problemas administrativos — a dependência exagerada da produção padronizada, o controle de qualidade pobre e o vício geral em produzir grandes quantidades de coisas medíocres. Elas introduziram métodos de administração "japoneses": a gestão de qualidade total (responsabilizando todos os funcionários pela qualidade dos produtos), melhorias contínuas (solicitando sugestões de melhorias dos funcionários), produção *just in time* (garantindo que as peças só chegassem às fábricas quando necessárias, em vez de passarem meses se deteriorando enquanto aguardavam uso) e equipes autogeridas. (Colocamos "japoneses" entre aspas porque muitas dessas ideias foram originalmente concebidas por pensadores americanos da área da administração, como W. Edwards Deming.) A Philip Crosby Associates foi formada para ajudar as companhias americanas a copiarem as técnicas japonesas de administração. Em 1986, cerca de 35 mil executivos americanos haviam se formado na Crosby's Quality College. Em 1987, a América lançou o seu equivalente ao Prêmio Deming, o Prêmio Nacional de Qualidade Malcolm Baldrige, para homenagear as companhias pela melhoria da qualidade.

A capacidade da América de aprender com os japoneses é bem ilustrada pela história de Soichiro Honra e o bolo de sushi. Durante uma visita a Detroit em 1989, o fundador de 82 anos da companhia automobilística que leva seu nome surpreendeu os assistentes com uma reação emocionada a um bolo que foi entregue em seu quarto como presente de boas-vindas. O bolo foi montado para parecer um sushi. O confeiteiro fez um bolo macio e sem açúcar em respeito à idade de Honda. Honda fez um discurso para seus assistentes: "Vocês acham que superaram os americanos. Vocês se tornaram arrogantes demais. Vejam este bolo. A pessoa que fez este bolo definitivamente se colocou no meu lugar." Em seguida, chamou o confeiteiro e ficou muito emocionado ao descobrir que ele só tinha pouco mais de 20 anos. "Nunca subestimem a América", Honda concluiu.[9]

A "japanização" da produção americana resolveu dois problemas persistentes: pôs um fim na divisão entre "administradores" e "trabalhadores" ao delegar várias decisões a equipes autogeridas, e garantiu que os trabalhadores desenvolvessem um interesse maior pelo trabalho. A Harley--Davidson reduziu a lacuna de produtividade em relação às fabricantes de motocicletas japonesas ao introduzir equipes no estilo japonês. A Whole Foods consolidou sua posição como varejista mais lucrativa do país em termos de lucro por metro quadrado ao se organizar em equipes autogeridas no controle de tudo, da força de trabalho ao estoque da companhia: a equipe vota para decidir sobre a contratação de um novo membro e decide coletivamente o que colocar nas prateleiras.

Ao mesmo tempo, a população americana tornou-se mais "global". As décadas seguintes a 1970 assistiram ao maior aumento na imigração desde o final do século XIX e início do século XX. Nos anos 1990, o número de imigrantes legais ultrapassou os 9 milhões — cerca de um terço do crescimento populacional oficial e de longe o maior em termos absolutos e também como proporção da população da era pós-Depressão.

Também assistiu à maior mudança na origem dos imigrantes na história americana. No início do século XX, 90% dos imigrantes vinham da Europa (embora uma proporção cada vez maior desses europeus viesse do sul e do leste europeus, e não, como no início, do norte). Na década de 1990, apenas 15% vieram da Europa. Já das Américas, foram 50%, e 31% da Ásia. No ano 2000, 12,5% da população americana era hispânica, uma parcela maior do que a dos afro-americanos, e 18% dos americanos falavam uma língua diferente do inglês em casa. Esse grande aumento na imigração permitiu que as empresas se fartassem de capital humano — trabalho mais barato para os restaurantes de fast-food e trabalho qualificado para o Vale do Silício —, enquanto aprofundava suas conexões com o resto do mundo. Também deu aos isolacionistas o material que buscavam para montar um contra-ataque à globalização.

No final dos anos 1990, a globalização entrou em sua fase triunfalista. O governo Clinton reinventou o papel da América como uma nação indispensável: agora que conseguira derrotar o comunismo, a América assumira a tarefa de atuar como guardiã da globalização. Se a década de 1980 viu a América impor restrições comerciais temporárias para proteger os produtores internos, a década de 1990 assistiu à redução dessas restrições e a acordos comerciais ambiciosos, à conclusão da Rodada Uruguai, que criou a Organização Mundial do Comércio (OMC), ao estabelecimento de relações comerciais normais permanentes (PNTR, do inglês *permanent normal trade relations*) com a China e à assinatura do Nafta com o México e o Canadá. Nos primeiros dez anos do Nafta (1999--2004), o comércio entre fronteiras disparou, com o país abrindo fábricas do outro lado da fronteira (*maquiladoras*) e um aumento de 51 bilhões para 161 bilhões de dólares nas exportações do México para os Estados Unidos. Os Estados Unidos resgataram primeiro o México e depois as moedas asiáticas da crise financeira. O país fez tudo que pôde para apoiar a integração europeia, que alcançou o ápice com a criação do euro e de um Banco Central Europeu. O renascimento empresarial da América produziu uma sensação mais ampla de otimismo em relação ao papel do país no mundo. Companhias se reorganizaram para tirar o máximo de vantagem da globalização. Novas companhias nasceram globais. Multinacionais estabelecidas aboliram os feudos regionais originados para lidar com diferentes regimes nacionais e passaram a organizar departamentos em escala global. Samuel Palmisano, diretor executivo da IBM, argumentou que a empresa não se via mais como uma federação de firmas nacionais unidas para criar economias de escala e escopo. Em vez disso, via-se como uma rede de componentes especializados — compras, manufatura, pesquisa, vendas e distribuição —, todos eles investindo suas atividades onde quer que fizesse mais sentido em termos de economia. A Ford juntou-se à IBM como uma das orquestradoras dessa mudança, abolindo uma série de unidades nacionais separadas na Europa e na América do Norte, que substituiu com cinco equipes de produção (algumas sediadas na Europa) que produziam para o mundo.

Mesmo enquanto tentavam remover feudos internos, as companhias terceirizavam o máximo que podiam para produtores especializados no mundo inteiro. Muitos comentaristas chamaram isso de "Nikeficação" por causa do entusiasmo da Nike em empregar pessoas no Sul Asiático e na América Latina para fazer seus tênis. Michael Dell falou em integração virtual à medida que as companhias substituíam a integração vertical em suas próprias fábricas por contratos de longo prazo com fornecedores espalhados pelo mundo inteiro. A Cisco conseguiu tornar-se um dos maiores fabricantes da América enquanto só fazia diretamente um quarto dos produtos que vendia. A Apple terceirizou quase toda a sua produção na China.

A FRONTEIRA ELETRÔNICA

No último trimestre do século XX, a América conquistou mais uma fronteira: a virtual, do computador e da internet. A revolução dos microprocessadores permitiu a miniaturização dos computadores. A revolução do computador pessoal colocou o computador em todas as mesas. E, por fim, a revolução da internet transformou esses PCs: deixaram de ser máquinas de escrever sofisticadas para se tornar pontos de interseção na superestrada da informação.

A revolução da TI virou a velha economia industrial de cabeça para baixo. Na era dos barões ladrões, a riqueza era criada por coisas que podiam ser tocadas. Na era da informação, é criada por coisas virtuais: o software consome o hardware, e a informação consome tudo. Na era dos barões ladrões, quanto maior melhor. Companhias gigantes tinham fábricas gigantes e equipes gigantes de mão de obra. Na era da informação, é o inverso. Da válvula ao transistor, ao circuito integrado, ao microprocessador, a indústria do computador se dedicou a compatibilizar uma capacidade de processamento cada vez maior em objetos cada vez menores. O computador mainframe foi substituído pelo computador pessoal, que está sendo substituído pelo smartphone. E, com o encolhimento dos computadores, as companhias foram se tornando mais virtuais: os gigantes da era da internet têm uma fração da força de trabalho dos gigantes da era do aço e do petróleo.

Os Estados Unidos não tiveram um monopólio na revolução da TI. Durante algum tempo nos anos 1980, pareceu que gigantes japonesas como a Fujitsu, a NEX, a Hitachi e a Toshiba poderiam fazer com as fabricantes americanas de computadores o que a Sony e a Matsushita haviam feito com as companhias americanas de eletrônicos de consumo. A World Wide Web foi desenvolvida por um inglês (Sir Timothy Berners-Lee) trabalhando em uma instituição europeia (o CERN). Mas as companhias americanas venceram o desafio dos japoneses e fizeram muito mais do que os britânicos ou europeus para vender a web. No final do século XX, os Estados Unidos dominaram a revolução da informação tão completamente quanto dominaram as indústrias do petróleo e do aço no final do século XIX. Hoje, a maioria das grandes companhias de TI do mundo são americanas, com Apple e Google dominando o mercado dos smartphones, Google dominando o mercado da busca, e Amazon, o comércio eletrônico e os mercados de servidores.

Por que os Estados Unidos tiveram um papel tão dominante na revolução da TI? A revolução dos computadores teve suas raízes em vários mundos diferentes — do complexo militar-industrial às corporações gigantes, ao meio acadêmico e aos clubes de hobbies. A América se superou em três coisas: na produção desses três mundos diferentes; na sua reunião em uma simbiose criativa; e na comercialização das ideias que eles produziram.

Já vimos como Vannevar Bush teve um papel crucial no desenvolvimento do complexo militar-industrial-acadêmico americano. Bush gostava particularmente da tecnologia da informação. Ele fundou a Raytheon, companhia líder no setor de eletrônicos. Ele publicou até mesmo um ensaio em 1945 apresentando a possibilidade da criação de um computador pessoal — que chamou de "memex" — onde pudéssemos armazenar todas as nossas informações pessoais, livros, cartas, arquivos, registros, o que quer que fosse, em um único espaço, um tipo de "complemento íntimo" ampliado da memória.[10]

O complexo militar-industrial destinou recursos sem precedentes para a TI, diretamente, com suas próprias pesquisas, ou, com mais frequência, financiando pesquisas acadêmicas. Em 1958, o Pentágono criou uma nova agência, a Agência de Projetos de Pesquisa Avançada do Departamento de Defesa, ou Darpa (do inglês, Defense Advanced Research Projects Agency), como foi rapidamente rebatizada, para financiar a pesquisa pura, inclusive para a produção do que J. C. R. Licklider, um dos gênios residentes, chamou de Rede Intergaláctica de Computadores. A Darpa desenvolveu um sistema para ligar os computadores a fim de que vários indivíduos pudessem compartilhar o tempo em um único mainframe. Em 1969, o grupo conseguiu conectar computadores na UCLA e no Stanford Research Institute. O número de sites na rede aumentou — para vinte em 1970 e para mais de 2 mil em 1985 —, e sem que ninguém planejasse, a "rede" tornara-se um fórum onde os acadêmicos podiam conversar sobre seu trabalho. Eles passaram anos sendo os principais usuários, mas depois o número explodiu outra vez: em 1993, cerca de 90 mil americanos usavam a internet regularmente; em 2000, o número aumentara para cerca de 90 milhões de americanos e 327 milhões de pessoas no mundo inteiro.

Ao mesmo tempo, as grandes companhias de TI da América investiam pesado em pesquisas computacionais. Na década de 1970, a IBM fez uma das maiores apostas empresariais do século XX, gastando 5 bilhões de dólares, três vezes sua receita anual, para produzir o computador System/360, assim chamado porque podia atender a todos os propósitos, dos científicos à defesa e aos negócios. A aposta foi belamente recompensada: a IBM tornou-se de tal forma sinônimo de computador que Stanley Kubrick chamou o computador ensandecido pelo poder de *2001: uma odisseia no espaço* de HAL, abreviação em que cada letra antecede em uma casa do alfabeto a sua contraparte IBM. A AT&T apoiou uma "fábrica de ideias" gigante — a Bell Labs — especializada em reunir acadêmicos, cientistas especializados em materiais e engenheiros para trocar ideias. Em 1970, a

Xerox Corporation seguiu o exemplo da AT&T e fundou um laboratório dedicado à pesquisa pura a 5 mil quilômetros da sede da companhia só para que ela não fosse contaminada pela tendenciosidade do "pensamento de grupo" (*groupthink*).

A Bell Labs produziu a invenção que possibilitou a era moderna dos computadores: o transistor. Antes dos transistores, os computadores eram alimentados por imensas válvulas que os tornavam tão grandes que só instituições gigantes como o MIT podiam comprá-los. O primeiro computador comercial, o Univac, introduzido pela Remington Rand em 1950, era do tamanho de um caminhão pequeno. A chegada dos primeiros transistores no final dos anos 1940 deu início à era do encolhimento: daí em diante, os computadores iriam se tornar mais baratos, menores e mais pessoais. As inovações subsequentes levaram essa revolução em miniatura além. Em 1959, Robert Noyce inventou o circuito integrado, o qual combinava em uma pequena placa de silício inúmeras funções que antes requeriam inúmeros transistores distintos e componentes montados juntamente sobre uma placa de circuito. Era o equivalente em miniatura à reunião, pelos barões ladrões no século XIX, de vários fatores de produção em grandes centros industriais como Pittsburgh. A partir daí, os cientistas ficaram tão bons na miniaturização que Gordon Moore, cofundador da Intel, cunhou a Lei de Moore, segundo a qual o número de transistores que podiam ser colocados em um microchip dobraria a cada dezoito meses.

Depois da guerra, a liderança na revolução eletrônica foi da Costa Leste para o Vale de Santa Clara, no norte da Califórnia. O Vale já fora chamado de "vale do prazer do coração" por causa dos pomares e das fazendas produtoras de frutas. Em 1971, Don Hoefler, escrevendo para o jornal especializado *Electronic News*, cunhou o termo "Vale do Silício" para descrever os fabricantes de computadores e os fabricantes de dispositivos de silício que estavam surgindo por todos os lados. O Vale rapidamente se tornou o aglomerado econômico mais famoso do planeta: o lar de um número desproporcional de companhias icônicas da economia tecnológica (Hewlett-Packard, Intel, Cisco Systems, Apple e Google) e a inspiração para um número crescente de imitadores de toda a América e do mundo: Silicon Desert (Deserto do Silício), Utah e Arizona; Silicon Alley (Beco do Silício), Nova York; Silicon Hills (Colinas do Silício), Austin; e Silicon Roundabout (Trevo do Silício), Londres.

A Universidade Stanford foi particularmente agressiva na construção de departamentos de engenharia e computação, bem como na transformação de suas ideias em negócios. Frederick Terman, que foi, consecutivamente, diretor do departamento de Engenharia de Stanford e reitor da universidade, poderia ser chamado de pai do Vale do Silício. Ele transformou o departamento de Engenharia da universidade em uma instituição de classe mundial. Convenceu a Fundação Ford a dar a Stanford uma bolsa generosa com o objetivo de fazer dela o equivalente da Costa Oeste a Harvard ou ao MIT. Acima de tudo, ajudou a forjar a conexão íntima entre a universidade e empresas locais, em parte para atender aos planos de Leland Stanford para a universidade, que era oferecer um aprendizado útil, e não meramente decorativo, em parte para evitar que seus alunos mais talentosos fossem para o Leste a fim de desenvolver suas carreiras. Em 1939, ele emprestou 538 dólares (o equivalente a 9.500 dólares em 2017) a dois graduados de Stanford, Bill Hewlett e David Packard, para que começassem um negócio na garagem de Packard em Palo Alto. A companhia acabou empregando mais de cem mil pessoas e foi a pioneira na produção de calculadoras eletrônicas, instrumentos médicos eletrônicos e impressoras a jato de tinta e a laser.

Durante o boom do pós-guerra, Terman usou a força crescente da universidade para oferecer às startups a estrutura de que mais precisavam: um lugar para trabalhar, transformando mil acres de terra ao lado do campus no Stanford Industrial Park (mais tarde, Stanford Research Park), e um algo de que viver, usando dinheiro da universidade para conceder capital de risco. A primeira residente do parque foi a Varian Associates, fundada por alunos de Stanford na década de 1930 para construir componentes de radar militar. A Hewlett-Packard chegou em 1953. Em 1954, Terman criou um novo programa de formação universitária que permitiu que funcionários em tempo integral das companhias fizessem estudos de pós-graduação em Stanford em meio período. Um dos maiores feitos de Terman foi convencer William Shockley, que ganhou o Prêmio Nobel como um dos inventores do transistor, a se transferir do Bell Labs para o parque em 1955. Shockley era um cliente difícil — na verdade, um egomaníaco — que tanto atraía quanto repelia talentos. A Fairchild Semiconductor foi formada em 1957, quando "os oito traidores" deixaram a Shockley Conductor por não conseguirem suportar mais o estilo abusivo de administração de Shockley.

O Vale tinha dois outros ingredientes que se mostraram essenciais para a comercialização de ideias: um grande setor de capital de risco centralizado na Sand Hill Road e um pronto suprimento de imigrantes. Andy Grove, por longo tempo CEO da Intel, era um refugiado da Hungria. Steve Jobs era filho de imigrantes sírios (embora tenha sido adotado logo depois do nascimento). De acordo com AnnaLee Saxenian, 27% das 4 mil companhias fundadas entre 1990 e 1996 eram administradas por chineses ou indianos (o dobro da proporção na década anterior). O Vale também introduziu uma forma particularmente flexível de capitalismo. Saxenian aponta que, nos primeiros anos, o grande concorrente do Vale do Silício na Costa Leste, o corredor da Rota 128 em Massachusetts, estava mais do que à altura do Vale em termos de acesso a pesquisa e capital de risco. No entanto, no final dos anos 1970, o Vale criara mais empregos na alta tecnologia do que a Rota 128, e quando os dois aglomerados sofreram uma recessão na metade da década de 1980, o Vale mostrou-se muito mais resiliente. A razão para isso era que empresas da Costa Leste como a Digital Equipment Corporation e a Data General eram impérios independentes concentrados em um produto, os microcomputadores, enquanto o Vale do Silício era muito mais descentralizado, livre e poroso: as companhias eram frequentemente formadas e reformadas. O Vale do Silício contava com mais de 6 mil companhias na década de 1990, muitas das quais startups. Até grandes companhias, como a Sun Microsystems, a Intel e a Hewlett-Packard, eram negócios informais. As pessoas iam de um emprego para outro e de uma companhia a outra. A Intel foi formada quando dois dos oito traidores, Robert Noyce e Gordon Moore, deixaram a Fairchild e recrutaram Andy Grove para unir-se a eles. Mais do que em qualquer outro lugar na América, o Vale do Silício era uma personificação do princípio da destruição criativa, à medida que antigas companhias morriam e novas emergiam, permitindo que capital, ideias e pessoas fossem realocados.

Da metade dos anos 1970 em diante, a revolução da TI disparou com dois desenvolvimentos simultâneos: a ascensão do PC e a comercialização da internet. A chegada do computador pessoal com o Altair em 1974 produziu um surto de atividade criativa tanto em software quanto em hardware. Em um dos acordos empresariais mais notáveis já negociados, um Bill Gates de 19 anos convenceu a IBM a usar seu software em todos os computadores da companhia. Isso transformou a Microsoft no padrão da indústria, e Bill Gates, em um dos homens mais ricos do mundo. A IBM acelerou ainda mais a revolução do PC ao começar a produzir seus próprios PCs em 1981, com isso dando seu selo aos novos dispositivos. A companhia havia vendido 2,5 milhões em 1982 e mais de 6 milhões em 1985. Enquanto isso, a Apple produzia computadores que não adotaram o sistema operacional de Bill Gates, e integravam hardware e software.

A chegada da internet com a instalação do primeiro servidor no Sistema de Aceleração Linear de Stanford em dezembro de 1991 desencadeou uma revolução ainda maior. No início, a revolução da internet e a do PC se desenrolaram separadamente. A colisão entre as duas nos anos 1990 reuniu o poder do computador individual ao poder de grandes redes: pessoas sentadas às suas mesas (ou, com a chegada dos laptops e smartphones, em uma Starbucks) podiam buscar informações no mundo inteiro e se comunicar com outros usuários da internet. Empreendedores desenvolveram novos navegadores para "ler" a web. Jim Clark tornou-se o primeiro bilionário da internet ao abrir o capital da Netscape em agosto de 1995. Jimmy Wales criou a maior enciclopédia do mundo na forma da Wikipédia: escrita apenas por voluntários, ela se desenvolvia continuamente à medida que as pessoas postavam melhorias e eliminavam erros.

A Google foi a mais bem-sucedida da nova geração de companhias da internet, além de um exemplo perfeito do que faz o Vale do Silício tão especial. Sergey Brin e Larry Page se conheceram quando Brin mostrava o departamento de ciência da computação de Stanford a novos alunos. Houve química: embora tenham achado um ao outro antipático, eles tinham muito em comum (o pai de Brin era um matemático que fugira de Moscou e o pai de Page era cientista da computação) e se tornaram parceiros de discussões e colaboradores acadêmicos. Eles tiveram uma ideia para a busca rápida entre milhões de páginas que aparecem na web e para ranqueá-las de acordo com a relevância. A universidade lhes ofereceu não só a possibilidade de aprenderem com alguns dos melhores professores universitários do mundo, mas também acesso aos computadores mais potentes (houve um momento em que Brin e Page usavam metade da largura de banda de toda a universidade) e, à medida que suas ideias ganhavam forma, aconselhamento comercial e financiamento. Eles receberam dinheiro das duas principais companhias de investimento do Vale, a Sequoia Capital e a Kleiner Perkins. John Doerr, da Kleiner Perkins, aconselhou-os a contratarem um administrador experiente para gerir a companhia, e eles escolheram Eric Schmidt.[11]

A internet deu aos empreendedores oportunidades de revolucionar todos os setores, como as ferrovias haviam feito cerca de um século antes. Em 1994, Jeff Bezos, um analista de 30 anos trabalhando para o fundo hedge D. E. Shaw, fundou a Amazon, uma livraria online, em Seattle, cidade que, graças à Microsoft, estava despontando como um centro tecnológico. A Amazon hoje é a maior "loja de tudo" online do mundo, bem como o maior provedor de espaço em servidores da internet, e Bezos tem um patrimônio de mais de 70 bilhões de dólares. Em 1995, Pierre Omidyar, um americano descendente de iranianos, fundou a eBay, um site de leilões online que ajuda as pessoas a comprar e vender coisas. Atualmente, a companhia vale quase 30 bilhões de dólares e já ajudou a realizar milhões de transações, das mais bizarras às mais simples.

A revolução da internet inevitavelmente produziu muita excitação. O índice NASDAQ 100, rico em tecnologia, subiu 40% em 1995. Em 1998, a Yahoo!, uma companhia da web com 637 funcionários, tinha a mesma capitalização de mercado que a Boeing, com seus 230 mil funcionários.

O mercado se corrigiu — o boom do pontocom foi seguido da explosão da bolha —, mas o crescimento acabou tendo continuidade sobre bases muito mais sólidas, com um grupo de companhias bem administradas assumindo a liderança.

Os vencedores da reformulação apresentam uma semelhança notável com os barões ladrões do século XIX. Eles remodelaram a base material da civilização. Bill Gates colocou um computador em todas as mesas. Larry Page e Sergey Brin colocaram informações do mundo inteiro nas pontas dos dedos de todo mundo. Eles usaram a lógica das economias de escala para dominar seus mercados. Os grandes lemas de Carnegie, "Abaixe os preços; domine o mercado; coloque as fábricas para trabalhar à capacidade máxima" e "Cuide dos custos e os lucros virão naturalmente", aplicam-se com perfeição aos fabricantes de computadores. O preço dos equipamentos, ajustados de acordo com a qualidade, caíram 16% ao ano nas cinco décadas de 1959 a 2009. Mas se aplicam ainda melhor às redes sociais, onde a sua utilidade é determinada pelo tamanho das suas redes: o número de pessoas que se conecta ao Facebook a cada mês é muito maior do que a população da China. As companhias de tecnologia traduziram grande escala em domínio de mercado e lucros colossais.

A revolução da TI mudou a natureza da indústria americana em geral, não só do setor de alta tecnologia. A Walmart e outras gigantes do varejo reabastecem as prateleiras com base em feedbacks instantâneos sobre as vendas diárias em suas lojas no mundo inteiro. Companhias manufatureiras mantêm os inventários "enxutos" e os custos baixos usando algoritmos que programam variáveis como preços de matéria-prima e demanda sazonal por seus produtos. Banqueiros podem calcular o valor de derivativos complicados em questão de segundos.

A REVOLUÇÃO DO FRATURAMENTO

Uma das mudanças mais notáveis não ocorreu na nova economia de extração de lucros de códigos, mas na velha economia da extração de recursos do solo. O petróleo era o símbolo da velha América: um mundo onde a maioria dos homens trabalhava com as mãos e tentava extrair a substância negra da terra. Entretanto, a indústria petrolífera assistiu a uma das revoluções mais surpreendentes da segunda metade do século XX, que devolveu a saúde a uma indústria em declínio. Ela foi fruto do trabalho de um empreendedor americano por excelência, um forasteiro que enxergou o potencial de uma ideia excêntrica e lutou por ela.

Nos anos 1980, o setor energético americano conformou-se com o que parecia um declínio inevitável. Analistas produziram gráficos para mostrar que o petróleo e o gás natural estavam acabando. As grandes empresas petrolíferas se globalizaram para sobreviver. George Mitchell achava que isso era besteira, pois havia reservas imensas presas em rochas profundas sob a superfície só esperando serem libertadas. Ele passou décadas aperfeiçoando técnicas para a sua exploração: injetando fluidos de alta pressão no solo para fraturar a rocha e criar caminhos para o petróleo e o gás presos (fraturamento) e perfurando para baixo e depois para os lados a fim de aumentar o rendimento de cada poço (perfuração direcional). O resultado foi uma revolução. Enquanto estas linhas são escritas, as jazidas de xisto produzem mais da metade do gás natural e do petróleo da América, sendo que em 2000 produziam apenas 1%. A Administração de Informação de Energia americana prevê que os Estados Unidos estão destinados a se tornar um exportador líquido de energia até 2022.

Mitchell era a personificação do sonho americano. Seu pai era um imigrante grego pobre, um pastor de ovelhas que mais tarde abriu uma engraxataria em Galveston, Texas. Mitchell precisou trabalhar durante a faculdade, mas se formou entre os melhores da classe. Ele deixou uma fortuna de mais de 2 bilhões de dólares e vários exemplos da sua filantropia no Texas: foi particularmente generoso com departamentos universitários de pesquisa e com Galveston.

Mitchell também era a personificação do espírito empreendedor. Ele não descobriu o gás e o petróleo de xisto: pesquisas geológicas haviam-nos revelado décadas antes de ele ter começado. Ele nem sequer inventou o fraturamento, que era usado desde a década de 1940. Sua grandeza está em uma combinação de visão e determinação: convencido de que a tecnologia podia dar acesso às vastas reservas de energia do Barnett Shale, debaixo de Dallas e Fort Worth, ele persistiu na luta contra a rocha implacável até ela entregar suas riquezas.

Depois de estudar engenharia de petróleo e geologia, Mitchell serviu no Corpo Militar de Engenheiros durante a Segunda Guerra Mundial. Ao deixar o exército, ele exibiu ao mesmo tempo sua desconfiança em relação às grandes organizações e a astúcia de um apostador. Fez carreira com pequenos produtores de petróleo do Texas, e não com os gigantes locais. No início da carreira, ele fechou um acordo com um agente de apostas de Chicago para comprar os direitos sobre um pedaço de terra conhecido como "cemitério do explorador", e rapidamente perfurou treze poços que jorraram abundantemente. Também desenvolveu uma segunda carreira na construção civil. Em 1974, construiu uma comunidade planejada, Woodlands, na floresta de pinheiros ao norte de Houston, na tentativa de lidar com os problemas do crescimento urbano desordenado. Ela contém um misto de habitações populares, escritórios e *villas* de milhões de dólares.

A teimosia foi sua qualidade mais importante. Enquanto as maiores companhias de petróleo escarneciam e os investidores de Mitchell começavam a se considerar tolos, ele passou duas décadas abrindo buracos no solo ao redor de Fort Worth. "Nunca pensei em desistir", disse, "nem quando todo mundo dizia 'George, você está desperdiçando seu dinheiro'." Então, em 1988, quando Mitchell chegava aos 80 anos, sua equipe teve a ideia de substituir a água por fluidos de perfuração viscosos. Isso reduziu drasticamente os custos das perfurações e transformou o Barnett Shale em uma mina de ouro.

Mitchell teria sido um personagem familiar para os grandes empreendedores do final do século XIX: um homem obcecado pelo uso de inovações mecânicas para arrancar recursos do solo implacável. Mas essa época também viu dois desenvolvimentos importantes que teriam chocado muito mais Rockefeller e companhia do que o uso de água para extrair petróleo de rochas: a substituição dos operários por trabalhadores do conhecimento no coração da economia e o avanço das mulheres na força de trabalho. Reagan, Bush e Clinton não só presidiram uma revolução tecnológica. Eles também presidiram uma revolução social que alcançou quase todos os lares americanos.

A NOVA FORÇA DE TRABALHO

A América da era de ouro fora dominada por homens e máquinas. Era uma economia com predomínio do setor manufatureiro, que empregava, em 1950, 36% dos trabalhadores do setor privado não rural. O Índice Dow Jones era dominado por companhias industriais como a General Motors e a Westinghouse. Pessoas que faziam coisas com as mãos eram dignas de honras, tratadas como exemplos da virtude americana e não como vítimas da corrida por credenciais educacionais. Também era uma economia dominada pelos homens: eles iam trabalhar e sustentavam a família, enquanto as mulheres ficavam em casa para criar os filhos, no máximo complementando a renda familiar com um trabalho em meio período.

Nas décadas de 1980 e 1990, a fórmula *máquinas + homens = estilo de vida americano* se desintegrou. As políticas de Reagan sem dúvida aceleraram a mudança: de 1979 a 1983, a América perdeu 12% de seus empregos no setor de manufaturados, ou cerca de 24 milhões de empregos no total, em parte graças à combinação de juros altos e dólar com valor mais elevado. Mas elas só aceleraram o inevitável, já que os fabricantes de manufaturados aprendiam a se tornar mais eficientes e a economia progredia no caminho da indústria para os serviços. O quinhão do setor manufatureiro no PIB caiu de 23% em 1970 para 17% em 1990. Mesmo quando o setor passava por um boom, não criava mais tantos empregos quanto criara no passado: de 1983 a 1989, o valor real acrescentado pelos manufaturados cresceu 30%, mas o emprego só aumentou 5,5%. Uma competição implacável do exterior forçou companhias manufatureiras a reduzir os custos de produção com o fechamento de fábricas ineficientes, a adotar novas tecnologias e a transferir suas operações para outros países.

Enquanto isso, os trabalhadores do conhecimento avançavam com rapidez, em particular os trabalhadores do conhecimento dos setores de TI e serviços financeiros. Companhias que exploravam intensamente o intelecto, como Microsoft e Apple, assumiram o lugar da Ford e da General Motors como os símbolos da modernidade. Até companhias tradicionais tornaram-se mais dependentes da capacidade intelectual: os fabricantes se concentraram na produção de produtos complexos para nichos específicos em vez de produtos padronizados para mercados de massa. Também dedicaram cada vez mais esforços a moldar as percepções dos seus produtos em vez de se ater aos produtos propriamente ditos, investindo pesado em propaganda e na gestão da marca. Henry Ford certa vez perguntara por que "quando peço um par de mãos, vem um cérebro junto". No final do século XX, eram as mãos que haviam se tornado supérfluas.

Ao mesmo tempo, uma economia dominada pelos homens deu lugar a outra mais indiferente ao gênero. A proporção de homens entre 16 e 64 anos no mercado de trabalho caiu de 91% em 1950 para 84% em 2000, enquanto a proporção de mulheres aumentou de 37% para 71%. Um dos efeitos colaterais mais desagradáveis do avanço da economia do conhecimento foi o número notável de homens que abandonaram completamente a força de trabalho e se tornaram dependentes do Estado.

A era assistiu à emergência do que Daniel Bell chamou de "sociedade pós-industrial" desde o útero da América industrial. O foco da vida econômica passou de fazer coisas para irrigar ideias — de fábricas para prédios de escritórios, e de siderúrgicas para universidades. A demanda era particularmente grande por especialistas em TI e finanças. A fatia do produto interno bruto dos Estados Unidos creditado como renda para as finanças e os seguros aumentou paulatinamente de 2,4% em 1947 para 7,6% em 2006. A indústria financeira também atraiu pessoas com capacidades cada vez mais raras, como Ph.Ds. em matemática e física. Em 2007, um quarto de todos os graduados no venerável Instituto de Tecnologia da Califórnia decidiram-se pelas finanças.

Uma forma de mostrar a profunda mudança ocorrida na economia quando os músculos foram substituídos pelo cérebro é observar o peso geral da economia. Na era industrial clássica, a América media seu poder de acordo com o tamanho das coisas — fábricas gigantes cobrindo acres de terras e minas imensas abrindo a superfície da terra. Nas décadas de 1980 e 1990, a economia americana fez o melhor para cumprir a profecia de Karl Marx de que "tudo que é sólido se desmancha no ar". A descoberta das propriedades elétricas do silício e os avanços nas ciências materiais significavam que os objetos do dia a dia poderiam ser menores e mais leves. Os rádios não precisavam mais ser colocados em armários pesados para abrigar as válvulas. Latas de metal podiam assumir versões menores. Fibras óticas leves podiam substituir o cobre. Os arquitetos podiam oferecer acomodações com menos concreto ou aço. Ao mesmo tempo, o setor de serviços se expandiu: cada vez mais as pessoas trabalhavam em prédios de escritórios em vez de fábricas ou, mesmo as que trabalhavam nas fábricas, dedicavam-se à tarefa de coordenar fluxos de produção em lugar de fazer coisas.

Isso quebrou a antiga ligação entre o crescimento econômico e mais insumos e produtos físicos. O PIB real da América dobrou entre 1980 e 2000, mas a tonelagem bruta da matéria-prima que não combustível consumida pela economia americana permaneceu mais ou menos fixa ao longo dessas décadas. O que significa que a única explicação para o aumento do tamanho do PIB deve estar no campo das ideias.

O peso declinante da economia física no PIB real produziu inúmeros benefícios. Reduziu o desperdício e a poluição. As companhias melhoraram a relação entre insumos e produção, impondo um fardo mais leve ao mundo. Também acelerou o comércio global. Quanto mais leves são as coisas, mais fácil e barato é transportá-las através das fronteiras nacionais. A conclusão lógica disso é que podemos transformar objetos físicos em virtuais, que podem ser mandados de um país para outro pela internet.

GRÁFICO 27

CONSUMO AMERICANO DE PRODUTOS MINERAIS*

* ALUMÍNIO, BAUXITA, CIMENTO, ARGILAS, COBRE, GIPSITA,
MINÉRIO DE FERRO, CAL, NÍQUEL, FOSFORITA, ENXOFRE, ESTANHO
1900-2015

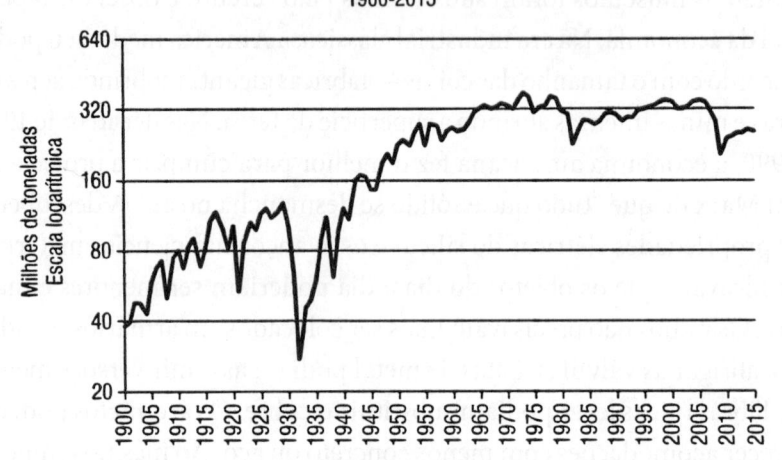

GRÁFICO 28

CONSUMO AMERICANO DE PRODUTOS MINERAIS*

* ALUMÍNIO, BAUXITA, CIMENTO, ARGILAS, COBRE, GIPSITA,
MINÉRIO DE FERRO, CAL, NÍQUEL, FOSFORITA, ENXOFRE, ESTANHO
1900-2015

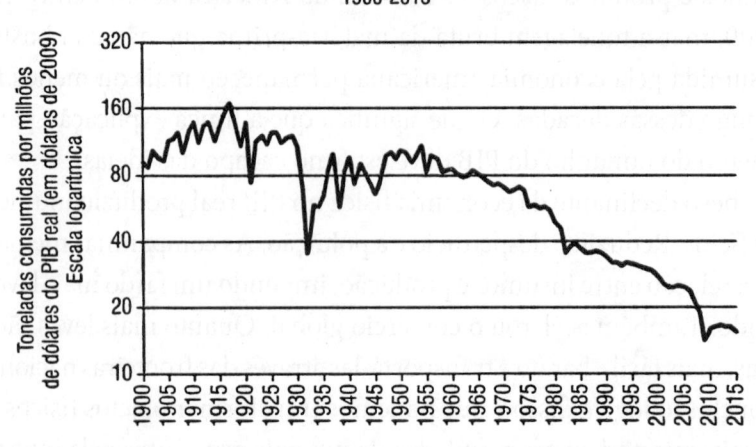

A impressão tridimensional hoje permite que as pessoas enviem objetos físicos para o mundo inteiro em formato virtual.

O avanço das mulheres no mercado de trabalho também mudou completamente o tom da vida americana. Foi uma questão de números: em 2000, as mulheres correspondiam a quase metade da força de trabalho americana total, e mais de metade dessas trabalhadoras eram casadas. Também foi uma questão de status: as mulheres fizeram rápidos avanços nas classes profissionais. Em 2014, administravam algumas das melhores companhias da América, como a PepsiCo, a Archer Daniels Midland e a W. L. Gore; compreendiam cerca de 51% dos trabalhadores profissionais; receberam quase 60% dos diplomas universitários; e fundaram cerca de 40% das novas firmas.

A revolução feminista tem tido tanto sucesso que é fácil esquecer como essa mudança é recente. As mulheres fizeram os primeiros avanços em algumas profissões: em 1920, elas correspondiam a 50% dos assistentes administrativos — enquanto em 1870 eram 2,5% — e a cerca de 90% dos datilógrafos e dos taquígrafos. Mas essas profissões eram isoladas, especializadas, e com frequência de baixo status. A América também recorreu ao trabalho feminino durante a Segunda Guerra Mundial, quando "Rosie, a Rebitadeira" redefiniu as expectativas femininas, e 5,2 milhões de mulheres entraram na força de trabalho. Mas, durante a explosão demográfica, as mulheres retornaram à vida doméstica; a taxa de fecundidade aumentou de 2,4 em 1945 para 3,8 em 1956, e a idade do primeiro casamento para o sexo feminino caiu de 21,5 em 1950 para 20,4 em 1970.

Mesmo nos anos 1960, as mulheres que trabalhavam estavam confinadas a trabalhos subalternos e sujeitas ao ocasional sexismo. O Gabinete da Nova Fronteira de Kennedy não contava com uma única mulher. No Senado, só havia duas, uma das quais herdara seu assento do marido. Em 1960, as mulheres correspondiam a 6% dos médicos americanos, 3% dos advogados e menos de 1% dos engenheiros.[12] Nem Princeton nem Yale tinham sequer uma professora titular, e Harvard só tinha uma. A Harvard Business School ainda era completamente composta por homens, e apenas 3,6% dos alunos matriculados nas faculdades de Direito da América eram mulheres.

Esses números baixos refletiam atitudes sociais profundamente arraigadas. Um estudo de 1961 sobre os universitários veteranos da América mostrou que as alunas em geral queriam essencialmente ser mães de "filhos de grande sucesso" e esposas de "homens proeminentes". Cerca de 60% das mulheres que entravam na faculdade a deixavam antes de se formarem, com frequência para ajudar os maridos a concluírem o ensino superior. Wilbur Jordan, reitor de Radcliffe, dizia às novas alunas que uma educação na instituição iria prepará-las para serem esposas e mães excelentes, e talvez até alcançar o prêmio máximo: o casamento com um homem de Harvard.

Em 1966, o departamento de publicidade de Yale descreveu frequentar a faculdade como uma oportunidade de aprender o que é "Ser um Homem". Em 1969, Francis Skiddy von Stade, diretor dos calouros, disse que "quando vejo esposas inteligentes, bem-educadas, mas relativamente desinteressantes que frequentaram as Sete Irmãs, honestamente, tenho um calafrio diante do pensamento de mudar o equilíbrio entre homens e mulheres em Harvard [...]. Para ser direto, não vejo a possibilidade de mulheres educadas darem grandes passos na contribuição para com a nossa sociedade no futuro previsível. Elas não irão, na minha opinião, parar de se casar e/ou ter filhos. Fracassarão no seu presente papel como mulheres caso o façam."[13]

Todavia, essas atitudes arraigadas mudaram com uma velocidade impressionante. Com o fim da explosão demográfica na metade dos anos 1960, números cada vez maiores de mulheres começaram a ingressar na força de trabalho. A taxa de participação das mulheres no auge da idade ativa (entre 25 e 54 anos) aumentou de 44,5% em 1964 para 69,6% em 1985, e para 76,8% em 1999. Com os números, veio a qualidade: as mulheres logo galgaram a escala profissional para ganhar salários superiores. A porcentagem da média anual da remuneração feminina em relação à remuneração masculina passou de 58% em 1975 para 71,6% em 1990, e para 77,4% em 2010, continuando a crescer, ainda que não tão rápido quanto as mulheres gostariam.

Embora essa mudança com frequência seja associada ao movimento feminista e a textos radicais como *Mística feminina* (1963), de Betty Friedan, suas causas mais profundas são econômicas e tecnológicas. Quando a força bruta era mais importante do que o intelecto, os homens tinham uma vantagem inerente. À medida que a capacidade intelectual foi se tornando mais importante, os dois sexos acabaram por empatar. A combinação entre a ascensão do setor de serviços (onde as mulheres podem competir tão bem quanto os homens) e o declínio do setor manufatureiro (onde não podiam) deixou-os em pé de igualdade.

A demanda foi atendida pela oferta: as mulheres estavam cada vez mais dispostas a trabalhar fora de casa. O aspirador de pó teve seu mérito. O desenvolvimento da tecnologia reduziu o tempo necessário para as tarefas tradicionalmente femininas de limpar e cozinhar. A pílula anticoncepcional não só permitiu que as mulheres se casassem mais tarde, como aumentou sua motivação para investir tempo e esforço na aquisição de habilidades, particularmente aquelas que requerem mais tempo, que são difíceis de aprender e só compensam depois de muitos anos. A consciência de que não precisariam abandonar, digamos, a faculdade de Direito para ter um bebê tornou o curso mais atraente.

A expansão do ensino superior também promoveu o crescimento das expectativas profissionais das mulheres, aumentando o seu valor no mercado de trabalho e fazendo com que mudassem seus modelos de papéis, passando de mães "do lar" para profissionais bem-sucedidas. As mulheres que tiveram uma educação melhor sempre demonstraram mais disposição para trabalhar do que outras, mesmo depois de terem tido filhos. Em 1963, 62% das mulheres com nível universitário nos Estados Unidos estavam na força de trabalho, o mesmo número sendo de 46% entre aquelas que só haviam cursado o ensino médio. Hoje, 80% das mulheres americanas com nível superior integram a força de trabalho, enquanto esse percentual é de 67% para aquelas com diploma do ensino médio e de 47% para as que não têm diploma.

A ascensão das mulheres trabalhadoras representou um grande enriquecimento para a produção e o potencial produtivo da economia. O aumento da participação das mulheres no mercado de trabalho também foi possibilitado pelo aumento da produtividade de outras áreas da economia: refletiu o fato de que havia se tornado mais fácil limpar a casa ou fazer compras.

"NÓS TEMOS A SORTE DE ESTARMOS VIVOS NESTE MOMENTO DA HISTÓRIA"

Havia muitas nuvens no horizonte quando o século XX se aproximava do fim. O sistema financeiro estava muito mais frágil do que parecia. A globalização, muito mais propensa a crises: à crise do México de 1994 seguiu-se a crise asiática de 1997. Alguns dos pontos positivos do período eram contrapostos por pontos negativos. O avanço das mulheres preparadas para o mercado de trabalho coincidiu com um retrocesso para os operários do sexo masculino. Em 2000, apenas 67% dos homens entre 55 e 64 anos estavam na força de trabalho, enquanto em 1950 eram 87%. A ascensão de polos tecnológicos como Palo Alto e Seattle coincidiu com o declínio de cidades do Cinturão da Ferrugem como Youngstown, Ohio. O processo para a "grande desintegração" já estava em andamento.

Como observaremos no capítulo 12, o efeito *crowding out* sobre a poupança em razão do aumento dos benefícios sociais levou a um rápido crescimento da dívida do consumidor. Entre 1981 e 2007, a dívida do consumidor como proporção da renda disponível aumentou oito pontos percentuais, enquanto a dívida com hipotecas de casas aumentou 57 pontos percentuais. O mesmo aconteceu com o nível de ansiedade da América. A tecnologia da informação já começara a fazer com alguns empregos de escritório — particularmente aqueles envolvendo tarefas de secretários e assistentes administrativos — o que as máquinas haviam feito com os empregos de operários criando um medo terrível da obsolescência tecnológica. Em 1991, ainda na fase recessiva do ciclo econômico, uma pesquisa com funcionários de grandes corporações mostrou que 25% tinham medo da demissão. Em 1995-96, mesmo em meio a um boom econômico, esse número aumentou para 46%.[14]

Na época, contudo, esses pontos negativos eram ofuscados pelos positivos: o mercado de ações disparou, o dólar alcançou patamares vertiginosos, o desemprego caiu, o comércio explodiu, e até pessimistas como Robert Gordon começaram a falar em "economia dos cachinhos dourados". O orçamento foi do vermelho para o azul: o superávit fiscal da América foi de 69 bilhões de dólares em 1998 para 124 bilhões em 2000, o segundo maior superávit orçamentário como percentual do PIB na história da nação. A economia cresceu 4% ao ano. Isso significava que os Estados Unidos estavam adicionando 500 bilhões de dólares em prosperidade — o equivalente a toda a economia russa — à sua economia anualmente.

Com todo esse discurso de uma "nova economia" e um "milagre da produtividade", Clinton concluiu seu mandato em meio a uma atmosfera de euforia. Em seu último Discurso Sobre o Estado da União em 2000, ele pintou o quadro de um novo consenso sobre a condução da política econômica, que poderia provar-se tão duradouro quanto o consenso do pós-guerra do capitalismo administrativo. "Nós temos a sorte de estarmos vivos neste momento da história. Nunca antes nossa nação desfrutou, ao mesmo tempo, de tanta prosperidade e progresso social, com tão poucas crises internas e tão poucas ameaças externas." O país tinha mais empregos e salários mais altos do que jamais tivera. Havia transformado déficits em superávits e um crescimento lento da produtividade em um boom. Substituiu ideologias obsoletas — a ideologia republicana, que via toda intervenção governamental como inútil, e a ideologia democrata, que tentava proteger todos os empregos das mudanças econômicas — por um novo consenso favorável ao crescimento. A América liderava a revolução tecnológica mais excitante do mundo — a aplicação da tecnologia da informação a uma variedade cada vez maior de atividades. "Meus compatriotas americanos", anunciou Clinton, "cruzamos a ponte para o século XXI."

11

A GRANDE RECESSÃO

QUANDO FEZ O juramento de posse em 20 de janeiro de 2001, George W. Bush tinha o ar de um homem de sorte. Ele ganhou as eleições presidenciais apesar de ter perdido no voto popular para Al Gore e de ter suportado uma recontagem agonizante na Flórida. Herdou uma economia em alta e um superávit em ascensão. Cercou-se de veteranos republicanos, muitos dos quais haviam trabalhado anteriormente com seu pai. Primeiro presidente com um MBA, ele nomeou mais CEOs para o seu Gabinete do que qualquer presidente anterior, entre os quais Dick Cheney, seu vice-presidente, Donald Rumsfeld, secretário de Defesa, e Paul O'Neill, secretário do Tesouro. Começou, de imediato, a pôr em prática um ambicioso projeto conservador.

Mas a sorte de Bush não demorou para acabar. Seu mandato foi definido por uma série de crises econômicas: a falência da Enron; a severa contração econômica que se seguiu ao 11 de setembro de 2001, ataques que apagaram o superávit orçamentário, substituindo-o por um déficit cada vez maior; o "choque da China"; e, é claro, a crise financeira global. A terra do outro lado da "ponte para o século XXI" de Bill Clinton mostrou-se muito mais traiçoeira do que qualquer um poderia ter imaginado.

A falência da Enron e a de várias outras grandes companhias produziram sérios questionamentos acerca da saúde do regime regulatório do país. A

Enron, maior companhia energética da América, investira freneticamente durante os anos 1990 em uma imensa diversidade de atividades, de estações de tratamento de esgoto a cabos de fibra ótica. Também recebeu aplausos da McKinsey e da Harvard Business School pela sua abordagem administrativa "asset-lite" (com menor quantidade possível de ativos fixos). A Enron sempre fizera um uso agressivo da magia financeira para apresentar seus resultados sob a melhor luz possível. Com a explosão da bolha do pontocom, a magia virou fraude. A companhia tentou encobrir suas perdas por meio de uma série de truques de contabilidade, inclusive escondendo perdas em instrumentos financeiros "fora do balanço" — chamados de "raptors", o grupo dos velociraptors do *Parque dos dinossauros*.

Outras companhias sofreram com problemas semelhantes — expansão exagerada justificada por tramoias financeiras combinadas a ocultações, tudo para enganar os investidores. Os legisladores temiam que as companhias estivessem se tornando adeptas demais ao uso da manipulação da informação, dos rumores e dos truques de contabilidade para enfeitar resultados. Em julho de 2002, George Bush assinou a reformulação mais ampla da governança corporativa desde os anos 1930, a Lei Sarbanes-Oxley, endurecendo as regras para auditorias e prestações de contas das corporações, além de, o mais importante, forçar as autoridades corporativas a assumirem mais responsabilidade pelos erros.

Os ataques terroristas do 11 de Setembro provocaram um choque maior nos Estados Unidos do que qualquer evento ocorrido desde Pearl Harbor. Foram responsáveis por uma intensa reação militar que envolveu a invasão do Afeganistão e, no final das contas, também do Iraque. Forçaram, ainda, a América a lançar mão de recursos maciços para evitar futuros ataques. Trouxeram consigo tanto problemas econômicos quanto estratégicos. A economia sofreu uma grande contração. A inflação caiu para 1,1% — e ameaçava cair ainda mais. Mesmo antes dos ataques do 11 de Setembro, os legisladores já temiam que a América estivesse entrando no mesmo ciclo de deflação e crescimento baixo que vinha castigando o Japão desde os anos 1990. Agora, surgiam novas preocupações — a de que o sistema de comércio global acabasse paralisado pelas pressões de ataques terroristas e das inspeções invasivas praticadas com o objetivo de evitar futuros ataques.[1] Uma grande divergência entre a América e seus aliados, particularmente a França, em relação à invasão do Iraque fez aumentar a sensação de que a ordem comercial global corria perigo.

O estado de espírito do país ficou ainda mais sombrio com o choque da China. Sua adoção do capitalismo, embora um "capitalismo com características chinesas" — o que implicava um papel de liderança para o Estado e para o Partido Comunista, sob a autoridade de Deng Xiaoping desde o final dos anos 1970 —, produziu nada menos do que um milagre econômico, com a economia chinesa crescendo a uma taxa anual de 10,1% de 1980 a 2010. A China tornou-se não apenas a maior produtora de bens intensivos em trabalho, como brinquedos, roupas e eletrônicos, mas também o local mais popular do mundo para transplantes de multinacionais. A participação da China nas exportações mundiais foi de apenas 1% em 1980 para 5% em 2002, e para 14% em 2015. A China ultrapassou México e Japão, tornando-se o maior fornecedor de importações baratas para os americanos.

GRÁFICO 29
IMPORTAÇÕES AMERICANAS POR PAÍS DE ORIGEM
1971-2016

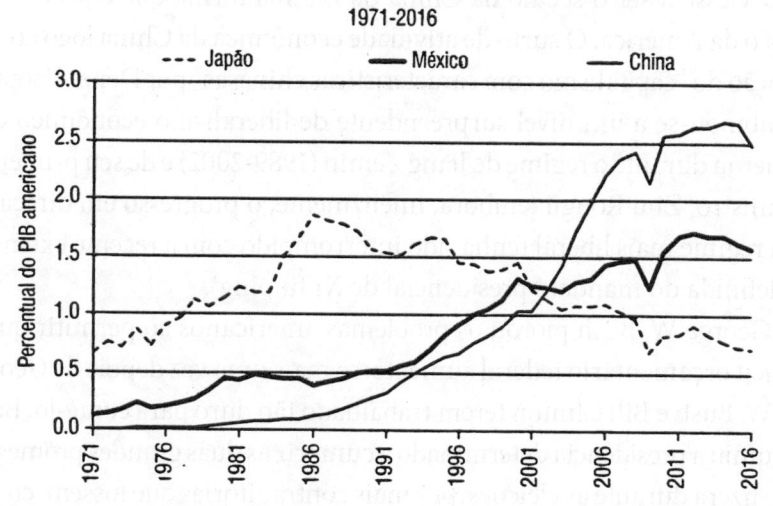

O crescimento da China teve um lado positivo e um lado negativo: ao passo que oferecia aos consumidores americanos uma enxurrada de bens de consumo baratos, a China tirou o emprego de muitos trabalhadores americanos. David Autor, David Dorn e Gordon Hanson calcularam que as importações da China foram responsáveis por 21% do declínio do emprego no setor manufatureiro de 1990 a 2007 — ou pela perda de 1,5 milhão de empregos. Em particular, seguiu-se à decisão da América de estabelecer relações comerciais normais com a China em 2001, em pouco tempo, tanto um surto de importações da China quanto uma queda incomumente grande do emprego no setor manufatureiro. Essas perdas de emprego concentraram-se entre trabalhadores de baixa qualificação com poucas chances de conseguir empregos bem pagos no futuro: por exemplo, a indústria de confecções perdeu cerca de meio milhão de empregos de 1995 a 2005.[2]

O desafio imposto pela China era tanto existencial quanto comercial. Nos primeiros anos do governo Bush, a China tornou-se a segunda maior economia do mundo. A América já havia sofrido abalos com o crescimento do Japão e da Alemanha nas décadas de 1960 e 1970. Mas essa era a primeira vez que os Estados Unidos estavam diante de um desafio de um país tão grande. Os americanos temiam, com razão, que o século XXI viesse a ser o século da China da mesma forma que o século XX fora o da América. O surto de atividade econômica da China logo após a adoção do "capitalismo com características chinesas" por Deng Xiaoping combinou-se a um nível surpreendente de liberalismo econômico que acelerou durante o regime de Jiang Zemin (1989-2002) e de seu primeiro--ministro, Zhu Rongji (embora, infelizmente, o progresso em direção a um regime mais liberal tenha sido interrompido com a recente extensão indefinida do mandato presidencial de Xi Jinping).

George W. Bush piorou os problemas americanos ao permitir que o déficit orçamentário federal aumentasse mais uma vez depois de George H. W. Bush e Bill Clinton terem trabalhado tão duro para contê-lo. Bush assumiu a presidência determinado a cumprir as duas grandes promessas ·que fizera durante as eleições, por mais contraditórias que fossem: cortar os impostos e provar que ele era um "conservador compassivo", disposto a usar o poder do governo para cuidar dos pobres. Ele justificou sua primeira rodada de cortes nos impostos com o argumento de que a economia estava gerando um excedente saudável e de que, se o governo não devolvesse esse excedente ao povo, estaria cometendo um abuso ("Aprendi que, se deixarmos biscoitos no prato, eles sempre serão comidos"). Além disso, o Escritório de Administração e Orçamento da Casa Branca, o Escritório de Orçamento do Congresso e o Federal Reserve previam que o superávit orçamentário teria uma duração indefinida, sugerindo que no final das contas compensaria a dívida nacional. O Fed montou uma força-tarefa com o objetivo de identificar títulos alternativos para o caso de eliminação da dívida nacional, o instrumento historicamente crucial para a política monetária. O ataque ao World Trade Center representou seu fim. Depois do 11 de Setembro, Bush justificou uma segunda rodada de cortes nos impostos afirmando que a América precisava de um incentivo fiscal para que a economia voltasse a avançar.

Ele combinou cortes fiscais a um buquê de programas de gastos "compassivos" que o transformaram no presidente mais gastador desde outro texano, Lyndon Johnson. A decisão mais infeliz do governo Bush veio em 2003, quando ele expandiu a cobertura do Medicare para remédios controlados, a ampliação mais cara da história do programa. Ela não só carecia de fundos, como foi disponibilizada para todos os aposentados, não importava qual fosse a sua renda. O Congresso juntou-se alegremente ao esbanjamento: o número total de "reservas" (gastos reservados por membros do Congresso para seus projetos preferidos) aumentou de 3.023 em 1996 para quase 16 mil em 2005, à medida que os políticos competiam desesperadamente para comprar votos com o dinheiro público. Bush também acrescentou a noção da "sociedade de proprietários" à mistura. Em junho de 2002, ele colocou ainda mais lenha na fogueira do mercado imobiliário anunciando um plano ("Blueprint for the American Dream" — Planta do Sonho Americano) para facilitar a compra de casas por pessoas de baixa renda.

A busca frenética do sonho americano foi sucedida pelo pesadelo americano.

A CRISE FINANCEIRA

Em 15 de setembro de 2008, segunda-feira, à 1h43 da manhã, o Lehman Brothers, o quarto maior banco de investimentos da América, abriu falência, precipitando a maior crise americana desde a Grande Depressão, e, sob um aspecto, a maior crise financeira de todos os tempos. Mesmo no auge da crise do mercado de ações de 1929, o mercado de *call money* continuou funcionando, ainda que com taxas de juros anuais de 20%. Horas após o colapso do Lehman, houve uma corrida aos fundos mútuos do mercado à vista, até então considerados quase completamente desprovidos de riscos. Em dias, os mercados de financiamento, que forneciam um crédito vital tanto para as companhias financeiras quanto para as de outros setores, praticamente pararam, desencadeando uma severa espiral de contração econômica global. Um sistema de regulamentação financeira desenvolvido com todo cuidado e incansavelmente ajustado ao longo de várias décadas simplesmente falhou.

As raízes do Lehman Brothers estavam na economia do algodão do Sul pré-Guerra Civil: seus fundadores, Henry, Emanuel e Mayer, imigrantes da Bavária, haviam feito fortuna emprestando a produtores de algodão e negociando essa commodity. O banco se ramificou para negócios com outros produtos, e depois de 1900 transformou-se em um banco de investimentos, atendendo às necessidades dos setores nascentes da América, em particular dos que J. P. Morgan e os outros membros da elite protestante anglo-saxônica branca consideravam vulgares demais para atrair sua atenção, como o cinema e o varejo. A família Lehman também se tornou presença garantida no establishment político de Nova York: Herbert Lehman, filho de Mayer, foi governador de Nova York durante a presidência de Roosevelt. O banco teve dificuldades nos anos 1980 e 1990. Em 1984, a American Express comprou a companhia e a fundiu com sua corretora de varejo, a Shearson, para criar a Shearson Lehman/American Express (que depois fundiu-se com a E. F. Hutton and Co., formando a Shearson Lehman Hutton Inc.). Em 1990, a American Express finalmente desistiu de tentar dar sentido a essa mistura inviável e, após uma cisão, a companhia voltou a ter seu nome original. Isso levou à era mais dinâmica da sua lendária história. O novo CEO, Dick Fuld, colocou-a de volta nos trilhos. Em 2008, a companhia tinha 275 bilhões de dólares em ativos e Fuld era o CEO com o maior tempo de exercício em Wall Street. Mas a base da casa era fraca: o Lehman investira pesado em imóveis e instrumentos relacionados, e quando o mercado imobiliário desmoronou, a companhia caiu junto.

A crise financeira vinha se formando muito antes do colapso do Lehman. Em agosto de 2007, o BNP Paribas, banco francês, bloqueou os saques dos seus fundos lastreados em hipotecas de alto risco (subprime). Em setembro de 2007, ingleses fizeram filas para sacar seu dinheiro do Northern Rock, um banco de Newcastle, na primeira corrida aos bancos desde o colapso do Overend, Gurney and Company em 1866, evento que inspirara Walter Bagehot a escrever seu excelente livro sobre bancos centrais, *Lombard Street* (1873). O Banco da Inglaterra acabou se vendo forçado a estatizá-lo. Em 24 de outubro de 2007, o Merrill Lynch informou a maior perda trimestral, 2,3 bilhões de dólares, da sua história de 93 anos.

O colapso do Lehman foi um ponto crucial, instaurando o pânico nos mercados e alertando até os observadores mais indiferentes do cenário global de que algo estava muito errado. No fechamento das negociações de 15 de setembro, o Dow Jones Industrial Average caíra 504 pontos (4,4%), as ações do AIG, uma companhia de seguros de um trilhão de dólares com operações em 130 países, haviam caído mais de 50%, e as ações dos dois bancos de investimentos restantes da América, o Morgan Stanley e o Goldman Sachs, haviam perdido um oitavo do seu valor.

A crise não tardou a se alastrar para outros setores da economia. Milhões de proprietários perderam suas casas ou ficaram "afundados" (com dívidas hipotecárias maiores do que os valores de suas casas), com 1,7 milhão de execuções em 2008 e 2,1 milhões em 2009, e, à medida que a lista de vítimas se expandia de pessoas com hipotecas de alto risco (subprime) e taxas de juros iniciais extremamente atrativas para pessoas com hipotecas normais, a confiança do consumidor desabou. O levantamento feito pela Universidade de Michigan com lares americanos mostrou que os consumidores não ficavam tão pessimistas havia trinta anos. No último trimestre de 2008, o PIB real teve uma contração à taxa anualizada de 8,2%. No final do ano, os fundos acionários globais haviam sofrido uma desvalorização de mais de 35 trilhões de dólares, e os proprietários de casas haviam perdido um adicional de 7 trilhões de dólares em patrimônio líquido. Acrescentem-se as entidades corporativas de todos os tipos (sem registro em bolsa e não societárias), e os fundos acionários globais haviam perdido cerca de 50 trilhões de dólares — ou algo próximo de 4/5 do PIB global de 2008.[3]

As bolhas são inerentes ao capitalismo e à natureza humana: basta lembrarmos da febre das tulipas ocorrida na Holanda do início do século XVII, quando investidores holandeses pagaram preços extravagantes por bulbos de tulipas, ou do colapso da Companhia dos Mares do Sul, no início do século XVIII, quando os ingleses ficaram obcecados pela compra de ações de uma companhia que vendia dívidas do governo. O espírito animal das pessoas domina seus poderes racionais, e elas se comprometem excessivamente, às vezes com consequências terríveis. Algumas bolhas acabam estourando, à medida que esperança e alarde colidem com a realidade, mas nem todas as bolhas estouram com as mesmas consequências. Algumas bolhas estouram sem consequências econômicas graves — a bolha do pontocom, por exemplo, e o rápido aumento dos preços das ações na primavera de 1987. Outras estouram com consequências deflacionárias severas que podem provocar atrasos econômicos de anos. Para que as bolhas causem devastação econômica, geralmente precisamos ter algo além de ativos tóxicos que podem perder valor rapidamente. Precisamos de um alto grau de alavancagem da parte dos detentores desses ativos. Em 2008, os dois elementos estavam presentes em abundância, exatamente como em 1929.

AS RAÍZES DA CRISE

As origens da crise podem ser identificadas no entusiasmo que se seguiu ao fim da Guerra Fria. A queda do Muro de Berlim em 1989 deixou clara a grotesca incompetência do sistema soviético de economia planificada para todos que tinham olhos para ver. Não só milhões haviam morrido para a construção do regime soviético, como o paraíso soviético mostrou--se um inferno esquálido. Na coisa mais próxima que vimos de uma experiência controlada com regimes econômicos, a Alemanha Oriental comunista — a joia da coroa soviética — alcançara apenas um terço do nível de produtividade da Alemanha Ocidental. A União Soviética estava ainda mais atrasada em relação ao Ocidente.

Com exceção de uns poucos fanáticos, todos perceberam que haviam se enganado em relação à economia planificada e ao controle estatal. "Entre a queda do Muro de Berlim em 1989 e o colapso da União Soviética em 1991", relembrou um alto funcionário público indiano já idoso, "eu me senti como se estivesse acordando de um sonho de 35 anos. Tudo em que eu acreditara sobre os sistemas econômicos e tentara aplicar estava errado."[4] Governos no mundo inteiro abraçaram os mercados competitivos como a única alternativa. Os soviéticos adotaram a perestroika e o glasnost com consequências complicadas. As autoridades chinesas implantaram o capitalismo estatal para evitar seguir o mesmo caminho que os soviéticos. A Índia, um antigo bastião do socialismo Fabiano, iniciou o lento processo de desmantelamento do "Raj das Licenças" e de introdução dos mercados.

Com a globalização no auge da popularidade, um número crescente de países emergentes, com destaque para a China, seguiu o modelo econômico voltado para a exportação dos Tigres Asiáticos (Hong Kong, Singapura, Coreia do Sul e Taiwan): combinando mão de obra barata e qualificada com tecnologia e métodos de administração de primeiro mundo, e protegendo os negócios com uma política econômica estável e a aplicação primaz da lei. O resultado foi uma explosão de crescimento econômico que provocou abalos em toda a economia mundial. O crescimento do PIB global entre os países emergentes foi de mais do que o dobro do crescimento do PIB real nos países desenvolvidos de 2000 a 2007, à medida que multinacionais se instalavam nos países emergentes e companhias originadas nos mercados emergentes surgiam do nada. O Fundo Monetário Internacional estima que o mundo ganhou cerca de 500 milhões de trabalhadores na economia exportadora entre a queda do Muro de Berlim e 2005. Além disso, centenas de milhões passaram a ser influenciados por forças competitivas, especialmente na antiga União Soviética.

O consumo nas nações em desenvolvimento não acompanhou o ritmo do aumento da renda. A maioria dos países emergentes tinha uma longa tradição de poupar, motivada pelo medo de doenças e privação, e os sistemas de crédito pessoal eram rudimentares. A crise econômica asiática de 1997 também servira para lembrar às pessoas dos benefícios de se poupar. As taxas de poupança nas nações emergentes dispararam de 23% do PIB nominal em 1999 para 33% em 2007, superando de longe a taxa de investimentos. Ao mesmo tempo, os investimentos em outros lugares do mundo demoraram para compensar esse fenômeno. O resultado do desequilíbrio com o excesso de poupança foi uma queda pronunciada nas taxas de juros de longo prazo globais, tanto nominais quanto reais, de 2000 a 2005, e, ao mesmo tempo, de uma convergência global das taxas de juros. Em 2006, a inflação e as taxas de juros de longo prazo de todas as economias desenvolvidas e das principais economias emergentes haviam convergido para números de um dígito. A queda dos juros e das taxas de inflação, por sua vez, provocou o aumento dos preços dos ativos, particularmente dos preços internos, e, o que foi importante, pôs fim na relação entre a política monetária e as taxas de juros de longo prazo. O rápido aumento dos preços dos imóveis foi um fenômeno ocorrido em vários países ricos, e não só nos Estados Unidos.

A bolha global inflou ainda mais graças à perniciosa combinação entre o boom imobiliário e a securitização. O preço médio dos imóveis americanos aumentou 16% em 2004 e 15% em 2005. As firmas que originavam as hipotecas cada vez mais evitavam ficar com elas por muito tempo. Em vez disso, vendiam-nas a especialistas, que as reuniam e vendiam os novos títulos a investidores. As principais securitizadoras eram a Countrywide Financial, maior emprestador hipotecário da América, e o Lehman Brothers. Há bons argumentos teóricos a favor da securitização. Ela dá a financiadores de hipotecas acesso a uma imensa reserva de economias globais onde encontrar novos empréstimos. Também pode reduzir o risco ao combinar hipotecas de regiões diferentes do país. Contudo, no início dos anos 2000, a securitização encorajava o risco em vez de reduzi-lo: como quem originava as hipotecas não esperava mantê-las por muito tempo, também não se esforçava muito para avaliar aqueles a quem emprestava. E como a rede de participantes, dos agentes às companhias de financiamento de hipoteca e a casas de Wall Street, foi se tornando cada vez mais longa, a contabilidade ficou cada vez mais dispersa. O país inteiro descobriu que a securitização permitia oferecer números espantosos de hipotecas com base em um capital relativamente pequeno, e depois vender o risco para outros intermediários financeiros.

Isso piorou com a explosão dos empréstimos subprime, ou seja, feitos para tomadores que, por diversas razões, não se qualificavam para hipotecas com taxas normais (prime). Em 2000, o mercado subprime correspondia a 7% de todas as hipotecas. Atendia, principalmente, a proprietários em potencial que não possuíam os requisitos para a entrada de um empréstimo prime, mas ainda assim tinham uma renda adequada para honrar o pagamento dos juros de uma hipoteca de taxa fixa. Além disso, lidava predominantemente com hipotecas com taxa fixa. Apenas uma parcela modesta fora securitizada.

Então, o mercado começou a decolar, graças à combinação entre inovação financeira e pressão política. O número de pessoas que recebiam ofertas de hipotecas subprime cresceu rapidamente, mesmo enquanto a avaliação do crédito dessas pessoas tornava-se falha: em 2004, mais de um terço das hipotecas subprime eram oferecidas sem uma análise responsável da situação financeira do tomador do empréstimo.[5] Instituições financeiras passaram a acelerar a seleção e o agrupamento de hipotecas subprimes em títulos. As firmas não tinham dificuldade para encontrar compradores. A demanda por obrigações de dívidas colateralizadas (CDOs; *collateralized debt obligations*) lastreadas em hipotecas subprime era particularmente alta na Europa, graças a rendimentos atrativos e uma queda nas taxas de execução no final dos anos 1990. Aliás, contrariando as práticas do setor, muitas securitizadoras encorajavam quem concedia empréstimos para o financiamento de hipotecas a produzir novas hipotecas e vendê-las.

Ao mesmo tempo, o Departamento de Habitação e Desenvolvimento Humano pressionava Fannie Mae e Freddie Mac a promoverem o aumento do número de americanos mais pobres com casa própria. Fannie Mae e Freddie Mae eram dois animais peculiares, "empresas patrocinadas pelo governo" (GSEs; *government-sponsored enterprises*). Haviam começado como agências federais, Fannie em 1968 e Freddie em 1989. Sem categorização específica, elas às vezes atuavam como empresas privadas normais (sem dúvida, pagavam a seus executivos como empresas privadas), mas também contavam tanto com o apoio implícito do governo (que lhes permitia tomar empréstimos a taxas baixíssimas de juros) quanto com relações íntimas com políticos. Sua capacidade de empacotar empréstimos hipotecários em títulos lastreados em hipotecas e vendê-los para investidores, tudo com o apoio implícito do governo americano, atraiu poupanças estrangeiras para o mercado imobiliário americano.

Fannie e Freddie haviam dobrado sua participação no mercado hipotecário americano de 1990 a 2000, e eram os responsáveis por cerca de metade da dívida hipotecária do país, embora mantivessem suas reservas de capital um pouco acima das margens das proteções regulatórias. Contudo, em uma rara demonstração de unidade política numa época de tanta dissensão partidária, George Bush e a esquerda do Congresso queriam que elas se expandissem ainda mais e propiciassem aos americanos pobres, inclusive aqueles com "perfis financeiros não convencionais", a chance de viver "o sonho americano da casa própria". O departamento de habitação deu a Fannie e Freddie objetivos tão ambiciosos que elas não tiveram outra opção a não ser investir, e muito, em títulos subprime em vez de deterem hipotecas individuais. As GSEs aumentaram em um fator de cinco a fatia ocupada por hipotecas subprime em seu balanço patrimonial entre 2002 e 2004. Em 2004, elas eram responsáveis por algo entre 42% e 49% de todas as novas vendas de títulos lastreados em hipotecas subprime (quase todos a taxas de juros ajustáveis) mantidos nos balanços patrimoniais dos investidores.

Enquanto o mercado disparava, companhias hipotecárias começaram a ficar sem tomadores de empréstimos convencionais. Assim, voltaram-se para tomadores de empréstimos "excepcionais" — ou seja, pessoas sem dinheiro suficiente para dar uma entrada em um empréstimo prime ou que não ganhavam o bastante para honrar os pagamentos mensais de uma hipoteca a uma taxa fixa preferencial. Com o intuito de manter o mercado funcionando, as securitizadoras estimularam os originadores das hipotecas subprime a oferecerem hipotecas com taxas ajustáveis (ARMs, do inglês *adjustable-rate mortgages*) com pagamentos mensais inicialmente mais baixos, amplamente conhecidas como "teaser rates" (taxas tentadoras). Com os padrões para a aprovação de empréstimos caindo rapidamente, no segundo trimestre de 2007 as ARMs apresentaram um crescimento vertiginoso, atingindo quase 62% do valor total das originações iniciais de hipotecas subprime. Muitos desses novos tomadores de empréstimos "não convencionais" não conseguiam sequer fazer o primeiro pagamento da hipoteca. No primeiro trimestre de 2007, a situação era grave. Quase todas as novas hipotecas subprime estavam sendo securitizadas, enquanto em 2000 eram menos da metade. As securitizadoras, protegidas pelas classificações de crédito (absurdamente infladas), encontraram um mercado global que parecia ilimitado para seus produtos, de bancos islandeses a fundos soberanos da Ásia e do Oriente Médio. O valor contábil dos títulos lastreados em hipotecas subprime superou os 800 bilhões de dólares, quase sete vezes o que valiam no final de 2001. Fannie e Freddie pioraram ainda mais as coisas, encobrindo o tamanho do problema do subprime por meio de uma contabilidade defeituosa.

Mudanças organizacionais em Wall Street também encorajaram o comportamento arriscado. Bancos de investimento assumiam diariamente níveis extraordinários de alavancagem — chegando a vinte, trinta vezes o capital tangível —, pois os altos gerentes deparavam com o que viam como vantagens imensas e desvantagens limitadas. Esses bancos já haviam sido sociedades em que os sócios eram conjunta e severamente responsabilizados por uma falência. Assim, assumiam dívidas muito limitadas. Mas uma determinação da Bolsa de Valores de Nova York em 1970, que permitiu que corretores negociantes constituíssem sociedades anônimas e obtivessem capital permanente, ajudou a criar uma tendência para a alavancagem. Nos anos 1980 e 1990, todos os grandes bancos de investimentos se transformaram de sociedades em companhias de capital aberto. Sem dúvida, os altos gerentes do Bear Stearns e do Lehman Brothers perderam centenas de milhões de dólares com a queda de suas ações. Mas essas perdas não se estendiam ao seu patrimônio pessoal: ninguém era forçado a declarar falência pessoal, e a maioria tinha dinheiro suficiente para continuar vivendo como rei.

Wall Street também estava hipnotizada por produtos financeiros cada vez mais complexos que ofereciam a promessa da redução do risco com a sua divisão entre um grande número de compradores: *inverse IOs, inverse POs* e *forward-inverse IOs*. Embora esses instrumentos geralmente fossem complexos demais para a compreensão dos banqueiros sêniores — que precisaram contratar uma legião de (especialistas em análise quantitativa) "quants" com Ph.Ds. em matemática para desenvolvê-los e aplicá-los —, não obstante se instalaram no coração do sistema financeiro: o valor nacional de derivativos negociados privadamente aumentou de um trilhão de dólares em 1987 para mais de 11 trilhões em 1995.[6] Agora, as instituições financeiras podiam assumir imensos riscos com o dinheiro de outras pessoas, sem que aqueles que supostamente as administravam entendessem o que estava acontecendo.

O início do século XXI, portanto, viu uma bolha de euforia clássica tomar conta dos mercados financeiros. Consumidores tomavam empréstimos com bens em pleno processo de valorização — casas — como garantia. Os quants desenvolveram instrumentos financeiros complexos que deveriam reduzir o risco, mas acabaram apenas transferindo e concentrando esse risco. E instituições financeiras ignoravam sinais de alerta, pois temiam estar recuando rápido demais, e com isso perdendo participação no mercado para instituições menos avessas ao risco. Seus temores foram expressos em uma observação de Charles Prince, presidente e CEO do Citigroup, em 2007, pouco antes do início da crise: "Quando a música acabar, em termos de liquidez, as coisas vão ficar complicadas. Mas enquanto a música estiver tocando, você precisa se levantar e dançar. Ainda estamos dançando."

Por que os formuladores de políticas não desligaram a música e interromperam o baile? Uma razão foi que a sucessão recente de "falências" tivera um impacto relativamente leve na economia real. A explosão da bolha do pontocom produziu a recessão mais leve desde a Segunda Guerra Mundial, quase sem nenhum impacto no PIB global. A recessão de 1990-91 foi a segunda mais superficial. A quebra de 1987, em que o índice Dow Jones caiu 22,6% em um só dia, e a de 1988, que dessa vez provocou uma queda de 11,5% ao longo de três dias no mesmo índice quando a Rússia não honrou suas dívidas internacionais, não haviam causado impactos de longo prazo no PIB. Encaradas em conjunto, essas experiências levaram muitos investidores sofisticados a acreditar que futuras contrações não seriam muito piores do que uma típica recessão pós-guerra. Outra razão era que a "grande moderação", que teve início nos anos 1980, encorajou a complacência em relação à alavancagem. Ainda em abril de 2007, o FMI observou que os "riscos econômicos globais caíram desde [...] setembro de 2006 [...]. A economia americana em geral está se saindo bem [...] [e] os sinais em outros lugares são muito encorajadores". As regulamentações bancárias adotadas internacionalmente sob os Acordos de Basileia levaram a um modesto aumento nas exigências de capital mínimo que antecederam a crise. Mas os debates em Basileia sobre o ainda pendente acordo sobre a regulação global de capital, que resultaram nas recomendações do Basileia II, tratavam essencialmente da questão de manter as exigências de capital mínimo inalteradas ou até *reduzi-las*. Assim, a alavancagem só cresceu.

Ademais, havia um excesso de confiança nos modelos matemáticos de gestão de risco. Um paradigma de precificação, os derivativos, teve tanto sucesso que três de seus criadores — Harry Markowitz, Robert Merton e Myron Scholes — ganharam Prêmios Nobel (e um quarto, Fischer Black, também teria ganho se não tivesse falecido). Também foi tão completamente adotado pelos acadêmicos, bancos centrais e reguladores que, em 2006, se tornara parte do núcleo dos padrões regulatórios globais incorporados ao Basileia II. Em muitas firmas de investimento quantitativo, que processavam em larga escala dados numéricos para expor princípios lucrativos de negociação no mercado, o sucesso dependia de um movimento incremental da aversão ao risco (o que acontecia na maior parte do tempo). O paradigma da gestão de risco, não obstante, continha uma falha fatal. No estado de euforia elevada, os responsáveis pela gestão do risco e os reguladores não compreenderam a magnitude do poder da cauda negativa de riscos que foi revelada após o colapso do Lehman.

A mera complexidade de todos esses produtos e mercados financeiros piorava ainda mais esses problemas. Era a lei das consequências imprevistas na sua manifestação mais cruel: inventados para avaliar e gerenciar riscos com mais eficiência, eles acabaram multiplicando-os maciçamente. Desesperados diante da complexidade dessas técnicas matemáticas, os gerentes de investimentos terceirizaram grande parte da sua tarefa para o "porto-seguro" das agências de classificação de crédito. Essas agências de classificação tinham décadas de experiência e um selo de aprovação do governo americano. No entanto, na realidade, seus analistas internos não estavam mais aptos a entender os riscos criados pelos novos instrumentos financeiros do que a comunidade de investimentos em geral.

Mesmo com a falha de modelos sofisticados de gestão de risco e das agências de classificação de risco, o sistema financeiro teria suportado se o terceiro reduto contra a crise — o sistema regulatório — funcionasse com eficácia. Contudo, sob a pressão da crise, o sistema regulatório também falhou. E não foi só um problema americano. A prestigiada Financial Services Authority (Autoridade de Serviços Financeiros), do

Reino Unido, não conseguiu prever a corrida aos bancos que ameaçou o Northern Rock. As agências internacionais de classificação de crédito deram classificações triplo A, que implicavam mar tranquilo, para muitos produtos derivativos altamente tóxicos. O Comitê de Supervisão Bancária de Basileia, representando autoridades regulatórias dos principais sistemas financeiros do mundo, promulgou um conjunto de regras que não previu a necessidade, surgida no auge da crise, de margens mais amplas de proteção regulatória de capital e liquidez. A Corporação Federal de Seguro de Depósito observara ainda no verão de 2006 que "mais de 99% de todas as instituições asseguradas atenderam ou superaram os requisitos dos mais elevados padrões regulatórios de capital". Os bancos comerciais e de poupança americanos são amplamente regulados e, embora por anos entre dez e quinze das maiores instituições bancárias americanas tenham tido inspetores internos permanentes para vigiar as operações diárias, a maioria desses bancos ainda conseguiu adquirir ativos tóxicos que os deixaram de joelhos.

Alguns críticos já argumentaram que a política do Federal Reserve de manter as taxas de juros baixas após a bolha do pontocom ajudou a criar a crise. John Taylor, um dos melhores economistas da América, observa que o número de casas em início de construção apresentou uma significativa relação inversa (com uma defasagem) com a taxa dos fundos federais desde 1959, e que taxas excessivamente baixas de 2003 a 2005 ajudaram a inflar o mercado. Observamos que há muitas razões para o boom imobiliário além da política monetária americana. Em primeiro lugar, pode-se dizer que o boom imobiliário da América começou em 1998, bem antes do corte nas taxas pelo Federal Reserve em 2001. Em segundo, o boom imobiliário foi um problema global: a Grã-Bretanha teve grandes aumentos nos preços dos imóveis por volta da mesma época que os Estados Unidos, apesar de ter uma política monetária muito mais restritiva.

Os críticos do "dinheiro fácil" do Federal Reserve não conseguem estabelecer uma ligação clara entre o afrouxamento monetário e a crise. A política de manter as taxas de juros baixas teve início praticamente seis anos antes da crise financeira, promovida por temores de que a América pudesse estar no caminho de uma deflação no estilo japonês. (Admitimos que isso era improvável, mas, se acontecesse, teria tido danos extensos para a economia.) Além disso, não levam em conta o fato de que a capacidade do Federal Reserve de influenciar as taxas de juros por meio da taxa dos fundos federais (a única taxa de juros controlada pelo Fed) foi limitada pelo excesso de poupança global. Esses críticos estão certos ao argumentar que uma taxa baixa dos fundos federais (de apenas 1% entre a metade de 2003 e a metade de 2004) reduziu as taxas de juros para as ARMs. Mas as criações de ARMs alcançaram o auge dois anos antes do pico nos preços dos imóveis. É óbvio que a demanda do mercado não precisava do financiamento imobiliário pela emissão de ARMs para elevar os preços dos imóveis durante os últimos dois anos da expansão da bolha.

A GRANDE ESTAGNAÇÃO

Uma razão para a crise financeira de 2008 não ter se transformado em uma Grande Depressão, como aconteceu nos anos 1930, foi a qualidade superior da resposta adotada pelas autoridades. Os formuladores de políticas felizmente tinham o exemplo da década de 1930 e, desde então, uma boa dose de reflexão e experiência. Eles também tinham capacidade suficiente para aproveitarem suas vantagens da melhor maneira: o Federal Reserve e o Tesouro trabalharam juntos e harmonicamente para uma reação rápida aos problemas que surgiam e para a elaboração de soluções práticas, mas inovadoras.

Os formuladores de políticas lançaram mão de três mecanismos para evitar que a crise provocasse mais danos: redução das taxas de juros de curto prazo para estimular a economia e fornecer liquidez para estabilizar o sistema; resgate de instituições importantes, entre as quais o Bear Stearns e a AIG, para evitar contágios; e aplicação de testes de estresse para revelar pontos fracos do sistema. O Fed e o Tesouro compraram ações em instituições ameaçadas, assim as mantendo solventes. Essas ações não davam poder de voto, evitando a aparência de que o governo estivesse assumindo o controle do sistema bancário, mas eram ações preferenciais, de modo que o governo (i. e., o público) seria o primeiro a receber os dividendos antes dos acionistas comuns. O Fed embarcou em uma política experimental de forçar a redução das taxas de juros de longo prazo, empregando, por exemplo, uma compra em grande escala de títulos lastreados em hipotecas. O Fed também colaborou com o Tesouro e outras instituições bancárias para restaurar a confiança nos bancos por meio de testes de estresse cujo objetivo era fornecer evidências sólidas das suas receitas e perdas esperadas.

Apesar da contenção bem-sucedida da crise pelo governo, a recuperação que se seguiu foi de uma lentidão e fraqueza frustrantes. De 2010 a 2017, a produtividade medida pela produção por hora das empresas cresceu mero 0,66% ao ano, isso comparado à média anual de quase 2,5% ao ano entre 1948 e 2010. Crises financeiras sérias geralmente são sucedidas por longos períodos de crescimento lento.[7] Dessa vez, o excessivo endividamento das famílias era particularmente pesado, e o processo de redução desse endividamento foi particularmente doloroso e longo. Em 2011, as construtoras só iniciaram a construção de 6 mil casas próprias, enquanto em 2005 haviam sido mais de 2 milhões.

Preocupante é que a desaceleração da América pode ter refletido algo mais profundo: os indicadores mais importantes da saúde econômica, como as taxas de crescimento da produtividade e de investimento, começaram a cair antes do início da crise financeira. A taxa do crescimento do PIB real teve média de 1,8% de 2000 a 2009, enquanto de 1990 a 1999 a média foi de 3,2%. A renda média anual cresceu anêmicos 2% entre 1990 e 2010. A recuperação pós-crise dos Estados Unidos fora lenta e irregular em parte porque os problemas de competitividade do país haviam se originado muito antes do colapso do Lehman.

O surto de crescimento observado de 1998 a 2004 parece cada vez mais uma breve pausa em um declínio muito mais longo em vez do amanhecer de uma nova era de crescimento estimulado pela tecnologia. De 1913 a 1950, o crescimento da produtividade teve uma média de 3,1%

ao ano. Ela caiu para 1,7% ao ano de 1973 a 1988 e para 1,3% ao ano de 2004 a 2016. Foi só no período de 1998 a 2004 que recuperou seu ritmo anterior a 1970, com um crescimento de 3,5% ao ano (ver Gráfico 30). Os economistas estão começando a redefinir o potencial de crescimento da economia americana em níveis inferiores. O Escritório de Orçamento do Congresso (CBO, do inglês Congressional Budget Office) sugere que a "taxa de crescimento potencial" da economia americana, com o pleno emprego dos fatores de produção, caiu para menos de 1,7% ao ano. Isso significa uma taxa anual de crescimento de longo prazo e sustentável do PIB americano per capita bem inferior a 1%.

Depois de parecer estar traçando um novo curso econômico no final dos anos 1990, o quadro da América hoje é bem parecido com o dos outros países avançados. Nos últimos cinco anos, a produção por hora trabalhada aumentou menos de 1% ao ano em quase dois terços das economias desenvolvidas, com uma taxa média (com uma média aritmética simples) de cerca de 1% ao ano. O aumento da produção por hora trabalhada nos Estados Unidos foi de 0,91% anuais, enquanto no Japão foi de 0,62%, na Alemanha, de 0,84%, e na Grã-Bretanha, de 0,8%.

GRÁFICO 30
CRESCIMENTO DA PRODUTIVIDADE NO SETOR EMPRESARIAL AMERICANO

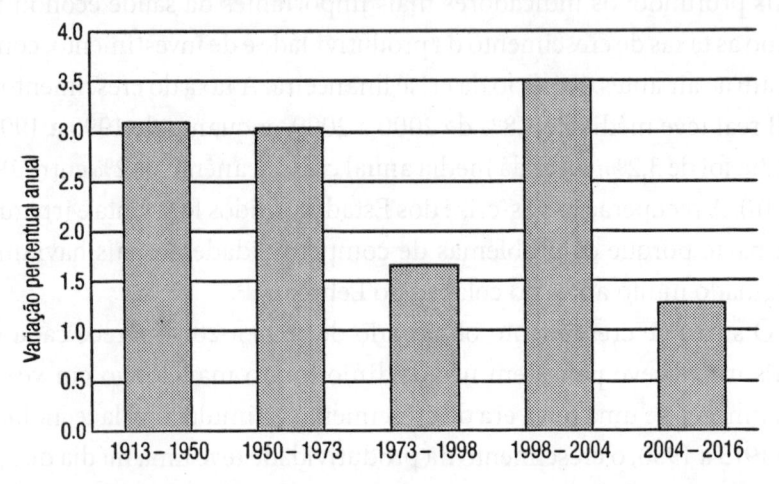

A média calculada do crescimento nos Estados Unidos foi um pouquinho mais alta em 2017, o que em grande parte se deve a uma redução significativa na alíquota marginal de impostos corporativos e no fardo regulatório. Mas a recuperação poderia ter vida curta: a taxa subjacente de crescimento da produtividade continua baixa, enquanto as forças inflacionárias estão crescendo. Os mercados de trabalho estão apertando à medida que a taxa de desemprego da América cai abaixo de uma taxa anual de 4%, e os salários e os custos unitários aumentam como consequência. A recuperação incipiente poderia facilmente dar margem à estagflação: o ambiente econômico debilitado que acaba por combinar o crescimento econômico estagnado ao aumento da inflação.

A América está parecendo mais uma economia madura típica do que uma nação excepcional: sobrecarregada por um governo pesado, atolada em um crescimento lento e temerosa em relação ao futuro. O próximo capítulo irá descrever e explicar o dinamismo em declínio da América.

12

ENFRAQUECIMENTO DO DINAMISMO AMERICANO

ESTE LIVRO MOSTROU repetidamente que a maior vantagem comparativa da América foi seu talento para a destruição criativa. A América foi colonizada por pioneiros e forjada por aventureiros dispostos a correr riscos incomuns em busca de uma vida melhor. Arjo Klamer certa vez chamou a América de sociedade "caravana" em contraste com a sociedade "cidadela" da Europa: os americanos estavam sempre em movimento à procura de novas oportunidades, enquanto os europeus construíam cidadelas para proteger o que já tinham.[1] Na segunda metade do século XIX, quase dois terços dos americanos com mais de 30 anos mudavam de residência para o outro lado do país, enquanto só um quarto dos britânicos saía de sua ilha liliputiana.[2] "Poucos de nós somos nativos do país", escreveu em 1849 Edward Bates, mais tarde procurador-geral de Lincoln, "somos todos aventureiros, provenientes de lugares distantes, em busca de fortuna ou fama."[3] Embora Frederick Jackson Turner temesse que o espírito pioneiro da América houvesse sido extinto com o fechamento da fronteira em 1893, o entusiasmo do país pela mobilidade continuou inabalado.

Foi com razão que os Estados Unidos se viram como uma terra de empreendedores, onde é mais fácil do que em qualquer outro lugar do mundo fundar companhias e, com sorte e determinação, transformá--las em gigantes. Muitos dos maiores empreendedores da América vieram do nada para construir negócios colossais: Andrew Carnegie era um imigrante sem um centavo, e John D. Rockefeller, o filho de um vendedor de óleo de cobra. Muitos dos empresários de maior sucesso da América construíram fortunas satisfazendo os desejos de pessoas comuns: basta pensarmos na Sears e na Roebuck, que construíram um sistema gigantesco de vendas pelo correio para entregar produtos a fazendas isoladas, ou em Ray Kroc, que ergueu um império com pães e hambúrgueres. Na Grã-Bretanha, os grandes empreendedores comemoravam o sucesso reduzindo os negócios, comprando terras e um título de nobreza. Na América, não existe aristocracia acima da aristocracia dos empreendedores.

Ao mesmo tempo, os Estados Unidos foram impecáveis na criação da infraestrutura necessária para uma economia capitalista moderna. O país estabeleceu as fundações para a disparada da atividade industrial com a construção de estradas e canais. Liderou o mundo na construção de ferrovias modernas e, depois, de rodovias. Foi o primeiro país a interligar seu território com voos domésticos relativamente baratos e abrangentes.

A América prosperou em grande parte porque aceitou que a destruição é o preço da criação. A lei de falências mais liberal do mundo permitia que as companhias fechassem. O maior mercado interno do mundo permitia que as pessoas se mudassem para lugares onde suas habilidades eram generosamente recompensadas. Os Estados Unidos aceitavam que cidades fantasmas e fábricas fechadas são o preço do progresso.

Parte dessa América clássica ainda existe.[4] As três companhias mais valiosas do mundo na data em que estas linhas são escritas — Apple, Google e Microsoft — são todas companhias americanas de tecnologia, e Amazon e Facebook ocupam o sexto e o sétimo lugares, respectivamente. As empresas americanas hospedam 61% dos usuários de redes sociais do mundo, executam 91% das buscas e inventaram os sistemas operacionais de 99% dos usuários de smartphones. A Google processa 4 bilhões de buscas por dia. A infraestrutura da economia da informação também é controlada por companhias americanas. A Amazon detém quase um terço do mercado de computação em nuvem, e sua divisão de serviços para a nuvem cresceu mais da metade no ano passado. Enquanto isso, os Estados Unidos dominam os altos escalões que comandam as finanças globais. A participação dos bancos de investimento de Wall Street no mercado global cresceu para 50%, enquanto as firmas europeias encolheram e os aspirantes asiáticos ficaram estagnados. Os gerentes de fundos americanos administram 55% dos ativos mundiais sendo geridos, enquanto uma década atrás esse número era de 44%. Todos os novos instrumentos financeiros mais sofisticados, como os *exchange-traded funds* (ETF) e os títulos lastreados em hipotecas, foram criados na América.

Os Estados Unidos são o lar de quinze das vinte melhores universidades e de mais de 60% do capital de risco do mundo. A parcela da América nas patentes registradas no mundo aumentou de 10%, quando da eleição de Ronald Reagan, para 20% na atualidade. Apesar do que tem sido dito sobre a ascensão da China, as autoridades chinesas mandam os filhos estudarem em universidades americanas (e conservam um refúgio dourado em Nova York para o caso de as coisas darem errado em casa), e as companhias mais inovadoras da China, como a Alibaba, estão listadas na Bolsa de Valores de Nova York, e não na de Xangai.

Os Estados Unidos também possuem um número desproporcional das melhores companhias globais fora dos setores tecnológico e financeiro, a exemplo da Koch Industries, da Procter & Gamble e da Johnson & Johnson. As companhias da América saíram muito fortalecidas dos massacres de empresas dos anos 1980 e 1990. Elas eliminaram o excesso de gordura em repetidas rodadas de *downsizing* e reestruturação. Terceirizaram empregos de pouco valor adicionado para outros países. Combinaram as ideias de dois dos especialistas mais experientes em negócios dos últimos trinta anos em uma fórmula campeã. Jack Welch, CEO da General Electric por duas décadas no final do século XX, aconselhou as companhias a abandonarem os mercados que não dominavam. Warren Buffett, o investidor mais famoso do século XXI, elogia as companhias que têm um "fosso" ao seu redor — uma barreira oferecendo estabilidade e poder de mercado.

Todavia, essa América altamente produtiva existe ao lado de um país muito mais estagnado. Basta considerarmos qualquer indicador de destruição criativa, da mobilidade geográfica à criação das companhias e à tolerância às rupturas, e veremos que o país está numa trajetória de declínio. Os Estados Unidos estão se tornando indistintos em relação a outras economias maduras de crescimento lento, como a Europa e o Japão, no tocante à postura diante da destruição criativa: uma "sociedade cidadela", nas palavras de Klamer, em que partes imensas da cidadela estão em decadência.

Segundo o Departamento do Censo, a mobilidade geográfica está caindo há três décadas. A migração entre estados caiu 51% abaixo da média apresentada nos anos de 1948 a 1971, e está caindo continuamente desde a década de 1980. A taxa de mudanças entre condados caiu 31% no mesmo período, enquanto a taxa de mudanças dentro dos condados caiu 38%. Essa nova inércia é observada particularmente entre os afro-americanos: depois de terem migrado em números tão grandes do Sul na primeira metade do século XX, eles agora estão sossegando. Em 2010, 76% das mães afro-americanas deram à luz no mesmo estado que suas próprias mães, enquanto entre as mães brancas esse número foi de 65%. Um estudo com uma amostra de 4.800 afro--americanos nascidos entre 1952 e 1982 revela que, ao alcançarem a idade adulta, 69% permanecem no mesmo condado, 82%, no mesmo estado, e 90% na mesma região. Esses números eram de 50%, 65% e 74% na última geração.

Mudar-se para centros econômicos está ficando muito mais difícil para os americanos. O nova-iorquino típico hoje gasta cerca de 84% da média salarial nacional com aluguel. Isso torna impossível para uma pessoa comum, do Kansas, por exemplo, mudar-se para Manhattan. Os preços dos imóveis serão sempre mais altos em centros econômicos de sucesso, já que muitas pessoas querem morar ali. Mas as capitais da criatividade atuais, particularmente São Francisco, são também capitais do NIMBYismo,* cheias de regras e restrições que dificultam muito a construção de casas e a fundação de novos negócios. Chang-Tai Hsieh e Enrico Moretti estimam que, se fosse mais barato se mudar para as cidades mais produtivas dos Estados Unidos, o produto interno bruto seria 9,5% mais alto em consequência de melhores empregos.[5]

Outras formas de mobilidade também estão em declínio. A ascensão social está se tornando mais difícil: Raj Chetty, da Universidade Stanford, calculou, com base em um amplo estudo dos registros fiscais, que a probabilidade de uma pessoa de 30 anos ganhar mais do que seus pais na mesma idade caiu de 86% quarenta anos atrás para 51% na atualidade.[6] Um estudo de 2015 de três economistas do Federal Reserve e um colega da Universidade de Notre Dame demonstrou que o nível de rotatividade no mercado de trabalho vem caindo há décadas. Uma razão para isso é que está ficando mais difícil demitir pessoas — no setor público, é praticamente impossível — e, portanto, os empregadores estão menos dispostos a contratar. Embora a América ainda tenha um mercado de trabalho mais fluido do que a maioria dos países europeus, ela está caminhando na direção da Europa, com trabalhadores protegidos que mantêm os empregos por períodos mais longos e um grupo crescente de pessoas fora do mercado de trabalho formal.

Os Estados Unidos também estão perdendo o espírito pioneiro ousado que já definiu o país. Em 1850, Herman Melville gabou-se dizendo que "nós somos pioneiros do mundo, a vanguarda, enviados para os territórios virgens das coisas inexploradas a fim de abrir um novo caminho no Novo Mundo".[7] Hoje, muitos dos descendentes desses pioneiros têm medo de iniciar um novo caminho e se arrepender. O problema começa na escola. Em 2013, um distrito escolar de Maryland proibiu, entre outras coisas, empurrar crianças em balanços, levar lanches preparados em casa e distribuir convites para aniversários dentro da escola.[8] Conti-

---

* NIMBY é uma abreviação da expressão em inglês "*not in my backyard*", ou "não no meu quintal", usada para descrever a reação de comunidades, geralmente privilegiadas, a projetos que podem ser prejudiciais ao seu bem-estar. [*N. da T.*]

nua na faculdade, onde os professores oferecem a seus pupilos "espaços seguros" e "alertas de conteúdo forte". Estende-se a cada aspecto da vida diária. O McDonald's coloca alertas nos copos de café para avisar que "este líquido pode estar quente". Winston Churchill certa vez disse a seus compatriotas: "Não atravessamos países, oceanos, montanhas, campos por sermos feitos de açúcar."[9] Hoje, graças a uma combinação maligna entre decisões judiciais, regulamentações e tendências pedagógicas, há pessoas feitas de açúcar por todos os lugares.

BURACOS *VERSUS* PROGRESSO

Os investimentos públicos nos transportes caíram de 2,3% do PIB nos anos 1960 para cerca de 1,7% na atualidade, menos do que na Europa e muito menos do que na China. As estradas, particularmente no Nordeste e na Califórnia, estão cheias de buracos. O Aeroporto Internacional John F. Kennedy é um cortiço constrangedor se comparado, digamos, ao Aeroporto Internacional de Pudong, em Xangai. Os trens da América são carroças lentas se comparados aos trens-bala da China.

O Boletim de 2017 da Sociedade Americana de Engenheiros Civis acrescenta alguns números a essa impressão geral. A idade média das 90 mil barragens do país é seis anos. Graças à densidade crescente da população, o número de barragens com "alto dano potencial associado" aumentou para pelo menos 15.500. Estima-se que são 240 mil rompimentos na rede de abastecimento de água por ano, desperdiçando mais de 2 trilhões de galões de água tratada. O custo anual do congestionamento e dos atrasos nos aeroportos é de quase 22 bilhões de dólares. Quatro em dez das 614 mil pontes do país têm mais de cinquenta anos, e uma em nove está estruturalmente deficiente. Mais de metade das eclusas do país têm mais de cinquenta anos, e quase metade das embarcações que as usam sofrem atrasos. Os transformadores elétricos têm quarenta anos em média. A fiação do sistema elétrico é tão antiga que às vezes é impossível transferir energia extra, digamos, do Nordeste para o Sul.[10]

O século XXI testemunhou alguns feitos fantásticos da arquitetura à medida que avanços na tecnologia dos materiais e nas técnicas de engenharia nos permitem desafiar as fronteiras da criação física. O Burj Khalifa, em Dubai, concluído em 2008, é o prédio mais alto do mundo, com 828 metros. Dubai também está construindo o maior aeroporto do mundo, o Dubai World Central, que terá capacidade para mais de 200 milhões de passageiros. A Ponte de Donghai, concluída em 2005 para conectar Xangai ao porto de águas profundas de Yangshan, é uma das maiores do mundo, com 32 quilômetros, mas os chineses já estão providenciando uma segunda ponte para lidar com o aumento do tráfego. Para o nosso constrangimento, poucas dessas maravilhas da engenharia estão sendo construídas na América.

Hoje, fundar companhias está sendo mais difícil para os americanos do que uma geração atrás, e, depois de fundadas, é ainda mais difícil promover o crescimento delas. A participação de novas firmas (com cinco anos ou menos de existência) em todos os negócios caiu de 14,6% em 1978 para apenas 8,3% em 2011, mesmo enquanto a parcela das firmas que estavam fechando as portas permaneceu praticamente a mesma, entre 8% e 10%. A parcela dos empregos em firmas novas caiu de 18,9% no final dos anos 1980 para 13,5% pouco antes da grande recessão. A proporção de pessoas com menos de 30 anos com ações em companhias privadas caiu de 10,6% em 1989 para 3,6% em 2014.[11]

O declínio na criação estendeu-se até o setor tecnológico. O número de novas empresas de tecnologia entrou em declínio desde o pico alcançado em 2000. O número de ofertas públicas iniciais desabou — de uma média de 547 ao ano na década de 1990 para 192 ao ano mais recentemente. Nos anos 1990, os empreendedores do setor tecnológico sonhavam em abrir o capital de suas companhias e se tornar o próximo Bill Gates. Hoje, sonham em vender suas companhias — ou, pelo menos, suas ideias inteligentes — para uma das gigantes tecnológicas. São mais mendicantes da ordem estabelecida do que revolucionários radicais.

Ao mesmo tempo, as maiores companhias estão consolidando seu domínio sobre os altos escalões da economia. Apple, Google, Amazon etc.

dominam a economia atual do mesmo modo que a U.S. Steel, a Standard Oil e a Sears, Roebuck and Company dominaram a economia da época de Roosevelt. A parcela das receitas geradas pelas empresas da Fortune 100 nas receitas das empresas listadas na Fortune 500 cresceu de 57% para 63% entre 1994 e 2013.

A expansão das grandes companhias e o declínio na taxa de criação de companhias indicam que a economia está se tornando significativamente mais concentrada. O número de companhias registradas na bolsa caiu quase pela metade entre 1997 e 2013, de 6.797 para 3.485. As vendas da sociedade anônima mediana com ações negociadas na bolsa foram três vezes maiores em 2013 do que vinte anos antes. A *Economist* dividiu a economia em mais ou menos novecentos setores cobertos pelo censo econômico americano. Dois terços deles se tornaram mais concentrados entre 1997 e 2012. A média ponderada de participação das quatro principais firmas em cada setor aumentou de 26% para 32%. A consolidação foi mais pronunciada nos setores mais intensivos em conhecimento da economia.[12]

A queda da taxa de criação de companhias desde os anos 1980 não necessariamente indica um declínio do empreendedorismo: muitas pequenas empresas são apenas imitações de um negócio preexistente e não fazem nada para aumentar a produtividade. Os Estados Unidos assistiram a um aumento do número de startups que revolucionariam suas indústrias, como Microsoft, Amazon e Google. Grandes companhias estabelecidas, como a John Deere, também se tornaram mais empreendedoras. Tampouco a concentração é prova de monopólios predatórios. Joseph Schumpeter argumentou que a concentração pode ser ao mesmo tempo uma causa e uma consequência do sucesso. Companhias bem--sucedidas saem na frente de suas rivais a fim de aproveitar as vantagens de monopólios temporários. Elas investem os superlucros obtidos a partir desses monopólios temporários em mais P&D a fim de conservarem a primeira posição na corrida. Grandes empresas "costumam criar o que exploram", como ele colocou.

Dito isso, há razões para grande preocupação. As companhias estão se protegendo da concorrência pela construção de todos os tipos de muros e fossos. Isso se aplica, em particular, às gigantes da tecnologia. Elas estão usando os efeitos de rede para dominar mercados: quanto mais pessoas você tem na sua rede, mais valiosa ela é. Estão usando a compatibilidade para eliminar rivais em potencial: os iPhones funcionam melhor com iPads, por exemplo. São extremamente agressivas na compra de patentes e ao processarem rivais por violação de patentes.[13]

Há cada vez mais evidências de que a consolidação está reduzindo o ritmo da difusão de inovações na economia. Schumpeter argumentou que uma das razões que levam o capitalismo a ser tão dinâmico é que negócios bem-sucedidos continuam de pé quando o chão está "desmoronando sob seus pés". Quem não tira o olho das inovações está sempre "roubando" seus segredos e aperfeiçoando-os. Isso é desconfortável para companhias líderes, mas bom para a sociedade em geral, pois significa que novas ideias se espalham rapidamente por toda a economia. Um grupo de pesquisadores da OCDE integrado por Dan Andrews, Chiara Criscuolo e Peter Gal argumenta que a difusão de boas ideias está levando mais tempo do que no passado, o que é preocupante.[14] As empresas de elite que se encontram entre as 5% principais, chamadas de "empresas de fronteira", ficam à frente por um período muito maior do que no passado, aumentando sua produtividade, enquanto os 95% restantes das empresas continuam estagnados. O setor de tecnologia da informação está produzindo uma classe de empresas de superfronteira: a produtividade dos 2% no topo da lista das companhias de TI aumentou em relação à das outras empresas de elite. Ao mesmo tempo, a difusão da tecnologia estacionou, em parte porque as empresas de fronteira podem contratar os profissionais mais talentosos e cultivar relações com as melhores universidades e firmas de consultoria.

MORTE POR DESESPERO

A base da sociedade sofre de um emaranhado de patologias que estão incapacitando um número significativo de pessoas para a atividade profissional. A desocupação está se tornando um modo de vida em algumas áreas, particularmente áreas que já foram o berço da Revolução Industrial. Em Scranton, Pensilvânia, 41% dos indivíduos com mais de 18 anos se retiraram da força de trabalho. Em Syracuse, Nova York, o número é 42,4%.[15] A desocupação geralmente é acompanhada de uma vida de pequenos crimes e dependência química: em particular, uma epidemia de uso de opiáceos e metanfetamina está encurtando vidas e agravando patologias sociais.

Um dos fenômenos mais chocantes dos últimos anos é que patologias sociais antes associadas principalmente à América negra agora estão se disseminando para a América branca. Entre os brancos que concluíram o ensino médio, o percentual de filhos de mães solteiras aumentou de 4% em 1982 para 34% em 2008. Já a proporção de estudantes brancos que abandonou o ensino médio aumentou de 21% para 42%. Entre os negros, esses aumentos foram, respectivamente, de 48% para 70% e de 76% para 96%. Famílias desfeitas criam um ciclo de privações: crianças que crescem em um lar sem pai apresentam maior probabilidade de abandonar a escola, ter filhos ilegítimos e se tornar criminosos. A taxa de encarceramento na América é entre oito e dez vezes mais alta do que a dos maiores países europeus. Em grande parte, isso se deve à persistência de leis antidrogas draconianas, que encarceram pessoas que praticam pequenos atos ilícitos relacionados às drogas por longos períodos de tempo. O encarceramento produz efeitos residuais sérios, além de custar ao contribuinte americano 74 bilhões de dólares ao ano: ele impede que as pessoas concluam os estudos, reforça sua associação com outros prisioneiros e coloca uma mancha permanente em suas reputações. Um estudo mostrou que 60% dos presos que eram soltos estavam desempregados um ano após a soltura.

Angus Deaton e Anne Case, da Universidade de Princeton, observam que a expectativa de vida dos americanos brancos da classe trabalhadora começou a cair, algo que não acontece desde a Revolução Industrial.[16] A redução na expectativa de vida está relacionada ao aumento do número de "mortes por desespero". O número de mortes causadas pelo uso de drogas, por doenças do fígado relacionadas ao álcool e pelo suicídio está aumentando, enquanto o progresso contra o que mais mata na meia--idade, como doenças cardíacas e o câncer, está perdendo força. Os autores argumentam que a explicação mais plausível para tudo isso é o gradual "colapso da classe trabalhadora branca com ensino médio após seu auge no início dos anos 1970" em virtude do desaparecimento de empregos com salários altos e do acúmulo de disfunções sociais. Durante a era dourada, os americanos da classe trabalhadora podiam esperar vidas estáveis e avanços de longo prazo. Hoje, eles estão cada vez mais levando vidas marginais que, à medida que sua saúde se deteriora, serão mais um peso para os programas sociais.

A ESTAGNAÇÃO EXPLICADA

Por que o exaltado dinamismo da América está diminuindo? São três as explicações mais populares. A primeira é que a América está perdendo suas antigas fontes de liderança econômica. Os Estados Unidos lideraram o mundo em três grandes revoluções na educação — a criação de um sistema de ensino primário para as massas no século XIX, e a criação de sistemas de ensino médio e universitário para as mesmas massas no século XX. A proporção dos jovens de 17 anos que concluíam o ensino médio aumentou de 6,4% em 1900 para 77% em 1970. Já a proporção dos formandos do ensino médio que se matricularam em universidades aumentou de 45% em 1960 para 63% em 2000. Claudia Goldin e Lawrence Katz, da Universidade de Harvard, estimam que o tempo de instrução aumentou 0,8 ano por década ao longo das oito décadas decorridas entre 1890 e 1970, e esse aumento contribuiu com 0,35 ponto percentual de crescimento da produtividade e da produção por pessoa.

Desde 1980, os Estados Unidos perderam seu ritmo de inovação peda-gógica. A proporção dos americanos que concluíram o ensino médio es-tacionou ou diminuiu, dependendo da métrica adotada (James Heckman descobriu que o percentual de indivíduos de 18 anos com diplomas do ensino médio "autênticos" havia caído para 74% em 2000). Os Estados Unidos atualmente estão no 11º lugar entre as nações desenvolvidas em termos de taxas de graduação no ensino médio. Embora a proporção dos indivíduos entre 25 e 34 anos que concluem um bacharelado em uma faculdade de quatro anos tenha aumentado de 25% para 32%, esse aumento oculta muitos problemas significativos: por exemplo, a América perdeu o primeiro lugar mundial no que diz respeito à parcela da população de 18 a 24 anos que frequentou a faculdade, passando a ocupar o 15º. Os números do país são ainda mais deprimentes se analisarmos as competências e habilidades alcançadas, e não simplesmente os anos dedicados à educação. Os testes do Programa Internacional de Avaliação de Alunos (o PISA), da OCDE, classificaram os alunos americanos de 15 anos no 17º lugar em leitura, 20º lugar em ciências e 27º em matemática.

O declínio da posição relativa da América pode ser visto pela comparação de grupos etários diferentes. Para os americanos de 55 a 64 anos, a probabilidade de terem concluído o ensino médio é maior do que a das suas contrapartes nos 34 Estados-membros da OCDE. No que diz respeito à conclusão do ensino médio, os americanos de 24 a 34 anos estão empatados no nono lugar com quatro outros países. Somos também o único país onde a taxa de graduação universitária da população de 24 a 34 anos não é maior do que a da população de 35 a 64.

Enquanto as características positivas do sistema educacional americano sofreram uma deterioração, as negativas tornaram-se mais pronunciadas. O sistema é pobre na formação profissional de indivíduos que não estão na universidade. Antes da Segunda Guerra Mundial, o ensino médio em Nova York exigia cursos técnicos, entre os quais carpintaria e a ligação de cabos elétricos, mas eles foram desaparecendo, mesmo enquanto as companhias se queixavam da escassez de profissionais qualificados para trabalhos manuais. O sistema também é extremamente pobre no controle de gastos. O custo da educação superior aumentou em um fator de dez desde 1950, e os alunos passaram a se endividar cada vez mais para conseguir arcar com esse custo: as dívidas provenientes de financiamentos estudantis hoje totalizam quase 1,5 trilhão de dólares, mais do que os pagamentos pendentes no cartão de crédito ou as dívidas em financiamentos de automóveis.

Durante a maior parte de sua história, os Estados Unidos foram o principal ímã de talentos do mundo. Da lista da Fortune 500 de 2010, 18% são companhias fundadas por imigrantes (entre as quais AT&T, DuPont, eBay, Google, Kraft, Heinz e Procter & Gamble). Se incluirmos os filhos de imigrantes, esse número sobe para 40%. Em 2012, os imigrantes representavam cerca de 30% da população americana, mas fundaram 52% das startups do Vale do Silício, contribuíram com mais de 25% das patentes globais e, entre os que trabalhavam nas áreas de ciência e tecnologia, equivaliam a 25% dos que tinham bacharelado e a 47% dos que tinham Ph.D. No entanto, o suprimento futuro de empreendedores e profissionais está sendo restringido pela atitude cada vez mais hostil do país em relação aos imigrantes e pelo surgimento cada vez maior de novas oportunidades em outros lugares. Outros países ricos, como Canadá e Austrália, estão tentando ativamente atrair imigrantes de alta qualidade. Indianos e chineses recém-formados agora têm mais oportunidades em casa.

Há muitas verdades nisso. Os Estados Unidos sem dúvidas estão perdendo profissionais de nível internacional. O país também tem um histórico de redução no desempenho das faculdades. Mas seria esperar muito acreditar que poderíamos manter o tipo de domínio mundial que tivemos após a Segunda Guerra Mundial. A América continua sendo uma líder global na educação superior. Das vinte melhores universidades do mundo, quinze estão nos Estados Unidos. Somos melhores do que a maioria dos outros países no que diz respeito a dar segundas chances às pessoas. Não há evidências de que a economia estaria melhor se mais pessoas cursassem a universidade: cerca de 40% das pessoas com formação universitária não conseguiram encontrar um emprego com esse requisito. A América não precisa de mais baristas com bacharelado.

Um segundo argumento é que a revolução da TI é decepcionante se comparada a revoluções tecnológicas anteriores. A Segunda Revolução Industrial, no final do século XIX, produziu uma grande gama de inovações que mudaram as vidas das pessoas em todos os aspectos: carros substituíram carroças, aviões substituíram balões de ar quente, lâmpadas elétricas substituíram querosene e gás. A revolução da TI, segundo esse argumento, só está afetando um pequeno grupo de atividades.

Isso não convence. A revolução da TI está afetando todos os aspectos das nossas vidas diárias. O iPhone pode fazer o trabalho de milhares de pessoas: pode nos ajudar a encontrar o lugar aonde queremos ir, atuar como uma secretária virtual, organizar nossos livros e jornais. O Uber usou a informação para revolucionar o negócio do táxi. O Airbnb a usou para revolucionar o setor hoteleiro. A Amazon permite que façamos pedidos de um vasto catálogo e recebamos nossas compras em poucos dias ou até poucas horas. O Morgan Stanley estima que os carros autônomos podem render 507 bilhões de dólares em ganhos com produtividade na América, principalmente porque as pessoas poderão olhar para um laptop em vez de precisar manter os olhos na estrada.

A revolução da TI nos dá a chance de estender ao setor de serviços o tipo de ganhos em produtividade a que estamos acostumados no setor manufatureiro. A IBM e a Faculdade de Medicina Baylor desenvolveram um sistema chamado KnIT ("Knowledge Integration Toolkit"; Kit de Ferramentas de Integração do Conhecimento) que vasculha a literatura médica e gera novas hipóteses para problemas de pesquisa. Vários bits de software regularmente superam os especialistas em direito na previsão de vereditos, de disputas por patentes a casos julgados pela Suprema Corte. Novas tecnologias estão permitindo que máquinas e paraprofissionais assumam tarefas de rotina de profissionais. Programas desenvolvidos pela Kensho, uma startup, fornecem respostas para questões financeiras, como o que acontece com ações do setor de tecnologia quando existe uma ameaça à privacidade. Enfermeiras e assistentes de médicos, equipados com computadores e ferramentas de diagnóstico, estão executando cada vez mais tarefas antes reservadas aos médicos. Serviços online e aplicativos de smartphone permitem a dispensa quase completa de certos profissionais, ou ao menos que possamos negociar melhor com eles. A cada mês, 190 milhões de pessoas visitam o WebMD, site sobre medicina, saúde e bem-estar — mais do que as que visitam médicos na América. Os aplicativos educacionais são a segunda categoria mais popular da loja de aplicativos da Apple depois dos jogos eletrônicos, e os cursos online abertos e massivos estão atraindo milhões de estudantes. Juízes e advogados estão cada vez mais resolvendo pequenas questões por meio da sentença eletrônica. Essa é uma das técnicas empregadas pelo eBay para resolver os mais de 60 milhões de conflitos anuais entre seus usuários. Ao contrário da inquietação de economistas como William Baumol, que argumentou que o aumento da produtividade no setor de serviços é inerentemente inferior ao do setor manufatureiro, esse aumento hoje está limitado não pela composição do mercado (setor manufatureiro *versus* setor de serviços), mas pela capacidade dos inovadores de desenvolver novas tecnologias. Também vale notar a observação de Paul David de que a eletricidade não teve grande impacto na produtividade até as companhias terem reorganizado suas fábricas nos anos 1920. A revolução da TI pode estar apenas no começo em se tratando de produtividade, principalmente no setor de serviços.

Um terceiro argumento é o de que a taxa de crescimento da força de trabalho está perdendo velocidade. A economia americana foi repetidas vezes estimulada por ondas de novos trabalhadores — primeiro, a dos agricultores que abandonaram a fazenda por empregos com remunerações mais altas na cidade, e mais recentemente a das mulheres que deixaram as ocupações não remuneradas da economia doméstica para se juntar à força de trabalho. Agora, ocorre o inverso: os trabalhadores estão deixando a força de trabalho e começando a demandar suas pensões. A porcentagem das pessoas em idade para se aposentar na população total aumentou de 6,8% em 1940 para 11,3% em 1980, e para 13,1% em 2010, e a expectativa é que continue aumentando gradualmente nos próximos 25 anos.

Isso é ainda menos convincente do que o argumento da TI. O maior problema desse raciocínio é que as pessoas nascidas durante a explosão populacional do pós-guerra começaram a se aposentar agora. Há também um problema mais sutil: as pessoas podem continuar trabalhando em idades bem mais avançadas do que trabalhavam antes, em parte porque hoje conservamos a saúde por mais tempo e em parte porque o trabalho já não é mais fisicamente tão exigente quanto era. Vários países, como a Suécia e o Reino Unido, vêm aumentando gradualmente as idades mínimas exigidas para a aposentadoria de acordo com o aumento da longevidade da população.

Então, o que justifica a estagnação do país? O motivo mais importante é o aumento dos direitos que abafam a produtividade — o conjunto de benefícios sociais (principalmente, o Seguro Social, o Medicare e o Medicaid) de que os americanos usufruem pelo simples fato de serem americanos. Com a exceção de um salto logo após a Segunda Guerra Mundial, o aumento dos benefícios sociais foi relativamente modesto durante os primeiros trinta anos que se seguiram à introdução do Seguro Social em 1935. Depois disso, disparou: entre 1965 e 2016, os benefícios sociais aumentaram em média 9% ao ano. A parcela do PIB que está sendo destinada aos benefícios sociais aumentou de 4,6% para 14,6%, uma mudança imensa.

Os Estados Unidos hoje estão cheios de benefícios. Dos lares americanos, 55% recebem dinheiro ou outro tipo de assistência de ao menos um grande programa de auxílio federal. Quase todos os americanos de mais de 65 anos recebem o Seguro Social e o Medicare. Dos americanos que vivem em lares encabeçados por mães solteiras, 80% recebem benefícios, enquanto 58% das crianças americanas pertencem a famílias que estão reivindicando direitos. Cerca de 120 milhões de americanos (dois terços dos recipientes) solicitam benefícios de dois ou mais programas, e cerca de 46 milhões (quase um terço) solicitam de três ou mais.

Esse regime de direitos sociais está relacionado apenas frouxamente à necessidade: mais de 90% das aposentadorias por idade vão para um único grupo demográfico definido pela idade, e não pela necessidade — pessoas a partir de 65 anos. O governo paga cerca de 50 mil dólares ao ano em benefícios do Seguro Social e do Medicare ao típico casal que se aposentou aos 66 anos em 2016, apenas 6 mil a menos do que a renda média das famílias americanas em geral. No entanto, esses aposentados viveram alguns dos anos mais prósperos da história americana. Eles também podem contar com a expectativa de viver mais do que quaisquer gerações anteriores de aposentados. O fardo de sustentar essa geração dourada cairá sobre os ombros de quem trabalha atualmente, pessoas que tiveram menos oportunidades do que seus pais e ao mesmo tempo precisam sustentar os próprios filhos.

A maior parte dos gastos que atendem aos direitos sociais são feitos de forma automática: as pessoas são cadastradas, e os pagamentos aumentam com fórmulas fixas. Assim, os benefícios aumentam a uma taxa fixa, e não de acordo com o desempenho da economia ou com quem ocupa a Casa Branca. Os presidentes podem falar o quanto quiserem sobre as vantagens de um governo pequeno. Os principais programas de auxílio inevitavelmente serão ampliados à medida que a população envelhecer, os preços subirem e os custos relacionados aos cuidados com a saúde aumentarem. Os três programas sociais básicos — Seguro Social, Medicare e Medicaid — hoje abocanham quase 50% do orçamento federal, e esse número está destinado a aumentar nas próximas décadas, não importa qual partido esteja no poder.

Contudo, ainda assim, os presidentes podem influenciar o ritmo do crescimento. Desde 1965, surpreendentemente, os gastos com os benefícios sociais aumentaram mais durante os mandatos de presidentes republicanos (10,7% ao ano) do que de democratas (7,3% ao ano). Bill Clinton não só controlou melhor esses gastos do que Ronald Reagan (4,6% *versus* 7,3% ao ano), como introduziu mudanças radicais no tocante à previdência social (embora, devamos admitir, com encorajamento de congressistas republicanos). George W. Bush acrescentou novos benefícios em medicamentos sem fornecer um meio para financiá-los, algo que um presidente conservador em termos fiscais, tal como Bill Clinton, jamais teria feito. Os dois partidos embarcaram em medidas tendo em mente a concorrência por votos (alguns republicanos justificam sua disposição para gastar o dinheiro público com o argumento de que, se não gastarem, os democratas gastarão). Mesmo os eleitores que se consideram conservadores favoráveis a um governo pequeno apoiam os benefícios sociais — posição que não poderia ter sido mais bem expressa do que pelos ativistas do Tea Party que disseram a Obama para ficar longe do "seu" Medicare.

Essa história aponta para uma das peculiaridades que dificulta a reforma dos benefícios sociais. Os americanos gostam de pensar que eles são direitos "ganhos": que só estão recebendo de volta com juros o que colocam nos fundos fiduciários. Em sua mente, eles fazem uma firme distinção entre "doações" financiadas pelo contribuinte (que podem ser cortadas) e "receber de volta o que investiram" (o que é sagrado). Em um anúncio comercial da AARP (American Association of Retired Persons; Associação Americana dos Aposentados), um aposentado declara: "Eu conquistei meu Medicare e meu Seguro Social." Isso é ilusão. Os americanos estão, coletivamente, pagando menos do que estão recebendo: para compensar o déficit atuarial, seria necessário um aumento permanente de um terço nos impostos ou um corte de um quarto nos benefícios.[17] Se essas mudanças não forem feitas, o fundo fiduciário do Seguro Social ficará sem dinheiro em 2034, o mesmo ocorrendo com o fundo do Medicare em 2029. Mas "meu dinheiro de volta" é uma ilusão muito poderosa, que torna a reforma praticamente impossível. Victor Hugo certa vez disse que não existe nada mais poderoso na política do que uma ideia cuja hora chegou. Ele estava errado: a coisa mais poderosa na política é um benefício fortemente subsidiado pelo qual o beneficiário acredita ter pago inteiramente.

Mais importante, os gastos federais com direitos sociais estão comprimindo os gastos discricionários. O Índice de Democracia Fiscal Steuerle-Roeper mede quantas das decisões fiscais da América são tomadas em piloto automático, e quantas estão abertas ao critério discricionário. Em 1962, cerca de dois terços de todos os gastos federais foram discricionários. Na metade dos anos 1960, esse número começou a cair drasticamente, graças aos benefícios sociais de Johnson. Em 1982, o número caíra para menos de 30%. Em 2014, estava em 20%, e a expectativa é de que caia para menos de 10% até 2022.

Os benefícios federais estão produzindo um efeito *crowding out* sobre a poupança nacional. O Gráfico 31 exibe uma estabilidade estatística surpreendente: a soma dos benefícios sociais concedidos às pessoas (como direitos) e da poupança nacional bruta (ambos como percentuais do PIB) não apresenta tendência desde 1965. O aumento gradual dos benefícios como percentual do PIB é refletido como uma redução, em média, da poupança nacional bruta como percentual do PIB. Isso significa que os benefícios sociais não apenas estão produzindo um efeito *crowding out* sobre a poupança nacional, como isso está acontecendo quase dólar a dólar.

GRÁFICO 31
POUPANÇA NACIONAL BRUTA E BENEFÍCIOS SOCIAIS DO GOVERNO

POR TRIMESTRE, T1 1965 – T4 2017

— Poupança interna bruta + Pagamentos dos benefícios sociais do governo
— Poupança interna bruta
- - Pagamentos dos benefícios sociais do governo

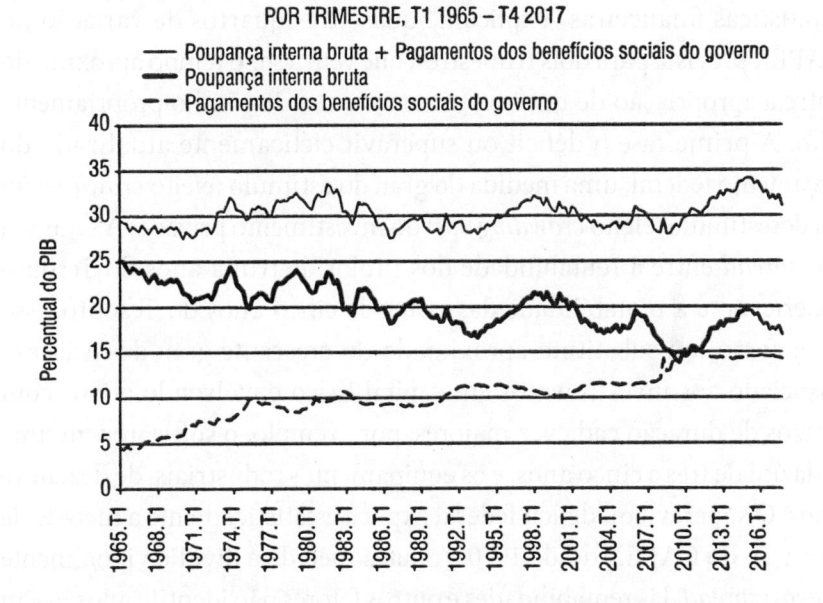

O principal fator determinante da produtividade (produção por hora) é o estoque de capital (investimento líquido). O investimento interno bruto (investimento líquido mais depreciação) é financiado (1) pela poupança interna bruta e (2), desde 1992, pela poupança líquida externa (essencialmente, o déficit da conta corrente americana). Tomar empréstimos do exterior é uma prática que não pode ser sustentada indefinidamente: essa dívida já havia acumulado 8 trilhões de dólares no segundo trimestre de 2016. Os investimentos internos em algum momento precisam vir da propensão da nação a economizar e investir no estoque de capital, que está diminuindo. Algo preocupante é que evidências estatísticas abundantes mostram que uma proporção significativa do aumento nos gastos com benefícios foi financiada pelo governo, impedindo a poupança privada por meio de impostos — poupança que, de outro modo, teria financiado o investimento doméstico de capital e o aumento da produtividade.

Um dos indicadores mais importantes da confiança na economia e, assim, da disposição para investir é o que chamamos de índice CAPEX: isso é, a parcela do fluxo de caixa líquido que as companhias decidem converter em bens de capital. Surpreendentemente, apenas duas estatísticas financeiras "explicam" quase três quartos da variação no CAPEX prevista para dois trimestres, que vem a ser o tempo aproximado entre a apropriação de um investimento e seu dispêndio propriamente dito. A primeira é o déficit ou superávit ciclicamente atualizado do orçamento federal, uma medida do grau do estímulo (efeito *crowding in*) ou desestímulo (efeito *crowding out*) do investimento privado. A segunda é o *spread* entre a rentabilidade dos títulos de trinta anos do Tesouro americano e a rentabilidade das notas de cinco anos do Tesouro. Isso atua como um substituto aproximado do crescente grau de incerteza associado aos investimentos em capital físico envolvendo ativos com prazos de duração cada vez maiores: por exemplo, o software tem uma vida útil de três a cinco anos, e os equipamentos industriais, de dezenove anos. O superávit ou déficit federal explica estatisticamente a metade da variação do CAPEX desde 1970. A outra metade é dividida igualmente entre o *spread* das rentabilidades e outros fatores não identificados. Além disso, considerando que o estoque de capital é o principal determinante da produtividade (medida como produção por hora), segue-se que, se a poupança que financia o investimento de capital continuar sendo desviada para o financiamento dos gastos com benefícios sociais, o crescimento da produtividade será ainda mais prejudicado.

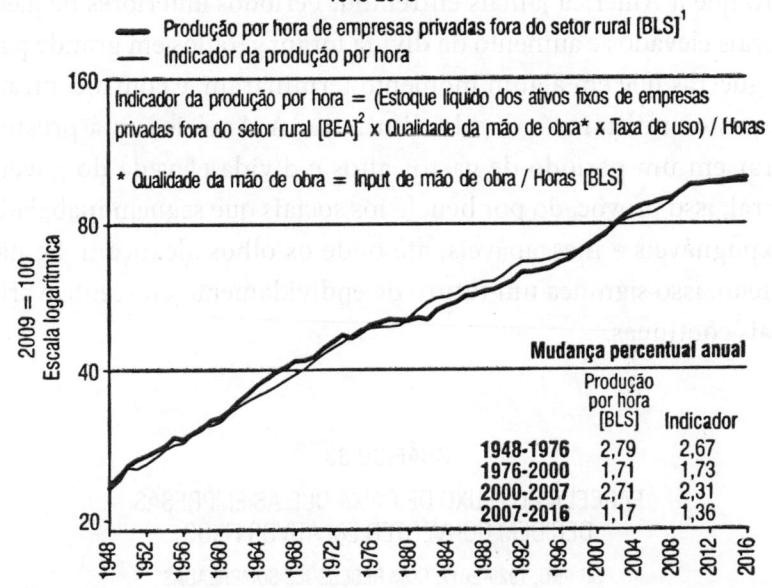

GRÁFICO 32
ESTOQUE DE CAPITAL E PRODUTIVIDADE
1948-2016

━━ Produção por hora de empresas privadas fora do setor rural [BLS][1]
── Indicador da produção por hora

Indicador da produção por hora = (Estoque líquido dos ativos fixos de empresas privadas fora do setor rural [BEA][2] x Qualidade da mão de obra* x Taxa de uso) / Horas

* Qualidade da mão de obra = Input de mão de obra / Horas [BLS]

2009 = 100
Escala logarítmica

Mudança percentual anual

	Produção por hora [BLS]	Indicador
1948-1976	2,79	2,67
1976-2000	1,71	1,73
2000-2007	2,71	2,31
2007-2016	1,17	1,36

[1] Bureau of Labor Statistics, agência dos Estados Unidos responsável pela coleta de estatísticas relacionadas à economia do trabalho. [N. da T.]
[2] Bureau of Economic Analysis, agência dos Estados Unidos responsável pelo fornecimento de estatísticas relacionadas à macroeconomia e à indústria. [N. da T.]

As companhias atualmente são mais avessas a fazer investimentos de longo prazo do que jamais foram desde a década de 1930 (excluindo--se as circunstâncias atípicas da Segunda Guerra Mundial). Há várias razões para a crescente incerteza — os déficits crescentes da América, a política radical, a taxa de crescimento decepcionante —, mas todos são alimentados pela crise dos benefícios sociais, que está aumentando o déficit, reduzindo o crescimento da produtividade e, por consequência, envenenando o crescimento do PIB e a política (ver Gráfico 33).

E o pior está por vir: nos próximos vinte anos, o número de americanos com 65 anos ou mais aumentará 30 milhões, enquanto o número projetado de americanos em idade produtiva (de 18 a 64 anos) aumentará apenas 14 milhões. A mera combinação entre o número de aposentados e o legado de décadas de liberalização e ampliação dos benefícios sociais criará um desafio fiscal maior do que qualquer outro que a América jamais enfrentou. Períodos anteriores de gastos federais elevados e aumento da dívida foram gerados em grande parte por guerras que em algum momento terminaram, e com a contração dos gastos militares a dívida diminuiu. A América está prestes a entrar em um período de gastos altos e dívida elevada do governo federal, isso provocado por benefícios sociais que seguem inabalados, inexpugnáveis e inescapáveis, até onde os olhos alcançam. Se nada for feito, isso significa um futuro de endividamento crescente e crises fiscais contínuas.

GRÁFICO 33

PARCELA DO FLUXO DE CAIXA QUE AS EMPRESAS DECIDEM CONVERTER EM ATIVOS FIXOS

POR ANO, 1929-2017, COM RECESSÕES SOMBREADAS

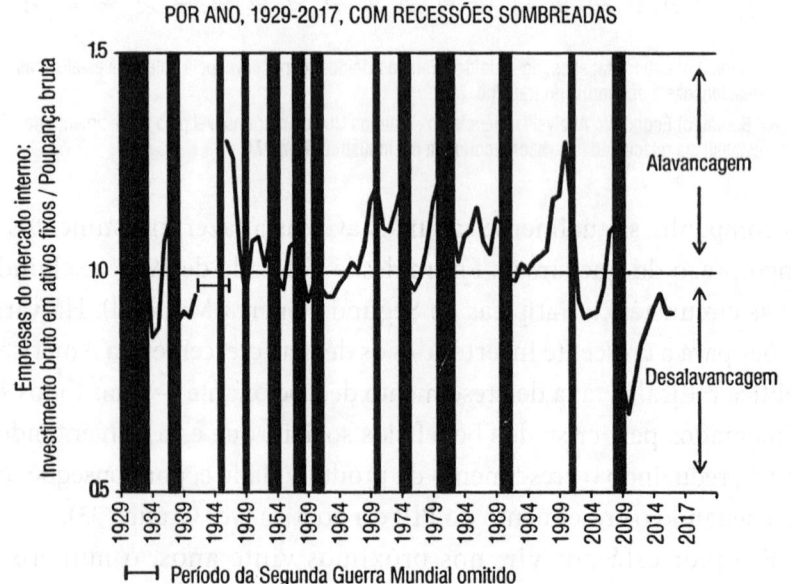

O terceiro problema é o aumento da regulamentação, que atua como uma taxação sobre os dois recursos mais valiosos dos empreendedores: seu tempo e sua capacidade de experimentar coisas novas. Nos anos 1950, o *Federal Register*, que lista todas as novas regulamentações, aumentava a uma média de 11 mil páginas por ano. Na primeira década do século XXI, ele aumentou a uma média de 73 mil páginas por ano. Leis e regulamentações federais hoje contêm mais de 100 milhões de palavras. Acrescentem-se mais 2 bilhões em regulamentações estaduais e locais. O projeto de lei Dodd-Frank tinha 2.319 páginas. O Affordable Care Act (Lei de Proteção e Cuidado ao Paciente) tem 2.700 páginas, e inclui uma definição de "ensino superior" em 28 palavras. O Medicare tem 140 mil categorias de reembolso, incluindo 21 categorias distintas para "acidentes com espaçonaves". Já o código tributário americano tem 3,4 milhões de palavras. Isso significa que a terra da liberdade na prática se tornou uma das sociedades mais reguladas do mundo: em 2013, por exemplo, ocupava a 27ª posição entre os 35 membros da OCDE em regulação do mercado de produtos.

O colapso da Enron em 2001 provocou o aumento da sobrecarga do sistema regulatório americano: o discurso de desregulação, que foi tão popular desde o final dos anos 1970, de repente passou a parecer obsoleto. A Lei Sarbanes-Oxley de 2002, que se seguiu à falência da Enron, reformulou a governança corporativa em geral. A Lei Dodd--Frank de 2010 tentou controlar obsessivamente a indústria de serviços financeiros com milhares de páginas de regulamentações detalhadas. Os órgãos reguladores cresceram em tamanho e intervenção no período recente de desaceleração. O orçamento da Comissão de Valores Mobiliários alcançou a marca de 1,6 bilhão de dólares em 2018, quando em 1995 era de 300 milhões. O Departamento de Justiça usou a Lei Anticorrupção no Exterior de 1977 para desafiar as companhias que se envolveram em comportamento questionável fora do país em ocasiões bem anteriores ao ano 2000, e o custo médio de uma decisão judicial que aplicasse essa lei aumentou de 7,2 milhões de dólares em 2005 para 157 milhões em 2014.

A sobrecarga regulatória da América dificulta para o país viver à imagem que criou de uma sociedade de solucionadores de problemas e inovadores. Ela acrescenta anos à maioria dos projetos de infraestrutura em virtude da burocracia enfrentada pelas autoridades (particularmente, hoje em dia, a burocracia ambiental). Durante a Grande Depressão, a construção da Ponte Golden Gate levou quatro anos. Hoje, leva uma década só para que os projetos maiores de rodovias cruzem os vários obstáculos burocráticos antes de o trabalho poder começar. Quando a Autoridade Portuária de Nova York decidiu modernizar a Ponte Bayonne, que traça um arco espetacular entre Staten Island e Nova Jersey, a fim de que os novos superpetroleiros pudessem passar debaixo dela, precisou de 47 aprovações de dezenove departamentos diferentes do governo, um processo que durou de 2009 a 2013. "O objetivo do processo não é tentar resolver problemas, mas tentar encontrar problemas", observou Joann Papageorgis, funcionário da Autoridade Portuária que conduziu os ajustes. "Você não corre o risco de ter problemas se disser não."[18]

GRÁFICO 34
NÚMERO DE PÁGINAS NO CÓDIGO DE REGULAMENTAÇÕES FEDERAIS
1975-2016

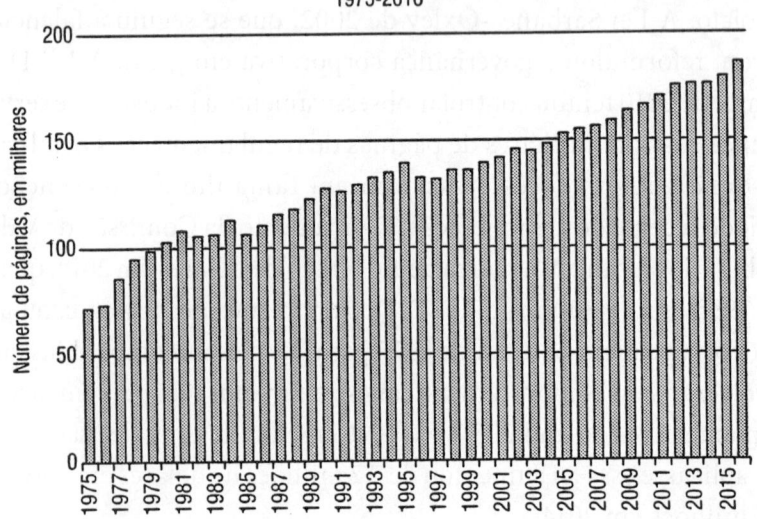

A regulação em excesso submete os fundadores de empresas a um pesadelo kafkiano em que visitam diferentes departamentos do governo e preenchem intermináveis e complexos formulários. Para abrir um restaurante em Nova York, por exemplo, é necessário passar por onze órgãos municipais. Isso custa uma dose absurda de tempo e dinheiro aos americanos: metade deles contrata profissionais para cuidar dos impostos, enquanto esse número é minúsculo na Grã-Bretanha. Transforma até mesmo crianças tentando arrecadar dinheiro para obras de caridade em criminosos. Em 2011, autoridades do condado fecharam uma barraca de limonada aberta por crianças perto do Aberto de Golfe em Bethesda, Maryland, porque essas crianças, que estavam tentando levantar fundos para o tratamento de crianças com câncer, não tinham licença para vender.[19]

As regulamentações aplicadas às corporações inevitavelmente impõem um fardo desproporcional às empresas menores, pois a observância tem um custo fixo elevado. Nicole e Mark Crain, do Lafayette College, calculam que o custo por funcionário da observância das regulamentações federais é de 10.585 dólares para empresas com dezenove funcionários ou menos, e de 7.755 dólares para empresas com quinhentos ou mais. A complexidade do sistema americano também penaliza as pequenas empresas. Grandes organizações podem se dar ao luxo de contratar especialistas capazes de atravessar essas montanhas de legislações; aliás, a Lei Dodd-Frank não tardou a ser apelidada de "Lei do Pleno Emprego Para Advogados e Consultores". A General Electric tem um departamento tributário com novecentas pessoas. Em 2010, quase não pagou impostos. Companhias menores precisam gastar dinheiro com advogados externos e se preocupar constantemente com a possibilidade de descumprir alguma das quase sempre contraditórias regras do Departamento da Receita Federal. Com base em uma pesquisa conduzida com pequenas empresas, o Fórum Econômico Mundial classifica os Estados Unidos na 29ª posição no que diz respeito à facilidade de cumprimento das regulamentações, logo abaixo da Arábia Saudita.

Mesmo que o excesso de regulamentação dê vantagens de curto prazo às grandes companhias, no longo prazo só cria obstáculos, tornando-as mais burocráticas e menos inovadoras. Companhias estabelecidas aumentam a quantidade de departamentos que lidam com a observância de regulamentações, e não dos responsáveis pela inovação. Elas empregam administradores sêniores para dedicar seu tempo a agradar políticos e conquistar a simpatia de burocratas em vez de aplicá-lo no aperfeiçoamento dos produtos. O maior preço da regulação é que ela leva à burocratização do capitalismo — e, assim, mata o espírito da inovação empreendedora.

Um exemplo particularmente deprimente da regulação é a ascensão do "Raj das Licenças" americano. Em 1950, apenas 5% dos empregos requeriam licenças. Em 2016, esse número subiu para 30%. (Em comparação, essa proporção no Reino Unido era de 13%.) O Raj (reino, em hindi) das Licenças estendeu seus tentáculos a ocupações que não oferecem nenhuma ameaça plausível à saúde nem à segurança, como florista, faz-tudo, lutador, guia turístico, vendedor de sobremesas congeladas, vendedor de livros de segunda mão e decorador de interiores.[20] Obter uma licença leva tempo. Um aspirante a barbeiro no Texas precisa estudar barbearia por mais de um ano, enquanto alguém que queira trabalhar fazendo perucas no mesmo estado precisa cumprir 300 horas de aula e passar em exames escritos e práticos. O Alabama obriga manicures a fazerem 750 horas de instrução antes de um exame prático. A Flórida não permite que você trabalhe como designer de interiores antes de concluir um curso universitário de quatro anos, um estágio de dois anos e passar em um exame de dois dias. Morris Kleiner, da Universidade de Minnesota, calcula que o licenciamento leva a um aumento de 15% na renda do licenciado. Em outras palavras, tem praticamente o mesmo impacto sobre a remuneração que a afiliação a um sindicato. (Trabalhadores sindicalizados protegidos por licenças têm um aumento de 24% nas suas remunerações por hora.) Kleiner também argumenta que o licenciamento torna mais lenta a criação de empregos: ao comparar ocupações regulamentadas em alguns estados e não em outros, ele concluiu que o aumento do número de empregos entre 1990 e 2000 foi 20% mais alto em ocupações não regulamentadas do que nas regulamentadas. O aumento das licenças profissionais também reduz a mobilidade geográfica, pois requer um grande investimento de tempo e esforço para a obtenção de uma nova licença.

As raízes dessa explosão regulatória remontam ao New Deal e aos "Brain Trusters" de Roosevelt, que acreditavam fervorosamente que o governo deveria controlar uma parcela muito maior das decisões econômicas. Mas o inchaço no setor acabou se mostrando um círculo vicioso: os novos "reguladores" rapidamente encontraram "problemas" (reais ou imaginários) que precisavam ser resolvidos, e essas soluções financiadas pelo governo requeriam novos funcionários para administrá-las e monitorá-las. E esse processo se repetia infinitamente.

TRUMP ENTRA EM CENA

A estagnação inevitavelmente azedou o estado de espírito da América e acabou contaminando a política. Em quase todas as pesquisas conduzidas desde a crise financeira de 2008, a maioria dos eleitores disse aos pesquisadores que o país está no caminho errado. Movimentos políticos radicais como o Tea Party saíram do nada para capturar a imaginação do público. Em 2016, Donald Trump, um magnata do setor imobiliário que nunca tivera nenhum cargo político, chocou o país, o mundo e provavelmente a si mesmo ao derrotar Hillary Clinton, uma das políticas mais experientes do país, nas eleições para a presidência com o slogan "Make America Great Again" (Faça a América grande outra vez). Trump é único entre uma longa linhagem de presidentes. O paralelo histórico mais próximo é Andrew Jackson, levado à presidência por uma onda de entusiasmo pelo "homem comum" e de repulsa pelo establishment aristocrático. Mas o populismo de Jackson andava de mãos dadas com uma defesa inflexível do padrão ouro. O populismo de Trump não conhece a mesma disciplina.

Desde a eleição de Trump, a economia começou a se recuperar de quase uma década de estagnação. O mercado de ações alcançou novos patamares, com uma alta acentuada logo após sua vitória, com a expectativa dos investidores de um clima mais favorável aos negócios. O desemprego continuou caindo. O aumento dos salários da classe operária contagiou o restante da economia. O efeito riqueza se instaurou: o aumento retomado dos preços dos imóveis associado à grande alta dos preços das ações e dos preços dos ativos das empresas gerou um suporte significativo para o PIB. Trump lidou com algumas das maiores preocupações do mercado. As agências federais quase pararam de promulgar novas regulamentações, embora ainda não esteja claro o quanto desse processo resultou de uma política deliberada e o quanto resultou do fracasso do presidente no preenchimento de posições administrativas. A lei fiscal de Trump parece ter sido inspirada pela República da Irlanda, que reduziu seu imposto corporativo de 32% em 1998 para 12,5% em 2003. Por outro lado, ele adotou uma política perigosa no que diz respeito ao comércio, deixando a Parceria Transpacífica, impondo uma alíquota de 25% sobre as importações de aço de vários países, notavelmente da China, e de 10% sobre o alumínio, além de ameaçar impor outros 150 bilhões de dólares em tarifas sobre as importações chinesas.

Os problemas mais profundos do país também estão aumentando. As companhias que hoje dominam o mercado consolidam cada vez mais sua posição, entre outros motivos pelo seu domínio do "pântano" que Trump não conseguiu drenar. O Estado regulatório continua imenso. A repatriação de capital promovida pelas reformas fiscais de Trump só aumentará o investimento interno de capital se os investidores tiverem uma taxa de retorno razoável; de outro modo, o fluxo de caixa maior acabará se transformando em dividendos para acionistas e mais ativos líquidos. A política de Trump de simultaneamente cortar impostos e aumentar os gastos, em particular com infraestrutura, se efetivada, acabará por aumentar a dívida e forçar os formuladores de políticas a colocarem o pé no freio, principalmente porque a Casa Branca não demonstra nenhum interesse em lidar com o inchaço dos benefícios fiscais no país (ver Gráfico 35)

No momento em que essas linhas são escritas, há sinais cada vez maiores de que a América está nos primeiros estágios da estagflação — uma combinação perigosa de estagnação e inflação que a princípio pode ser estimulante, mas que no final tem efeitos negativos, como aconteceu nos anos 1970. Uma baixa recorde na taxa de desemprego está pressionando os salários. Mas o legado de um crescimento historicamente baixo da produtividade, com a produção por hora de empresas não rurais crescendo a uma taxa anual de menos de 1% entre 2011 e 2016, continua assombrando a economia. Apesar da tendência de alta atual, as causas mais profundas do enfraquecimento do dinamismo americano permanecem sem atenção.

GRÁFICO 35
DÍVIDA PÚBLICA FEDERAL

1789-2017 E PREVISÃO DO ESCRITÓRIO DE ORÇAMENTO DO CONGRESSO DOS EUA (CBO) PARA 2018-2037

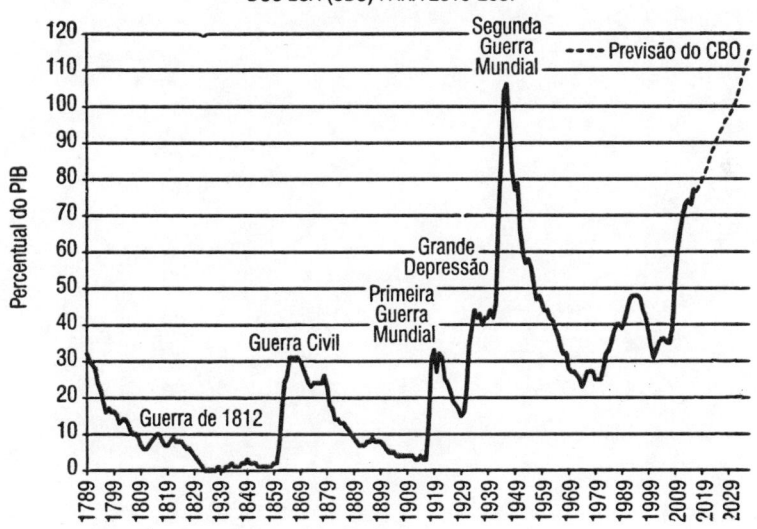

CONCLUSÃO

Em 1933, os fundadores da cidade de Chicago decidiram realizar uma Feira Mundial para celebrar o aniversário de um século da cidade. O fato de que a economia americana estava passando pela Grande Depressão não impediu os organizadores de darem à feira o nome de "Um século de progresso" e escolherem o lema "A ciência descobre, a indústria aplica, o homem adapta". O que eram uns poucos anos de depressão comparados à ascensão de Chicago de entreposto comercial no meio do nada para a capital do grande coração americano?

Esta narrativa da história da economia americana está sendo publicada em um período problemático para os Estados Unidos: uma estagnação econômica prolongada abriu as portas para uma verdadeira praga de demônios políticos. O povo americano está dividido de uma forma que não se vê desde a Guerra Civil e a política americana está paralisada e disfuncional. Não obstante, o subtítuio deste livro também poderia ser "uma história de progresso" em vez de simplesmente "uma história": apesar de todos os seus problemas recentes, a história econômica da América foi, essencialmente, uma história de crescimento. Mais americanos têm hoje uma qualidade de vida maior do que em qualquer outro período.

No início da nossa história, a vida americana era hobbesiana no real sentido da palavra: "solitária, pobre, sórdida, embrutecida e curta". Os americanos provavelmente gozavam o padrão mais elevado de vida do mundo na época — mais alto, em média, do que o de seus antigos mestres coloniais na Grã-Bretanha —, mas qualquer análise moderna mostraria que eles tinham vidas miseráveis. Em 1790, o americano comum ao nascer tinha uma expectativa de vida de cerca de 40 anos. Três quartos dos americanos extraíam o sustento da terra — arando os campos e se dispersando como os seres humanos haviam feito desde o nascimento da agricultura. As pessoas estavam sempre a um desastre da privação: bastava uma colheita fraca para arruinar uma família simples e um naufrágio podia transformar um príncipe do comércio em um pobretão. O lazer era um luxo: velas e lamparinas eram tão caras que não existia outra opção durante a noite além de ir para a cama e esperar amanhecer. Havia apenas 1,7 pessoa por quilômetro quadrado, um número que aumentou para 2,3 em 1800 e voltou a cair para 1,7 em 1810. Apenas 5% da população morava no que o censo classificava como áreas urbanas.[1] As viagens eram lentas e perigosas. O máximo que o americano comum — isolado e atormentado — poderia esperar, nas palavras de Abraham Lincoln, era "uma cama limpa sem cobras".

Esses números eram ainda mais chocantes para grupos marginalizados, como mulheres e negros. O pior, tanto da natureza quanto da sociedade, ficava com a mulher. Era sobre ela que recaía o fardo da labuta doméstica. A lei americana adotou a prática inglesa chamada de "coverture", pela qual, como colocou Sir William Blackstone, o casamento cria uma "unidade pessoal entre o marido e a mulher; tornando-os uma única pessoa perante a lei, de modo que tanto a pessoa quanto a existência da mulher são suspensas durante a coverture, ou completamente fundidas e incorporadas às do marido". Em outras palavras, o marido tinha controle legal sobre as atividades da mulher e era o proprietário de tudo que ela produzia.[2]

A grande maioria dos negros americanos era escravizada. Em 1790, os negros eram uma proporção muito maior da população do que são hoje: 19% *versus* 13%. Eles compunham 43% da população da Virgínia, 27% da Carolina do Norte, 44% da Carolina do Sul e 36% da Geórgia.

Formas diferentes de opressão se combinavam. Mulheres e crianças negras trabalhavam nos campos ao lado dos homens. Estima-se que, em 1860, a mortalidade infantil entre os escravos fosse de 350 mortes por mil nascimentos, comparadas a 197 para a população em geral.[3]

Hoje, é impossível mensurar o quanto a vida melhorou em todos os aspectos. Solidão? A maioria dos americanos vive em cidades, e até aqueles que vivem na zona rural estão conectados à civilização urbana, seja pela internet, seja pelo encanamento interno. Pobreza? Os americanos têm o mais alto padrão de vida de qualquer grande nação do mundo. Sordidez? A maioria das indignidades que assombraram a humanidade desde o nascimento da civilização foram eliminadas ou contidas. Há remédios para aliviar a dor do parto e a extração dentária; encanamento interno para civilizar as necessidades básicas; ar-condicionado para proteger as pessoas do calor escaldante. Pode-se ter luz pressionando um interruptor, enviar mensagens ao clique de um mouse, e até ter um robô para aspirar o chão. Em 1790, o homem mais famoso da América, George Washington, tinha vários dentes falsos, alguns feitos de marfim; hoje, só 3,8% das pessoas não têm os próprios dentes. Vida curta? A expectativa de vida dos americanos hoje é mais do que o dobro da expectativa da época em que a república surgiu.

O PROBLEMA DA DESTRUIÇÃO CRIATIVA

O mecanismo central desse progresso foi a destruição criativa: a força incansável que desequilibra todo equilíbrio e desordena qualquer ordem. A história seria simples (ainda que um pouco maçante) se o progresso fosse apenas uma questão de luz avançando em vez de escuridão, e prosperidade em vez de pobreza. O problema é que não se pode criar um novo mundo sem, ao mesmo tempo, destruir ao menos uma parte do antigo. A destruição é mais do que um efeito colateral desagradável da criação. É parte integrante da mesma coisa: a transferência de recursos para atividades mais produtivas inevitavelmente envolve a destruição de empregos e o fechamento de fábricas, ao passo que promove a geração de novos empregos e a abertura de novas empresas. Grandes inovações podem destruir indústrias inteiras. Em 1900, havia 109 mil produtores de carruagens e arreios na América. Hoje, há apenas um punhado. Até a inovação humana que caracteriza indústrias maduras destrói empregos: a indústria telefônica reduziu o número de operadores de mesa telefônica de 421 mil em 1970, quando os americanos faziam 9,8 bilhões de chamadas de longa distância, para 156 mil em 2000, quando faziam 106 bilhões de chamadas.

A força invisível por trás da destruição criativa é o mercado — ou seja, a miríade de transações ocorridas a qualquer e a todo momento. A destruição criativa também é promovida por mais duas forças visíveis: empreendedores e companhias. Os empreendedores são os heróis da destruição criativa — pessoas que possuem a capacidade de sentir o futuro nos ossos e que o materializam unicamente com força de vontade e intelecto. Os empreendedores promovem o crescimento de longo prazo da produtividade ao perseguirem seus sonhos de construir um negócio, lançar um produto ou, sendo a natureza humana como é, fazer fortuna. Mas eles raramente são heróis fáceis — ou agradáveis. São quase sempre culpados do que poderia ser chamado de imperialismo da alma: sacrificam tudo, de sua própria paz de espírito às vidas das pessoas ao seu redor, para construir um império empresarial e depois proteger esse império da destruição. Grandes empreendedores nunca descansam; eles precisam continuar construindo e inovando se quiserem sobreviver. Também são propensos ao que os noruegueses chamam de *Stormannsgalskap*, ou "loucura dos grandes homens".[4]

Uma das razões para o grande sucesso da América é que ela é extraordinária na produção em massa desses heróis cheios de falhas. Charles Goodyear ficou tão obcecado pela vulcanização da borracha que condenou a família a uma vida de pobreza e esqualidez, com três de seus filhos tendo morrido na infância. Isaac Singer traiu o sócio, tirando-o do negócio, sufocou uma das mulheres até deixá-la inconsciente, era polígamo e negligenciou os filhos. John Henry Patterson, fundador da National Cash

Register Company, era viciado em dietas da moda, fanático por exercícios, tomava cinco banhos por dia e certa vez jejuou por 37 dias.[5] Henry Ford iniciou uma série de planos ambiciosos para melhorar o mundo, inclusive o da eliminação das vacas, que não conseguiu concretizar. Em 1915, levou um navio de empresários importantes e ativistas a favor da paz à Europa para tentar pôr um fim à Primeira Guerra Mundial e "tirar aqueles rapazes das trincheiras". "A Grande Guerra deve acabar no dia de Natal", dizia a manchete do *New York Times*; "Ford acabará com ela". Thomas Watson transformou a IBM em um culto à personalidade que incluía hinos da companhia sobre "nosso amigo e guia", um homem cuja "coragem ninguém pode desafiar".

O lado feio desses empreendedores com frequência é tão importante para o seu sucesso quanto seu lado admirável, do mesmo modo que a destruição é tão importante quanto a criação. Não se pode reformular indústrias inteiras e construir companhias do nada sem que haja exageros. Essas qualidades negativas constantemente acabam desgastando os impérios que ajudaram a criar, em particular quando se agravam com a idade. A mesma teimosia que levou Henry Ford a produzir carros em massa antes mesmo de haver muitas estradas para as pessoas dirigirem também fez com que ele ignorasse o fato de que os consumidores americanos desejavam variedade. Foram as falhas de Henry Ford que abriram caminho para a ascensão da General Motors.

Grandes companhias dão destaque ao trabalho dos grandes empreendedores. Elas só podem alcançar o sucesso quando oferecem grandes benefícios aos consumidores — reduzindo os preços, como fez Ford, ampliando a variedade, como fez a General Motors, ou reinventando produtos básicos, como a Tesla faz hoje. Ao mesmo tempo, as companhias também alcançam o sucesso passando por cima da concorrência. Elas usam economias de escala para tirar companhias menores e menos eficientes de campo. Usam a eficiência na produção para reduzir a demanda por trabalho. Ficam satisfeitas em explorar conexões políticas para se expandir com mais rapidez do que as rivais e em resistir à concorrência. "Todas as companhias que fracassam são iguais", explica Peter Thiel, fundador do PayPal, em *De zero a um* (2014), "elas não conseguiram escapar à concorrência".[6]

A destruição criativa não pode operar sem gerar desconforto. Quanto maior a ventania, maior a destruição. Padrões estabelecidos de vida caem por terra. Antigas indústrias são extintas. A hostilidade em relação à destruição criativa costuma ser maior por parte da esquerda. Basta dar uma olhada nos protestos contra as lojas Walmart, no fechamento de fábricas pelos proprietários e na criação de novos produtos pela bioengenharia. Mas também há muita hostilidade da direita e do centro. O grupo dos Southern Agrarians [Agrários do Sul], que protestou contra a industrialização do Sul na década de 1930, argumentava que o problema do capitalismo era estar sempre "acelerando". "Nunca propõe um objetivo específico; desencadeia uma série infinita." Patrick Buchanan descreveu o capitalismo globalizado como "a grande traição". "Lares desfeitos, famílias deslocadas, sonhos destruídos, delinquência, vandalismo, crime, esses são os custos ocultos do livre comércio." Arthur Schlesinger Jr., um democrata de Kennedy, condenou o "avanço do capitalismo" por suas "consequências perturbadoras". Daniel Bell, outro cientista, preocupavase com o "descontentamento incansável" do capitalismo.

Essa inquietação torna difícil vender a ideia da destruição criativa mesmo nos melhores períodos. Para piorar, ela é assombrada por três grandes problemas.

O primeiro é que seus custos na maioria das vezes são mais óbvios do que os benefícios. Estes tendem a ser indistintos e a surgirem no longo prazo, enquanto os custos são concentrados e surgem instantaneamente. Os mais beneficiados pela destruição criativa são os pobres e marginalizados. Joseph Schumpeter tocou no cerne da questão: "A rainha Elizabeth [I] tinha meias de seda. As conquistas do capitalismo não costumam consistir em proporcionar mais meias de seda a rainhas, mas em colocá-las ao alcance de trabalhadoras de fábrica em troca de esforços cada vez menores [...]. O processo capitalista, não por coincidência, mas por virtude do seu mecanismo, eleva progressivamente os padrões de vida das massas." Por outro lado, os pobres e marginalizados também podem ser os mais prejudicados. E as perdas são muito mais visíveis do que os ganhos: é mais fácil enxergar os trabalhadores da seda que perdem o emprego por causa das fábricas do que os milhões de "meias de seda".

Isso leva ao segundo problema: o de que a destruição criativa pode negar a si mesma. Ao produzir prosperidade, o capitalismo cria seus próprios coveiros na forma de uma classe confortável de intelectuais e políticos. Os inimigos da destruição criativa costumam ter as emoções ao seu lado: eles podem apontar para os males óbvios da "destruição". Sempre foi mais fácil defender o fim da injustiça ou o aumento do salário mínimo do que o dinamismo econômico. E a inovação tecnológica deixou isso ainda mais fácil ao dar a todos, com uma câmera e acesso à internet, a capacidade de atrair atenção para qualquer exemplo de "destruição". Eles também contam com a "lógica da ação coletiva". É mais fácil as vítimas da "destruição" se unirem e exigir reformas do que a mesma união se dar entre os beneficiados.

O "vento perene" da destruição criativa, portanto, encontra um "vento perene" de oposição política. As pessoas dão-se os braços para proteger empregos ameaçados e salvar indústrias moribundas. Elas denunciam os capitalistas pela sua ganância. O resultado é a estagnação: ao tentarem domar a destruição criativa, por exemplo, com a preservação de empregos ou mantendo fábricas abertas, elas acabam por matá-la. Benefícios sociais corroem os investimentos produtivos. A regulamentação impossibilita a criação de novas companhias. Ao tentar ter dois pássaros na mão, você acaba vendo os dois voarem.

O terceiro problema é que a destruição criativa às vezes pode ser só destruição, sem criação. Isso acontece com mais frequência no mundo do dinheiro. É impossível ter uma economia capitalista bem-sucedida sem um setor financeiro vibrante: bancos comerciais, bancos de investimentos, fundos hedge etc. alocam as economias da sociedade para os setores econômicos identificados como os mais produtivos e para as empresas mais produtivas dentro desses setores. Na melhor das hipóteses, as finanças são a destruição criativa na sua forma mais pura: o capital é mais volátil e implacável do que qualquer outro fator de produção. Na pior das hipóteses, as finanças são pura destruição.

Os pânicos financeiros alimentam-se de si mesmos: o desejo das pessoas de retirar suas economias de instituições arriscadas é intensificado pelo fato de outras pessoas estarem fazendo essa retirada. Elas entram em pânico como um rebanho do mesmo modo que investem como tal. E como as instituições financeiras tendem a ser interconectadas, regularmente emprestando dinheiro umas às outras, o pânico se dissemina de uma instituição para outra; depois, de Wall Street para os pequenos investidores e a economia em geral. Para piorar a situação, é extremamente difícil prever pânicos financeiros. Eles em geral vêm logo após longos períodos de estabilidade: os bancos adotam o hábito de fazer empréstimos arriscados precisamente porque as coisas têm estado muito bem. Alguns dos piores pânicos foram produzidos por problemas relativamente pequenos: o de 1907, um pânico nacional que desencadeou uma grave recessão, começou quando um grupo de especuladores tentou controlar as ações da United Copper Company. A tentativa falhou; os investidores sofreram grandes perdas; depositantes retiraram seu dinheiro de qualquer banco com a menor ligação com os especuladores; e, como todos aqueles especuladores tinham muito boas ligações com o establishment financeiro, o pânico se espalhou.

Os períodos de baixa dos ciclos financeiros quase sempre são mais pronunciados do que os de alta. Isso se deve ao fato de o medo ser uma emoção muito mais forte do que a ganância: temendo a completa destruição de tudo pelo que trabalharam, as pessoas fazem o possível para se salvar do contágio. O medo é extremamente contagioso: o que fora um mero *rebanho* quando o mercado estava em alta se torna uma *manada* quando ele está em baixa. Pânicos também produzem danos sérios para a economia como um todo. Os investidores conservam apenas os ativos mais seguros e líquidos. A liquidez manda e todos fazem reverência a ela. Só se empresta aos melhores pagadores. O crédito seca. Companhias entram em colapso. Pessoas são demitidas. Mais uma vez, o processo se alimenta de si mesmo: o pânico cria contração; a contração cria mais pânico.

DA DESTRUIÇÃO CRIATIVA PARA A PROSPERIDADE EM MASSA

O melhor lugar para estudar o primeiro problema — o fato de que os custos são mais visíveis do que os benefícios — é na transição da era dos barões ladrões para a era da prosperidade em massa.

Este livro dedicou mais espaço à era do final da Guerra Civil até a entrada da América na Primeira Guerra Mundial, pois foi a maior das eras de destruição criativa. A ferrovia substituiu os cavalos e as carroças como meio de transporte de longa distância. O aço substituiu o ferro e a madeira. Os arranha-céus alcançaram o céu. Os anos que antecederam a Primeira Guerra Mundial terminaram num crescimento com a invenção de dois dos ataques mais bem-sucedidos da humanidade a distância: os carros e as máquinas voadoras.

Enquanto tudo isso acontecia, muitos americanos se concentraram na destruição, e não na criação. Fazendeiros se queixaram de estar sendo lesados. Pequenos empresários reclamaram de estar sendo trapaceados pelos grandes. Até Herbert Spencer, capitalista inveterado, reclamou da poluição. Havia boas razões para queixas: as mesmas coisas que produziram o progresso econômico, a industrialização e a urbanização trouxeram consigo a explosão populacional, ocupações perigosas e ar contaminado.[7] As mortes provocadas por acidentes industriais em Pittsburgh quase dobraram de 123 para 214 por 100 mil habitantes entre 1870 e 1900.[8]

Políticos como Teddy Roosevelt e Woodrow Wilson transformaram todo esse descontentamento em movimentos políticos de sucesso. A Décima Sexta Emenda constitucional introduziu pela primeira vez um imposto de renda. Ainda assim, essa destruição criativa lançou as bases para as maiores melhorias nos padrões de vida da história. Inovações tecnológicas reduziram o custo de insumos econômicos (em particular, do petróleo e do aço), e, assim, o preço de mercadorias básicas e não tão básicas. A era dos barões ladrões estabeleceu as fundações para a era do homem comum: uma era em que quase todos os aspectos da vida para as pessoas comuns se tornaram maciçamente — e, em alguns casos, irreconhecivelmente — melhores. O custo dos itens usados no dia a dia despencou. Em *Walden* (1854), Henry David Thoreau observou que "o custo de uma coisa é a quantia de [...] vida exigida em troca dela, imediatamente ou no longo prazo". O Federal Reserve Bank de Dallas desenvolveu essa ideia ao traduzir o custo dos itens básicos em 1897 em seu custo em 1997 caso o trabalhador de 1997 precisasse trabalhar o mesmo número de horas para poder comprá-los. O resultado foi surpreendente: um telefone custaria 1.202 dólares, e uma bicicleta, 2.222. O fato de os preços reais de 1997 serem tão inferiores mostra o quanto os preços ajustados pelos salários caíram.

A queda dos preços dos alimentos foi particularmente notável: em 2000, o americano comum gastava um décimo da sua renda para se alimentar, enquanto essa proporção era a metade em 1900. No mesmo ano, escorbuto, pelagra, bócio e raquitismo eram comuns, pois os americanos bem alimentados não consumiam frutas e vegetais o bastante. Comida era algo tão caro que William McKinley fez campanha para a presidência em 1896 com a promessa de "Jantar Completo". Em 2000, o maior problema era a obesidade: 27% dos americanos são oficialmente classificados como obesos, enquanto na França são 6% e no Japão são 2%; e a obesidade estava mais presente entre as pessoas com direito ao auxílio-alimentação do que entre as que não tinham esse direito.

A epidemia de obesidade mostra que o progresso não foi tão simples na dieta quanto foi em outros aspectos da vida: boa parte dos alimentos americanos são processados e saturados de gordura e açúcar. Não obstante, havia bastante comida de baixa qualidade disponível antes da ascensão do McDonald's e seus equivalentes. Em 1900, 95% das famílias americanas usavam banha de porco, 83% usavam toucinho, 90% usavam farinha de milho. Em 1980, essas proporções haviam caído, respectivamente, para 9%, 4% e 22%.[9] A revolução da fast-food coincidiu com uma revolução dos alimentos frescos, que passaram a estar disponíveis em todas as variedades concebíveis o ano inteiro, isso graças ao barateamento dos transportes e aos avanços da refrigeração.

CONCLUSÃO

A qualidade das habitações melhorou consideravelmente. O pré-requisito de Virginia Woolf para uma vida civilizada, um quarto só para si, passou de raridade a algo comum. Em 1900, metade de todas as residências familiares tinha mais de uma pessoa por quarto. Em 1980, o mesmo podia ser dito de apenas 4,5% das famílias. Em 1900, 25% das famílias compartilhavam as casas com inquilinos. Em 1980, o mesmo só se aplicava a 2%.[10] As casas se tornaram ao mesmo tempo mais confortáveis e mais espaçosas. Em 1900, a maioria das casas não tinha banheiros nem encanamento internos. As consequências nas habitações mais lotadas eram nauseantes — uma testemunha descreveu "banheiros asquerosos; pias cheias de imundície, água suja descendo pelos vãos das escadas; crianças urinando nas paredes, escadas perigosamente dilapidadas; canos com buracos que emitiam gases dos esgotos tão venenosos quanto inflamáveis".[11] Em 1970, 99% das residências tinham água encanada.

A vida em geral ficou muito mais limpa. Em 1900, havia animais por todos os lados tanto nas cidades quanto na zona rural: cada um dos 1,4 milhão de cavalos urbanos produzia cerca de 11 quilos de estrume diariamente, e cada tonelada de estrume abrigava 900 mil larvas. Os 6 bilhões de moscas produzidos dia após dia por essas larvas voavam rapidamente entre essas pilhas de estrume e os pratos com o jantar das pessoas.[12] Luzes flamejantes de todos os tipos — velas, lâmpadas a querosene e lâmpadas a gás — enchiam o ar de fumaça. As fábricas emitiam fumaças fortes que enegreciam tudo que tocavam. Em 2000, o país passou por uma grande limpeza. Os supermercados, hoje, vendem centenas de diferentes variedades de itens de limpeza. Um exército de faxineiros (a maioria imigrantes) mantém escritórios e fábricas impecavelmente limpos. Os restaurantes que não passam nos testes de limpeza são fechados.

A expectativa de vida das pessoas dobrou. Em 1900, o americano tinha uma expectativa de vida de cerca de 40 anos. Três doenças infecciosas — tuberculose, pneumonia e cólera — provocavam quase metade das mortes. Em 1918, estima-se que uma epidemia de gripe matou de 500 mil a 675 mil americanos, e até 100 milhões de pessoas do mundo inteiro — muito mais do que havia morrido na Primeira Guerra Mundial. A ciência médica era tão atrasada que Abraham Flexner, em seu famoso relatório sobre a educação médica em 1910, disse que um paciente qualquer, ao consultar um médico qualquer, tinha apenas 50% de chance de se beneficiar do encontro. Por outro lado, em 2000, o americano tinha uma expectativa de vida média de 77 anos. As doenças infecciosas que mais matavam haviam sido praticamente eliminadas, e as principais causas de morte haviam deixado de ser doenças infecciosas para se tornar processos degenerativos provocados pelas escolhas do indivíduo, principalmente no que dizia respeito à dieta, ao fumo e aos exercícios.

As melhorias foram proporcionalmente maiores para as minorias e as mulheres. A expectativa de vida para as populações não caucasianas passou de 33 anos em 1900, quinze anos a menos do que a média entre os brancos, para pouco menos do que a média dos caucasianos em 2000. Em 1900, uma em cada cem mulheres morria no parto. Um século depois, esse número passou a ser de uma em 10 mil. O avanço mais impressionante foi na guerra contra a morte infantil. Em 1900, um décimo das crianças morria na infância. Em algumas partes do país, esse número chegava a um quarto. Em 2000, só um em cerca de 150 bebês morria no primeiro ano.

O avanço científico teve um papel nisso. O trabalho de Louis Pasteur e Robert Koch levou à aceitação da teoria dos germes e a inovações que passaram a salvar vidas, como o leite pasteurizado. O avanço do conhecimento levou a comportamentos melhores: cidades começaram a recolher o lixo, a purificar a água e a processar os esgotos; os cidadãos passaram a lavar as mãos e adotaram hábitos de limpeza pessoal melhores. A batalha contra os problemas de saúde mostrou-se tão bem-sucedida em 2000 que alguns habitantes do Vale do Silício passaram a considerar a morte um problema a ser solucionado, e não um fato a ser encarado com dignidade. Mas a principal causa para isso foi a elevação dos padrões de vida, que possibilitou às pessoas comprar alimentos melhores, casas maiores e mais limpas, e promoveu a melhoria nos cuidados com a saúde.

Enquanto a expectativa de vida aumentou, a jornada de trabalho semanal diminuiu. Em 1900, os trabalhadores de fábrica trabalhavam em média quase 60 horas por semana — 10 horas por dia, ano após ano.

Em 1950, esse número caiu para cerca de 40 horas, permanecendo assim desde então. Alguns profissionais sem dúvida trabalham muito mais do que essa média: é impossível ser um acadêmico, um advogado ou um jornalista de primeira categoria sem trabalhar muito. Mas o trabalho também se tornou mais agradável. Em 1900, ele geralmente equivalia a trabalho físico às vezes perigoso e com frequência extenuante. Os fazendeiros precisavam enfrentar as forças da natureza, com secas que podiam dificultar o trabalho na terra, enchentes que podiam encharcá-la e insetos picando-os constantemente. Os trabalhadores manuais precisavam encarar máquinas pesadas que podiam matar ou mutilá-los se não fossem usadas corretamente. Em 2000, equivalia, em grande parte, a sentar-se em uma cadeira no escritório. O número de americanos que morreram por acidentes no trabalho caiu de 38 a cada cem mil em 1900 para quatro a cada cem mil no ano 2000.

O tempo que as pessoas passavam trabalhando durante a vida também diminuiu. Em 1900, as pessoas começavam a trabalhar jovens e morriam dois anos após a aposentadoria. Em 2000, o americano em média se aposentava aos 62 anos, com quase vinte anos de aposentadoria pela frente, talvez decidindo se mudar do frio Nordeste para o Cinturão do Sol. A aposentadoria foi transformada de uma breve estada na sala de espera da morte, provavelmente passada com os filhos, para uma nova etapa da vida dedicada quase inteiramente ao golfe, ao tênis, ao carteado e, devemos acrescentar, lidando-se com as consequências da deterioração física. Michael Cox, economista-chefe do Federal Reserve Bank de Dallas, calcula que o número total de horas trabalhadas ao longo da vida caiu cerca de 25% durante o século XX.

Alguns dos avanços mais impressionantes foram feitos no trabalho doméstico, graças ao advento dos "criados eletrônicos" na forma de máquinas de lavar, fogões, fornos de micro-ondas e lava-louças. Em 1900, o casamento para uma mulher da classe trabalhadora que não podia arcar com o custo de uma funcionária doméstica equivalia à condenação perpétua a uma vida de trabalho doméstico pesado. Stanley Lebergott estimou que a dona de casa padrão dedicava 44 horas por semana à preparação de refeições e a lavar louça, sete horas por semana a lavar roupa e sete horas por semana à limpeza. Pode ser uma estimativa conservadora. No mesmo ano, empregadores de funcionários domésticos de Boston, que dificilmente teriam alguma razão para exagerar quanto ao trabalho que extraíam, informaram que seus funcionários passavam em média 72 horas trabalhando por semana. O que hoje são tarefas muito simples na época eram serviços pesados: a dona de casa padrão carregava 9 mil galões de água para a casa todo ano, fervendo a maioria, e lavava 40 mil fraldas para seus quatro filhos.[13]

Sejam quais forem os números exatos, a carga de trabalho doméstico nunca acabava. Naomi Lamoreaux calcula que, de 1925 a 1927, o número de horas dedicadas a tarefas básicas caíra para 27 horas por semana para as refeições, seis horas por semana para lavar as roupas e nove horas para a limpeza. Em 1975, haviam caído para dez horas para refeições, uma hora para lavar roupas e sete horas por semana para a limpeza.

Esses dois conjuntos de mudanças, um na economia formal e o outro na doméstica, aumentaram muito o tempo disponível para o lazer dos americanos comuns, em particular das mulheres. Em 1900, havia apenas dois feriados oficiais nos Estados Unidos — o Dia da Independência e o Natal — e menos de 2% das famílias tiravam folga sem ser nesses dois dias. Os gastos com recreação representavam apenas 3% do consumo.[14] Portanto, as fontes de recreação foram se multiplicando — cinema, rádio, televisão, internet — até alcançarmos a nossa cornucópia moderna de entretenimento sob demanda. No ano 2000, o americano médio gastava dez vezes mais com recreação do que em 1900, e cinco vezes mais do que em 1950.

Os americanos também passaram a ter mais tempo de luz para dedicar ao lazer. Em 1900, as vidas das pessoas eram moldadas de acordo com o ciclo do sol: elas não podiam se divertir com jogos à noite, pois, para a maioria das famílias, as principais fontes de iluminação — velas e pavios — eram escassas. Também eram perigosas: bastava esquecer de apagar a vela para correr o risco de ser incinerado por uma bola de fogo. Um terço dos incêndios residenciais ocorridos em Nova York em 1900 foi atribuído a velas, fósforos ou lâmpadas a querosene. Hoje, você pode iluminar sua casa inteira gastando alguns centavos por semana.

MUDANÇAS NA ESTRUTURA SOCIAL DA AMÉRICA

A estrutura ocupacional da América mudou a ponto de se tornar irreconhecível: um país onde a maioria das pessoas se dedicava ao trabalho agrícola se tornou primeiro uma economia industrial, e hoje uma economia industrial e de serviços. Susan B. Carter, da Universidade da Califórnia, Riverside, sugere que a melhor maneira de entendermos essa mudança é pintando um quadro da estrutura ocupacional da América em cinco momentos no tempo.[15]

1800

Os Estados Unidos eram uma economia agrícola: três quartos dos trabalhadores passavam a vida trabalhando na terra. Mais de 30% da força de trabalho em nível nacional e 50% no Sul eram escravos, muitos dos quais envolvidos no cultivo do tabaco para a exportação. A maioria dos trabalhadores livres trabalhava em fazendas familiares. Todos tinham o seu papel. As mulheres administravam os lares. As crianças mais velhas ajudavam na plantação e limpando a terra. As crianças mais novas faziam diversos serviços domésticos. Além do trabalho rural, as principais ocupações se davam em navios (fosse no comércio, na pesca de baleias ou na pesca em geral) ou no serviço doméstico.

1860

A divisão dos Estados Unidos em duas economias era mais rígida do que em 1800. A economia do Norte da América era o modelo de uma civilização progressista: baseada no trabalho livre, guiada por mecanismos de mercado e caracterizada por níveis relativamente baixos de desigualdade. A maioria das pessoas continuava trabalhando em fazendas familiares ou em pequenas empresas, mas a lógica da escala e do escopo começava a predominar. Trabalhadores de fábrica substituíam artesãos talentosos, como trabalhadores têxteis, escultores, carpinteiros e ferreiros, e sindicatos começavam a se formar. Melhorias nos sistemas de transportes (em particular a revolução dos canais) encorajavam fazendeiros a irem para o Oeste a fim de tirar vantagem do solo mais barato e da terra mais fértil, e para se especializar em gêneros específicos: os fazendeiros do Oeste se concentravam nos grãos, enquanto os do Leste se concentravam em laticínios e pomares.

Uma grande proporção dos trabalhadores eram mulheres jovens e estrangeiros. As mulheres jovens deixavam as fazendas de suas famílias em busca de empregos pagos, particularmente nas fábricas têxteis da Nova Inglaterra. Em 1860, 22,4% da força de trabalho de Rhode Island e 21,2% em Massachusetts consistiam em mulheres. Os estrangeiros (principalmente trabalhadores irlandeses) tiveram um papel importante na construção dos canais e das ferrovias da América, além de terem oferecido mão de obra para as novas fábricas.

O Sul poderia ter pertencido a uma era histórica diferente. A economia escravista estava mais lucrativa do que nunca. A invenção da colheitadeira mecânica aumentara a produtividade. A Revolução Industrial na produção têxtil, especialmente na Grã-Bretanha, estimulara a demanda. E a expansão dos estados sulistas para oeste, principalmente para o Texas e o Kansas, aumentara o território que poderia se transformar em campos de algodão cultivados por escravos. Os escravos correspondiam a cerca de 70% da força de trabalho nos estados centrais do Cinturão do Algodão, como a Carolina do Sul, a Geórgia e o Mississippi. Como as fortunas dos proprietários de escravos concentravam-se principalmente na forma de trabalhadores agrícolas escravizados, eles tinham pouco incentivo para investir em outras formas de criação de riqueza, como a indústria ou a infraestrutura (cidades, estradas ou escolas).

1910

A escravidão fora abolida, a agricultura encolhera para menos de um terço do emprego total, a indústria havia se expandido para um quinto, e os Estados Unidos haviam alcançado quase a alfabetização plena, com apenas 7,7% dos americanos, a maioria filhos de escravos, ainda analfabetos. Negócios de larga escala alimentados por forças inanimadas — água, carvão, vapor e eletricidade — eram comuns. O maior crescimento relativo no emprego dera-se no setor empresarial: grandes empresas precisavam de administradores, contadores, secretários e telefonistas. Em 1870, os trabalhadores de escritório eram menos de 8% da força de trabalho. Em 1910, eram 19%.

Pode-se dizer que quem mais se beneficiou da explosão no mercado de trabalho americano foram os europeus, que tinham dificuldades de encontrar trabalho em casa. Com a invenção dos navios a vapor oceânicos, que facilitaram a travessia do Atlântico, os imigrantes passaram a chegar em grandes números, e os europeus do sul se juntaram aos do norte.[16] Os imigrantes naturalmente se instalaram onde havia mais empregos e os salários eram mais altos: em 1910, os trabalhadores nascidos em outros países correspondiam a 22% de todos os trabalhadores, mas a menos de 9% dos trabalhadores rurais.

As maiores beneficiárias das mudanças na estrutura ocupacional americana foram as mulheres. Elas correspondiam a 21% da força de trabalho em geral, depois de terem sido 15% em 1870, e a 45% da força de trabalho profissionalizada, quando em 1870 haviam sido 27%, principalmente em virtude da feminização da profissão de professor. O emprego das mulheres ficava em sua maior parte restrito ao período entre o fim dos estudos e o casamento.

1950

A América tinha, de longe, a maior economia do mundo, assim como os padrões de vida mais elevados. Em certos aspectos, era a antiga economia aperfeiçoada: a produção de manufaturados era o setor econômico mais forte do país, responsável por cerca de um quarto da força de trabalho. Em outros aspectos, era o embrião de uma economia muito diferente. O mundo das ocupações profissionais e dos serviços crescia rapidamente: quase um terço das mulheres que faziam parte do mercado de trabalho estavam empregadas em escritórios. Uma proporção significativa desses empregos de escritório encontrava-se no governo: o Pentágono era o maior prédio do mundo, e os empregos na burocracia de escritório se espalharam como mato. Um diploma do ensino médio tornara-se a norma educacional. As universidades tinham dado início à sua longa expansão.

As Leis da Imigração de 1921 e 1924 haviam interrompido uma das fontes de crescimento: os imigrantes compunham apenas 9% da força de trabalho em 1950, o nível mais baixo por mais de 150 anos. Mas desligar uma torneira pode ter consequências positivas. A escassez de emprego levou a salários maiores e a mais ênfase ao desenvolvimento de capacidades. Também abriu oportunidades para os negros, que abandonaram o atrasado Sul à procura de emprego nas indústrias do Norte. A proporção dos negros vivendo fora do Sul aumentou de 11% em 1910 para 32% em 1950. Paradoxalmente, a decisão de reduzir suas conexões com o mercado de trabalho europeu ajudou a América a integrar os mercados de trabalho do Norte e do Sul.

2000

O que mais chama atenção a respeito da força de trabalho americana era como ela dependia mais do trabalho intelectual do que do trabalho braçal: a maioria dos trabalhadores manipulava símbolos em vez de produzir objetos. Do total dos trabalhadores, 30% tinham formação universitária e menos de 10% não haviam concluído o ensino médio Mais de metade da força de trabalho estava em escritórios — exercendo suas profissões ou no setor de serviços.

O outro lado da expansão da economia pós-industrial foi a contração da antiga economia industrial. Apenas 13% da força de trabalho atuavam na produção de manufaturados e 2% trabalhavam na agricultura. Os sindicatos foram desaparecendo: apenas 13% da força de trabalho pertenciam a sindicatos, e a penetração dessas organizações trabalhistas era maior no setor público do que no setor privado. Ao mesmo tempo, tanto a agricultura quanto a fabricação de manufaturados passaram a demandar mais conhecimento. Os fazendeiros produziam lavouras de alto rendimento. As fábricas produziam lotes menores de produtos personalizados em vez de lotes maiores de produtos padronizados.

As posições relativas de homens e mulheres haviam mudado a ponto de se tornarem irreconhecíveis. Em 2000, as mulheres compunham quase metade da força de trabalho, e mais da metade dessas trabalhadoras era casada: elas já não abriam mão de suas carreiras para terem família. A proporção de mulheres com idade a partir de 16 anos no mercado de trabalho cresceu de 34% em 1950 para 60% em 2000. Já a proporção dos homens das mesmas faixas etárias no mercado caiu de 86% para 75% — e a expectativa era de que continuasse caindo nas décadas seguintes.

> A outra grande mudança na cara da força de trabalho foi o retorno da imigração em massa após a revogação das Leis da Imigração em 1965. Os novos imigrantes eram muito diferentes daqueles do período anterior a 1920: Ásia e América Latina substituíram a Europa como principais continentes de origem dos imigrantes. Uma proporção maior deles tinha instrução. Antes de 1920, a maioria dos imigrantes europeus tinha uma origem rural. Depois de 1965, eles se dividiram em dois grupos: os trabalhadores agrícolas casuais, a maioria da América Latina, e os trabalhadores com elevado nível de educação, provenientes do mundo inteiro. No ano 2000, quase 12% da força de trabalho era de origem hispânica.

TECNOLOGIA *VERSUS* DIREITOS SOCIAIS

O século XX não foi só o século americano, mas o século do americano comum: nunca antes na história tantas pessoas simples passaram a gozar de uma abundância material tão grande e de tantas oportunidades econômicas. Já as primeiras duas décadas do século XXI têm sido mais problemáticas. Assim como as forças armadas da América foram enredadas em guerras prolongadas no Iraque e no Afeganistão, a economia americana enredou-se em uma longa estagnação desde 2009. As engrenagens da grande máquina da prosperidade não estão mais funcionando tão bem quanto funcionavam. O crescimento da produção por hora de empresas não rurais alcançou uma escassa média de 0,7% ao ano de 2011 a 2016, enquanto o crescimento anual do PIB real foi de apenas 2,2%.

Além disso, a estagnação está produzindo uma reação populista que ameaça obstruir ainda mais o funcionamento dessas engrenagens. Simon Kuznets certa vez observou: "Nós, americanos, estamos tão acostumados a um crescimento econômico contínuo do produto per capita que costumamos dá-lo como certo — não percebendo quão excepcional é um crescimento dessa magnitude na escala da história humana." As pessoas costumam reagir muito mal quando perdem o que já consideravam uma parte natural de suas vidas: primeiro, negam que perderam, continuando a gastar os frutos da prosperidade como se nada tivesse mudado, e depois começam a reclamar e a perder a cabeça.

Apesar de todas as mudanças ocorridas da era das ferrovias à era da informação, a América ainda ocupa um lugar indisputável quando comparada ao restante do mundo na produção de empreendedores. O país recebe talentos do mundo inteiro: Sergey Brin é filho de imigrantes russos, assim como Andrew Carnegie era filho de um tecelão escocês pobre. Também tolera o fracasso: uma coisa que Steve Jobs tem em comum com Henry Ford (e, aliás, também com R. H. Macy e H. J. Heinz) é o fato de ter falido. E encoraja a ambição. A afirmação de Mark Twain e Charles Dudley Warner de que "na América, quase todo homem tem seu sonho, seu projeto de estimação, pelo qual deve avançar social ou monetariamente" continua tão verdadeira quanto quando a escreveram no prefácio de *The Gilded Age* (1873).

A atual geração de empreendedores da América está remodelando a civilização de modo tão fundamental quanto os barões ladrões o fizeram. Os primeiros são movidos pela mesma "loucura dos grandes homens" que movia os últimos. Sergey Brin quer produzir carne a partir de células-tronco. Elon Musk quer "reinventar" as ferrovias atirando os passageiros por tubos hermeticamente fechados. Peter Thiel, do PayPal, proclama que "a grande tarefa inacabada do mundo moderno é transformar a morte de um fato da vida para um problema a ser resolvido".

Essas grandes revoluções podem muito bem lançar as fundações da prosperidade incrementada, assim como as revoluções do aço e do petróleo fizeram no século XIX. O fraturamento hidráulico está provocando uma pressão para a redução dos preços do petróleo e do gás tanto para os consumidores quanto para as empresas. O impacto da revolução da TI está se disseminando para áreas cada vez mais amplas da economia –

da informação propriamente dita para os serviços em geral e do mundo virtual para o físico.

A fonte dos problemas econômicos da América está em outro lugar — no aumento dos gastos para atender aos direitos sociais e na instabilidade do sistema financeiro.

CONSERTANDO A MÁQUINA DE CRESCIMENTO DA AMÉRICA

É fácil ser pessimista em relação à capacidade da América de lidar com esses problemas. O Seguro Social não é chamado à toa de tabu da política. O sistema financeiro tem sido suscetível a ciclos econômicos desde o início da Revolução Industrial. A atual crise política da América tem raízes profundas. Em particular, a história dos benefícios sociais nos Estados Unidos expôs uma incapacidade arraigada de equilibrar esses benefícios com seu financiamento. Apesar de tudo isso, resolver esses problemas está longe de ser impossível para o país que transformou um vasto território virgem na economia mais forte do mundo.

Há vários exemplos inspiradores de países que tiveram sucesso em reformas para resolver seus problemas com os benefícios sociais, exemplos que contêm tanto um encorajamento geral quanto guias práticos. A história mais estimulante é a da Suécia. Durante a maior parte do século XX, o governo sueco foi se tornando cada vez mais pesado: oferecendo cada vez mais benefícios às pessoas e extraindo delas impostos cada vez mais elevados. A proporção do PIB que ia para os gastos públicos dobrou de 1960 a 1980, alcançando o pico de 67% em 1993. O setor público contratou mais de um milhão de novos funcionários entre 1950 e 1990, um período em que o setor privado não apresentou nenhuma criação líquida de empregos. Em 1976, Astrid Lindgren, criadora de Pippi Meialonga, recebeu uma cobrança de imposto que correspondia a 102% da sua renda, e produziu um conto de fadas sobre uma autora chamada Pomperipossa, que desistiu de produzir livros para viver sem preocupações e recebendo os benefícios de um desempregado, dando aos economistas uma nova expressão: o efeito Pomperipossa.

O sistema não suportou. Em 1991, a Suécia mergulhou na "crise da noite escura", como ficou localmente conhecida: o sistema bancário sueco ficou paralisado, os investidores externos perderam a confiança no governo e as taxas das hipotecas por um breve momento alcançaram a marca de 500%. O governo conservador de Carl Bildt introduziu uma série de medidas radicais para colocar a economia de volta nos trilhos. Os suecos reduziram a parcela do PIB direcionada aos gastos públicos de 67% em 1993 para os 49% que vigoram hoje. Carl Bildt diminuiu o teto tributário e eliminou uma mixórdia de impostos sobre propriedades, doações, patrimônio e heranças. O governo vestiu uma camisa de força fiscal graças à qual deve produzir um superávit ao longo do ciclo econômico. Sua dívida pública caiu de 70% do PIB em 1993 para 37% em 2010, e seu orçamento foi de um déficit de 11% para um superávit de 0,3% no mesmo período. Em 1998, os suecos passaram de um sistema de benefício definido para um sistema de contribuição definida, com isso garantindo a solvência. Eles introduziram um elemento de privatização ao permitirem que as pessoas colocassem parte de suas pensões em um sistema privado. Hoje, mais da metade da população em algum momento optou por participar do mercado privado (o dinheiro daqueles que optam pelo contrário vai automaticamente para um fundo de investimento). O principal, eles elevaram a idade da aposentadoria para 67 anos e introduziram um mecanismo automático que segue aumentando-a à medida que a expectativa de vida também aumenta. Há até um disjuntor que é acionado se a economia entra em recessão: as pensões diminuem quando a economia não pode sustentá-las.

Os suecos introduziram suas reformas radicais com base em um consenso entre os partidos, reconhecendo que o "lar do povo", como os fundadores do Estado de bem-estar o chamavam, só poderia sobreviver se administrassem as contas internas com responsabilidade. Eles também continuam se preocupando com o problema. O governo apontou uma "comissão sobre o futuro" que está tentando lidar com as implicações de uma sociedade cada vez mais velha.

Os Estados Unidos são um país consideravelmente maior do que a Suécia — os suecos têm por volta da mesma população que a cidade de Nova York — e muito menos inclinado ao consenso. Não obstante, a Suécia tem lições importantes para a América, especialmente em sua determinação de passar de um sistema de benefício definido para um sistema de contribuição definida que, por sua própria natureza, automaticamente resolveria o problema de financiamento do Seguro Social do país (o número de pessoas que deixam de contribuir para o financiamento não pode ser maior do que o número de pessoas que passam a contribuir). Mas muitas outras mudanças também se aplicam. O exemplo da Suécia mostra que até o país mais viciado em governo pode alterar seu curso. O governo pode tanto encolher quanto aumentar. A Suécia também empregou técnicas que podem ser usadas por todas as democracias — retirando o viés político dos gastos com benefícios sociais ao entregar reformas a um grupo de homens e mulheres sábios e ao recorrer o máximo possível a fórmulas automáticas, como a que liga a idade para a aposentadoria à expectativa de vida.

Os Estados Unidos também podem extrair um estímulo das mudanças no perfil do envelhecimento. A forma mais simples de economizar dinheiro é elevar a idade para a aposentadoria. Essa idade atualmente está programada para aumentar para 67 anos em 2022. O CBO calcula que é possível acrescentar mais 1% ao PIB com alguns pequenos ajustes dessa mudança: antecipar a data, elevar a idade para 70 em vez de 67, e então indexá-la à expectativa de vida. A simples indexação dos benefícios à inflação dos preços, e não à inflação salarial, também economizaria dinheiro.

A urgência de se lidar com esse problema foi ressaltada pelos atuários do Fundo Fiduciário do Seguro Social no relatório anual de 2017. Observando que o sistema atual sofre de grave carência de recursos, os atuários argumentaram que, para o Seguro Social continuar solvente no longo prazo, a América não tem outra opção além de tomar uma

CONCLUSÃO

(ou uma combinação) das duas seguintes medidas imediatamente: aumentar os descontos no contracheque em 4,3 pontos percentuais (um aumento de mais de um terço) ou cortar futuros benefícios em 25%. O Conselho de Curadores do Medicare também uniu a voz a essas preocupações no seu relatório de 2017, argumentando que o Medicare enfrenta "um rombo financeiro substancial que precisará ser tratado por uma legislação adicional. Essa legislação deve ser colocada em prática o quanto antes para minimizar o impacto sobre beneficiários, provedores e contribuintes".

Sem dúvidas, há quem argumente que obrigar as pessoas a trabalharem por um pouco mais de tempo antes de passarem a receber benefícios do Estado é uma barbárie. Mas a idade para a aposentadoria foi fixada numa época em que a expectativa de vida era muito menor. Hoje, o aposentado mediano de 65 anos de idade pode esperar viver mais 19,5 anos, enquanto esse número era de 12,7 anos para os homens e de 14,7 anos para as mulheres em 1940 (cinco anos depois de o sistema ter sido estabelecido). A idade para a aposentadoria foi estabelecida num momento em que a maioria das pessoas esgotava seus corpos em trabalhos físicos extenuantes. Hoje, as pessoas estão tendo vidas mais longas e saudáveis. O Urban Institute, um laboratório de ideias, calcula que 46% dos empregos na América praticamente não exigem maiores esforços físicos dos trabalhadores.[17] As companhias estão aprendendo a adaptar seus ambientes de trabalho para facilitar a vida dos trabalhadores mais velhos. A BMW introduziu mudanças "geronto-amigáveis" em algumas de suas linhas de produção, como cadeiras novas, sapatos mais confortáveis, lentes de aumento e mesas ajustáveis, que permitiram que os trabalhadores mais velhos fossem tão produtivos quanto seus colegas mais jovens. A Abbott Laboratories, uma grande companhia americana especializada nos cuidados com a saúde, permite que os funcionários veteranos trabalhem quatro dias por semana ou tirem até vinte dias extras de folga por ano. Um estudo sobre as empresas americanas baseado no período entre 1996 e 2007, conduzido pela Kauffman Foundation, identificou o nível mais elevado de atividade empreendedora entre pessoas de 55 a 64 anos — e o mais baixo entre as de 20 e as de 34.[18] Ray Kroc já estava com mais de 50 anos quando começou a desenvolver o sistema de franquia do McDonald's, e o coronel Harland Sanders tinha mais de 60 quando fundou a rede Kentucky Fried Chicken.

O segundo grande problema é a fragilidade do sistema financeiro, exposta pela crise financeira de 2008. Essa crise já levou a uma década de estagnação. Outra crise semelhante pode causar uma consequência ainda pior: enfraquecer a legitimidade do sistema inteiro num momento em que a ira populista já está elevada.

As economias capitalistas modernas precisam de um sistema financeiro inovador se quiserem funcionar com eficiência. Sistemas financeiros inovadores melhoram o financiamento de novas fábricas e ideias, assim gerando maior produtividade e a elevação dos padrões de vida: basta pensarmos em como as novas formas de títulos ajudaram a promover o desenvolvimento das companhias que inovaram na década de 1980. Sistemas de capital ociosos privam de investimentos a economia em geral e, com isso, sufocam o crescimento e retardam os padrões de vida. Dito isso, inúmeras inovações recentes foram problemáticas: elas aumentam o risco promovendo a alavancagem ou reduzindo a transparência. Assim, convertem financistas de agentes do aumento da produtividade em caçadores de renda.

Isso cria um problema delicado: como se proteger do lado destrutivo da inovação financeira sem enfraquecer o lado construtivo? Uma solução útil foi produzir regras detalhadas sobre o que as instituições financeiras podem fazer. Essa foi a abordagem adotada pela Lei Dodd-Frank, com base numa noção do funcionamento do sistema financeiro que se desviava significativamente da realidade dos mercados. Essa abordagem está repleta de perigos: promove uma cultura de burocratização, retarda a inovação, confere poder a grupos de lobby e, mais fatalmente, deixa muito espaço para inovadores financeiros pensarem mais rápido do que burocratas.

Há uma solução muito melhor que também é bem mais simples: aumentar a quantidade de reservas de capital exigidas para que os bancos operem. Às vésperas da crise financeira, os bancos mantinham em média 10% de seus ativos como capital próprio. Os ativos tangíveis do Lehman Brothers caíram para cerca de 3%. Se os reguladores houvessem forçado o banco a manter, digamos, 25%, ou até melhor, 30%, para reduzir a probabilidade de um calote contagioso — a raiz da crise financeira —, 2008 teria sido uma angina em vez de um infarto. Corporações não financeiras raramente enfrentam insolvência, pois mantêm quase metade de seus ativos como capital próprio. Tanto o Bear Stearns quanto o Lehman Brothers sobreviveram intactos à Grande Depressão em parte por serem sociedades em que os sócios arriscavam seu próprio capital e, portanto, observavam cada investimento com olhos de águia. O Brown Brothers Harriman, que permaneceu uma sociedade enquanto outros bancos de investimentos abriam o capital, optou por não adotar as práticas arriscadas que se tornaram tão comuns em Wall Street, e saiu quase intocado da crise financeira, com sua classificação de crédito elevada e seu balanço muito menor, mas exemplar. Infelizmente, é provável que seja impossível forçar os bancos de investimentos a retornarem à forma de sociedade que os protegia tão bem de desastres. Eles simplesmente precisam de muito capital para operar em um mundo globalizado. Na ausência desse tipo de disciplina, o mínimo que podemos fazer é exigir que companhias de capital aberto aceitem, em troca do privilégio de abrirem o capital, a obrigação de manter amplas margens de proteção de capital com o intuito de se protegerem da tentação de apostar com o dinheiro de outras pessoas.

A objeção a exigências regulatórias tão grandes de capital para todos os intermediários financeiros é que, mesmo que essas exigências sejam introduzidas gradualmente ao longo de muitos anos, elas limitarão os ganhos dos bancos e, com isso, os empréstimos que concedem. A história, porém, sugere o contrário. De 1870 a 2017 nos Estados Unidos, com raras exceções, a receita líquida dos bancos comerciais como percentual do seu capital próprio variava entre 5% e 10% ao ano, não importava qual fosse o tamanho das margens de proteção de capital. Esse percentual aumentou na iminência da crise de 2008, presumivelmente refletindo um maior risco associado à grande expansão dos poderes dos bancos comerciais, mas o aumento foi modesto.

Os bancos competem por capital próprio contra todos os outros negócios. A relação entre o lucro líquido e o patrimônio líquido para as corporações não financeiras da América, como já era de esperar, exibiu uma variação semelhante por quase um século, assim como a relação rendimento-preço das ações ordinárias americanas desde 1890. A rápida queda de 2008, por exemplo, foi revertida em 2011. Pequenos mergulhos rapidamente restauraram a receita líquida à sua variação estável histórica. Em 2016, a taxa era de 9%. A única exceção significativa ocorreu na Grande Depressão. Mas mesmo então os lucros médios retornaram aos níveis de 1929 em 1936.

O que torna a estabilidade da taxa de retorno dos bancos desde 1870 especialmente notável é o fato de que a proporção capital próprio/ativo total passava por uma contração significativa, seguida por uma recuperação modesta. O patrimônio líquido dos bancos como percentual de seus ativos, por exemplo, caiu de 36% em 1870 para 7% em 1950 devido à consolidação das reservas e às melhorias nos sistemas de pagamento. Desde então, a relação alcançou a marca atual de 11%. Assim, se a história serve de guia, um aumento gradual nos requisitos regulatórios de capital como percentual dos ativos (no contexto de manutenção da estabilidade da taxa de retorno sobre capital próprio) não limitará os lucros graduais, já que a receita líquida do banco como percentual dos ativos, por necessidade aritmética, será competitivamente pressionada a crescer, como aconteceu no passado, apenas o suficiente para compensar os custos de requisitos mais elevados em relação ao patrimônio líquido. Os *spreads* entre as taxas de juros de empréstimos e de depósitos serão ampliados e/ou os ganhos não oriundos de juros devem crescer.

CONCLUSÃO

GRÁFICO 36
BANCOS COMERCIAIS AMERICANOS*
INDICADOR ANUAL, 1869-2017

— Capital próprio / Ativos   — Receita líquida / Capital próprio   - - - Receita líquida / Ativos (eixo da direita)

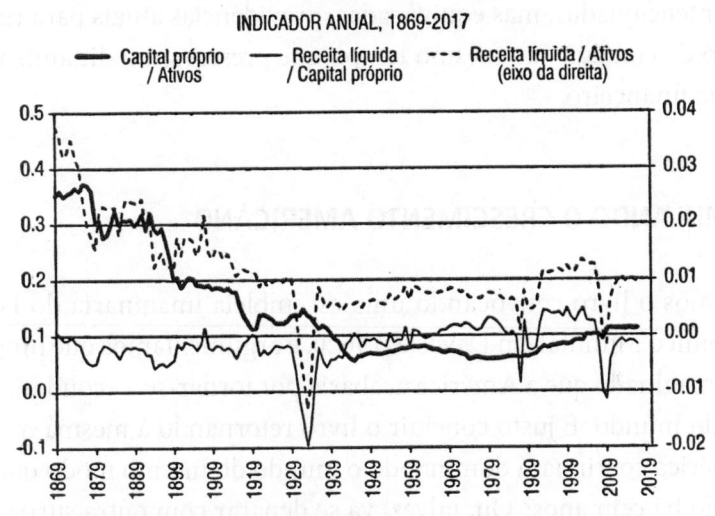

* Bancos nacionais americanos antes de 1934.

Com os riscos relacionados aos empréstimos consideravelmente reduzidos, uma diminuição significativa na supervisão e na regulamentação dos bancos será viável. Os legisladores e reguladores já não precisarão se preocupar tanto com a qualidade do empréstimo e com os portfólios de valores mobiliários dos bancos, já que quaisquer perdas serão absorvidas pelos acionistas, e não pelos contribuintes. Isso permitiria que o governo aposentasse o leviatã que é a Lei Dodd-Frank de 2010. O governo não precisaria mais interferir na função econômica primária dos bancos para ajudar no direcionamento das escassas economias da nação para o financiamento dos investimentos com maior potencial produtivo. Também poderia concentrar suas energias regulatórias onde elas seriam mais bem empregadas: na contenção de fraudes.

Aumentar as margens de proteção regulatória de capital e apertar o cerco contra a fraude não resolverão todos os problemas com os intermediários financeiros. Isso é impossível. As pessoas sempre acumularão riscos excessivos. Os inovadores sempre dançarão com o perigo: o sistema bancário sombra ou paralelo (*shadow banking system*) pode muito bem ser a próxima fonte de crise. Como nunca descansa, o capitalismo jamais ficará livre de riscos. Mas fará mais do que nossas bem-intencionadas, mas equivocadas, providências atuais para reduzir o risco de contágio, ao mesmo tempo que preservará o dinamismo do sistema financeiro.

ESTIMULANDO O CRESCIMENTO AMERICANO

Iniciamos o livro convocando uma assembleia imaginária do Fórum Econômico Mundial em Davos em 1620, e argumentamos que ninguém teria imaginado que a América acabaria por tornar-se a economia mais forte do mundo. É justo concluir o livro retornando à mesma questão. A América continuará dominando o mundo do mesmo modo que vem fazendo há cem anos? Ou, talvez, vá se deparar com outra surpresa — uma queda tão inesperada como foi sua ascensão?

Pela primeira vez desde que substituíram a Grã-Bretanha como principal economia do mundo, os Estados Unidos estão sendo desafiados por outra grande potência: a economia da China é maior quando avaliada segundo a paridade do poder de compra — 21,3 trilhões de dólares em 2016 para 18,6 trilhões da América. Sua produção manufatureira superou a nossa há mais de uma década. Suas exportações superam a da América em 50%. Uma pesquisa de 2017 do Pew Research Center revela que mais pessoas consideram a China uma potência econômica maior do que os Estados Unidos na Grã-Bretanha (46% *versus* 31%), na Alemanha (41% *versus* 24%) e no Canadá (42% *versus* 32%). A China é muito mais complexa do que a Grã-Bretanha imperial — muito maior em termos brutos como tamanho da população e território, com taxas de crescimento alcançando os 10% nos últimos anos, e muito mais dinâmica.

O atual sucesso da China ocorre num momento em que os Estados Unidos parecem ter se perdido. A política americana seguiu um caminho populista. A América às vezes parece estar insatisfeita com as instituições globais (o FMI, o Banco Mundial, a OMC e até a OTAN) que fundou e que tanto ajudaram a reforçar seu poder no século XX.

Os Estados Unidos provavelmente gozarão de menos domínio no século XXI do que tiveram no século XX: a China deterá uma parcela crescente do PIB mundial, e é improvável que a Europa tente se destruir como fez no século passado. Mas os Estados Unidos ainda estão muito à frente da China em termos de PIB per capita: 57.608 dólares contra 8.123 dólares (ou 15.395 de dólares em paridade do poder de compra). E está fazendo um trabalho melhor do que a Europa na preservação da sua participação no PIB global.

A China tampouco exibe sinais de que substituirá os Estados Unidos como regente da economia global. A América lidera em todas os setores econômicos que estão inventando o futuro, como inteligência artificial, robótica, carros autônomos, para não mencionar as finanças. E, apesar de todos os seus problemas com o populismo, a América tem algo precioso que falta à China: um regime político estável que tanto restringe o poder do presidente quanto permite uma transição bem-sucedida entre um líder e o seguinte. Até agora, não há relatos de bilionários americanos comprando casas em Xangai ou Beijing para uma possível emergência.

Os Estados Unidos se recuperaram das últimas decepções. Nos anos 1930, a América sofreu uma das mais longas e profundas depressões da história. Depois, emergiu da Segunda Guerra Mundial como economia mais forte do mundo e entrou em um período de vinte anos de crescimento contínuo. Na década de 1970, a economia da América foi assombrada pela estagflação, e suas companhias perderam para as da Alemanha e do Japão. Nos anos 1980 e 1990, a América aproveitou as oportunidades oferecidas pela revolução de TI e pela globalização para recuperar sua posição como economia mais dinâmica do planeta. Há boas razões para pensarmos que a América pode emplacar o mesmo truque novamente.

Os problemas da América são políticos e não relacionados a uma tecnologia senescente. Isso não significa que sejam insignificantes: se não forem resolvidos, o crescimento americano será permanentemente reduzido. Mas, ao menos, significa que têm solução. Alguns sugerem que a América está num atoleiro de baixo crescimento. Preferimos acreditar que está presa em uma cela que ela mesma fez: benefícios sociais descontrolados e regulamentações imprudentes estão forçando o país a um desempenho muito abaixo do seu potencial — os benefícios, porque desviam para o consumo os recursos da poupança que financia o dispêndio com ativos fixos e, portanto, melhorias na produtividade; e as regulamentações, porque tornam o futuro distante mais incerto, assim desencorajando empresas a investirem em projetos com frutos de longo prazo. Essa é uma visão otimista: por natureza, é difícil, às vezes impossível, sair de um atoleiro, mas de uma cela é possível escapar, contanto que se tenha a chave certa.

Mostramos que a América tem todas as chaves necessárias para abrir a cela. A grande questão é se ela tem a determinação política para usá-las.

APÊNDICE
DADOS E METODOLOGIA

Uma das maiores dificuldades enfrentadas por quem escreve um livro sobre a história da economia dos Estados Unidos é a escassez de informações relacionadas aos primeiros anos. Isso não só dificulta oferecer um quadro claro do que realmente acontecia na época, como também dificulta a produção de uma série temporal remontando à fundação (e antes).

A escassez de dados cobrindo as primeiras décadas da república reflete a demanda mínima por dados econômicos das empresas. Na época, quase toda a atividade econômica estava relacionada à agricultura, que dependia principalmente do clima local, com pouca necessidade de dados nacionais. A partir do século XIX, temos carregamentos de vagões e compensações bancárias nacionais (excluindo-se compensações da financeiramente dominante cidade de Nova York), ambos vistos como reflexos da atividade empresarial do país.

Foi só com o choque sem precedentes da Grande Depressão que o governo começou a tentar atender à necessidade de estatísticas econômicas nacionais, empregando Simon Kuznets, da Agência Nacional de Pesquisa Econômica, para coletar sistematicamente dados para as Contas Nacionais, a análise mais ampla que temos da atividade econômica. O Departamento de Comércio publicou seus primeiros dados em 1934, que remontavam a 1929. Esses dados mais tarde foram complementados com análises compiladas pelo Departamento do Censo, pelo Bureau of Labor Statistics, pelo Departamento de Agricultura (Economic Research Service) e pelo Federal Reserve.

Para os anos anteriores a 1929, os historiadores contemporâneos tiveram que recorrer principalmente a uma plataforma estatística ancorada em censos decenais, que foram constitucionalmente autorizados a partir de 1790. Os dados de 1929 até hoje, entretanto, podem nos dizer muito sobre as condições econômicas anteriores a 1929. Por exemplo, se pegarmos a taxa de crescimento da produção por hora de 1929 a 2017, 2,5% ao ano, projetando-a reversamente (*backcasting* ou "previsão reversa") a, digamos, 1790, teremos um país com um padrão de vida significativamente abaixo daquele a que estamos acostumados de acordo com os relatórios contemporâneos. Sabemos que tipo de construções as pessoas habitavam e que tipos de transportes usavam não apenas a partir das descrições (e ilustrações) modernas, mas também de exemplos que sobreviveram ao tempo. Também temos descrições detalhadas das provisões (em calorias) consumidas pelo Exército Continental e, em alguns casos, dos alimentos consumidos pela população civil. Isso sugere um ritmo mais lento de aumento da produtividade no século XIX e no início do século XX em comparação ao período de 1929 a 2017.

Um exército ainda crescente de pesquisadores preencheu parte da lacuna estatística, muitas vezes com novas técnicas estatísticas.[1] Alguns historiadores construíram o que julgamos a mais crível das várias estimativas do PIB ao longo da história, tanto nominal quanto real (série Millennial Edition), o que estabelece uma base para o nosso sistema de dados anterior a 1929.[2] Sua técnica é descrita com detalhes em *Historical Statistics of the United States Millennial Edition*.[3] Essa compilação complementa as várias publicações Historical Statistics (Estatísticas Históricas) do Departamento do Censo remontando a 1949. Usando uma variedade de fontes, separamos o produto interno bruto (PIB) real da série Millennial Edition por setores econômicos: familiar (incluindo instituições sem fins lucrativos), governamental (federal, estadual e local) e empresarial (rural ou não). Em todos os casos, partimos dos dados publicados pela Agência de Análise Econômica americana para 1929 até o presente.

A seguir, uma descrição de como estimamos o PIB anterior a 1929 para os principais setores econômicos:

O PIB das famílias, composto principalmente pelo aluguel imputado a residências ocupadas pelos proprietários, foi estimado com o uso de dados sobre unidades habitacionais ocupadas por proprietários[4] (1890-presente) e o número de unidades habitacionais[5] (1850-presente) de vários censos, e dados sobre a força de trabalho remontando a 1800 de David Weir[6] e Thomas Weiss.[7] O PIB do governo foi estimado com base em dados dos gastos dos governos federal, estaduais e locais. Os dados referentes aos gastos do governo federal remontando a 1789 são disponibilizados pelo Departamento do Tesouro dos Estados Unidos.[8] Os dados referentes aos gastos dos governos estaduais e locais remontando a 1902 são disponibilizados pelo Departamento de Comércio dos Estados Unidos.[9] Nós estimamos os gastos dos governos estaduais e locais anteriores a 1902 com o uso de uma combinação dos dados sobre receitas (1800-1900) e mudanças na dívida (1838-1902) de Sylla, Legler e Wallis.[10] O PIB rural foi estimado com base em dados sobre a receita rural (1869--1937) de Robert Martin[11] e a produção rural (1800-1900) de Marvin Towne e Wayne Rasmussen.[12] Os PIBs das famílias, do governo e rural foram subtraídos do PIB da série Millennial Edition para chegarmos ao PIB das empresas fora do setor rural. A produtividade é medida, por convenção, apenas para o setor empresarial.

Chegamos à produtividade estimando o número agregado de horas trabalhadas no horário comercial e comparando-as à produção empresarial. Isso foi feito primeiro estimando-se o emprego nas empresas rurais e não rurais, e depois multiplicando o emprego por estimativas da média de horas semanais trabalhadas para os dois setores. Usamos dados sobre o emprego total e o emprego no setor rural de Weir[13] e Weiss.[14] Subtraindo o emprego rural do emprego total, chegamos ao emprego não rural, que, em seguida, redimensionamos até chegarmos ao emprego em empresas não rurais. Para calcular a produção por hora, precisamos de um conjunto consistente de horas trabalhadas em média por ano (ou semana). Muitas evidências de dias de trabalho extremamente longos nas fábricas no início do século XIX baseiam-se em relatos extraoficiais, particularmente no que diz respeito às crianças. Nossa referência nessa série de dados são as horas em média trabalhadas nas manufaturas remontando a 1869 de John Kendrick. Em 1869, a média semanal de horas trabalhadas era de 57,7, ou quase dez horas por dia no curso de uma semana de seis dias. Presumimos que isso representava todos os trabalhadores, e que o número era um pouco mais alto para os anos anteriores a 1869.

A semana útil começou a diminuir e depois a cair rapidamente em 1914, quando Henry Ford dobrou a remuneração paga por suas fábricas e reduziu seu dia de trabalho de nove para oito horas, seguindo a crença de que o crescimento da produtividade após oito horas por dia era baixo. Observando o aumento dos ganhos em produtividade e da lucratividade de Ford, muitas outras empresas seguiram seu exemplo.

O New Deal trouxe consigo a Lei de Padrões Justos de Trabalho de 1938. A lei se aplicava a indústrias que coletivamente empregavam cerca de um quinto da força de trabalho, e fixou uma jornada máxima de 40 horas semanais, com compensação adicional por hora extra. A jornada semanal ficou essencialmente estável desde então.

As estimativas da jornada média de horas trabalhadas por semana no setor rural foram baseadas em várias fontes de relatos extraoficiais. Uma questão importante foi como fazer ajustes para as diferentes estações, equilibrando a jornada (por pressuposto) longa durante as épocas de plantio e colheita à jornada mais curta do inverno, para chegar a uma estimativa plausível da jornada semanal média anual. Outra preocupação foi em relação a quantas horas entre o nascer e o pôr do sol os proprietários de uma fazenda familiar realmente trabalhavam em vez de cuidar das necessidades da família. Embora várias fontes tenham servido de base para a nossa estimativa das horas trabalhadas semanalmente nas fazendas, um exame das tendências da produtividade de Kendrick foi particularmente útil.[15] As estimativas da média de horas semanais trabalhadas em atividades de fora do setor rural tiveram como base dados sobre números do setor manufatureiro compilados por Bowden[16] e Kendrick.[17] A multiplicação do emprego no setor rural e de fora dele por suas respectivas jornadas semanais produz a jornada semanal agregada, que convertemos para o período de um ano a fim de chegar ao agregado de horas trabalhadas.

Calculamos a produtividade de empresas rurais e não rurais dividindo nossas estimativas do PIB rural e não rural por suas respectivas jornadas de trabalho agregadas. Em seguida, usamos nossas estimativas da produtividade para construir uma "previsão reversa" (*backcasting*) dos números publicados pelo Bureau of Labor Statistics (BLS), a partir de 1947, estimando-os para os setores rural e não rural em 1800.

Também usamos nossas estimativas do PIB rural e não rural histórico para prever reversamente a série dos dados do BLS sobre a produtividade multifatorial (PMF) para o período entre 1948 e 1900. Empregamos uma versão simplificada do procedimento detalhado de estimativa para a PMF.[18] Derivamos os serviços de capital dos dados de Raymond Goldsmith sobre o estoque de capital da nação e sua taxa de depreciação.[19] Derivamos o input de trabalho das nossas estimativas da jornada ajustada de acordo com as capacidades com base nos dados referentes às matrículas nas escolas.[20] A parcela da renda creditada ao trabalho foi extraída dos dados sobre remunerações de Robert Margo[21] e Stanley Lebergott.[22]

Os dados da NBER (National Bureau of Economic Research; Agência Nacional de Pesquisa Econômica) sobre "atividade empresarial", para o período de 1855 a 1970, relacionados a dados da BEA (Bureau of Economic Analysis; Agência de Análise Econômica), permitiram-nos construir uma série da taxa trimestral do nível de atividade empresarial, que acabou sendo particularmente útil para a análise do ciclo econômico inicial.

A Guerra Civil foi, é claro, um período único na história econômica dos Estados Unidos, e tentamos construir um subgrupo de dados anuais tanto para a União quanto para a breve vida da Confederação. Também consideramos os Business Annals (Anais dos Negócios) da NBER para o período de 1790 a 1919 (publicados em 1926) úteis na avaliação da direção qualitativa de curto prazo da economia, em que a fonte de dados quantitativos foi a vasta base de dados do Federal Reserve Bank de St. Louis.

AGRADECIMENTOS

É um prazer dar o devido crédito às inúmeras pessoas que nos ajudaram a escrever este livro. Na Greenspan Associates, Jeffrey Young produziu as tabelas e os gráficos, e conferiu todos os números. Allison Theveny checou fatos incansavelmente, bem como ofereceu uma ajuda prática e logística. No *Economist*, Celina Dunlop ajudou a reunir as ilustrações. Sheila Allen, Ingrid Esling, Mark Doyle e Rachel Horwood fizeram revisões com olhos de águia; e Sabrina Valaydon, Patsy Dryden e Jennifer Brown foram de uma ajuda inestimável. Wooldridge é particularmente grato a Zanny Minton Beddoes, o editor-chefe, por ter lhe dado os três meses de licença que nos permitiram passar longos períodos trabalhando juntos em Washington D.C. Fora do *Economist*, Willowghby Hood e Joseph Ashe ajudaram a checar os fatos. Na Penguin Press, gostaríamos de agradecer à nossa copidesque o trabalho meticuloso e aos nossos editores, Christopher Richards e Mia Council, por terem tornado o confuso processo o mais palatável possível. Somos particularmente gratos a Scott Moyers, que nos reuniu, sugeriu o projeto, teve a ideia para o título e, como se não tivesse sido o bastante, garantiu — com o chicote — que o trabalho não parasse. Assumimos toda a responsabilidade por quaisquer erros ou imprecisões que possam ter passado.

CRÉDITOS DOS GRÁFICOS
E DAS TABELAS

Gráfico 1, p. 47. Dólar Continental: Taxa de Desconto *versus* Quantidade Emitida: Eric P. Newman, *The Early Paper Money of America*, 5ª ed. Iola, Wisconsin: Krause Publications, 2008, pp. 61-71, 481.

Gráfico 2, p. 49. Nível de Atividade Econômica de Empresas Não Rurais: National Bureau of Economic Research, Index of American Business Activity for United States [M12003USM516NNBR], obtido no FRED, Federal Reserve Bank de St. Louis; https://fred.stlouisfed.org/series/M12003USM516NNBR. Federal Reserve Board, Institute for Supply Management, U.S. Bureau of Economic Analysis.

Gráfico 3, p. 84. Preço Médio do Escravo Rural em Nova Orleans: Susan B. Carter, Scott Sigmund Gartner, Michael R. Haines, Alan L. Olmstead, Richard Sutch e Gavin Wright (Orgs.), *Historical Statistics of the United States: Millennial Edition*. Nova York: Cambridge University Press, 2006. Série Bb209, vol. 2, p. 381.

Tabela 1, p. 86. Riqueza Tributável da Confederação por Estado, 1861: *Historical Statistics*, séries Eh50 e Eh57, vol. 5, p. 787.

Gráfico 4, p. 89. Produto Interno Bruto Real Per Capita: Richard Sutch, "National Income and Product", em *Historical Statistics*; Richard Easterlin, "Interregional Differences in Per Capita Income, Population, and Total Income, 1840-1950", em The Conference on Research in Income and Wealth, *Trends in the American Economy in the Nineteenth Century*, Princeton: Princeton University Press, 1960; Peter H. Lindert e Jeffrey G. Williamson,

"American Incomes 1774-1860", em NBER Working Paper Series, Working Paper 18396, National Bureau of Economic Research: 2012. Obtido em http://www.nber.org/papers/w18396.pdf; Willard Long Thorp e Hildegarde E. Thorp, "The Annals of the United States of America", em Willard Long Thorp, *Business Annals*, National Bureau of Economic Research, 1926.

Gráfico 5, p. 91. Estoque de Moeda Confederada e Nível de Preços: *Historical Statistics*, séries Eh118 e Eh128, vol. 5, pp. 792-793.

Tabela 2, p. 93. Fazendas e Produção Agrícola nos Estados Confederados: Historical Statistics, série Eh8-Eh39, vol. 5, pp. 784-785.

Gráfico 6, p. 101. Produtividade e Inovação Não Agrícola: Ver discussão no "Apêndice: Dados e metodologia".

Gráfico 7, p. 105. Milhas de Ferrovias Construídas: *Historical Statistics*, séries Df882, Df883 e Df884, vol. 4, p. 917; *Historical Statistics*, série Df928, vol. 4, p. 923.

Gráfico 8, p. 108. Preço do Aço Bessemer no Atacado: *Historical Statistics*, série Cc244, vol. 3, p. 213.

Gráfico 9, p. 110. Preço do Querosene e do Petróleo Bruto: Ethel D. Hoover, "Retail Prices After 1850", em The Conference on Research in Income and Wealth, *Trends in the American Economy in the Nineteenth Century*, Princeton: Princeton University Press, 1960; National Bureau of Economic Research, http://www.nber.org/databases/macrohistory/contents/chapter04.html, Séries 04091 e 04182, U.S. Energy Information Administration.

Gráfico 10, p. 152. Preço do Aço no Atacado: *Historical Statistics*, séries Cc244 e Cc245, vol. 3, p. 213.

Gráfico 11, p. 155. Patentes Concedidas Para Invenções nos EUA: *Historical Statistics*, séries Cg31, Cg32 e Cg33, vol. 3, p. 427.

Gráfico 12, p. 162. Gastos do Governo Americano: Ver discussão no "Apêndice: Dados e metodologia".

Gráfico 13, p. 162. Gastos do Governo Federal Americano: Ver discussão no "Apêndice: Dados e metodologia".

Gráfico 14, p. 165. Participação do Eleitorado nos EUA: *Historical Statistics*, série Eb153, vol. 5, p. 173; U.S. Census Bureau, Federal Election Commission.

Gráfico 15, p. 181. Preços e Salários: *Historical Statistics*, série Ba4218, vol. 2, p. 256; *Historical Statistics*, série Ca13, vol. 3, p. 23; *Historical Statistics*, série Cc86, vol. 3, p. 175; *Historical Statistics*, série Cc114, vol. 3, p. 181.

CRÉDITOS DOS GRÁFICOS E DAS TABELAS

Gráfico 16, p. 199. Trabalhadores Envolvidos em Greves: *Historical Statistics*, séries Ba4955 e Ba4962, vol. 2, pp. 354-355.

Gráfico 17, p. 214. Gastos com Propaganda nos EUA: https://galbithink.org/ad-spending.htm.

Gráfico 18, p. 227. Dow Jones Industrial Average: *The Wall Street Journal*.

Gráfico 19, p. 232. Reservas Oficiais de Ouro dos EUA: Annual Report of the Secretary of the Treasury, vários anos, https://fraser.stlouisfed.org/title/194; Fundo Monetário Internacional.

Gráfico 20, p. 254. Filiação Sindical: *Historical Statistics*, séries Ba4783 e Ba4788, vol. 2, p. 336.

Gráfico 21, p. 284. Trabalhadores Americanos Empregados na Indústria Manufatureira: *Historical Statistics*, séries Dd4 e Dd5, vol. 4, p. 579; U.S. Bureau of Labor Statistics.

Gráfico 22, p. 300. População Americana Nascida no Exterior: *Historical Statistics*, séries Aa22 e Aa32, vol. 1, p. 36.

Gráfico 23, p. 305. Ritmo do Crescimento da Produção por Hora das Empresas Privadas: U.S. Bureau of Labor Statistics.

Gráfico 24, p. 312. Reservas Oficiais de Ouro dos Estados Unidos: Annual Report of the Secretary of the Treasury, vários anos, https://fraser.stlouisfed.org/title/194; Fundo Monetário Internacional.

Gráfico 25, p. 317. Vendas dos Veículos Americanos por Origem: *Historical Statistics*, séries Df347, Df348, Df350 e Df351, vol. 4, p. 832; U.S. Bureau of Economic Analysis; Thomas H. Klier, "From Tail Fins to Hybrids: How Detroit Lost Its Dominance of the U.S. Auto Market", em *Economic Perspectives*, vol. 33, n. 2, 2009, Federal Reserve Bank de Chicago; *Ward's Automotive Yearbook, 2012*, Ward's Automotive Group, Penton Media Inc., Southfield, Michigan, 2012.

Gráfico 26, p. 319. Estatísticas do Aço Americano: U.S. Geological Survey, 2014, estatísticas do ferro e do aço, em T. D. Kelly e G. R. Matos (Orgs.); estatísticas históricas de produtos minerais e matérias-primas dos Estados Unidos, U.S. Geological Survey Data Series 140, obtido em http://minerals.usgs.gov/minerals/pubs/historical-statistics/.

Gráficos 27 e 28, p. 366. Consumo Americano de Produtos Minerais: U.S. Geological Survey, 2014, várias estatísticas, T. D. Kelly e G. R. Matos (Orgs.); estatísticas históricas de produtos minerais e matérias-primas dos Estados

Unidos, U.S. Geological Survey Data Series 140, obtido em http://minerals. usgs.gov/minerals/pubs/historical-statistics/.

Gráfico 29, p. 375. Importações Americanas por País de Origem: Fundo Monetário Internacional.

Gráfico 30, p. 392. Crescimento da Produtividade no Setor Empresarial Americano: U.S. Bureau of Labor Statistics.

Gráfico 31, p. 413. Poupança Nacional Bruta e Benefícios Sociais do Governo: U.S. Bureau of Economic Analysis.

Gráfico 32, p. 415. Estoque de Capital e Produtividade: U.S. Bureau of Economic Analysis; U.S. Bureau of Labor Statistics.

Gráfico 33, p. 416. Parcela do Fluxo de Caixa que as Empresas Decidem Converter em Ativos Fixos: U.S. Bureau of Economic Analysis; National Bureau of Economic Research.

Gráfico 34, p. 418. Número de Páginas no Código de Regulamentações Federais: George Washington University Regulatory Studies Center.

Gráfico 35, p. 423. Dívida Pública Federal: Congressional Budget Office.

Gráfico 36, p. 453. Bancos Comerciais Americanos: Office of the Comptroller of the Currency; Federal Reserve Board; Federal Deposit Insurance Corporation.

NOTAS

Introdução

1. Alan Macfarlane, *The Origins of English Individualism: The Family Property and Social Transition*. Oxford: Basic Blackwell, 1979.
2. Angus Maddison, *The World Economy: A Millennial Perspective*. Paris: OCDE, 2001, p. 28.
3. Daniel J. Boorstin, *The Americans: The National Experience*. Nova York: Vintage Books, 1965, p. 115. [Edição brasileira: *Os americanos: a experiência colonial*. Rio de Janeiro: Gradiva, 1997.]
4. Robert D. Kaplan, *Earning the Rockies: How Geography Shapes America's Role in the World*. Nova York: Random House, 2017, p. 133.
5. Alan Greenspan, *The Map and the Territory 2.0: Risk, Human Nature, and the Future of Forecasting*. Nova York: Penguin Press, 2013, pp. 152-6.
6. Susan B. Carter, Scott Sigmund Gartner, Michael R. Haines, Alan L. Olmstead, Richard Sutch e Gavin Wright (Org.), *Historical Statistics of the United States: Millennial Edition*. Nova York: Cambridge University Press, 2006.
7. Charles R. Morris, *The Dawn of Innovation: The First American Industrial Revolution*. Nova York: Public Affairs, 2012, pp. 242-3.
8. David M. Kennedy, *Freedom from Fear: The American People in Depression and War, 1929-1945*. Nova York: Oxford University Press, 1999, p. 615.
9. https://www.history.co.uk/history-of-america/transcontinental-railroad
10. No dia 26 de março de 1860, o *New York Herald* publicou um anúncio da Central Overland California and Pike's Peak Express Company oferecendo a entrega de

correspondência de Nova York "para São Francisco em oito dias. O primeiro mensageiro do Pony Express deixa o rio Missouri na terça-feira, 3 de abril, às 5h da tarde, e a partir daí fará o trajeto regularmente uma vez por semana, carregando apenas cartas". A primeira parte da transmissão entre Nova York e St. Joseph, Missouri, era feita por telegrama. Mas a linha terminava aí.

11. Ann Norton Greene, *Horses at Work: Harnessing Power in Industrial America*. Cambridge, MA: Harvard University Press, 2008, pp. 1-2.

12. Ibid., p. 41.

13. Paul David, "Computer and Dynamo: The Modern Productivity Paradox in a Not-Too-Distant Mirror", Center for Economic Policy Research, n. 339, Universidade Stanford, julho de 1989. Ver também "The Dynamo and the Computer: A Historical Perspective on the Modern Productivity Paradox", *American Economic Review* 80, n. 2, maio de 1990, Papers and Proceedings of the Hundred and Second Annual Meeting of the American Economic Association, pp. 355-1.

14. Stanley Lebergott, *Pursuing Happiness: American Consumers in the Twentieth Century*. Princeton, NJ: Princeton University Press, 1993, pp. 37-9.

15. O trabalho doméstico, porém, não é considerado um fator de produção na criação do PIB e, portanto, esse grande avanço dos padrões de vida não é capturado nem pela jornada de trabalho nem pela PMF.

16. Deirdre Nansen McCloskey, *Bourgeois Equality: How Ideas, Not Capital or Institutions, Enriched the World*. Chicago: University of Chicago Press, 2016, p. 154.

17. Ernest Freeberg, *The Age of Edison: Electric Light and the Invention of Modern America*. Nova York: Penguin Books, 2013, pp. 76-80.

1. Uma república comercial: 1776-1860

1. John McCusker (Org.), "Colonial Statistics", em *Governance and International Relations*, vol. 5, *Historical Statistics of the United States: Millennial Edition* (Org.), Susan B. Carter et al. Nova York: Cambridge University Press, 2006, p. 627; Richard Sutch (Org.), "National Income and Product", em *Economic Structure and Performance*, vol. 3, *Historical Statistics of the United States: Millennial Edition*, p. 3.

2. Robert H. Wiebe, *Self-Rule: A Cultural History of American Democracy*. Chicago: University of Chicago Press, 1995, p. 17.

3. Gordon S. Wood, *The American Revolution: A History*. Nova York: Modern Library, 2002, p. 9. [Edição brasileira: *A Revolução Americana*. Rio de Janeiro: Objetiva, 2013.]

4. Alan Taylor, *American Revolutions: A Continental History, 1750-1804*. Nova York: W. W. Norton, 2016, p. 375.

5. Citado em Douglas A. Irwin, *Clashing over Commerce: A History of U.S. Trade Policy*. Chicago: University of Chicago Press, 2017, p. 121.

6. Taylor, *American Revolutions*, p. 23.

7. Ann Norton Greene, *Horses at Work: Harnessing Power in Industrial America*. Cambridge, MA: Harvard University Press, 2008, p. 48.

8. Alan L. Olmstead e Paul W. Rhode (Orgs.), "Crops and Livestock", em *Economic Sectors*, vol. 4 de *Historical Statistics of the United States: Millennial Edition*, p. 18.

9. Oscar Handlin e Lilian Handlin, *Liberty in Expansion 1760-1850*. Nova York: Harper & Row, 1989, pp. 246-47.

10. W. B. Todd (Org.), *An Inquiry into the Nature and Causes of "The Wealth of Nation"*, vol. 2 da Glasgow Edition of the Works and Correspondence of Adam Smith. Oxford: Clarendon Press, 1976, p. 578.

11. "Fin Tech: The First Venture Capitalists", *The Economist*, 30 de dezembro de 2015.

12. Walter A. McDougall, *Freedom Just Around the Corner: A New American History 1585-1828*. Nova York: HarperCollins, 2004, p. 40.

13. David Reynolds, *America, Empire of Liberty*. Londres: Allen Lane, 2009, pp. 144-45.

14. McDougall, *Freedom Just Around the Corner*, p. 490.

15. Taylor, *American Revolutions*, p. 23.

16. U.S. Debt and Foreign Loans, 1775-1795, Department of State, Office of the Historian, https://history.state.gov/milestones/1784-1800/loans.

17. A Baring Brothers chamou-se Francis Baring and Co. de 1800 a 1804, quando mudou de nome para Baring Brothers.

18. Robert Gallman, "Growth and Change in the Long Nineteenth Century", em *The Long Nineteenth Century*, vol. 2 de *The Cambridge Economic History of the United States* (Org.), Stanley Engerman e Robert Gallman. Cambridge: Cambridge University Press, 2000, p. 13.

19. James McPherson, *Battle Cry of Freedom*. Oxford: Oxford University Press, 1988, p. 6.

20. Wiebe, *Self-Rule*, p. 43.
21. Ibid., p. 41.
22. "Median Age of the Population, by Race, Sex, and Nativity: 1790 to 1970", Departamento do Censo dos Estados Unidos, *Historical Statistics of the United States: Colonial Times to 1957*, vol. 1. Washington D.C.: U.S. Government Printing Office, 1975, p. 19.
23. Walter A. McDougall, *Throes of Democracy: The American Civil War Era 1829-1877.* Nova York: HarperCollins, 2008, p. 140.
24. Daniel J. Boorstin, *The Americans: The National Experience.* Nova York: Vintage Books, 1965, p. 25.
25. Ibid.
26. Louis P. Cain, "Entrepreneurship in the Antebellum United States", em *The Invention of Enterprise* (Org.), David S. Landes, Joel Mokyr e William J. Baumol. Princeton, NJ: Princeton University Press, 2010, p. 348.
27. Ibid, p. 349.
28. H. W. Brands, *Masters of Enterprise: Giants of American Business from John Jacob Astor and J. P. Morgan to Bill Gates and Oprah Winfrey.* Nova York: Free Press, 1999, p. 33.
29. Gavin Wright (Org.), "Natural Resource Industries", em *Economic Sectors,* vol. 4 de *Historical Statistics of the United States: Millennial Edition*, p. 275.
30. U.S. Energy Information Administration, "Annual Energy Review 2011", tabela E1.
31. McDougall, *Throes of Democracy*, p. 143.
32. Greene, *Horses at Work*, p. 55.
33. Ibid., p. 166.
34. George Rogers Taylor, *The Transportation Revolution 1815-1860.* Nova York: M. E. Sharpe, 1951, pp. 15-17.
35. Ibid., pp. 132-33.
36. Greene, *Horses at WorkI*, p. 52.
37. Louis Cain (Org.), "Transportation", em *Economic Sectors,* vol. 4 de *Historical Statistics of the United States: Millennial Edition*, p. 762.
38. Greene, *Horses at Work*, p. 78.
39. Daniel Walker Howe, *What Hath God Wrought: The Transformation of America, 1815-1848.* Oxford: Oxford University Press, 2007, p. 214.
40. Cain, "Transportation", em *Economic Sectors,* vol. 4 de *Historical Statistics of the United States: Millennial Edition*, p. 770.

NOTAS

41. Id.
42. Albert Fishlow, *American Railroads and the Transformation of the Antebellum Economy*. Cambridge, MA: Harvard University Press, 1965; e Robert Fogel, *Railroads and American Economic Growth*. Baltimore: Johns Hopkins University Press, 1964.
43. Richard Tedlow, *The Rise of the American Business Corporation*. Chur, Suíça: Harwood Academic Publishers, 1991, pp. 13-14.
44. Fogel, *Railroads and American Economic Growth*.
45. McDougall, *Throes of Democracy*, p. 143.
46. Howe, *What Hath God Wrought*, p. 695.
47. Richard White, *Railroaded: The Transcontinentals and the Making of Modern America*. Nova York: W. W. Norton, 2011, p. 37.
48. Wiebe, *Self-Rule*, p. 56.
49. McDougall, *Freedom Just Around the Corner*, pp. 178-79.
50. Michael Haines (Org.), "Population Characteristics", em *Population*, vol. 1 de *Historical Statistics of the United States: Millennial Edition*, p. 21.
51. Sutch, "National Income and Product", em *Economic Structure and Performance*, vol. 3 de *Historical Statistics of the United States: Millennial Edition*, p. 17.
52. McPherson, *Battle Cry of Freedom*, p. 10.

2. As duas Américas

1. Thomas Jefferson, "Letter to John Jay", em *Jefferson: Writings* (Org.), Merrill D. Peterson. Nova York: Library of America, 1984, p. 818.
2. Os elaboradores da Constituição dos Estados Unidos deram ao governo federal autoridade de taxação, afirmando que o Congresso tinha o poder de "estabelecer e coletar taxas, tarifas e impostos, inclusive sobre o consumo".
3. Jon Meacham, *Thomas Jefferson: The Art of Power*. Nova York: Random House, 2013, p. 348.
4. Ibid., p. 349.
5. Ibid., p. 350.
6. Daniel Walker Howe, *What Hath God Wrought: The Transformation of America, 1815-1848*. Oxford: Oxford University Press, 2007, p. 133.
7. Ibid., p. 535.

8. Ibid., p. 534.
9. James McPherson, *Battle Cry of Freedom*. Oxford: Oxford University Press, 1988, p. 19.
10. Douglas A. Irwin, *Clashing over Commerce: A History of U.S. Trade Policy*. Chicago: University of Chicago Press, 2017, pp. 133-34.
11. McPherson, *Battle Cry of Freedom*, p 14.
12. Howe, *What Hath God Wrought*, p. 533.
13. Walter A. McDougall, *Throes of Democracy: The American Civil War Era 1829-1877*. Nova York: HarperCollins, 2008, p. 130.
14. Jeremy Atack, Fred Bateman e William Parker, "The Farm, the Farmer, and the Market", em *The Long Nineteenth Century*, vol. 2 de *The Cambridge Economic History of the United States*, 11: (Org.) Stanley Engerman e Robert Gallman. Cambridge: Cambridge University Press, 2000, p. 272.
15. McDougall, *Throes of Democracy*, p. 131.
16. McPherson, *Battle Cry of Freedom*, p. 21.
17. Sven Beckert, *Empire of Cotton: A New History of Global Capitalism*. Londres: Allen Lane, 2014, p. 100.
18. Ibid., p. 114.
19. Ibid., p. 108.
20. Robert Wiebe, *The Opening of American Society: From the Adoption of the Constitution to the Eve of Disunion*. Nova York: Alfred A. Knopf, 1984, p. 359.
21. Beckert, *Empire of Cotton*, p. 105.
22. Ibid., p. 243.
23. Jacob Metzer, "Rational Management, Modern Business Practices, and Economies of Scale in Ante-Bellum Southern Plantations", *Explorations in Economic History* 12, abril de 1975, pp. 123-50.
24. Beckert, *Empire of Cotton*, p. 110.
25. Kevin Phillips, *Wealth and Democracy: A Political History of the American Rich*. Nova York: Broadway Books, 2002, p. 22.
26. Beckert, *Empire of Cotton*, p. 113.
27. Howe, *What Hath God Wrought*, p. 60.
28. Beckert, *Empire of Cotton*, pp. 199-241.
29. Bhu Srinivasan, *Americana: A 400-Year History of American Capitalism*. Nova York: Penguin Press, 2017, p. 129.
30. Stephen B. Oates (Org.), *The Whirlwind of War: Voices of the Storm, 1861--1865*, p. 46, citando uma carta de dezembro de 1860.

31. Jeremy Atack e Fred Bateman (Orgs.), "Manufacturing", vol. 4 de *Historical Statistics of the United States: Millennial Edition* (Org.), Susan B. Carter et al. Nova York: Cambridge University Press, 2006, p. 573.

32. McPherson, *Battle Cry of Freedom*, p. 40.

33. Id.

34. Roger Ransom (Org.), "Confederate States of America", em *Governance and International Relations*, vol. 5 of *Historical Statistics of the United States: Millennial Edition*, pp. 77-78.

35. Michael Barone, *Shaping Our Nation: How Surges of Migration Transformed America and Its Politics*. Nova York: Crown Forum, 2013, p. 154.

36. Richard White, *Railroaded: The Transcontinentals and the Making of Modern America*. Nova York: W. W. Norton, 2011, p. 467.

37. Richard White, *The Republic for Which It Stands: The United States During Reconstruction and the Gilded Age, 1865-1896*. Nova York: Oxford University Press, 2017, p. 28.

38. Irwin, *Clashing over Commerce*, p. 211.

39. Stanley Engerman, "Slavery and Its Consequences for the South", em *The Long Nineteenth Century*, vol. 2 de *The Cambridge Economic History of the United States*, p. 356.

40. Ransom (Org.), "Confederate States of America", em *Governance and International Relations*, vol. 5 de *Historical Statistics of the United States: Millennial Edition*, p. 776.

41. Roger Ransom e Richard Sutch, *One Kind of Freedom: The Economic Consequences of Emancipation*. Cambridge: Cambridge University Press, 1977; Susan Carter (Org.), "Labor", em *Work and Welfare*, vol. 2 de *Historical Statistics of the United States: Millennial Edition*, p. 20.

42. Srinivasan, *Americana*, p. 127.

43. White, *The Republic for Which It Stands*, p. 220.

44. Ibid., pp. 47-48.

45. Beckert, *Empire of Cotton*, p. 113.

46. E. Merton Coulter, *James Monroe Smith, Planter: Before Death and After*. Athens: University of Georgia Press, 1961, p. 67.

47. White, *The Republic for Which It Stands*, p. 422.

48. McDougall, *Throes of Democracy*, p. 553.

49. Barone, *Shaping Our Nation*, p. 157.

50. Friedrich Ratzel (1876), *Sketches of Urban and Cultural Life in North America*, trad. e Org. Stewart A. Sehlin. New Brunswick, NJ: Rutgers University Press, 1988, citado em Michael Lind, *Land of Promise: An Economic History of the United States*. Nova York: Harper, 2012, p. 125.

3. O triunfo do capitalismo: 1865-1914

1. Na verdade, a Heinz tinha mais de 57 variedades. Esse foi um raro exemplo de modéstia indevida na propaganda.

2. Joaquin Miller era um pseudônimo. Seu nome de batismo era Cincinnatus Heine Miller.

3. Marianne Ward e John Devereux, "Measuring British Decline: Direct *versus* Long-Span Income Measures", *Journal of Economic History* 63, n. 3, setembro de 2003, pp. 826-51.

4. Robert J. Gordon, *The Rise and Fall of American Growth: The U.S. Standard of Living Since the Civil War*. Princeton, NJ: Princeton University Press, 2016, p. 198.

5. Charles Hirschman e Elizabeth Mogford, "Immigration and the American Industrial Revolution from 1880 to 1920", *Social Science Research* 38, n. 4, 1º de dezembro de 2009, pp. 897-920.

6. Albert Fishlow, "Transportation in the 19th and Early 20th Centuries", em *The Long Nineteenth Century*, vol. 2 de *The Cambridge Economic History of the United States* (Org.), Stanley Engerman e Robert Gallman. Cambridge: Cambridge University Press, 2000, p. 601.

7. Samuel P. Hayes, *The Response to Industrialism 1885-1914*. Chicago: University of Chicago Press, 1957, p. 8; Jack Beatty (Org.), *Colossus: How the Corporation Changed America*. Nova York: Broadway Books, 2001, p. 111.

8. Richard White, *Railroaded: The Transcontinentals and the Making of Modern America*. Nova York: W. W. Norton, 2011, p. XXIV.

9. John Steele Gordon, *An Empire of Wealth: The Epic History of American Economic Power*. Nova York: HarperPerennial, 2004, p. 242.

10. Fishlow, "Transportation in the 19th and Early 20th Centuries", p. 595.

11. Citado em Daniel Yergin, *The Prize: The Epic History of Oil, Money & Power*. Nova York: Simon & Schuster, 1991, p. 79. [Edição brasileira: *Petróleo: uma história de ganância, dinheiro e poder*. São Paulo: Scritta, 1993.]

12. Gordon, *The Rise and Fall of American Growth*, p. 119.

13. Ron Chernow, *The House of Morgan: An American Banking Dynasty and the Rise of Modern Finance*. Nova York: Touchstone, 1990, p. 142.

14. Gordon, *The Rise and Fall of American Growth*, p. 158.

15. Ibid., pp. 154-55.

16. Ibid., p. 131.

17. Ibid., pp. 181-82.

18. Ibid., p. 185.

19. Richard White, *The Republic for Which It Stands: The United States During Reconstruction and the Gilded Age, 1865-1896*. Nova York: Oxford University Press, 2017, p. 119.

20. Charles R. Morris, *The Dawn of Innovation: The First American Industrial Revolution*. Nova York: Public Affairs, 2012, p. 275.

21. H. W. Brands, *American Colossus: The Triumph of Capitalism, 1865-1900*. Nova York: Anchor Books, 2010, pp. 251-52.

22. Ibid., pp. 249-50 para a citação, e pp. 249-56 para fazendas "bonanza" em geral.

23. White, *The Republic for Which It Stands*, p. 296.

24. Alan Olmstead (Org.), "Agriculture", em *Economic Sectors*, vol. 4 of *Historical Statistics of the United States: Millennial Edition* (Org.), Susan B. Carter et al. Nova York: Cambridge University Press, 2006, p. 11.

25. Id.

26. White, *The Republic for Which It Stands*, p. 219.

27. Naomi Lamoreaux, "Entrepreneurship in the United States, 1865-1920", em *The Invention of Enterprise*, Org. David S. Landes, Joel Mokyr e William J. Baumol. Princeton, NJ: Princeton University Press, 2010, p. 371.

28. Jeremy Atack, Fred Bateman e William Parker, "The Farm, the Farmer and the Market", em *The Long Nineteenth Century*, vol. 2 de *The Cambridge Economic History of the United States*, Org. Stanley Engerman e Robert Gallman. Cambridge: Cambridge University Press, 2000, p. 260.

29. Morris, *The Dawn of Innovation*, 205-6.

30. Ibid., 207.

31. Ibid., 205-6.

32. Daniel J. Boorstin, *The Americans: The National Experience*. Nova York: Vintage Books, 1965, p. 315.

33. Gordon, *The Rise and Fall of American Growth*, p. 74.

34. White, *The Republic for Which It Stands*, p. 515.
35. Atack et al., "The Farm, the Farmer and the Market", em *The Long Nineteenth Century*, p. 253.
36. Thomas Weiss, "Long Term Changes in U.S. Agricultural Output per Worker, 1800 to 1900", NBER Working Paper Series on Historical Factors in Long Run Growth, n. 23, National Bureau of Economic Research, 1991.
37. White, *The Republic for Which It Stands*, p. 219.
38. Boorstin, *The Americans*, p. 323.

4. A era dos gigantes

1. Richard S. Tedlow, *Giants of Enterprise: Seven Business Innovators and the Empires They Built*. Nova York: HarperBusiness, 2001, pp. 421-22.
2. Citado em Bhu Srinivasan, *Americana: A 400-Year History of American Capitalism*. Nova York: Penguin Press, 2017, pp. 66-67.
3. Richard Tedlow, *The Rise of the American Business Corporation*. Chur, Suíça: Harwood Academic Publishers, 1991, p. 41.
4. Peter Collier e David Horowitz, *The Rockefellers: An American Dynasty*. Nova York: Holt, Rinehart and Winston, 1976, p. 25.
5. H. W. Brands, *Masters of Enterprise: Giants of American Business from John Jacob Astor and J. P. Morgan to Bill Gates and Oprah Winfrey*. Nova York: Free Press, 1999, p. 81.
6. H. W. Brands, *American Colossus: The Triumph of Capitalism, 1865-1900*. Nova York: Anchor Books, 2010, pp. 71-72.
7. John Steele Gordon, *An Empire of Wealth: The Epic History of American Economic Power*. Nova York: HarperPerennial, 2004, p. 231.
8. Ron Chernow, *The House of Morgan: An American Banking Dynasty and the Rise of Modern Finance*. Nova York: Touchstone, 1990, p. 46.
9. Ibid., p. 111.
10. Ver, por exemplo, Tarun Khanna, Krishna G. Palepu e Jayant Sinha, "Strategies That Fit Emerging Markets", *Harvard Business Review*, junho de 2005.
11. Ver John Micklethwait e Adrian Wooldridge, *The Company: A Short History of a Revolutionary Idea*. Nova York: Modern Library Chronicles, 2005, pp. 55-79. [Edição brasileira: *A companhia: breve história de uma ideia revolucionária*. Rio de Janeiro: Objetiva, 2003.]

12. Jack Beatty (Org.), *Colossus: How the Corporation Changed America*. Nova York: Broadway Books, 2001, p. 19.

13. Tedlow, *The Rise of the American Business Corporation*, p. 12.

14. John Bates Clark, *The Control of Trusts*. Nova York: Macmillan, 1901, p. 17.

15. Tedlow, *The Rise of the American Business Corporation*, p. 14.

16. Ibid., p. 16.

17. Richard White, *Railroaded: The Transcontinentals and the Making of Modern America*. Nova York: W. W. Norton, 2011, p. 2.

18. Ibid., p. 209.

19. Tim Sullivan, "Blitzscaling", *Harvard Business Review*, abril de 2016.

20. Charles Morris, *The Tycoons: How Andrew Carnegie, John D. Rockefeller, Jay Gould, and J. P. Morgan Invented the American Supereconomy*. Nova York: Times Books, 2005, p. 174; Srinivasan, *Americana*, p. 209. [Edição brasileira: *Os magnatas: como Andrew Carnegie, John D. Rockefeller, Jay Gould e J. P. Morgan inventaram a supereconomia americana*. Porto Alegre: L&PM, 2007.]

21. Naomi Lamoreaux, "Entrepreneurship, Organization, Economic Concentration", em *The Long Nineteenth Century*, vol. 2 de *The Cambridge Economic History of the United States* (Org.). Stanley Engerman e Robert Gallman. Cambridge: Cambridge University Press, 2000, p. 430.

22. Thomas McCraw, "American Capitalism", em *Creating Modern Capitalism: How Entrepreneurs, Companies and Countries Triumphed in Three Industrial Revolutions* (Org.), Thomas K. McCraw. Cambridge, MA: Harvard University Press, 1995, p. 325.

23. Naomi Lamoreaux (Org.), "Business Organization", em *Economic Structure and Performance*, vol. 3 de *Historical Statistics of the United States: Millennial Edition* (Org.), Susan B. Carter et al. Nova York: Cambridge University Press, 2006, p. 487.

24. Lamoreaux, "Entrepreneurship, Organization, Economic Concentration", em *The Long Nineteenth Century*, p. 427.

25. Naomi Lamoreaux, "Entrepreneurship in the United States, 1865-1920", in *The Invention of Enterprise* (Org.), David S. Landes, Joel Mokyr e William J. Baumol. Princeton, NJ: Princeton University Press, 2010, p. 386.

26. Robert J. Gordon, *The Rise and Fall of American Growth: The U.S. Standard of Living Since the Civil War*. Princeton, NJ: Princeton University Press, 2016, p. 572.

27. Lamoreaux, "Entrepreneurship in the United States, 1865-1920", em *The Invention of Enterprise*, p. 387.

5. A revolta contra o *laissez-faire*

1. Richard White, *The Republic for Which It Stands: The United States During Reconstruction and the Gilded Age, 1865-1896*. Nova York: Oxford University Press, 2017, p. 841.
2. H. W. Brands, *American Colossus: The Triumph of Capitalism, 1865-1900*. Nova York: Anchor Books, 2010, pp. 547-48.
3. A. Scott Berg, *Wilson*. Londres: Simon & Schuster, 2013, p. 260.
4. Thomas McCraw, "American Capitalism", em *Creating Modern Capitalism: How Entrepreneurs, Companies and Countries Triumphed in Three Industrial Revolutions* (Org.), Thomas K. McCraw. Cambridge, MA: Harvard University Press, 1995, p. 346.
5. Kevin Phillips, *Wealth and Democracy: A Political History of the American Rich*. Nova York: Broadway Books, 2002, p. 305.
6. William Leuchtenburg, *The American President: From Teddy Roosevelt to Bill Clinton*. Oxford: Oxford University Press, 2015, pp. 4-6.
7. Samuel P. Hayes, *The Response to Industrialism 1885-1914*. Chicago: University of Chicago Press, 1957, p. 144.
8. White, *The Republic for Which It Stands*, p. 275.
9. Ibid., pp. 831-35.
10. Robert Wiebe, *The Search for Order, 1877-1920*. Nova York: Hill and Wang, 1967, p. 41.
11. Richard Hofstadter, *Social Darwinism in American Thought*. Filadélfia: University of Pennsylvania Press, 1944, p. 32.
12. Wiebe, *The Search for Order, 1877-1920*, p. 135.
13. White, *The Republic for Which It Stands*, p. 363.
14. David Reynolds, *America, Empire of Liberty*. Londres: Allen Lane, 2009, pp. 249-50.
15. White, *The Republic for Which It Stands*, p. 500.
16. Robert J. Gordon, *The Rise and Fall of American Growth: The U.S. Standard of Living Since the Civil War*. Princeton, NJ: Princeton University Press, 2016, p. 219.

17. White, *The Republic for Which It Stands*, pp. 478-81.
18. Gordon, *The Rise and Fall of American Growth*, p. 310.
19. Ibid., p. 237.
20. Claude S. Fischer, *Made in America: A Social History of American Culture and Character*. Chicago: University of Chicago Press, 2010, p. 24.
21. Matthew Josephson, *The Robber Barons*. Nova York: Harcourt Brace and Company, 1934, p. 234.
22. Citado em Michael C. Jensen, "The Modern Industrial Revolution, Exit, and the Failure of Internal Control Systems", *Journal of Finance* 48, n. 3, julho de 1993, p. 832.
23. White, *The Republic for Which It Stands*, pp. 799-800.
24. Walter Lippmann, *Drift and Mastery*. Nova York: Mitchell Kennerley, 1914, pp. 80-81.
25. Robert Margo, "The Labor Force in the Nineteenth Century", em *The Long Nineteenth Century*, vol. 2 of *The Cambridge Economic History of the United States* (Org.), Stanley Engerman e Robert Gallman. Cambridge: Cambridge University Press, 2000, p. 238.
26. White, *The Republic for Which It Stands*, pp. 201-2.
27. J. R. Pole, *The Pursuit of Equality in American History*. Berkeley: University of California Press, 1978, p. 264.
28. Reynolds, *America, Empire of Liberty*, p. 274.
29. Ken Gormley, Org., *The Presidents and the Constitution: A Living History*. Nova York: New York University Press, 2016, p. 332.
30. Citado em Brands, *American Colossus*, p. 479.
31. Edmund Morris, *The Rise of Theodore Roosevelt*. Nova York: Modern Library, 1979, p. 568.
32. Leuchtenburg, *The American President*, p. 63.
33. Hugh Rockoff, "Until It's Over, Over There: The U.S. Economy in World War I", NBER Working Paper n. 10580, National Bureau of Economic Research, janeiro de 2005.
34. Thomas Leonard, *Illiberal Reformers: Race, Eugenics and American Economics in the Progressive Era*. Princeton, NJ: Princeton University Press, 2016, pp. 47-48.
35. Rockoff, "Until It's Over, Over There: The U.S. Economy in World War I".

36. Michael Edelstein, "War and the American Economy in the Twentieth Century", em *The Twentieth Century*, vol. 3 de *The Cambridge Economic History of the United States* (Org.), Stanley Engerman e Robert Gallman. Cambridge: Cambridge University Press, 2000, pp. 331-32.

6. O negócio da América são os negócios

1. William Leuchtenburg, *The American President: From Teddy Roosevelt to Bill Clinton*. Oxford: Oxford University Press, 2015, p. 122.

2. Ibid., p. 130.

3. David M. Kennedy, *Freedom from Fear: The American People in Depression and War, 1929-1945*. Nova York: Oxford University Press, 1999, p. 30.

4. James Grant, *The Forgotten Depression: 1921: The Crash That Cured Itself.* Nova York: Simon & Schuster, 2013.

5. Liaquat Ahamed, *Lords of Finance: The Bankers Who Broke the World*. Nova York: Penguin Press, 2009, pp. 271-74. [Edição brasileira: *Os donos do dinheiro: os banqueiros que quebraram o mundo*. Rio de Janeiro: Campus/Elsevier: 2010.]

6. Kevin Phillips, *Wealth and Democracy: A Political History of the American Rich*. Nova York: Broadway Books, 2002, p. 58.

7. Robert J. Gordon, *The Rise and Fall of American Growth: The U.S. Standard of Living Since the Civil War*. Princeton, NJ: Princeton University Press, 2016, p. 167.

8. Charles R. Morris, *A Rabble of Dead Money: The Great Crash and the Global Depression, 1929-1939*. Nova York: Public Affairs, 2017, p. 35.

9. Kennedy, *Freedom from Fear*, p. 17.

10. Gordon, *The Rise and Fall of American Growth*, p. 160.

11. Ibid., p. 158.

12. Ibid., p. 132.

13. Anthony Mayo e Nitin Nohria, *In Their Time: The Greatest Business Leaders of the Twentieth Century*. Boston, MA: Harvard Business School Press, 2005, p. 91.

14. Louis Cain (Org.), "Transportation", em *Economic Sectors*, vol. 4 of *Historical Statistics of the United States: Millennial Edition* (Org.), Susan B. Carter et al. Nova York: Cambridge University Press, 2006, p. 773.

15. Gordon, *The Rise and Fall of American Growth*, p. 123.

16. Adolf Berle e Gardiner Means, *The Modern Corporation and Private Property*. Nova York: Macmillan, 1932, p. 60. [Edição brasileira: *A moderna sociedade anônima e a propriedade privada*. São Paulo: Abril, 1984.]
17. Ibid., p. 35.
18. Ibid., p. 3.
19. Mayo e Nohria, *In Their Time*, p. 87.
20. Thomas K. McCraw, *American Business Since 1920: How It Worked*. Wheelan, IL: Harland Davidson, 2000, p. 21.
21. Oliver E. Williamson, *Markets and Hierarchies: Analysis and Antitrust Implications*. Nova York: Free Press, 1975.
22. Richard Tedlow, *The Rise of the American Business Corporation*. Chur, Suíça: Harwood Academic Publishers, 1991, pp. 57-59.
23. McCraw, *American Business Since 1920*, p. 30.
24. Ibid., pp. 30-31.
25. Bhu Srinivasan, *Americana: A 400- Year History of American Capitalism*. Nova York: Penguin Press, 2017, p. 313.
26. Claude S. Fischer, *Made in America: A Social History of American Culture and Character*. Chicago: University of Chicago Press, 2010, p. 68.
27. Charles Rappleye, *Herbert Hoover in the White House: The Ordeal of the Presidency*. Nova York: Simon & Schuster, 2016, p. 42.
28. Ibid., p. 11.
29. Kennedy, *Freedom from Fear*, p. 11.

7. A Grande Depressão

1. Charles R. Morris, *A Rabble of Dead Money: The Great Crash and the Global Depression, 1929-1939*. Nova York: Public Affairs, 2017, pp. 111-12.
2. Charles Rappleye, *Herbert Hoover in the White House: The Ordeal of the Presidency*. Nova York: Simon & Schuster, 2016, p. 103.
3. David M. Kennedy, *Freedom from Fear: The American People in Depression and War, 1929-1945*. Nova York: Oxford University Press, 1999, p. 35.
4. Ibid., p. 41.
5. Ibid., p. 40.
6. Ron Chernow, *The House of Morgan: An American Banking Dynasty and the Rise of Modern Finance*. Nova York: Touchstone, 1990, p. 302.

7. Ibid., p. 346.
8. Alan Greenspan, *The Map and the Territory 2.0: Risk, Human Nature, and the Future of Forecasting*. Nova York: Penguin Press, 2013, pp. 73-87.
9. Alan Greenspan, "The Crisis", Brookings Papers on Economic Activity, primavera de 2010.
10. Adam Cohen, *Nothing to Fear: FDR's Inner Circle and the Hundred Days That Created Modern America*. Nova York: Penguin Press, 2009, p. 1.
11. Harold Cole e Lee Ohanian, "New Deal Policies and the Persistence of the Great Depression: A General Equilibrium Analysis", *Journal of Political Economy* 112, n. 4, agosto de 2004, pp. 779-816.
12. Burton Folsom Jr., *New Deal or Raw Deal? How FDR's Economic Legacy Has Damaged America*. Nova York: Threshold Editions, 2008, p. 2.
13. Liaquat Ahamed, *Lords of Finance: The Bankers Who Broke the World*. Nova York: Penguin Press, 2009, p. 131. [Edição brasileira: *Os donos do dinheiro: os banqueiros que quebraram o mundo*. Rio de Janeiro: Campus/Elsevier: 2010.]
14. Ibid., p. 164.
15. "The Battle of Smoot-Hawley", *Economist*, 18 de dezembro de 2008, https://www.economist.com/ node/ 12798595.
16. Douglas A. Irwin, *Clashing over Commerce: A History of U.S. Trade Policy*. Chicago: University of Chicago Press, 2017, p. 386.
17. Kennedy, *Freedom from Fear*, p. 77.
18. Se houvesse apenas um banco, todos os cheques seriam compensados no mesmo banco. Em uma estrutura de compensação como essa, não ocorreriam calotes. Quatro bancos reduzem o risco de contágio financeiro em relação a 25 mil bancos.
19. Ahamed, *Lords of Finance*, p. 4.
20. Ibid., pp. 173-74.
21. "Hooverville" foi cunhado por Charles Michelson, diretor de publicidade do Comitê Nacional Democrata.
22. Chernow, *The House of Morgan*, p. 314.
23. Morris, *A Rabble of Dead Money*, p. 245.
24. Cohen, *Nothing to Fear*, pp. 60-61.
25. Kennedy, *Freedom from Fear*, p. 121.
26. William Leuchtenburg, *The American President: From Teddy Roosevelt to Bill Clinton*. Oxford: Oxford University Press, 2015, p. 149.

27. Kennedy, *Freedom from Fear*, p. 153.
28. Ibid., pp. 276-77.
29. Cohen, *Nothing to Fear*, p. 286.
30. Ahamed, *Lords of Finance*, p. 441.
31. Leuchtenburg, *The American President*, p. 181.
32. Robert Underhill, *The Rise and Fall of Franklin Delano Roosevelt*. Nova York: Algora Publishing, 2012, p. 46.
33. Cohen, *Nothing to Fear*, p. 47.
34. Robert Underhill, *The Rise and Fall of Franklin Delano Roosevelt*. Nova York: Algora Publishing, 2012, p. 46.
35. Kennedy, *Freedom from Fear*, p. 280.
36. John F. Cogan, *The High Cost of Good Intentions: A History of U.S. Federal Entitlement Programs*. Palo Alto, CA: Stanford University Press, 2017, p. 93.
37. Ibid., pp. 139-60.
38. Ira Katznelson, *Fear Itself: The New Deal and the Origins of Our Time*. Nova York: W. W. Norton, 1994, pp. 385-403.
39. Cole e Ohanian, "New Deal Policies and the Persistence of the Great Depression", pp. 779-816.
40. Id.
41. Leuchtenburg, *The American President*, p. 157.
42. Folsom Jr., *New Deal or Raw Deal?*, p. 71.
43. Kennedy, *Freedom from Fear*, p. 197.
44. Barone, *Our Country*, p. 71.
45. Kennedy, *Freedom from Fear*, p. 351.
46. Ibid., p. 282.
47. Ibid., p. 283.
48. Ibid., p. 351.
49. Cole e Ohanian, "New Deal Policies and the Persistence of the Great Depression", pp. 779-816.
50. Folsom Jr., *New Deal or Raw Deal?*, pp. 242-44.
51. Kennedy, *Freedom from Fear*, p. 617.
52. Ibid., p. 653.
53. Kennedy, *Freedom from Fear*, p. 621.
54. Ibid., p. 653.
55. Ibid., p. 646.
56. Ibid., p. 648.

8. A era dourada do crescimento: 1945-1970

1. Tony Judt, *Postwar: A History of Europe Since 1945*. Londres: Pimlico, 2007, p. 17. [Edição brasileira: *Pós-guerra: uma história da Europa desde 1945*. Rio de Janeiro: Objetiva, 2008.]

2. Jeffry Frieden, *Global Capitalism: Its Fall and Rise in the Twentieth Century*. Nova York: W. W. Norton, 2006, p. 261. [Edição brasileira: *Capitalismo global: história econômica e política do século XX*. Rio de Janeiro: Jorge Zahar, 2008.]

3. Ian Kershaw, *To Hell and Back: Europe 1914-1949*. Londres: Allen Lane, 2015, p. 470. [Edição brasileira: *De volta do inferno: Europa, 1914-1949*. São Paulo: Companhia das Letras, 2016.]

4. Judt, *Postwar*, pp. 16-17.

5. James Patterson, *Grand Expectations: The United States, 1945-1974*. Nova York: Oxford University Press, 1996, p. 139.

6. Kershaw, *To Hell and Back*, p. 488.

7. Patterson, *Grand Expectations*, p. 184.

8. Judt, *Postwar*, p. 94.

9. Frieden, *Global Capitalism*, p. 261.

10. William Leuchtenburg, *The American President: From Teddy Roosevelt to Bill Clinton*. Oxford: Oxford University Press, 2015, p. 330.

11. Anthony Mayo e Nitin Nohria, *In Their Time: The Greatest Business Leaders of the Twentieth Century*. Boston, MA: Harvard Business School Press, 2005, p. 160.

12. Jerome Karabel, *The Chosen: The Hidden History of Admission and Exclusion at Harvard, Yale and Princeton*. Nova York: Houghton Mifflin, 2005, p. 164.

13. Walter Isaacson, *The Innovators: How a Group of Hackers, Geniuses, and Geeks Created the Digital Revolution*. Nova York: Simon & Schuster, 2014, p. 220. [Edição brasileira: *Os inovadores: uma biografia da revolução digital*. São Paulo: Companhia das Letras, 2014.]

14. Leuchtenburg, *The American President*, p. 356.

15. *American President*, p. 356.

16. Price Fishback e Melissa Thomasson (Orgs.), "Social Welfare: 1929 to the Present", em *Work and Welfare*, vol. 2 de *Historical Statistics of the United States: Millennial Edition* (Org.), Susan B. Carter et al. Nova York: Cambridge University Press, 2006, p. 715.

17. Robert J. Gordon, *The Rise and Fall of American Growth: The U.S. Standard of Living Since the Civil War*. Princeton, NJ: Princeton University Press, 2016, p. 466.

18. Patterson, *Grand Expectations*, p. 318.

19. Earl Swift, *The Big Roads: The Untold Story of the Engineers, Visionaries, and Trailblazers Who Created the American Superhighways*. Boston: Houghton Mifflin Harcourt, 2011, p. 6.

20. Gordon, *The Rise and Fall of American Growth*, p. 390.

21. Rick Wartzman, *The End of Loyalty: The Rise and Fall of Good Jobs in America*. Nova York: Public Affairs, 2017, p. 107.

22. Peter Drucker, "The New Society 1: Revolution by Mass Production", *Harper's Magazine*, setembro de 1949, pp. 21-30.

23. Robert Reich, "How Business Schools Can Help Reduce Inequality", *Harvard Business Review*, 12 de setembro de 2014.

24. Wartzman, *The End of Loyalty*, p. 111.

25. Ibid., p. 133.

26. Mayo e Nohria, *In Their Time*, pp. 162-63.

27. Ibid., pp. 165-70.

28. Ibid., pp. 202-7.

29. Douglas A. Irwin, *Clashing over Commerce: A History of U.S. Trade Policy*. Chicago: University of Chicago Press, 2017, p. 535.

30. Mayo e Nohria, *In Their Time*, p. 199.

31. Geoffrey Jones, *Entrepreneurship and Multinationals: Global Business and the Making of the Modern World*. Cheltenham, RU: Edward Elgar, 2013, p. 77.

32. Patterson, *Grand Expectations*, p. 338.

9. Estagflação

1. William Leuchtenburg, *The American President: From Teddy Roosevelt to Bill Clinton*. Oxford: Oxford University Press, 2015, p. 577.

2. Steven F. Hayward, *The Age of Reagan: The Fall of the Old Liberal Order, 1964-1980*. Nova York: Forum, 2001, p. 321.

3. Mancur Olson, *The Rise and Decline of Nations*. New Haven, CT: Yale University Press, p. 299.

4. Leuchtenburg, *The American President*, p. 399.

5. Sebastian Mallaby, *The Man Who Knew: The Life and Times of Alan Greenspan* Nova York: Penguin Press, 2016, pp. 104-5.

6. Marc Levinson, *An Extraordinary Time: The End of the Postwar Boom and the Return of the Ordinary Economy.* Nova York: Basic Books, 2016, p. 261.

7. Ibid., p. 5.

8. John F. Cogan, *The High Cost of Good Intentions: A History of U.S. Federal Entitlement Programs.* Palo Alto, CA: Stanford University Press, 2017, p. 203.

9. Leuchtenburg, *The American President*, p. 495.

10. Cogan, *The High Cost of Good Intentions*, pp. 231-65.

11. Ibid., p. 265.

12. Peter Lindert, "Twentieth- Century Foreign Trade and Trade Policy", em *The Twentieth Century*, vol. 3 de *The Cambridge Economic History of the United States* (Org.), Stanley Engerman e Robert Gallman. Cambridge: Cambridge University Press, 2000, pp. 432/435.

13. Rick Wartzman, *The End of Loyalty: The Rise and Fall of Good Jobs in America.* Nova York: Public Affairs, 2017, pp. 212-13.

14. Lindert, "Twentieth-Century Foreign Trade and Trade Policy", em *The Twentieth Century*, pp 419/423.

15. Ibid., p. 428.

16. Thomas McCraw, *American Business Since 1920: How It Worked.* Wheelan, IL: Harlan Davidson, 2000, pp. 98-112.

17. Michael C. Jensen, "The Modern Industrial Revolution, Exit, and the Failure of Internal Control Systems", *Journal of Finance* 48, n. 3, julho de 1993, pp. 847-48/851.

18. Anthony Mayo e Nitin Nohria, *In Their Time: The Greatest Business Leaders of the Twentieth Century.* Boston, MA: Harvard Business School Press, 2005, p. 259.

19. Wartzman, *The End of Loyalty*, p. 290.

20. Mayo e Nohria, *In Their Time*, p. 213.

21. Neal R. Peirce e Jerry Hagstrom, *The Book of America: Inside Fifty States Today.* Nova York: W. W. Norton, 1983, pp. 258-59.

22. Carol Heim, "Structural Changes: Regional and Urban", em *The Twentieth Century*, vol. 3 de *The Cambridge Economic History of the United States*, p. 155.

23. Mayo e Nohria, *In Their Time*, pp. 271-78.

24. Ibid., p. 279.

10. A era do otimismo

1. Daniel Yergin e Joseph Stanislaw, *The Commanding Heights: The Battle Between Government and the Marketplace That Is Remaking the Modern World*. Nova York: Simon & Schuster, 1998, p. 334.
2. William Leuchtenburg, *The American President: From Teddy Roosevelt to Bill Clinton*. Oxford: Oxford University Press, 2015, p. 592.
3. Anthony Mayo e Nitin Nohria, *In Their Time: The Greatest Business Leaders of the Twentieth Century*. Boston, MA: Harvard Business School Press, 2005, p. 292.
4. Naomi Lamoreaux (Org.), "Business Organization", em *Economic Structure and Performance*, vol. 3 de *Historical Statistics of the United States: Millennial Edition* (Org.), Susan B. Carter et al. Nova York: Cambridge University Press, 2006, p. 491.
5. Mayo e Nohria, *In Their Time*, p. 307.
6. Gerald F. Davis, *Managed by the Markets: How Finance Re-Shaped America*. Oxford: Oxford University Press, 2009, p. 21.
7. Adrian Wooldridge, *Masters of Management: How the Business Gurus and Their Ideas Have Changed the World — for Better and for Worse*. Nova York: HarperBusiness, 2011, p. 30. [Edição brasileira: *Os senhores da gestão: como os gurus de negócios e suas ideias mudaram o mundo para melhor (ou pior)*. Rio de Janeiro: Elsevier, 2012.]
8. Michael Jensen e William H. Meckling, "Theory of the Firm: Managerial Behavior, Agency Costs and Ownership Structure", *Journal of Financial Economics* 3, n. 4, outubro de 1976, pp. 305-60.
9. Michael Schuman, *The Miracle: The Epic Story of Asia's Quest for Wealth*. Nova York: HarperCollins, 2009, pp. 181-82; Wooldridge, *Masters of Management*, p. 432.
10. Walter Isaacson, *The Innovators: How a Group of Hackers, Geniuses, and Geeks Created the Digital Revolution*. Nova York: Simon & Schuster, 2014, p. 263.
11. Thomas McCraw, *American Business Since 1920: How It Worked*. Wheelan, IL: Harlan Davidson, 2000, pp. 238-39.
12. Robert J. Gordon, *The Rise and Fall of American Growth: The U.S. Standard of Living Since the Civil War*. Princeton, NJ: Princeton University Press, 2016, p. 506.

13. Jerome Karabel, *The Chosen: The Hidden History of Admission and Exclusion at Harvard, Yale and Princeton*. Nova York: Houghton Mifflin, 2005, p. 444.

14. Alan Greenspan, *The Age of Turbulence: Adventures in a New World* Londres: Allen Lane, 2007, p. 169. [Edição brasileira: *A era da turbulência: aventuras em um novo mundo*. Rio de Janeiro: Campus/Elsevier, 2008.]

11. A grande recessão

1. Sebastian Mallaby, *The Man Who Knew: The Life and Times of Alan Greenspan*. Nova York: Penguin Press, 2016, p. 594.

2. Douglas A. Irwin, *Clashing over Commerce: A History of U.S. Trade Policy*. Chicago: University of Chicago Press, 2017, pp. 666-67.

3. Alan Greenspan, *The Map and the Territory 2.0: Risk, Human Nature, and the Future of Forecasting*. Nova York: Penguin Press, 2013, p. 38.

4. Daniel Yergin e Joseph Stanislaw, *The Commanding Heights: The Battle Between Government and the Marketplace That Is Remaking the Modern World*. Nova York: Simon & Schuster, 1998, p. 168.

5. Mallaby, *The Man Who Knew*, p. 617.

6. Ibid., p. 466.

7. Ver Carmen M. Reinhardt e Kenneth S. Rogoff, *This Time Is Different: Eight Centuries of Financial Folly*. Princeton, NJ: Princeton University Press, 2011.

12. Enfraquecimento do dinamismo americano

1. Deirdre Nansen McCloskey, *Bourgeois Equality: How Ideas, Not Capital or Institutions, Enriched the World*. Chicago: University of Chicago Press, 2016, p. 500.

2. Tyler Cowen, *The Complacent Class: The Self- Defeating Quest for the American Dream*. Nova York: St. Martin's Press, 2017, p. 25. O livro de Cowen foi uma fonte inestimável de dados e referências para este capítulo.

3. Oscar Handlin e Lilian Handlin, *Liberty in Expansion 1760-1850*. Nova York: Harper & Row, 1989, p. 13.

4. Ver Patrick Foulis, "The Sticky Superpower", *Economist*, 3 de outubro de 2016.

5. Chang-Tai Hsieh e Enrico Moretti, "Why Do Cities Matter? Local Growth and Aggregate Growth", NBER Working Paper n. 21154, National Bureau of Economic Research, maio de 2015; Cowen, *The Complacent Class*, p. 8.

6. Raj Chetty et al., "The Fading American Dream: Trends in Absolute Income Mobility Since 1940", NBER Working Paper n. 22910, National Bureau of Economic Research, março de 2017.

7. Handlin e Handlin, *Liberty in Expansion*, p. 141.

8. Philip K. Howard, *The Rule of Nobody: Saving America from Dead Laws and Broken Government*. Nova York: W. W. Norton, 2014, p. 33.

9. Thomas Friedman e Michael Mandelbaum, *"That Used to Be Us": What Went Wrong with America and How It Can Come Back*. Nova York: Little, Brown, 2011, p. 26. [Edição brasileira: *Éramos nós: a crise americana e como resolvê-la*. São Paulo: Companhia das Letras, 2012.]

10. Howard, *The Rule of Nobody*, p. 13.

11. Robert J. Gordon, *The Rise and Fall of American Growth: The U.S. Standard of Living Since the Civil War*. Princeton, NJ: Princeton University Press, 2016, p. 585.

12. "Too Much of a Good Thing", *Economist*, 26 de março de 2016.

13. Adrian Wooldridge, "The Rise of the Superstars", *Economist*, Special Report, 17 de setembro de 2016.

14. Dan Andrews, Chiara Criscuolo e Peter Gal, *Frontier Firms, Technology Diffusion and Public Policy: Micro Evidence from OECD Countries*, OECD Productivity Working Paper, 2015.

15. Gordon, *The Rise and Fall of American Growth*, p. 629.

16. Anne Case e Angus Deaton, "Rising Morbidity and Mortality in Mid-Life Among White Non-Hispanic Americans in the 21st Century", *Proceedings of the National Academy of the United States* 112, n. 49; Anne Case e Angus Deaton, "Mortality and Morbidity in the 21st Century", Brookings Institution, Brookings Paper on Economic Activity, 23 de março de 2017.

17. The 2017 Annual Report of the Board of Trustees of the Federal Old-Age and Survivors Insurance and Federal Disability Insurance Trust Funds, p. 199.

18. Howard, *The Rule of Nobody*, p. 8.

19. Ibid., p. 21.

20. "Rules for Fools", *Economist*, 12 de maio de 2011.

Conclusão

1. Michael Haines (Org.), "Population Characteristics", em *Population*, vol. 1 de *Historical Statistics of the United States: Millennial Edition*, Org. Susan B. Carter et al. Nova York: Cambridge University Press, 2006, p. 21.
2. Susan Carter et al. (Orgs.), "Labor", em *Work and Welfare*, vol. 2 de *Historical Statistics of the United States: Millennial Edition*, p. 10.
3. Michael Haines (Org.), "Vital Statistics", em *Population*, vol. 1 de *Historical Statistics of the United States: Millennial Edition*, p. 388.
4. Richard S. Tedlow, *Giants of Enterprise: Seven Business Innovators and the Empires They Built*. Nova York: HarperBusiness, 2001, p. 427.
5. Ibid., p. 200.
6. Peter Thiel, *Zero to One: Notes on Startups, or How to Build the Future*. Nova York: Crown Business, 2014, p. 34. [Edição brasileira: *De zero a um: o que aprender sobre empreendedorismo com o Vale do Silício*. Rio de Janeiro: Objetiva, 2014.]
7. Ibid., p. 387.
8. Robert J. Gordon, *The Rise and Fall of American Growth: The U.S. Standard of Living Since the Civil War*. Princeton, NJ: Princeton University Press, 2016, pp. 270-71.
9. Stanley Lebergott, *Pursuing Happiness: American Consumers in the Twentieth Century*. Princeton, NJ: Princeton University Press, 1993, p. 82.
10. Ibid., p. 98.
11. Gordon, *The Rise and Fall of American Growth*, p. 103.
12. Lebergott, *Pursuing Happiness*, p. 24.
13. Ibid., pp. 112-13.
14. Ibid.
15. Carter et al., "Labor Force", em *Work and Welfare*, vol. 2 de *Historical Statistics of the United States: Millennial Edition*, pp. 17-23.
16. Ibid., p. 20.
17. "Age Shall Not Wither Them", *Economist*, 7 de abril de 2011.
18. "Researchers Find Risk-Taking Behavior Rises Until Age 50", Universidade do Oregon, Media Relations, 10 de novembro de 2011, https://uonews.uoregon.edu/archive/news-release/2011/11/researchers-find-risk-taking-behavior-rises-until-age-50.

Apêndice: Dados e metodologia

1. Com destaque para Robert J. Gordon, Christina D. Romer, Robert E. Gallman, Paul David, Stanley L. Engerman e John Kendrick.
2. Richard Sutch (Org.), "National Income and Product", em *Economic Structure and Performance*, vol. 3 de *Historical Statistics of the United States: Millennial Edition* (Org.), Susan B. Carter et al. Nova York: Cambridge University Press, 2006.
3. *Historical Statistics* (2006), 3-27, 3-28.
4. *Historical Statistics*, série Dc662, 4-500.
5. *Historical Statistics*, tabela Ae-A, 1-654.
6. David R. Weir, "A Century of U.S. Unemployment, 1890-1990", em *Research in Economic History*, vol. 14 (Org.), Roger L. Ransom, Richard Sutch e Susan B. Carter, Stamford CT: JAI Press, 1992.
7. Thomas Weiss, "Estimates of White and Nonwhite Gainful Workers in the United States by Age Group, Race, and Sex: Decennial Census Years, 1800-1900", *Historical Methods*, vol. 32, n. 1, 1999.
8. U.S. Department of the Treasury, *Statistical Appendix to the Annual Report of the Secretary of the Treasury* (1970 e 1971).
9. U.S. Department of Commerce, "Historical Statistics on Government Finance and Employment", em *Census of Governments, 1982*, vol. 6, 225-64.
10. Richard E. Sylla, John B. Legler e John Joseph Wallis, *State and Local Government [United States]: Source and Uses of Funds, City and Country Data, Nineteenth Century*, arquivo eletrônico número 9728, Inter-University Consortium for Political and Social Research, 1993; John Joseph Wallis, "American Government Finance in the Long Run: 1790 to 1900", *Journal of Economic Perspectives*, vol. 14, n. 2000, pp. 61-82.
11. Robert F. Martin, *National Income in the United States, 1799-1938*. Nova York: National Industrial Conference Board, 1939.
12. Marvin W. Towne e Wayne E. Rasmussen, "Farm Gross Product and Gross Investment During the Nineteenth Century", em *Studies in Income and Wealth*, vol. 24. Washington, D.C.: National Bureau of Economic Research, 1960.
13. Weir, "A Century of U.S. Unemployment".
14. Weiss, "Estimates of White and Nonwhite Gainful Workers in the United States"; Weiss, "U.S. Labor Force Estimates and Economic Growth, 1800-

-1860", em *American Economic Growth and Standards of Living Before the Civil War* (Org.), Robert E. Gallman e John Joseph Wallis. Chicago: National Bureau of Economic Research and University of Chicago Press, 1992.

15. John W. Kendrick, "Appendix B: Agriculture, Forestry, and Fisheries" em *Productivity Trends in the United States*. Princeton, NJ: National Bureau of Economic Research and Princeton University Press, 1961.

16. Witt Bowden, "Wages, Hours, and Productivity of Industrial Labor, 1909 to 1939", *Monthly Labor Review* 51, n. 3. U.S. Bureau of Labor Statistics, U.S. Department of Labor, setembro de 1940.

17. Kendrick, "Appendix D: Manufacturing" em *Productivity Trends in the United States*.

18. "Technical Information About the BLS Multifactor Productivity Measures", U.S. Bureau of Labor Statistics, 26 de setembro de 2007, https://www.bls.gov/mfp/mprtech.pdf.

19. Raymond W. Goldsmith, "The Growth of Reproducible Wealth of the United States of America from 1805 to 1950", em International Association for Research in Income and Wealth, *Income and Wealth of the United States: Trends and Structure*, Income and Wealth Series II (Bowes and Bowes, 1952), p. 306; Raymond W. Goldsmith, *The National Wealth of the United States in the Postwar Period*. Princeton, NJ: Princeton University Press, 1962, apêndice A e B.

20. "120 Years of American Education: A Statistical Portrait", U.S. Department of Education, janeiro de 1993, https://nces.ed.gov/pubs93/93442.pdf.

21. Robert A. Margo, *Wages and Labor Markets Before the Civil War*. Chicago: University of Chicago Press, 2000.

22. Stanley Lebergott, *Manpower in Economic Growth: The American Record Since 1800*. Nova York: McGraw-Hill, 1964.

ÍNDICE

Ponte de Donghai, 401
Ponte George Washington, 98
Ponte Golden Gate, 278, 418
Ponte São-Francisco Oakland Bay, 98
Pony Express, 27, 57-58
Poor, Henry Varnum, 145
populismo, 32, 78, 178-179, 249-250, 301, 349, 421
Potter, David, 299
prata, 168-169
Pratt, Francis, 81
primeira ferrovia transcontinental, 24, 25, 98, 121
Primeira Guerra Mundial, 189-193, 231, *270*
Prince, Charles, 387
Proclamação da Emancipação, 94-95
Procter & Gamble, 126, 267, 291, 397, 407
"procura pela felicidade", 16
produção em massa, 22-23, 81, 153, 200-201, 274-275, 318
produção *just in time*, 318, 349
produtividade multifatorial (PMF), 20, 268, 461
produtividade, 20, 129, 200-201, 272, 293-297, 459-460
fontes, 21-28
Professional Air Traffic Controllers Organization (PATCO), 332-333
propaganda, 213, *214*
propriedade imobiliária, 211, 222, 237, 278, 295, 380, 384-385, 435
protecionismo, 14, 200, 234-237, 248
protocolo de sentença, 404
Public Broadcasting Act de 1967, 307
Public Works Administration (PWA), 248
Pujo, Arsène, 190
Pullman Company, 151
Puritanos, 15, 69

Q

Quacres, 69
Quaker Oats, 100, 324
quants, 386
quebra de Wall Street de 1929, 34, 226-229, *227,* 246
querosene, 57, 109-110

R

racismo, 97, 299
Radio Corporation of America (RCA), 209, 320, 323
rádio, 208-210, 320
"railroaded", 178
Raj das Licenças, 381, 420
Rand, Ayn, 281
Rand, Remington, 355
Random House, 324
Ransom, Roger, 93
Raskob, John, 226, 227
Ratzel, Friedrich, 96
Raytheon, 286, 353
Reagan, Ronald, 11, 33, 252, 328-329, 331-336, 342, 348, 363, 397, 411
Reaganomia, 334-335, 336
reestruturação corporativa, 340
reforma dos benefícios sociais, 34, 446-450
na Suécia, 34, 446-448
Reforma Protestante, 15, 77
regulamentações, 258-262, 333-334, 417-421, *418,* 422, 432
Relações Comerciais Normais Permanentes (PNTR), 351
Renascimento do Harlem, 220
renda per capita, 86, 100

Este livro foi composto na tipografia
Minion Pro, em corpo 11,5/15,5, e impresso
em papel off-white no Sistema Cameron da
Divisão Gráfica da Distribuidora Record.